Abriendo paso

LECTURA

José M. Díaz
María F. Nadel

Glenview, Illinois ■ Boston, Massachusetts ■ Chandler, Arizona ■ Upper Saddle River, New Jersey

Photo Credits

Unless otherwise acknowledged, all photographs are the property of Pearson Education, Inc.

Photo locators denoted as follows: Top (T), Center (C), Bottom (B), Left (L), Right (R), Background (Bkgd)

p. 62 NewsCom; **p. 77** Courtesy of Francisco Jiménez; **p. 139** Courtesy of Donald A. Yates; **p. 163** Peter Jordan/Alamy Images; **p. 188** ©Associated Press; **p. 212** ©The Granger Collection, NY; **p. 233** ©The Granger Collecion, NY; **p. 239** AGE Fotostock; **p. 243** Joaquín Sorolla y Bastida (1863–1923) Antonio Machado y Ruiz, ca. 1918 (A1934), Oil on canvas,103 x 80.8 cm (detail)/Courtesy of the Hispanic Society of America; **p. 247** ©The Granger Collection, NY; **p. 251** ©The Granger Collection, NY; **p. 255** ©The Granger Collection, NY; **p. 262** NewsCom; **p. 283** Shutterstock; **p. 284** GlowImages/Alamy Images; **p. 285** Shutterstock; **p. 286** Alamy Images; **p. 293** ©j loveland/Shutterstock; **p. 294** Jon Arnold Images Ltd /Alamy Images; **p. 295** (B) Cusp/SuperStock, (T) J Marshall - Tribaleye Images/Alamy Images; **p. 302** NewsCom; **p. 304** ©Associated Press; **p. 305** Shutterstock; **p. 307** NewsCom; **p. 315** NewsCom; **p. 316** ©Jeremy Horner/Corbis; **p. 317** Private Collection/Marlborough Gallery/ Bridgeman Art Library; **p. 324** SuperStock; **p. 326** NewsCom; **p. 327** NewsCom; **p. 337** Jon Arnold Images Ltd /Alamy Images; **p. 338** Shutterstock; **p. 340** Eye Ubiquitous/ Alamy Images; **p. 341** Jorge Fernandez/Alamy Images; **p. 348** Shutterstock; **p. 350** (B) Shutterstock, (T) SuperStock; **p. 351** Shutterstock; **p. 359** imagebroker/Alamy Images; **p. 360** David Kilpatrick/Alamy Images; **p. 361** (L) David Kilpatrick/Alamy Images, (R) Jaime Murcia/AGE Fotostock.

Note: Every effort has been made to secure permission and provide appropriate credit for photographic material. The publisher deeply regrets any omission and pledges to correct errors called to its attention in subsequent editions.

Front and Back Cover Illustration: Célio Pedrosa/Pearson

Interior Illustrations: Tom Artis, Pamela Eklund, Ted Smykal, and Roberto Islas

Text credits appear on pages 453–454, which constitute an extension of this copyright page.

ISBN-13: 978-0-13-317529-5
ISBN-10: 0-13-317529-4

1 2 3 4 5 6 7 8 9 10 V069 16 15 14 13 12 11

Preface

Introduction

The *Abriendo paso* program is designed specifically for high school students in Level IV or higher. The program provides advanced students with the guidance they need to continue discovering, learning, and using the language in meaningful, creative, and engaging contexts.

Abriendo paso is a two-volume program. *Abriendo paso: Lectura* uses authentic readings to develop students' proficiency in the four skill areas. *Abriendo paso: Gramática* is an independent grammar book that emphasizes communication. Because the need for grammar instruction and review at this level varies so widely from class to class, we have created a distinct grammar book in which grammar is not an end in itself but rather a tool for communication.

This edition features new short stories by Don Juan Manuel, Isabel Allende, and Gabriel García Márquez, one new poem by Sor Juana Inés de la Cruz, and a new play by Osvaldo Dragún. Seven of the eight articles in *De la prensa* are also new to this edition. The readings were chosen for their high level of interest to high school students and for their appropriateness for students at an advanced level of study. The selections offer a wide variation in genre, theme, style, length, and degree of difficulty. Chapters are sequenced based on the increasing level of difficulty of the readings. The program offers significant flexibility; teachers can choose the chapters and exercises that are most appropriate for their students.

Abriendo paso: Lectura is student-centered and was developed with the experiences and interests of high school students in mind. The students are treated with respect—as young adults who are competent learners. Many times students come to an upper-level course with varying backgrounds in the language; this program is designed to accommodate many skill levels in one classroom.

The four skills are carefully integrated throughout the text. The exercises take students beyond the mere recollection of facts to a point at which they can use higher order thinking skills and critical thinking.

Organization

Abriendo paso: Lectura provides an abundance of activities for all students. Exercises have been selected based on how appropriate and profitable they are for use with each reading. The exercises that appear most frequently are described here under the headings for the major sections of the book. Some chapters use other innovative activities.

Throughout the book, the authors encourage students to write key words and phrases to be able to discuss orally the different exercises. Rather than preparing "scripts" for these exercises, students should be trained to speak spontaneously and as close to real-life situations as possible, using their lists as a guide.

On each chapter opener page, a box has been added to point students to the relevant pages in the *Grámatica* book for additional reference and practice.

Antes de leer

Each chapter opens with pre-reading exercises. Students' initial encounter with the topic of the reading usually consists of an oral response to a visual stimulus. This first activity, called *Para discutir en clase,* asks students to describe a drawing or series of drawings related to the reading. In this way, students begin to reactivate previously learned vocabulary that relates to the topic of the reading. In some instances a word bank is given, and teachers can also use these drawings to introduce additional vocabulary that the students will encounter in the reading. The *Nuestra experiencia* activity allows students to reflect on the theme of the reading, using their own personal experiences and their background knowledge. These reflections are meant to evoke feelings and provoke thought. A variety of additional exercises are used to enhance students' experience with the topic or to provide a transition to a fuller appreciation of the theme.

There are sufficient pre-reading exercises so that students will not be intimidated by the level of difficulty of a reading. These activities set the stage, invite the students in, and give them a purpose for reading. It is not recommended that all students do every activity but that the teacher assign the activities according to the varied ability levels of their students. This way every student has the opportunity to participate without making class discussions repetitious.

Just prior to each reading, in the *Al leer* section, students are given a list of points to keep in mind while reading, thereby enabling them to read with a purpose. In the *Nota cultural* section, students are given information about a cultural practice or topic to aid in their comprehension of the reading with questions to help them process this cultural information. These *Notas culturales* accompany all readings.

El autor/La autora

In each chapter, a brief biographical sketch gives insight into the author's own life and briefly mentions his/her other works.

Lectura

Those words and expressions that are likely to be beyond the scope of students at this level and whose meaning is not likely to be ascertained from context clues, appear glossed in the margin next to the reading (at the bottom of the page in the *De la prensa* section). Vocabulary that can be interpreted through contextual markers is not glossed but rather noted with a question mark in the margin (at the bottom of the page in the *De la prensa* section), thereby encouraging the student to use the context to determine the meaning. Words glossed with a question mark and many other upper-level words from each reading have been included in the Spanish-English Glossary at the back of the book. Lines of text are numbered for easy reference.

Comprensión

The *Comprensión* section, which appears immediately after the Lectura, includes activities such as true/false, sequence of events, and sentence completion. The *Comprensión general* exercise asks students a series of questions relating to the points on which students were asked to focus while reading. After just one read, students are not expected to understand the text in its fullest detail. However, by having focused on the points suggested in *Al leer*, they will be able to reflect comfortably and confidently on the text. The various activities that follow are designed to provide systematic development of vocabulary. These exercises appear in many formats: matching, words from the same family, synonyms, antonyms, and definitions.

The *Al punto* section, which appears in every chapter of the *Cuentos* and *Teatro* sections, asks students to answer multiple choice questions about the reading. These questions have been tailored to resemble the Reading Comprehension questions that appear on the Advanced Placement* Spanish Language Examination. *Ahora te toca a ti* invites students to formulate their own questions, which they then ask of their classmates. This type of activity allows students to develop vital skills for asking a range of questions.

Un paso más

The *Un paso más* section offers students the opportunity to react to situations while using the vocabulary from the story and drawing on their own experience. It includes the following subsections: *Para conversar, Para escribir,* Interpersonal Writing, *Comprensión auditiva,* Simulated Conversation, and Go Online. Students will find Appendix A, which contains words and expressions students can use to connect ideas; Appendix B, which contains some expressions that students can use for oral communication; and Appendix C, which contains expressions students can use to begin and end a written message, especially useful as they complete the activities in the *Para conversar* and *Para escribir* sections.

Para conversar

The *Para conversar* section provides students with a variety of realistic contexts in which to use their newly acquired vocabulary. Students are encouraged to share their own observations, thoughts, and feelings with others in the class. There are many opportunities for interaction and debate. The structure of the activities ensures that students communicate their ideas effectively. Students are encouraged to brainstorm and help each other. For those teachers who espouse cooperative learning, the sharing of ideas and knowledge will be an important part of the program. This oral component is designed as a non-threatening forum for personalized expression, query, and discovery. Many of the exercises can also be used as writing exercises.

Para escribir

In *Para escribir,* students are not simply asked to write but are instead guided through the writing process. The writing segment of most chapters begins by asking students to write a short summary of the reading, allowing them to reflect on what they have read and to use the vocabulary they have learned. Several types of exercises are used that ask students to be creative and express their opinions. Other writing exercises give students a detailed organizational framework for developing their essay-writing techniques. These types of writing exercises are deliberately varied in their complexity in order to allow the program to meet the needs of a wide range of students, including native speakers. Students will learn how to hypothesize and develop ideas into a well-organized essay, an essential skill in any language, and certainly one that is stressed on the Advanced Placement* Spanish Language Examination.

Interpersonal Writing

The **Interpersonal Writing** tasks are similar to those that appear on the Advanced Placement* Spanish Language Examination. The tasks consist of a prompt that asks students to write a short note, an e-mail message, a post card, etc., of approximately 60 words. Students should be encouraged to study the expressions in Appendices A and C and to incorporate them into their practice.

Comprensión auditiva

Each chapter in the *Cuentos* and *Teatro* sections ends with *Comprensión auditiva* activities, designed to refine the listening skills required of students at this level. We offer two listening comprehension passages per story and for the play and a new section with six more selections for further practice in Part C of *Un poco más de práctica*. A variety of formats is provided, all similar in nature to the listening comprehension section of the Advanced Placement* Spanish Language Examination. The listening component has been designed to expose students to a wide variety of listening experiences. Some of the exercises recycle the vocabulary or theme of that chapter, while others are less structured and provide a greater challenge to students.

Simulated Conversation

The **Simulated Conversation** tasks are similar to those that appear on the Advanced Placement* Spanish Language Examination. The section offers practice on simulated dialogues where students will have 20 seconds to respond to a role-play conversation. Students should be encouraged to study the expressions in Appendix B and to incorporate them into their practice.

Go Online

The *Abriendo paso: Lectura* Web site provides activities and links related to the content of every chapter. Students can expand their cultural understanding by exploring selected Web sites from around the Spanish-speaking world.

Un poco más de práctica

This section consists of exercises that are similar to some of those that appear in the Presentational Writing and Presentational Speaking-Oral Presentation sections of the Advanced Placement* Examination. Even for students who are not enrolled in an AP* course or who are not planning to take the examination, these Integrated Skills activities offer practice in speaking and writing. The Presentational Writing activities provide two reading selections and an audio selection for students to use in order to prepare a formal essay. In the Presentational Speaking section, students will be asked to use an audio selection and a reading selection to prepare a two-minute oral presentation. The Additional Listening Comprehension section provides six *Comprensión auditiva* selections for further practice.

Appendices

The Appendices support the tasks on the AP Examination.

Abriendo paso: Gramática

Abriendo paso: Gramática is an independent text that offers a complete review of Spanish grammar. The book is divided into the following parts:

- *Unidades* reviews how and when a particular grammar point is used.
- For students who need more practice with a particular grammar point in *Unidades*, *Reglas gramaticales* provide reinforcement exercises that they can do on their own to prepare for class.
- *Pasos* provides additional explanations of grammar points that are not communicative in nature, but are required to communicate properly.
- *Un poco más de práctica,* a special section with questions similar to those that appear on the Advanced Placement* Spanish Language Examination, is included at the end of the book for students seeking additional practice while preparing for the exam.

Acknowledgments

Cathy Wilson continues to be a true believer in the objectives of the *Abriendo paso* series. Her support, encouragement and keen advice in keeping the series current are greatly appreciated. We are also grateful to Regina McCarthy and Sharla Zwirek for their support. Our gratitude also goes to Kellie Cardone and Marisa Garman for their suggestions and patience while preparing the final manuscript.

J.M.D.
M.F.N.

About the Authors

José M. Díaz is a Spanish Teacher at Hunter College High School in New York City. He has served as Chair of the AP Spanish Language and Literature Development Committee; Table Leader, Question Leader for the scoring of the examination. He has led workshops throughout the United States and Europe and continues being a consultant for the College Board. He has also written several guides and articles for several College Board publications. He is the co-author of *AP Spanish: Preparing for the Language Examination, Listening Comprehension Skills for Intermediate Students* and *¡En marcha!*, among others. He has a B.A. in Spanish Literature from Hunter College, CUNY and an M.A. from Teachers College, Columbia University.

María F. Nadel has more than thirty years of teaching experience in independent and public schools, most recently at Hunter College High School in New York City. She is the coauthor of several Spanish textbooks and study guides including *¡En marcha!, Let's Review Spanish,* and *Spanish for Educators*. She has a B.A. in Spanish Literature, an M.A. in Spanish Literature, and an M.A. in Bilingual Education from Hunter College, CUNY.

Índice

Cuentos

Lo que sucedió a un mancebo que se casó con una muchacha muy rebelde

Don Juan Manuel

Abriendo paso:
Gramática

Preterite, imperfect,
present perfect and
pluperfect indicative:
Unidad 1, págs. 1 a 29;
Reglas gramaticales
(RG) 1, págs. 30 a 48
Present subjunctive: RG 4,
págs. 166 a 172
Familiar commands: RG 4,
págs. 158 a 165
Using the subjunctive after
verbs of volition:
Unidad 4, págs. 143 a
144
Imperfect subjunctive:
RG 6, págs. 228 a 231
Condicional: RG 6,
págs. 233 a 235
"If" clauses: Unidad 6,
págs. 215 a 219

Antes de leer

A. Para discutir en clase Mira el dibujo y úsalo como punto de partida para narrar lo que tú crees que está sucediendo. La guía a continuación te ayudará a presentarle una descripción completa al resto de la clase. Puedes añadir ideas que no estén en la lista. ¡Usa la imaginación!

1. Describe a la mujer y al hombre.

2. Describe los animales y explica por qué parecen asustados.

3. Describe lo que tú piensas ha sucedido antes de esta escena y lo que sucederá después.

B. El título Piensa en el título del cuento. En tu opinión, ¿qué va a pasarle a un joven que se casa con una mujer muy fuerte y muy rebelde? Responde con por lo menos tres ideas. Escribe una lista de palabras y frases para expresar tus ideas.

C. Matrimonios concertados (*arranged*) Cuando se escribió el cuento, a principios del siglo XIV, la costumbre de concertar matrimonios era común. Los padres eran los que decidían. Los matrimonios por amor o la idea de que los jóvenes escojan a su pareja es algo relativamente moderno. En algunas culturas todavía hoy día los matrimonios concertados son comunes. Haz una lista de ventajas y desventajas de los matrimonios concertados. Vas a compartir tus ideas con la clase. Prepárate para defenderlas.

D. La clase social En el cuento, el autor presenta la idea del matrimonio como institución económica y el efecto que tiene la posición social en la felicidad. ¿Piensas que si el hombre o la mujer tiene más dinero o una posición más alta, influye en la decisión de las personas que se casan hoy día? ¿Sabes de alguien que se casó sólo por dinero? ¿Qué otras razones tienen las personas para casarse? ¿Cuáles son las más importantes para ti?

E. La igualdad Hoy en día las parejas hacen hincapié *(emphasize)* en que ambos sean iguales en el matrimonio.

1. En un matrimonio, ¿crees en la igualdad entre los hombres y las mujeres? Usa ejemplos específicos para apoyar tus ideas. Prepárate para defender tu opinión en clase.

2. Explica tres incidentes para demostrar cómo ha cambiado la relación entre un esposo y una esposa con respecto a sus deberes dentro de la casa.

F. Los problemas de la juventud Casi todo el mundo consulta con
alguien en quien confía cuando tiene que hacer frente (*face*) a una situación
difícil. Haz una lista de cuatro problemas que podría tener un(a) joven de
tu edad que lo(la) llevaría a consultar a otra persona. No tienen que ser
problemas que tú has tenido. Puedes usar ejemplos que has observado en
otras personas. Luego, escoge dos problemas de la lista y escribe el consejo
que le darías a la persona. ¿Por qué crees que son buenos consejos? Vas a
compartir tus ideas con la clase.

El autor

Don Juan Manuel
(1282–1348)

Don Juan Manuel era sobrino de Alfonso X, rey de España en el siglo XIII y
ocupó altos cargos en el gobierno. Intervino en las guerras contra los moros y
en su madurez (*adulthood*) se entregó al estudio. Su *Libro de los ejemplos del
Conde Lucanor* (terminado en 1335) se considera una de las primeras fuentes
de la novela europea. El plan del libro es muy sencillo. Cada vez que el conde
Lucanor tiene un problema, consulta a su servidor o criado, Patronio. Para
guiarlo, Patronio le cuenta un cuento cuya moraleja (resumida en breves versos
al final) guía al conde en su decisión. Los cuentos tratan gran variedad de
problemas humanos, entre ellos: las relaciones entre las personas que están en
el poder y los pobres, la amistad, y como en el cuento que vas a leer,
cuestiones matrimoniales y familiares. Entre las fuentes que inspiraron a Don
Juan Manuel se encuentran los clásicos griegos como Esopo y los cuentos
tradicionales árabes. El estilo de los cuentos es sencillo, la ironía sutil y el
humor abundante. Como resultado, los cuentos se extendieron por toda
Europa y sus temas se encuentran en numerosas obras posteriores. El tema del
cuento que vas a leer se encuentra en *The Taming of the Shrew* de William
Shakespeare.

Nota cultural

Durante sus casi ochocientos años de dominio en la península ibérica (711-1492), los musulmanes (moros) supieron separar la religión de la ciencia y esto permitió varios adelantos científicos. Por ejemplo, en las matemáticas, usamos las cifras que ellos nos enseñaron; en la agricultura, realizaron obras de irrigación extraordinarias; y en la arquitectura, construyeron grandes obras, entre las que se destacan la Alhambra de Granada y la Mezquita de Córdoba.

Busca en el Internet información acerca de las costumbres musulmanas en al-Andalús.

Al leer

Mientras lees, presta atención a los siguientes puntos:
- las costumbres de la época
- el humor
- la reacción del padre y los parientes antes y después de la boda
- el comportamiento *(behavior)* de la novia

Lo que sucedió a un mancebo que se casó con una muchacha muy rebelde

Don Juan Manuel

Otra vez hablaba el Conde Lucanor con Patronio, su consejero, y le decía:

—Patronio, un pariente mío me ha contado que lo quieren casar con una mujer muy rica y más ilustre° que él, por lo que esta boda le sería muy provechosa si no fuera porque, según le han dicho algunos amigos, se trata de una doncella muy violenta y colérica°. Por eso os ruego que me digáis si le debo aconsejar que se case con ella, sabiendo cómo es, o si le debo aconsejar que no lo haga.

—Señor conde —dijo Patronio—, si vuestro pariente tiene el carácter de un joven cuyo padre era un honrado moro, aconsejadle que se case con ella; pero si no es así, no se lo aconsejéis.

El conde le rogó que le contase lo sucedido.

Patronio le dijo que en una ciudad vivían un padre y su hijo, que era excelente persona, pero no tan rico que pudiese realizar cuantos proyectos tenía para salir adelante. Por eso el mancebo

higher social status

hotheaded

estaba siempre muy preocupado, pues siendo tan emprendedor° no
tenía medios ni dinero.

En aquella misma ciudad vivía otro hombre mucho más
distinguido y más rico que el primero, que sólo tenía una hija, de   20
carácter muy distinto al del mancebo, pues cuanto en él había de
bueno, lo tenía ella de malo, por lo cual nadie en el mundo querría
casarse con aquel diablo de mujer.

Aquel mancebo tan bueno fue un día a su padre y le dijo que,
pues no era tan rico que pudiera darle cuanto necesitaba para vivir,   25
se vería en la necesidad de pasar miseria y pobreza o irse de allí,
por lo cual, si él daba su consentimiento, le parecía más juicioso
buscar un matrimonio conveniente, con el que pudiera encontrar

un medio de llevar a cabo° sus proyectos. El padre le contestó que
le gustaría mucho poder encontrarle un matrimonio ventajoso.   30

Dijo el mancebo a su padre que, si él quería, podía intentar que
aquel hombre bueno, cuya hija era tan mala, se la diese por esposa.

El padre, al oír decir esto a su hijo, se asombró mucho° y le
preguntó cómo había pensado aquello, pues no había nadie en el

mundo que la conociese que, aunque° fuera muy pobre, quisiera   35
casarse con ella. El hijo le contestó que hiciese el favor de

concertarle aquel matrimonio. Tanto le insistió que, aunque° al
padre le pareció algo muy extraño, le dijo que lo haría.

Marchó luego a casa de aquel buen hombre, del que era muy
amigo, y le contó cuanto había hablado con su hijo, diciéndole   40

que, como el mancebo estaba dispuesto a° casarse con su hija,

consintiera° en su matrimonio. Cuando el buen hombre oyó hablar
así a su amigo, le contestó:

—Por Dios, amigo, si yo autorizara° esa boda sería vuestro
peor amigo, pues tratándose de vuestro hijo, que es muy bueno, yo   45

pensaría que le hacía grave daño al consentir su perjuicio° o su
muerte, porque estoy seguro de que, si se casa con mi hija, morirá,
o su vida con ella será peor que la misma muerte. Mas no penséis
que os digo esto por no aceptar vuestra petición°, pues, si la

queréis como esposa de vuestro hijo, a mí mucho me contentará   50

entregarla a él o a cualquiera° que se la lleve de esta casa.

Su amigo le respondió que le agradecía mucho su advertencia°,
pero, como su hijo insistía en casarse con ella, le volvía a pedir su
consentimiento.

Celebrada la boda, llevaron a la novia a casa de su marido y,   55
como eran moros, siguiendo sus costumbres les prepararon la
cena, les pusieron la mesa y los dejaron solos hasta la mañana

siguiente. Pero los padres y parientes del novio y de la novia
estaban con mucho miedo, pues pensaban que al día siguiente
60 encontrarían al joven muerto o muy mal herido°.   mal... *badly wounded*

Al quedarse los novios solos en su casa, se sentaron a la mesa y,
antes de que ella pudiese decir nada, miró el novio a una y otra
parte y, al ver a un perro, le dijo ya bastante airado°:   ?
—¡Perro, danos agua para las manos!
65 El perro no lo hizo. El mancebo comenzó a enfadarse° y le   ?
ordenó con más ira° que les trajese agua para las manos. Pero el   ?
perro seguía sin obedecerle. Viendo que el perro no lo hacía, el
joven se levantó muy enfadado de la mesa y, cogiendo la espada°,   ?
se lanzó contra el perro, que, al verlo venir así, emprendió° una   set off on
70 veloz huida°, perseguido° por el mancebo, saltando ambos por   ? / ?
entre la ropa, la mesa y el fuego; tanto lo persiguió que, al fin, el
mancebo le dio alcance°, lo sujetó y le cortó la cabeza, las patas y le dio... *overtook him*
las manos, haciéndolo pedazos° y ensangrentando° toda la casa, la   ? / ?
mesa y la ropa.
75 Después, muy enojado y lleno de sangre, volvió a sentarse a la
mesa y miró en derredor°. Vio un gato, al que mandó que trajese   *around*
agua para las manos; como el gato no lo hacía, le gritó:
—¡Cómo, falso traidor! ¿No has visto lo que he hecho con el
perro por no obedecerme? Juro° por Dios que, si tardas en hacer   *I swear*
80 lo que mando, tendrás la misma muerte que el perro.
El gato siguió sin moverse, pues tampoco es costumbre suya
llevar el agua para las manos. Como no lo hacía, se levantó el
mancebo, lo cogió por las patas° y lo estrelló° contra una pared,   *paws / smashed*
haciendo de él más de cien pedazos y demostrando con él mayor
85 ensañamiento° que con el perro.   *viciousness*

Así, indignado, colérico y haciendo gestos de ira, volvió a la
mesa y miró a todas partes. La mujer, al verle hacer todo esto,
pensó que se había vuelto loco y no decía nada.

Después de mirar por todas partes, vio a su caballo, que estaba
90 en la cámara° y, aunque era el único que tenía, le mandó muy   *main room*
enfadado que les trajese agua para las manos; pero el caballo no le
obedeció. Al ver que no lo hacía, le gritó:
—¡Cómo, don° caballo! ¿Pensáis que, porque no tengo otro   *usually a title of respect used*
caballo, os respetaré la vida si no hacéis lo que yo mando? Estáis   *with first name (i.e. Don*
95 muy confundido, pues si, para desgracia vuestra, no cumplís mis   *Juan Manuel)*
órdenes, juro ante Dios daros° tan mala muerte como a los otros,   *to give you (I will give you)*
porque no hay nadie en el mundo que me desobedezca° que no   me... *disobey me*
corra la misma suerte.

El caballo siguió sin moverse. Cuando el mancebo vio que el caballo no lo obedecía, se acercó a él, le cortó la cabeza con mucha rabia y luego lo hizo pedazos. 100

Al ver su mujer que mataba al caballo, aunque no tenía otro, y que decía que haría lo mismo con quien no le obedeciese, pensó que no se trataba de una broma y le entró tantísimo miedo que no sabía si estaba viva o muerta. 105

Él, así, furioso, ensangrentado y colérico, volvió a la mesa, jurando que, si mil caballos, hombres o mujeres hubiera en su casa que no le hicieran caso, los mataría a todos. Se sentó y miró a un *lap*   lado y a otro, con la espada llena de sangre en el regazo°; cuando *ser... living being*   hubo mirado muy bien, al no ver a ningún ser vivo° sino a su 110 mujer, volvió la mirada hacia ella con mucha ira y le dijo con muchísima furia, mostrándole la espada:

—Levantaos y dadme agua para las manos.

la... tear her apart   La mujer, que no esperaba otra cosa sino que la despedazaría°, se levantó a toda prisa y le trajo el agua que pedía. Él le dijo: 115

—¡Ah! ¡Cuántas gracias doy a Dios porque habéis hecho lo que os mandé! Pues de lo contrario, y con el disgusto° que estos *annoyance*   estúpidos me han dado, habría hecho con vos lo mismo que con ellos.

Después le ordenó que le sirviese la comida y ella le obedeció. 120 Cada vez que le mandaba alguna cosa, tan violentamente se lo *would roll*   decía y con tal voz que ella creía que su cabeza rodaría° por el suelo.

Así ocurrió entre los dos aquella noche, que nunca hablaba ella sino que se limitaba a obedecer a su marido. Cuando ya habían 125 dormido un rato, le dijo él:

—Con tanta ira como he tenido esta noche, no he podido *Make sure*   dormir bien. Procurad° que mañana no me despierte nadie y preparadme un buen desayuno.

Cuando aún era muy de mañana, los padres, madres y parientes 130 se acercaron a la puerta y, como no se oía a nadie, pensaron que el novio estaba muerto o gravemente herido. Viendo por entre las *fear*   puertas a la novia y no al novio, su temor° se hizo muy grande.

Ella, al verlos junto a la puerta, se les acercó muy despacio y, *admonish, scold them*   llena de temor, comenzó a increparles°: 135

—¡Locos, insensatos! ¿Qué hacéis ahí? ¿Cómo os atrevéis a llegar a esta puerta? ¿No os da miedo hablar? ¡Callaos, si no, todos moriremos, vosotros y yo!

140 Al oírla decir esto, quedaron muy sorprendidos. Cuando
supieron lo ocurrido entre ellos aquella noche, sintieron gran
estima° por el mancebo porque había sabido imponer su
autoridad y hacerse él con el gobierno° de su casa. Desde aquel
día en adelante, fue su mujer muy obediente y llevaron muy
buena vida.

145 Pasados unos días, quiso su suegro hacer lo mismo que su
yerno°, para lo cual mató un gallo; pero su mujer le dijo:

—En verdad, don Fulano,° que os decidís muy tarde, porque de
nada os valdría° aunque mataseis cien caballos: antes tendríais que
haberlo hecho, que ahora nos conocemos de sobra.

150 Y concluyó Patronio:

—Vos, señor conde, si vuestro pariente quiere casarse con esa
mujer y vuestro familiar tiene el carácter de aquel mancebo,
aconsejadle que lo haga, pues sabrá mandar en su casa; pero si no
es así y no puede hacer todo lo necesario para imponerse° a su
155 futura esposa, debe dejar pasar esa oportunidad. También os
aconsejo a vos que, cuando hayáis de tratar con los demás
hombres, les deis a entender desde el principio cómo han de
portarse° con vos.

El conde vio que éste era un buen consejo, obró según él y le
160 fue muy bien.

Como don Juan comprobó que el cuento era bueno, lo mandó
escribir en este libro e hizo estos versos que dicen así:

Si desde un principio no muestras quién eres,
nunca podrás después, cuando quisieres.

---

estima — ?

gobierno — management, running, control

yerno — ?

don Fulano — Mr. So and so

de... it would do you no good

imponerse — to command respect from

portarse — to behave

Comprensión

A. ¿Cierta o falsa? Lee las siguientes frases y decide si la información es cierta o falsa, según el cuento. Si la información es falsa, escribe la información correcta.

1. El conde le pide consejos a uno de sus parientes.

2. Si el pariente se casa, se beneficiará mucho.

3. Según Patronio, el pariente debe tener un carácter fuerte.

4. En el cuento que le cuenta Patronio al conde, el hijo o mancebo tiene mucho dinero.

5. La hija del hombre más rico es completamente diferente al mancebo.

6. Muchos mancebos quieren casarse con la chica.

7. El mancebo quiere casarse para vivir una vida mejor.

8. El padre del mancebo le promete ayudarlo.

9. El padre se alegra mucho al saber que su hijo quiere casarse con una mujer rica.

10. El padre de la mujer rica aconseja al padre del chico porque teme por la vida del mancebo.

11. Al dejar a los novios solos después de la boda, los parientes temen por la vida de la muchacha.

12. El mancebo ordena a varios animales a que le traigan agua.

13. Todos los animales en el cuento mueren de muerte natural.

14. Según el mancebo, todas las personas y los animales que entran en su casa tienen que seguir sus órdenes.

15. La muchacha/novia desobedece a su esposo.

16. Cuando los parientes van a visitar a los novios el día después de la boda, piensan que la muchacha está muerta o herida.

17. Cuando el padre del novio mató un gallo, su esposa tuvo mucho miedo también.

18. Según Patronio, una persona tiene que expresar claramente cómo quiere que otras se comporten.

B. ¿Quién lo dice? Identifica a la persona que dice las siguientes frases en el cuento. Aquí tienes una lista de todos los personajes. ¡Cuidado! No todos los nombres son necesarios.

> el Conde Lucanor / Patronio / el mancebo / el padre del mancebo / el padre de la mujer rebelde / la mujer rebelde / la suegra del mancebo / el suegro del mancebo

1. "... según le han dicho algunos amigos, se trata de una doncella muy violenta y colérica"

2. "Por Dios, amigo, si yo autorizara esa boda sería vuestro peor amigo ..."

3. "con el disgusto que estos estúpidos me han dado, habría hecho con vos lo mismo que con ellos"

4. "¡Ah! ¡Cuántas gracias doy a Dios porque habéis hecho lo que os mandé!"

5. "Con tanta ira como he tenido esta noche, no he podido dormir bien."

6. "¡Callaos, si no, todos moriremos, vosotros y yo!"

7. "En verdad, don Fulano, que os decidís muy tarde, ..."

8. "... si vuestro pariente quiere casarse con esa mujer y vuestro familiar tiene el carácter de aquel mancebo, aconsejadle que lo haga ..."

C. Al punto Lee las siguientes frases incompletas. Luego, escoge la mejor terminación según la lectura.

1. Cuando el Conde Lucanor tiene un problema ... a Patronio.
   a. saluda.
   b. consulta.
   c. felicita.
   d. insulta.

2. Patronio es ... del Conde Lucanor
   a. amigo.
   b. hijo.
   c. pariente.
   d. consejero.

3. El mancebo quiere casarse con una mujer que . . .
   a. tiene malas maneras.
   b. es muy popular.
   c. tiene muchos animales.
   d. es muy similar a él.

4. El mancebo no puede superarse porque no tiene . . .
   a. esposa.
   b. dinero.
   c. hijos.
   d. poder.

5. Cuando dejan a los novios solos, los padres y parientes piensan que al día siguiente van a encontrar al mancebo . . .
   a. cansado.
   b. feliz.
   c. muerto.
   d. entusiasmado.

6. Cuando la mujer rebelde ve lo que hace su esposo, no dice nada porque . . .
   a. es romántica.
   b. tiene miedo.
   c. está enojada.
   d. está cansada.

7. Al final de su cuento, Patronio dice que los esposos viven una vida . . .
   a. feliz.
   b. violenta.
   c. miserable.
   d. honrada.

D. Comprensión general Con tus propias palabras, responde a las siguientes preguntas. Luego, comparte tus ideas con los otros estudiantes de la clase.

1. ¿Cúal es el dilema en que se encuentra el mancebo?

2. ¿Cómo reacciona el padre del mancebo cuando él le dice lo que quiere hacer?

3. ¿Qué sucedió la noche de la boda?

4. Explica lo que sucedió la mañana después de la boda.

5. ¿Cómo cambia la esposa como resultado de las acciones del mancebo?

6. Según Patronio, ¿cómo es la vida de la pareja después de esa noche?

7. ¿Por qué no tiene éxito el suegro del mancebo cuando trata de hacer lo que hizo el mancebo?

8. Por fin, ¿qué le aconseja Patronio al Conde Lucanor en cuanto a si su criado debe casarse o no con una mujer rebelde?

E. De la misma familia Las palabras de la lista a continuación son palabras que probablemente ya conoces. Escribe todas las palabras de la misma familia que conozcas, por ejemplo: estudioso—el(la) estudiante, estudiar, estudiantil, los estudios. La referencia indica la línea en la que puedes encontrar la palabra en el texto.

el consejero [línea 1]	los pedazos [línea 73]
la pobreza [línea 26]	enojado [línea 75]
la muerte [línea 47]	obedeciese (obedecer)
ensangrentando	[línea 103]
(ensangrentar) [línea 106]	vivir [línea 25]

F. Cognados Las palabras de la lista a continuación son muy similares en español y en inglés. Adivina el significado usando el contexto. La referencia indica la línea en la que puedes encontrar la palabra en el texto.

dispuesto a [línea 41]	perseguido (perseguir)
consintiera (consentir) [línea 42]	[línea 70]
autorizara [línea 44]	indignado [línea 86]
petición [línea 49]	la furia [línea 112]
consentimiento [línea 54]	la estima [línea 141]
ira [línea 66]	imponerse [línea 154]

G. En contexto Imagina que quieres explicarle a un(a) compañero(a) de clase el significado de las siguientes palabras. En español, explica lo que cada una de las palabras significa. Escribe las explicaciones para luego compartirlas con el resto de la clase. La referencia indica la línea en la que puedes encontrar la palabra en el texto.

Por ejemplo, la palabra carácter se puede explicar como 'las cualidades de una persona; el comportamiento que la distingue de otras personas'.

enfadarse [línea 65]	rabia [línea 101]
huida [línea 70]	yerno [línea 146]
ensañamiento [línea 85]	

Un paso más

Vocabulario útil para conversar y para escribir

Aquí tienes una lista de palabras y expresiones que te ayudarán a expresar tus ideas. Trata de incluirlas en la discusión con los otros estudiantes o en los ejercicios de escritura.

agradecer	*to be grateful*
asombrarse	*to be surprised*
atreverse a	*to dare*
darse cuenta de	*to realize*
de ese momento en adelante	*from then on*
estar de acuerdo	*to agree*
jurar	*to swear*
la muerte	*death*
la pobreza	*poverty*
por todas partes	*in all directions*
todo lo contrario	*quite the opposite*
único(a)	*only*
ya que	*since*

Para conversar

A. La moraleja El propósito de los cuentos de *El Conde Lucanor* es didáctico, es decir que la intención del autor es enseñar o instruir. Por eso al final del cuento aparece una moraleja: "Si desde un principio no muestras quién eres, nunca podrás después, cuando quisieres." ¿Estás de acuerdo con el concepto de que el comportamiento inicial en una relación dicta el futuro de esa relación? ¿Crees que se puede aplicar este concepto a relaciones fuera del matrimonio también?

B. La sociedad de hoy Aunque hace casi 800 años que Don Juan Manuel escribió este cuento, ¿siguen siendo importantes los temas del materialismo, del machismo y del papel de la mujer en la sociedad? ¿Por qué piensas así? Puedes usar un incidente que hayas visto en la televisión o que hayas leído en la prensa para apoyar tus ideas.

C. La validez de un matrimonio Imagina que un(a) amigo(a) te pregunta si una pareja que él/ella conoce debe casarse. ¿Qué preguntas le harías hoy día para evaluar si deben casarse o no? Escribe por lo menos tres preguntas. Prepárate para defender tus ideas.

D. Otro punto de vista Imagina que eres la mujer del cuento. Cuéntale lo que te pasó a la clase desde tu punto de vista. Describe lo que hizo tu esposo y cómo te sentiste al ver sus acciones y oír sus palabras. Explica por qué reaccionaste de esa manera.

E. La violencia La violencia siempre lleva a un final muy malo. Sin embargo, en este caso parece haberle dado resultado al esposo. ¿Cuál es tu reacción personal a este cuento? ¿Crees que es humorístico, violento, poco realista, sexista? ¿Te ofende el tratamiento de los animales? ¿Piensas que el mancebo podría haber usado otros métodos para controlar a su esposa? Haz una lista de algunas maneras más sutiles que una persona contemporánea podría usar para influir en el comportamiento de su pareja.

F. Un programa de televisión Imagina que el mancebo, la novia y los padres aparecen en un programa de televisión. En grupos de cuatro, cada estudiante hará el papel de uno de los personajes. Piensa en las posibles preguntas que te hará el locutor. Escribe palabras clave y frases que te ayuden a expresar tus ideas. Tu profesor o profesora va a hacer el papel de locutor.

You may find **Appendix A** (Some Words and Expressions Used to Connect Ideas) and **Appendix C** (Some Expressions Used to Begin and End a Written Message) especially useful as you complete these exercises.

Para escribir

A. Costumbres y actitudes Haz una lista de costumbres y actitudes de la época que se ven en el cuento. Luego, en grupos pequeños vas a compartir tu lista y vas a añadir otras ideas en las cuales quizás no pensaste.

B. Actitudes El cuento de don Juan Manuel refleja la actitud general de su época, es decir, el hombre es el amo de la casa y la mujer está allí para servirle. Sin embargo, a través del cuento sabemos que no siempre era así. Escribe un párrafo dando por lo menos un ejemplo específico del cuento que ilustre esto.

C. Un cuento Escribe un breve cuento que ilustre la moraleja del cuento:

> *"Si desde un principio no muestras quién eres,*
> *Nunca podrás después, cuando quisieres."*

Al contar el cuento algunos de los elementos que puedes incluir son:

¿quién? / ¿qué? / ¿cuándo? / ¿cómo? / ¿dónde?

Al final del cuento, escribe la moraleja en tus propias palabras.

D. El humor El humor de don Juan Manuel es muy sutil y lleno de ironía. Por ejemplo, ¿cómo reacciona el padre de la mujer rebelde al saber que el hijo de su amigo desea casarse con su hija? Cita otros ejemplos de humor en el cuento.

E. Una cartita Imagina que el Conde Lucanor te ha pedido tu opinión sobre el problema de su amigo. Escríbele una breve cartita en la que le explicas lo que tú harías. Dale por lo menos dos ideas. Explica también por qué te parecen apropiadas tus sugerencias.

F. Ayuda, por favor Imagina que tienes un problema para el cual no encuentras solución. Escríbele una carta al periódico local donde hay una consejera o un consejero que responde con sugerencias. El problema que vas a presentarle no debe ser algo personal sino un problema que hayas visto en la televisión o leído en un periódico. Luego, la profesora o profesor va a distribuir las cartas "anónimas" a otros estudiantes para que te den consejos. La carta debe ser escrita en la computadora para que tus compañeros no reconozcan tu letra (*handwriting*).

G. Una carta electrónica al editor Imagina que te molestó mucho lo que el personaje principal del cuento les hizo a los animales y no quieres que otros lean el cuento. Escríbele un correo electrónico al editor del libro explicando tu reacción. Sugiérele algunos cambios que piensas mejorarán el cuento.

Interpersonal Writing

Directions: For each of the following exercises, you will write a message. For each exercise, you have 10 minutes to read the instructions and write your message. Each message should be at least 60 words in length.

Instrucciones: Para cada uno de los siguientes ejercicios, vas a escribir un mensaje. Para cada ejercicio, tienes 10 minutos para leer las instrucciones y escribir tu mensaje. Cada mensaje debe tener una extensión de 60 palabras.

Mensaje 1
Imagina que uno(a) de tus amigos(as) siempre pelea con su novio(a). Escríbele una cartita. Salúdalo(la) y expresa
- lo que has notado sobre su relación
- cómo ves tú el problema
- algunos consejos para que se lleven mejor
- despídete

Mensaje 2
Imagina que recibes un correo electrónico de un amigo(a) que ha leído el cuento. Él o ella está muy enojado por lo que le sucede a los animales. Responde a su correo electrónico.
- salúdalo(a)
- expresa tus sentimientos
- dale algunos consejos para que se sienta mejor
- despídete

Comprensión auditiva

Escucha las siguientes selecciones. Después de cada selección vas a escuchar varias preguntas. Escoge la mejor respuesta para cada pregunta entre las opciones impresas en tu libro.

Selección número 1
La selección que vas a escuchar es una conversación entre Ana y Pablo. Los amigos no se veían desde hacía mucho tiempo y finalmente Pablo decidió llamar a Ana por teléfono.

Número 1
- **a.** Porque se llevaban muy bien.
- **b.** Porque habían sido novios.
- **c.** Porque hablaban mucho por teléfono.
- **d.** Porque habían ido juntos a la universidad.

Número 2
- **a.** Muy feliz.
- **b.** Muy solitaria.
- **c.** Llena de romance.
- **d.** Un poco problemática.

Número 3
- **a.** Va a prestarle dinero.
- **b.** Va a darle un puesto.
- **c.** Va a mudarse a Arizona.
- **d.** Va a comenzar una compañía.

Número 4
- **a.** Los días en la universidad.
- **b.** Los días de trabajo.
- **c.** Los regalos que le daba.
- **d.** La actitud positiva que tenía.

Selección número 2

La selección que vas a escuchar trata de los recuerdos de un joven, Santiago, y de lo que pasó un día cuando fue con sus amigos al campo.

Número 1
- **a.** A cazar animales en la sierra.
- **b.** A merendar al aire libre.
- **c.** A bañarse en el arroyo.
- **d.** A visitar a unos amigos.

Número 2
- **a.** Olvidaron la comida.
- **b.** Asustaron a un campesino.
- **c.** Causaron un incendio.
- **d.** Recogieron el heno.

Número 3
- **a.** Descubrió que estaba enamorado.
- **b.** Conoció a su esposa por primera vez.
- **c.** Encontró la carpa que había perdido.
- **d.** Disfrutó de haber pasado el día con sus hijos.

Simulated Conversation

Directions: You will now participate in a simulated conversation. First, you will have 30 seconds to read the outline of the conversation. Then, you will listen to a message and have one minute to read again the outline of the conversation. Afterward, the conversation will begin, following the outline. Each time it is your turn, you will have 20 seconds to respond; a tone will indicate when you should begin and end speaking. You should participate in the conversation as fully and appropriately as possible.

Instrucciones: Ahora participarás en una conversación simulada. Primero, tendrás 30 segundos para leer el esquema de la conversación. Entonces, escucharás un mensaje y tendrás un minuto para leer de nuevo el esquema de la conversación. Después, empezará la conversación, siguiendo el esquema. Siempre que sea tu turno, tendrás 20 segundos para responder; una señal te indicará cuando debes empezar y terminar de hablar. Debes participar en la conversación en la manera más completa y apropiada posible.

(A) Imagina que tu amigo Juan te habla sobre su profesión y su residencia en un hospital, parte de su entrenamiento para hacerse médico.

(B) La conversación.
[The shaded lines reflect what you will hear on the recording.
Las líneas en gris reflejan lo que escucharás en la grabación.]

Juan	• *Te habla de sus estudios.*
Tú	• *Reacciona y pregúntale la razón por su decisión.*
Juan	• *Te explica la razón.*
Tú	• *Expresa tu reacción.*
Juan	• *Continúa la conversación.*
Tú	• *Reacciona y dale algún consejo.*
Juan	• *Continúa la conversación.*
Tú	• *Reacciona a lo que te dice.*
Juan	• *Continúa la conversación.*
Tú	• *Acepta la invitación y sugiere una actividad.*
Juan	• *Continúa la conversación.*
Tú	• *Termina la conversación.*

You may find **Appendix B** (Some Expressions Used for Oral Communication) especially helpful as you complete this exercise.

Go Online

For: Additional practice
Visit: www.PHSchool.com
Web Code: jxd-0001

Rosa

Ángel Balzarino

Antes de leer

Abriendo paso: Gramática

Future and future perfect: Unidad 5, págs. 174 a 182; RG 5, págs. 203 a 206

Conditional and conditional perfect: Unidad 6, págs. 220 a 226; RG 6, págs. 233 a 236

A. Para discutir en clase Mira el dibujo y úsalo como punto de partida para narrar lo que tú crees que está sucediendo. La guía y la lista de palabras a continuación te ayudarán a presentarle una descripción completa al resto de la clase. Puedes añadir otras palabras o ideas que no están en la lista. ¡Usa la imaginación!

1. Describe el cuarto con todos los detalles posibles.

2. Describe las computadoras.

3. Describe la computadora que está funcionando.

4. Describe a los hombres y lo que están haciendo.

amontonar	ligero	reluciente
desorganizado	la máquina	el tamaño
deteriorado	oscuro	trasladar
funcionar	la pantalla	útil
inútil	pesado	

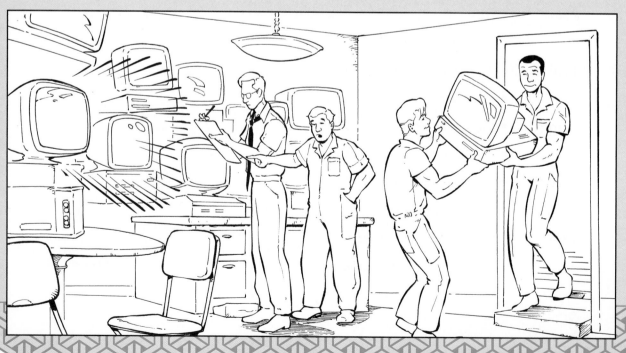

B. Los avances tecnológicos En el mundo de la tecnología y de las computadoras en particular, los consumidores algunas veces se sienten frustrados porque la tecnología avanza demasiado rápido. En este ejercicio vas a trabajar con dos o tres compañeros de clase. Piensa en las respuestas a las siguientes preguntas:

1. ¿Has estado en una situación en la que has comprado algo y en unos meses ya sale al mercado algo mejor, con mejores cualidades, más rápido, etc.? Describe el incidente.

2. En tu opinión, ¿avanza la tecnología demasiado rápido? Antes de presentar tu opinión, organiza tus ideas. Haz una lista de los puntos importantes que vas a discutir y una lista de palabras y frases que te faciliten la discusión. Una vez que todos los estudiantes del grupo hayan expresado sus ideas, respondan a la siguiente pregunta y prepárense para discutir con el resto de la clase la opinión del grupo sobre todas las preguntas.

3. ¿Qué podemos hacer nosotros como consumidores para mantenernos al tanto *(keep up)* con los últimos avances tecnológicos?

C. La Era de las Máquinas Algunas personas se refieren al período por el que estamos pasando como la Era de las Máquinas. En tu opinión, ¿podemos llamar esta época la Era de las Máquinas? ¿Por qué? Piensa en las respuestas a estas preguntas y escribe algunas ideas o palabras para defender tu opinión. Recuerda que tienes que explicar por qué opinas de esa manera. Usa ejemplos que apoyen *(support)* tus ideas. Prepárate para discutir tu opinión con el resto de los estudiantes en la clase.

D. Nuestra experiencia Lee las siguientes preguntas y prepárate para presentarle tus ideas a la clase.

1. ¿Has estado en una situación en la que te sentiste inútil o en una situación en la que no pudiste ayudar a alguien? Describe la situación; explica cómo te sentiste y el efecto que esta situación tuvo en ti. Usa los adjetivos a continuación u otros que no están en la lista.

desesperado	inferior	preocupado
inadecuado	pesimista	triste

2. Ahora piensa en un(a) amigo(a) que se haya sentido inútil en algún momento. ¿Qué hiciste para mejorar la situación? ¿Cómo puedes ayudar a un(a) amigo(a) que se encuentre en esta situación?

E. Una selección Lee la siguiente selección del cuento "Rosa". Mientras lees, haz una lista de las palabras que tú consideres que tienen una connotación positiva y otra de las que tienen una connotación negativa. Cuando te encuentres con un signo de interrogación (?) al margen, trata de deducir el significado de la palabra, según el contexto.

uneasiness

derrota... unavoidable defeat / ordered, resolved

—¡Hoy es el día! —el tono de Rosa expresó cierta zozobra,° la sensación de una derrota ineludible°—. ¿Por qué habrán dispuesto° eso?

—Nadie lo sabe, querida —se limitó a responder Betty.

—Así es. Son órdenes superiores —Carmen pareció resignada ante esa certeza°—. Simplemente debemos obedecer.

?

it did not succeed

?

to revolt, rebel

sin... without mercy

to remove her

Aunque la explicación resultaba clara y sencilla no logró° conformar a Rosa. Ya nada le serviría de consuelo.° Ahora sólo deseaba sublevarse° manifestar abiertamente la indignación que la dominaba sin piedad° desde hacía una semana, cuando le comunicaron la orden increíble de sacarla° de allí.

—¡No quiero separarme de ustedes! —ahora su voz tuvo el carácter de un ruego angustioso°—. ¡No puedo aceptarlo!

un... a supplication full of anguish

—Nosotros tampoco lo deseamos, Rosa.

te... ? / place

to comfort her

los... they have taken them into consideration

—Posiblemente te trasladen° a un sitio° más importante —exclamó Carmen dulcemente tratando de alentarla°—. Tus antecedentes son extraordinarios. Sin duda los han tenido en cuenta° para esa resolución.

—Por supuesto —confirmó Betty—. ¿Dónde te gustaría trabajar ahora?

1. Ahora lee las siguientes frases y decide si la información es cierta o falsa, según lo que leíste. Si la información es falsa, escribe la información correcta.

    a. Rosa se siente un poco nerviosa.

    b. Rosa se siente victoriosa.

    c. Alguien ha dado una orden.

    d. Los personajes que hablan están indignados.

    e. Rosa va a ir a otro lugar.

    f. Rosa está contenta y acepta la orden.

    g. Carmen trata de animar a Rosa.

2. ¿Dónde piensas que tiene lugar el cuento? ¿Por qué?

3. ¿Qué está pasando en esta selección? Resume con tus propias palabras la idea principal de lo que está pasando.

F. Expresiones idiomáticas Las siguientes expresiones aparecen en el cuento que vas a leer. Estudia su significado antes de responder a las preguntas que aparecen a continuación:

> a pesar de   *in spite of*
> estar a punto de   *to be about to*
> estar seguro   *to be sure*
> ¿no te parece?   *don't you think?*
> por eso   *therefore*
> por supuesto   *of course*
> servir de consuelo   *to be of consolation*
> sin embargo   *however*
> tender la mano   *to stretch, extend the hand*
> tener en cuenta (presente)   *to keep in mind*
> tener razón   *to be right*
> tratar de + infinitivo   *to try to + infinitive*

Ahora lee lo que dice una persona a continuación y escoge la respuesta más lógica al comentario o a la pregunta.

1. —Mario, ¿hiciste la tarea de español?
   a. —Por supuesto.
   b. —Tienes razón.

2. —Antonia, ¿es ésta la respuesta correcta?
   a. —Sí, estoy segura.
   b. —Sí, tiendo la mano.

3. —Elías, ¿es ese chico inteligente?
   a. —No, estoy a punto de salir.
   b. —Sí, ¿no te parece?

4. —Eduardo, no olvides que mañana salgo para las montañas a las ocho.
   a. —Sí, lo sé. Ten en cuenta que a esa hora hay mucho tráfico.
   b. —Sí, voy a tratar de empezar a trabajar a las ocho.

5. —Ricardo, ¿viene Juan a la merienda este fin de semana?
   a. —Sí, él viene a pesar de estar muy ocupado.
   b. —Sí, sin embargo la comida está caliente.

6. —Ignacio regresa a Chile y no vamos a verlo por mucho tiempo.

    a. —Sí, por eso el vuelo llegó tarde al aeropuerto.

    b. —Sí, pero me sirve de consuelo que vamos a comunicarnos por correo electrónico.

7. —Ese programa para la computadora puede hacer todo el trabajo que necesitamos terminar.

    a. —¿No te parece demasiado complicado?

    b. —¿Por qué tiendes la mano?

G. Otra selección Aquí tienes otra selección del cuento que vas a leer. Léela cuidadosamente y luego responde a las preguntas a continuación:

La puerta se abrió bruscamente° y cuatro jóvenes, de cuerpos esbeltos y vigorosos,° penetraron en el amplio recinto donde se amontonaban diversas máquinas y pantallas° a las que las luces incandescentes les conferían° un aspecto pulcro,° reluciente, casi de implacable frialdad.°

—¿Cuál es? —preguntó uno de ellos.

El Suplente° deslizó lentamente la vista° a su alrededor, en una especie de reconocimiento o de búsqueda,° hasta que tendió una mano.

abruptly

de... with well-shaped and strong bodies / se... several machines and screens were piled up / gave / graceful

?

Assistant / deslizó... glanced slowly / ?

1. ¿Dónde parecen estar los personajes *(characters)?*

2. ¿Qué piensas tú que está pasando?

3. ¿Qué piensas que vienen a buscar los jóvenes?

4. Escoge la palabra o palabras que describan el tono de esta selección, y explica por qué piensas así.

horroroso	misterioso	tranquilizador
inquietante	romántico	violento

5. Ahora que has leído dos selecciones del cuento, ¿puedes predecir *(foretell)* lo que va a pasar en el cuento? Escribe tres frases sobre lo que tú piensas que va a pasar.

Ángel Balzarino
(1943–)

Ángel Balzarino nació en 1943 en Villa Trinidad (Provincia de Santa Fe, República Argentina). Desde 1956 reside en Rafaela (Santa Fe). Ha publicado los siguientes libros de cuentos y novelas: *El hombre que tenía miedo* (1974), *Albertina lo llama, señor Proust* (1979), *La visita del general* (1981), *Cenizas del roble* (1985), *Las otras manos* (1987), *Horizontes en el viento* (1989), *La casa y el exilio* (1994), *Hombres y hazañas* (1996), *Territorio de sombras y esplendor* (1997) y *Mariel entre nosotros* (1998).

Varios de sus trabajos figuran en ediciones colectivas, entre otras *De orilla a orilla* (1972), *Cuentistas provinciales* (1977), *40 cuentos breves argentinos: Siglo XX* (1977), *Antología literaria regional santafesina* (1983), *39 cuentos argentinos de vanguardia* (1985), *Nosotros contamos cuentos* (1987), *Santa Fe en la literatura* (1989), *Vº Centenario del Descubrimiento de América* (1992), *Antología cultural del litoral argentino* (1995).

Ángel Balzarino ha obtenido numerosas distinciones por su actividad literaria dedicada especialmente al cuento.

Nota cultural

En la actualidad las computadoras son esenciales para que la gente aprenda, trabaje, haga su vida social, etc. Muchos de los términos que se usan en español provienen del inglés. Unos ejemplos son: el input, el output, el hardware y el software.

¿Piensas que esto ocurre sólo con el español o crees que ocurre en otras lenguas? ¿Piensas que esta terminología tiene un efecto positivo o negativo en los idiomas?

Al leer

"Rosa" es un cuento que tienes que leer con mucho cuidado. Mientras lees, ten en cuenta los siguientes puntos:

- las preocupaciones que son evidentes al principio del cuento
- la explicación de las compañeras sobre el traslado *(removal, transfer)* de Rosa
- el propósito de la llegada de los jóvenes

Recuerda que si ves un signo de interrogación (?) al margen, debes deducir el significado de la palabra o frase, según el contexto.

Rosa
Ángel Balzarino

—¡Hoy es el día! —el tono de Rosa expresó cierta zozobra, la sensación de una derrota ineludible—. ¿Por qué habrán dispuesto eso?

—Nadie lo sabe, querida —se limitó a responder Betty.

—Así es. Son órdenes superiores —Carmen pareció resignada   5
ante esa certeza—. Simplemente debemos obedecer.

Aunque la explicación resultaba clara y sencilla no logró conformar a Rosa. Ya nada le serviría de consuelo. Ahora sólo deseaba sublevarse, manifestar abiertamente la indignación que la dominaba sin piedad desde hacía una semana, cuando le   10
comunicaron la orden increíble de sacarla de allí.

—¡No quiero separarme de ustedes! —ahora su voz tuvo el carácter de un ruego angustioso—. ¡No puedo aceptarlo!

—Nosotros tampoco lo deseamos, Rosa.

—Posiblemente te trasladen a un sitio más importante   15
—exclamó Carmen dulcemente tratando de alentarla—. Tus antecedentes son extraordinarios. Sin duda los han tenido en cuenta para esa resolución.

—Por supuesto —confirmó Betty—. ¿Dónde te gustaría trabajar ahora?   20

Se produjo un largo silencio; embargada° por la duda, Rosa demoró° una respuesta concreta, como si aún no hubiera contemplado esa posibilidad.

—No lo sé. No tengo ambiciones. Me agrada° estar aquí.

—Pero ya permaneciste° mucho tiempo, ¿no te parece?   25

—Tal vez sí. ¡Cuarenta y tres años! —la pesadumbre° de Rosa se transformó de pronto en una ráfaga de orgullo°—. Fui la primera que empezó las tareas más complicadas. Nunca tuve una falla,° nadie me ha hecho una corrección.

—Lo sabemos, Rosa.   30

restrained (21)
delayed (22)
? (24)
stayed (25)
grief (26)
ráfaga... burst of pride (27)
fault (29)

—¡Una trayectoria realmente admirable!

—Por eso querrán trasladarte. Necesitarán tus servicios en otra parte. Quizá te lleven al Centro Nacional de Comunicaciones.

Las palabras de Betty reflejaron un vibrante entusiasmo, casi tuvieron una mágica sonoridad. Trabajar en ese lugar constituía un hermoso, envidiable privilegio. A pesar de ser un anhelo° común, tácitamente comprendían que eran remotas las posibilidades de concertarlo como si debieran recorrer° un camino erizado de insuperables escollos.° Preferían, tal vez para evitar una amarga° decepción, descartar° la esperanza de ser elegidas.

—A cualquiera le gustaría estar allí —admitió Rosa sin énfasis—. Pero creo que ya soy demasiado vieja.

—Precisamente por eso te habrán elegido —dijo Betty con fervor—. Para trabajar allí se necesita tener mucha experiencia.

—Las cosas están cambiando, Rosa —continuó Carmen—. Todo se presenta bajo un aspecto nuevo, casi sorprendente. Es un proceso de reestructuración. Ellos parecen decididos a dar a cada cosa el lugar que le corresponde. Sin duda comprendieron que era hora de darte una merecida recompensa.°

—Quizá tengan razón —dijo Rosa modestamente—. Cuarenta y tres años de eficiente labor tienen un gran significado. Aunque nunca me interesó recibir un premio. Simplemente me limité a trabajar de la mejor manera.

—Siempre serás un ejemplo para nosotras, Rosa.

—Nadie será capaz° de reemplazarte. Estamos seguras.

—Sin embargo desearía saber a quién pondrán en mi lugar.

Las palabras de Rosa quedaron de repente superadas° por el agudo repiquetear de unos pasos° cada vez más cercanos; entonces, algo sobresaltadas° por esa señal° que parecía anunciar una grave amenaza,° las tres permanecieron a la expectativa.

—¡Allí vienen!

—Sí —Rosa no se preocupó en disimular° su consternación—. ¡Ha llegado el momento!

—Carmen y Betty se vieron contagiadas° por ese estado de ánimo;° después, con forzada exaltación, sólo pudieron decir a modo de despedida:

—¡Mucha suerte en tu nuevo trabajo, Rosa!

desire

?

erizado... bristling with insurmountable difficulties / bitter / dismiss

merecida... deserving reward

?

overpowered

repiquetear... ringing of some footsteps
frightened / signal
threat

to hide

infected / estado... state of mind

*   *   *

La puerta se abrió bruscamente y cuatro jóvenes, de cuerpos esbeltos y vigorosos, penetraron en el amplio recinto donde se amontonaban diversas máquinas y pantallas a las que las luces incandescentes les conferían un aspecto pulcro, reluciente, casi de implacable frialdad.   70

—¿Cuál es? —preguntó uno de ellos.

El Suplente deslizó lentamente la vista a su alrededor, en una especie de reconocimiento o de búsqueda, hasta que tendió una mano.   75

—Aquélla. Se la conoce con el nombre de Rosa.

se... went toward

Los tres hombres se dirigieron° con pasos firmes y decididos hacia la computadora de mayor tamaño, cuyo material se notaba algo deteriorado por el uso y los años.   80

lugar... usual place

—¿La llevamos al lugar de costumbre?°

—Sí, a La Cámara de Aniquilación.

—Pronto volveremos por las otras.

—Está bien.

place / avoid

Mientras los hombres llevaban la vieja y pesada computadora, el Suplente fue a ocupar su puesto.° Entonces no pudo evitar° una franca sonrisa de seguridad, de absoluto triunfo al comprender que ya estaba a punto de finalizar la Era de las Máquinas.   85

Comprensión

A. Frases para completar Lee las frases de la columna A y luego escoge la terminación correcta de la columna B, según la información del cuento. Algunas de las terminaciones no son correctas.

A	B
1. A Rosa le comunicaron que la llevarían…	**a.** separarse de sus compañeras
2. Al oír la noticia, Rosa se sintió…	**b.** a otro lugar
3. Las amigas de Rosa trataron de…	**c.** darle un premio a Rosa
4. Rosa no quería…	**d.** un modelo de una excelente trabajadora
5. A causa de su extraordinario trabajo, Rosa se sentía muy…	**e.** a unas personas que se acercaban
6. Para sus compañeras Rosa era…	**f.** conforme
7. Los personajes que hablaban se asustaron cuando oyeron…	**g.** el ruido de las máquinas
8. Los jóvenes que entraron en el cuarto venían a…	**h.** ser destruidas
9. Las computadoras que se llevaban los jóvenes iban a…	**i.** una máquina
10. Al final del cuento, nos damos cuenta de que en realidad Rosa era…	**j.** enfurecida
	k. tranquilizar a Rosa
	l. una pantalla
	m. orgullosa
	n. ser reparadas
	o. buscar las computadoras que ya eran inútiles

B. Comprensión general Con tus propias palabras, responde a las siguientes preguntas. Luego, comparte tus ideas con los otros estudiantes de la clase.

1. ¿Por qué habla Rosa con cierta zozobra al principio?

2. ¿Cómo reaccionan las compañeras de Rosa al enterarse de *(upon finding out)* que van a trasladar a Rosa?

3. ¿Se cumple *(Does it come true)* lo que dicen las compañeras sobre el futuro de Rosa? ¿Cuál es el verdadero destino de Rosa? Explica tu respuesta.

C. En contexto Imagínate que quieres explicarle a un(a) compañero(a) de clase el significado de las siguientes palabras. En español, explica lo que cada una de las palabras significa. Por ejemplo, la palabra *despedida* se puede definir como: "lo que le decimos a una persona cuando salimos de su casa" o "el antónimo de saludo". Escribe las explicaciones para luego compartirlas con el resto de la clase. La referencia indica la línea en la que puedes encontrar la palabra en el texto.

resignada [línea 5]	trasladarte (trasladar) [línea 32]
sencilla [línea 7]	recompensa [línea 49]
sacar(la) [línea 11]	reemplazarte (reemplazar) [línea 55]

D. De la misma familia Las palabras de la lista a continuación son palabras que probablemente ya conoces. Escribe todas las palabras de la misma familia que conozcas, por ejemplo: trabajar—el (la) trabajador(a), el trabajo, trabajosamente. La referencia indica la línea en la que puedes encontrar la palabra en el texto.

clara [línea 7]	sorprendente [línea 46]
abiertamente [línea 9]	seguras [línea 55]
increíble [línea 11]	frialdad [línea 72]
envidiable [línea 36]	búsqueda [línea 75]
recorrer [línea 38]	

E. Al punto Lee las preguntas o frases incompletas a continuación. Luego, escoge la mejor respuesta o terminación según la lectura.

1. Rosa se sentía indignada porque le comunicaron que…
   a. sus amigas hablaban mal de ella.
   b. la trasladarían a otro lugar.
   c. le reducirían los beneficios que recibía.
   d. el trabajo que hacía tenía muchos errores.

2. Las compañeras de Rosa tratan de tranquilizarla…
   a. haciendo chistes.
   b. cambiando de conversación.
   c. diciéndole que ellas irán con ella.
   d. exaltando *(praising)* el trabajo que ha hecho.

3. Según Rosa, a ella le gustaría…
   a. dar una fiesta de despedida.
   b. quedarse donde está ahora.
   c. trabajar en otra compañía.
   d. llevarse a todas sus compañeras.

4. ¿Por qué se sentía Rosa muy orgullosa?
   a. Porque su trabajo era ejemplar.
   b. Porque había ayudado a sus compañeras.
   c. Porque había recibido muchos premios.
   d. Porque nunca se había descompuesto *(had broken down)*.

5. Podemos inferir que trabajar en el Centro Nacional de Comunicaciones parece ser…
   a. muy deseado.
   b. muy deprimente.
   c. muy difícil.
   d. muy bien pagado.

6. ¿Por qué piensa Betty que han seleccionado a Rosa?
   a. Por su edad.
   b. Por su personalidad.
   c. Por su experiencia.
   d. Por su poder.

1. En tu opinión, ¿por qué crees tú que el autor nos presenta las computadoras como seres humanos? ¿Está tratando de hacer que el lector sienta emociones hacia ellas?

2. ¿Sería la lectura del cuento diferente si el lector supiera que los personajes que hablaban al principio eran máquinas? Explica.

C. El destino de las otras computadoras Al final del cuento el autor nos dice lo que les va a suceder a las otras computadoras en la oficina. ¿Pasará mucho tiempo antes de que ellas se encuentren en la misma situación que Rosa? ¿Cómo te sientes acerca del destino de estas máquinas? ¿Es justo? Explica tu respuesta. Discute tus ideas con dos o tres estudiantes de la clase y lleguen a una conclusión para discutirla con el resto de la clase.

D. Para seguir siendo útil En nuestra sociedad se discute mucho la edad en que una persona debe jubilarse *(retire)*. Muchas personas se sienten deprimidas porque la jubilación puede significar el final de su vida productiva. Piensa en una persona que conozcas que esté a punto de jubilarse y explica cómo esta persona, o cualquier otra, puede seguir siendo útil para la sociedad. En grupos de tres o cuatro estudiantes, discutan las ideas. Luego, el (la) profesor(a) les pedirá que presenten los resultados de la discusión a la clase.

E. Un debate ¿Llegará el día en que las computadoras puedan pensar como un ser humano, o es algo que nunca ocurrirá? ¿Podrá la ciencia darle esta cualidad a una computadora? Piensa cuidadosamente en estas preguntas. Luego, en grupos de tres o cuatro estudiantes, discutan sus ideas. El (La) profesor(a) va a escoger a los estudiantes que tienen ideas similares para tener un debate en la clase. Antes de empezar, hagan una lista de los puntos que Uds. consideren importantes para la discusión y expliquen por qué llegaron a esa conclusión.

Para escribir

You may find **Appendix A** (Some Words and Expressions Used to Connect Ideas) and **Appendix C** (Some Expressions Used to Begin and End a Written Message) especially useful as you complete these exercises.

A. Un resumen Escribe un resumen del cuento en menos de cincuenta palabras.

1. Primero, lee la lista de palabras a continuación y elimina las palabras que tú no consideres importantes para escribir el resumen.

admirable	el éxito	el orgullo
alentar	inútil	reemplazar
bruscamente	llevarse	trasladar
la despedida	las máquinas	vieja

2. Ahora, añade por lo menos tres palabras más que consideres importantes, pero que no están en la lista anterior. Al final, debes tener un total de diez o doce palabras.

3. Antes de empezar a escribir, piensa en las ideas más importantes del cuento y trata de responder brevemente a las preguntas ¿quién(es)?, ¿qué?, ¿cuándo?, ¿cómo? y ¿dónde? A veces lo más difícil es ser breve; vamos a ver si puedes…

B. Una reacción al cuento Quizás algunos lectores se enojen al darse cuenta al final del cuento de que los personajes que hablan al principio son máquinas y no personas. Si te sientes de esta manera, escribe un párrafo para expresar tu enojo y explicar por qué te sientes así. Si no te sientes de esa manera, escribe un párrafo en el que expreses tus elogios *(praises)* al autor por haber escrito un cuento tan imaginativo. Usa los siguientes puntos como guía.

1. Expresa tu opinión.

2. Da dos o tres razones que apoyen tu opinión.

3. Felicita o critica al autor.

C. Después de la Era de las Máquinas Al final del cuento el autor dice, "…ya estaba a punto de finalizar la Era de las Máquinas". ¿Qué quiere decir esta frase en el contexto del cuento? Si se termina la Era de las Máquinas, ¿qué era viene después? ¿Piensas que ya ha llegado esa era? ¿Cómo es? ¿Cómo será? Escribe un párrafo titulado "Después de la Era de las Máquinas". Usa las preguntas anteriores como guía.

D. El valor de la edad El dilema que presenta el cuento se puede llevar a un nivel humano, o sea a lo que les sucede a muchas personas cuando llegan a cierta edad. Escribe dos párrafos en los que discutas el valor de las personas mayores. Incluye las respuestas a las siguientes preguntas: ¿Cómo pueden seguir siendo de beneficio a la sociedad las personas mayores? ¿Qué pueden ofrecer a la sociedad? ¿Por qué no debemos descartarlas *(discard them)* como descartaron a Rosa? Usa las ideas del ejercicio D de la sección **Para conversar** como punto de partida.

E. El orgullo del trabajo Algunas personas dicen que los trabajadores de hoy día no sienten orgullo por el trabajo que hacen. Piensa en esta declaración y en la modestia que demuestra Rosa en el cuento. ¿Deben los trabajadores hacer su trabajo sin pensar en las recompensas? ¿Deben pensar sólo en el orgullo y la satisfacción que reciben cuando hacen un buen trabajo? Si no tienes suficiente información habla con tus padres o con otro adulto que te pueda dar su opinión. Luego escribe un párrafo en el que discutas tu opinión sobre el tema.

F. Otro final Imagínate que puedes cambiar el final del cuento. ¿Cómo lo cambiarías? ¿Qué sucedería al final si fueras el (la) autor(a)? Usa la imaginación y escribe un párrafo en el que expliques detalladamente cómo tú terminarías el cuento.

G. Si yo fuera Rosa... Imagínate que eres Rosa. Escríbele una carta al Director de la compañía donde trabajas explicándole por qué no debería deshacerse *(get rid)* de ti. Puedes usar la guía a continuación o escribir tu propia guía.

> **Primer párrafo:** Explica quién eres, el trabajo que haces y lo que te acaban de comunicar.
>
> **Segundo párrafo:** Expresa tu reacción a la noticia, cómo te sientes, qué efectos va a tener en tu vida.
>
> **Tercer párrafo:** Describe tus cualidades, lo que has hecho y lo que prometes hacer en el futuro con respecto a tu trabajo en la compañía.
>
> **Cuarto párrafo:** Resume las ideas principales que expresaste.

Interpersonal Writing

Directions: For each of the following exercises, you will write a message. For each exercise, you have 10 minutes to read the instructions and write your message. Each message should be at least 60 words in length.

Instrucciones: Para cada uno de los siguientes ejercicios, vas a escribir un mensaje. Para cada ejercicio, tienes 10 minutos para leer las instrucciones y escribir tu mensaje. Cada mensaje debe tener una extensión de 60 palabras.

Mensaje 1

Imagina que acabas de perder tu trabajo de tiempo parcial. Escríbele un mensaje electrónico a una amiga. Salúdale y

- menciona la pérdida del trabajo
- expresa tu reacción al saberlo
- pídele alguna recomendación para el futuro
- despídete

Mensaje 2

Imagina que ya no necesitas tu computadora vieja. Escríbele un mensaje electrónico a un amigo. Salúdalo y

- ofrécele la computadora vieja
- explica por qué no necesitas la computadora
- describe la computadora
- explica por qué necesitas que te conteste pronto
- despídete

Comprensión auditiva

Escucha las siguientes selecciones. Después de cada selección vas a escuchar varias preguntas. Escoge la mejor respuesta para cada pregunta entre las opciones impresas en tu libro.

Selección número 1

La selección que vas a escuchar es un comentario de la radio acerca de la tecnología.

Número 1
- **a.** La vida lenta.
- **b.** Las computadoras viejas.
- **c.** Los adelantos de la tecnología.
- **d.** Las nuevas modas.

Número 2
- **a.** Que nos ayudan con las labores diarias.
- **b.** Que son monstruos prehistóricos.
- **c.** Que se ponen anticuadas muy pronto.
- **d.** Que ya no son tan rápidas.

Número 3
- **a.** Que la tecnología no avanzara tan rápido.
- **b.** Que destruyeran todas las máquinas.
- **c.** Volver a los tiempos prehistóricos.
- **d.** Comprar otra computadora.

Selección número 2

Escucha la siguiente conversación entre Paula y Sergio. Paula está de visita en el apartamento de Sergio. Sergio parece muy preocupado. Mientras los dos hablan, Sergio continúa buscando algo que ha perdido.

Número 1
- **a.** Porque hace mucho tiempo que los perdió.
- **b.** Porque el cuarto está oscuro.
- **c.** Porque los dejó en la oficina.
- **d.** Porque él no sabe lo que busca.

Número 2
- **a.** Porque trabaja mucho y llega tarde a su casa.
- **b.** Porque su jefe es demasiado exigente.
- **c.** Porque hace varias semanas que su computadora no funciona.
- **d.** Porque tiene que aprender a usar los nuevos programas.

Número 3
- **a.** Tienen problemas con las nuevas computadoras.
- **b.** Han reemplazado a varios empleados.
- **c.** No tienen computadoras adecuadas.
- **d.** No hay espacio para las computadoras.

Número 4
- **a.** Ayudarlo el próximo día.
- **b.** Trabajar en su oficina.
- **c.** Hablar con su jefe.
- **d.** Arreglar su computadora.

Número 5
- **a.** Porque está muy organizado.
- **b.** Porque ella sabe dónde está todo.
- **c.** Porque es de tamaño pequeño.
- **d.** Porque el jefe los ayudará.

Simulated Conversation

Directions: You will now participate in a simulated conversation. First, you will have 30 seconds to read the outline of the conversation. Then, you will listen to a message and have one minute to read again the outline of the conversation. Afterward, the conversation will begin, following the outline. Each time it is your turn, you will have 20 seconds to respond; a tone will indicate when you should begin and end speaking. You should participate in the conversation as fully and appropriately as possible.

Instrucciones: Ahora participarás en una conversación simulada. Primero, tendrás 30 segundos para leer el esquema de la conversación. Entonces, escucharás un mensaje y tendrás un minuto para leer de nuevo el esquema de la conversación. Después empezará la conversación, siguiendo el esquema. Siempre que sea tu turno, tendrás 20 segundos para responder; una señal te indicará cuándo debes empezar y terminar de hablar. Debes participar en la conversación de la manera más completa y apropiada posible.

You may find **Appendix B** (Some Expressions Used for Oral Communication) especially useful as you complete this exercise.

(A) Imagina que recibes un mensaje telefónico de tu amiga Rosa sobre un problema que tiene. Escucha el mensaje. [You will hear the message on the recording. Escucharás el mensaje en la grabación.]

(B) La conversación.
[The shaded lines reflect what you will hear on the recording. Las líneas en gris reflejan lo que escucharás en la grabación.]

Rosa	• *Contesta el teléfono.*
Tú	• *Salúdala y pregúntale sobre su problema.*
Rosa	• *Te explica por qué te había llamado.*
Tú	• *Expresa tu reacción.*
Rosa	• *Continúa la conversación.*
Tú	• *Dale algunos consejos.*
Rosa	• *Continúa la conversación.*
Tú	• *Reacciona a lo que te pide.*
Rosa	• *Continúa la conversación.*
Tú	• *Acepta su sugerencia y finaliza los planes.*
Rosa	• *Continúa la conversación.*
Tú	• *Termina la conversación.*

Go Online

For: Additional practice
Visit: www.PHSchool.com
Web Code: jxd-0002

El décimo

Emilia Pardo Bazán

Abriendo paso:
Gramática

Preterite, imperfect,
and pluperfect
indicative: Unidad 1,
págs. 1 a 29;
RG 1, págs. 30 a 48

Antes de leer

A. Para discutir en clase Mira el dibujo y úsalo como punto de partida para narrar lo que tú crees que está sucediendo. Para la discusión con la clase, haz una lista de palabras clave o de frases que te ayuden a expresar tus ideas. Usa los siguientes puntos como guía para la descripción

- el lugar
- el tiempo *(weather)*
- la hora
- los personajes *(characters)*
- la ropa
- otras personas en el dibujo

B. Nuestra experiencia La lotería es un tema importante en el cuento que vas a leer. Usa las preguntas a continuación para narrar una historia corta sobre tu experiencia personal y el tema de la lotería. ¿Conoces a alguien que haya ganado un sorteo *(raffle, lottery drawing)*? Cuéntales a tus compañeros la clase de sorteo que era y lo que esa persona ganó. ¿Cuál fue la reacción del (de la) ganador(a)? ¿Cuál fue la reacción de su familia, de sus amigos y de sus vecinos? ¿Para qué usó el premio? Si no conoces a nadie personalmente, describe la historia de un(a) ganador(a) sobre quien hayas leído en el periódico o hayas visto en la televisión.

C. El día que papá se sacó un premio Lee el siguiente cuento que narra un chico sobre el día que su padre se sacó *(won)* un premio y lo que hizo con el premio. Después de leerlo, responde a las preguntas que aparecen al final.

Me acuerdo bien del sorteo porque fue la primera vez que habíamos ganado un premio. Antes de aquel día inolvidable, mi padre decía que podría haber comprado un nuevo coche con todo el dinero que había gastado en los sorteos que tenían todas las instituciones de beneficencia de nuestra ciudad. Pero como hombre generoso, seguía apoyando todas las causas que vendían billetes de sorteo para recaudar° fondos. Como mi padre era un hombre supersticioso, guardaba° los billetes que compraba debajo de una mascota° que tenía en el armario. Pues, en esta ocasión su mascota (una casita de madera que le había regalado su abuelo cuando mi padre era niño) nos trajo una suerte increíble. Acabábamos de cenar cuando oímos sonar el timbre.° Nos asustamos° porque había varias personas gritando y llamando a la puerta. "¡Habéis ganado! ¡Habéis ganado! ¡Venid a ver! ¡Es vuestro número!" gritaban todos a la vez. Nos sorprendió mucho todo el entusiasmo porque no entendíamos lo que habíamos ganado. "¡Quinientos millones de pesetas! ¡Quinientos millones de pesetas! ¿Nos engañaban?"° "No puede ser", pensamos. Pero cuando buscamos en el periódico los números que sacaron premio, nos dimos cuenta de que era verdad… pero nuestros sueños no duraron mucho. Primero, papá se puso nervioso y no podía hallar° el billete. Luego, cuando lo halló, reaccionó de la misma manera que había reaccionado en el pasado. Como dije antes, mi padre era generoso, y no dejó de serlo aquella noche. Sin pensar en las posibilidades que nos ofrecía todo ese dinero, decidió donarlo a una institución de beneficencia (un grupo que proveía vivienda a los destituidos°). Con lágrimas° en los ojos, yo todavía me pregunto, ¿por qué no nos quedamos° por lo menos con la mitad° del dinero?

to raise

he used to keep / good-luck charm

sonar… the bell ring / we were frightened

¿Nos… Were they deceiving us?

to find

homeless / tears

por qué… why didn't we keep / half

1. ¿Qué hacía el padre con los billetes que compraba?

2. ¿Qué pasó una noche después de cenar?

3. ¿Por qué se asustó la familia?

4. ¿Qué no podía hallar el padre?

5. ¿Qué decidió hacer el padre?

6. ¿Cómo reaccionó el chico que narra el cuento?

7. ¿Con qué quería quedarse el chico?

Ahora, imagínate que eres la persona afortunada que acaba de ganar este premio. Cuéntale a un(a) compañero(a) de clase cómo reaccionarías y explícale lo que harías con el premio.

D. La generosidad Los personajes del cuento que vas a leer son personas de "carne y hueso", o sea, personas reales con sueños y esperanzas, y con valores que sobrepasan *(surpass)* el deseo por los bienes materiales. En grupos de tres o cuatro estudiantes, discutan lo que harían Uds. si se encontraran en las situaciones que se describen a continuación. No hay respuestas incorrectas. Lo importante es escoger la decisión que Uds. consideran razonable para Uds. y para la otra gente en la situación. Cuando los otros grupos le presenten a la clase sus ideas, pregúntenles por qué llegaron a esa conclusión.

1. Tu hermana te pide diez dólares para comprar un libro que necesita para el colegio; si se lo das, no tendrás suficiente dinero para ir al cine.

2. Tu padre o tu madre te pide que cuides a tus hermanos menores durante el fin de semana, mientras ellos trabajan. Si lo haces, no podrás ir al centro con tus amigos.

3. Un(a) amigo(a) te llama y dice que quiere verte en seguida *(right away)* porque tiene un problema. Te dice que es importante. Tú estás a punto de *(about to)* salir de tu casa para ir a un concierto de tu cantante favorito.

4. Un(a) amigo(a) te pide prestado tu disco compacto favorito y lo pierde. Es la segunda vez que ha perdido una de tus cosas y no ha tratado de reemplazarla.

5. Encuentras un billete de lotería en la calle. Al llegar a tu casa, buscas la lista de los números que sacaron premio y te das cuenta de que es el billete ganador de veinte millones de dólares. Te preguntas, ¿necesitará el dinero más que yo la persona que perdió el billete?

E. Una selección Lee el comienzo del cuento "El décimo" para averiguar *(to find out)* cómo se conocen el narrador y su futura esposa. Cuando te encuentres con un signo de interrogación (?) al margen, trata de deducir el significado de la palabra, según el contexto.

¿La historia de mi boda?° Óiganla ustedes; es bastante original.

Una chica del pueblo, muy mal vestida, y en cuyo rostro se veía pintada el hambre, fue quien me vendió el décimo° de billete de lotería, a la puerta de un café, a las altas horas° de la noche. Le di por él la enorme cantidad de un duro.° ¡Con qué humilde y graciosa sonrisa respondió a mi generosidad!

—Se lleva usted la suerte, señorito —dijo ella con la exacta y clara pronunciación de las muchachas del pueblo de Madrid.

—¿Estás segura? —le pregunté en broma,° mientras yo metía° el décimo en el bolsillo del sobretodo° y me subía el cuello a fin de protegerme del frío de diciembre.

—¡Claro que estoy segura! ¡Ya lo verá usted, señorito! Si yo tuviera dinero no lo compraría usted… El número es el 1.620; lo sé de memoria,° los años que tengo, diez y seis, y los días del mes que tengo sobre los años, veinte justos.° ¡Ya ve si lo compraría yo!

—Pues, hija —respondí queriendo ser generoso—, no te apures:° si el billete saca premio… la mitad será para ti.

Ahora, vuelve a leer el comienzo del cuento y busca las palabras, expresiones o frases que describen lo siguiente:

- la situación económica de la muchacha
- el lugar
- el tiempo
- la lotería

Según la información que has leído hasta ahora, ¿qué piensas que va a pasar en el cuento?

wedding

a portion (a tenth) of a lottery ticket (It's typical in Spain to buy a share of a ticket.) / las… ? / a Spanish coin worth five pesetas

en… jokingly / ?

?

?

exactly (hace veinte días que cumplió los dieciséis años) / no… don't worry

Emilia Pardo Bazán
(1851–1921)

Emilia Pardo Bazán, autora española nacida en La Coruña, Galicia, en 1851, es considerada una de las figuras literarias más importantes del siglo XIX. Escribió mucho y en varios géneros, hasta su muerte en 1921. Aristocrática e intelectual, fue la primera mujer en recibir una cátedra de literatura en la Universidad de Madrid. Sus ideas feministas son evidentes en la revista que escribió y publicó personalmente por muchos años. Se dice que sus obras ayudaron a iniciar el debate sobre el feminismo en España. En sus obras de ficción, en el cuento y en la novela, se destacan las descripciones muy detalladas del ambiente y de los personajes.

Nota cultural

Cada billete de la lotería en España está dividido en diez billetes con el mismo número, llamados décimos. La LOTENAL tiene su origen en la época colonial y sigue siendo uno de los juegos de azar *(games of chance)* más populares en España.

¿Por qué crees que es tan popular en España? El dinero que resulta de la venta de los billetes se usa para la asistencia pública. ¿Sucede lo mismo en los Estados Unidos? ¿Quién se beneficia?

Al leer

Pardo Bazán usa un estilo que nos permite visualizar las escenas que pinta con palabras. Este cuento tiene lugar en Madrid. Mientras lo lees, presta atención a estos puntos:

- la situación económica de la muchacha comparada con la del hombre
- la reacción de la muchacha comparada con la reacción del hombre
- el cambio en la narración del pretérito al tiempo presente [línea 41]

Recuerda que si ves un signo de interrogación (?) al margen, debes deducir el significado de la palabra o frase, según el contexto.

El décimo

Emilia Pardo Bazán

¿La historia de mi boda? Óiganla ustedes; es bastante original.

Una chica del pueblo, muy mal vestida, y en cuyo rostro se veía pintada el hambre, fue quien me vendió el décimo de billete de lotería, a la puerta de un café, a las altas horas de la noche. Le
5 di por él la enorme cantidad de un duro. ¡Con qué humilde y graciosa sonrisa respondió a mi generosidad!

—Se lleva usted la suerte, señorito —dijo ella con la exacta y clara pronunciación de las muchachas del pueblo de Madrid.

—¿Estás segura? —le pregunté en broma, mientras yo metía el
10 décimo en el bolsillo del sobretodo y me subía el cuello a fin de protegerme del frío de diciembre.

—¡Claro que estoy segura! ¡Ya lo verá usted, señorito! Si yo tuviera dinero no lo compraría usted… El número es el 1.620; lo sé de memoria, los años que tengo, diez y seis, y los días del mes
15 que tengo sobre los años, veinte justos. ¡Ya ve si lo compraría yo!

—Pues, hija —respondí queriendo ser generoso—, no te apures: si el billete saca premio… la mitad será para ti.

Una alegría loca se pintó en los negros ojos de la chica, y con la fe más absoluta, cogiéndome por un brazo, exclamó:

20 —¡Señorito, por° su padre y por su madre, deme su nombre y las señas° de su casa! Yo sé que dentro de ocho días seremos ricos.

for the sake of
address

Sin dar importancia a lo que decía le di mi nombre y mis señas; y diez minutos después ni recordaba el incidente.

Pasados cuatro días, estando en la cama, oí gritar la lista de la
25 lotería. Mandé que mi criado la comprara, y cuando me la trajo, mis ojos tropezaron° inmediatamente con el número del premio gordo.° Creí que estaba soñando, pero no, era la realidad. Allí en la lista, decía realmente 1.620… ¡Era mi décimo, la edad de la muchacha, la suerte para ella y para mí! Eran muchos miles de
30 duros lo que representaban aquellos cuatro números. Me sentía tan dominado por la emoción que me era imposible decir palabra

came upon
premio… first prize, jackpot

even

Al... Instantly

?

shaken

no... I have never caught him lying

? / candle / corners

stretched out

se... insists
se... ?
no... I wasn't wrong

¡Infeliz... ?

por... as a result

me... I was wrong
(she) raised / honda... deep tenderness / la... someone else's pain / encogiéndose... shrugging her shoulders / ¡Vaya... If that's how the Blessed Mother wants it to be!

proteger... looking after her and seeing that she was educated / di... I married

y hasta° mover las piernas. Aquella humilde y extraña criatura, a quien nunca había visto antes, me había traído la suerte, había sido mi mascota... Nada más justo que dividir la suerte con ella; además, así se lo había prometido. 35

Al punto° deseé sentir en los dedos el contacto del mágico papelito. Me acordaba bien; lo había guardado en el bolsillo exterior del sobretodo. ¿Dónde estaba el sobretodo? Colgado° allí en el armario... A ver... toco aquí, busco allá... pero nada, el décimo no aparece. 40

Llamo al criado con furia, y le pregunto si había sacudido° el sobretodo por la ventana... ¡Ya lo creo que lo había sacudido! Pero no había visto caer nada de los bolsillos, nada absolutamente... En cinco años que hace que está a mi servicio no le he cogido nunca mintiendo.° Le miro a la cara; le he creído 45 siempre, pero ahora, no sé qué pensar. Me desespero, grito, insulto, pero todo es inútil. Me asusta lo que me ocurre. Enciendo° una vela,° busco en los rincones,° rompo armarios, examino el cesto de los papeles viejos... Nada, nada.

A la tarde, cuando ya me había tendido° sobre la cama para ver 50 si el sueño me ayudaba a olvidarlo todo, suena el timbre. Oigo al mismo tiempo en la puerta ruido de discusión, voces de protesta de alguien que se empeña° en entrar, y al punto veo ante mí a la chica, que se arroja° en mis brazos gritando y con las lágrimas en los ojos.

—¡Señorito, señorito! ¿Ve usted como yo no me engañaba?° 55 Hemos sacado el gordo.

¡Infeliz de mí!° Creía haber pasado lo peor del disgusto, y ahora tenía que hacer esta cruel confesión; tenía que decir, sin saber cómo, que había perdido el billete, que no lo encontraba en ninguna parte, y que por consiguiente° nada tenía que esperar de 60 mí la pobre muchacha, en cuyos ojos negros y vivos temía ver brillar la duda y la desconfianza.

Pero me equivocaba,° pues cuando la chica oyó la triste noticia, alzó° los ojos, me miró con la honda ternura° de quien siente la pena ajena° y encogiéndose de hombros° dijo: 65

—¡Vaya por la Virgen!° Señorito... no nacimos ni usted ni yo para ser ricos.

Es verdad que nunca pude hallar el décimo que me habría dado la riqueza, pero en cambio la hallé a ella, a la muchacha del pueblo a quien, después de proteger y educar,° di la mano de 70 esposo° y en quien he hallado más felicidad que la que hubiera podido comprar con los millones del décimo.

Comprensión

A. ¿Cierta o falsa? Lee las siguientes frases y decide si la información es cierta o falsa, según el cuento. Si la información es falsa, escribe la información correcta.

1. El criado compra un décimo de lotería para el narrador.

2. El narrador mete el décimo en el bolsillo de su camisa.

3. El narrador le promete a la chica la mitad del premio si el billete saca premio.

4. El criado compra la lista de la lotería.

5. El narrador se da cuenta de que ha ganado.

6. La chica pierde el billete.

7. El narrador no está seguro si el criado se ha robado el billete.

8. La chica no va a visitar al narrador.

9. El narrador nunca le dice la verdad a la chica.

10. La chica se enoja cuando sabe la verdad.

11. A la chica no le importa que el narrador haya perdido el décimo.

12. El narrador y la chica se casan y son muy felices.

B. Comprensión general Con tus propias palabras, responde a las siguientes preguntas. Luego, comparte tus ideas con los otros estudiantes de la clase.

1. ¿Cuál es la actitud del narrador hacia la lotería cuando compra el décimo?

2. ¿Por qué se enoja el narrador con su criado cuando no encuentra el billete?

3. ¿Qué contrastes o diferencias hay en la reacción hacia el billete perdido por parte de la muchacha y del narrador? ¿Esperaba el narrador tal reacción de la muchacha? ¿Por qué sí? ¿Por qué no?

4. ¿Qué efecto tiene en la narración el cambio al tiempo presente? [línea 39] ¿Por qué crees que el autor hace este cambio?

C. De la misma familia Las palabras de la lista a continuación son palabras que probablemente ya conoces. Escribe todas las palabras de la misma familia que conozcas, por ejemplo: estudioso—el (la) estudiante, estudiar, estudiantil, los estudios. La referencia indica la línea en la que puedes encontrar la palabra en el texto.

vestida [línea 2]	vivos [línea 61]
pintada [línea 3]	desconfianza [línea 62]
protegerme (proteger) [línea 11]	riqueza [línea 69]
alegría [línea 18]	felicidad [línea 71]
mintiendo (mentir) [línea 45]	

D. En contexto Encuentra el significado de la palabra o expresión de la columna A en la columna B. La referencia indica la línea en la que puedes encontrar la palabra en el cuento. El contexto te ayudará a averiguar el significado.

<table>
<tr><th>A</th><th>B</th></tr>
<tr><td>1. a las altas horas [línea 4]</td><td>a. abrigo</td></tr>
<tr><td>2. sobretodo [línea 10]</td><td>b. no diciendo la verdad</td></tr>
<tr><td>3. señas [línea 21]</td><td>c. encontrar</td></tr>
<tr><td>4. armario [línea 39]</td><td>d. decepcionaba</td></tr>
<tr><td>5. mintiendo (mentir) [línea 45]</td><td>e. se echa</td></tr>
<tr><td>6. me asusta (asustarse) [línea 47]</td><td>f. muy tarde</td></tr>
<tr><td>7. se arroja (arrojarse) [línea 54]</td><td>g. desafortunado</td></tr>
<tr><td>8. engañaba (engañar) [línea 55]</td><td>h. dirección</td></tr>
<tr><td>9. ¡Infeliz de mí! [línea 57]</td><td>i. ropero</td></tr>
<tr><td>10. hallar [línea 68]</td><td>j. me da miedo</td></tr>
</table>

E. Al punto Lee las siguientes preguntas o frases incompletas. Luego, escoge la mejor respuesta o terminación según la lectura.

1. ¿Por qué no compró el billete la muchacha?
   a. Porque no lo quería.
   b. Porque no tenía dinero.
   c. Porque no creía en la suerte.
   d. Porque no se lo permitían.

2. La frase "con la fe más absoluta" [líneas 18–19] indica que la muchacha…
   a. sabía que el narrador era rico.
   b. era una persona muy religiosa.
   c. iba a rezarle a Dios.
   d. estaba segura de que el señor iba a ganar.

3. La muchacha hizo que el narrador le dijera…
   a. dónde estaban sus padres.
   b. dónde vivía él.
   c. cuándo había nacido.
   d. cuándo regresaría.

4. ¿Qué hizo el narrador al saber que había ganado?
   a. Se sorprendió mucho.
   b. Fue a buscar a la chica.
   c. Llamó a la muchacha por teléfono.
   d. Sacó el billete del bolsillo del abrigo.

5. La frase "…deseé sentir en los dedos el contacto del mágico papelito" [líneas 36–37] quiere decir que el narrador…
   a. quería quitarle el billete a la muchacha.
   b. comparaba el número del billete con el de la lista.
   c. tenía ganas de encontrar el billete.
   d. quería contar el dinero que había ganado.

6. Al no encontrar el billete, el narrador…
   a. dudó del criado.
   b. salió corriendo.
   c. se puso alegre.
   d. insultó a la muchacha.

7. La muchacha fue a la casa del narrador para...
   a. contarle la historia de la lotería.
   b. informarle que habían ganado.
   c. darle el billete que había perdido.
   d. decirle que estaba enamorada de él.

8. Según la reacción de la muchacha a la historia del billete perdido, sabemos que ella...
   a. no le creía al narrador.
   b. no quería quedarse soltera.
   c. aceptaba el destino.
   d. quería casarse con el narrador.

9. ¿Por qué estaba contentísimo el narrador al final del cuento?
   a. Porque se iba de viaje.
   b. Porque era riquísimo.
   c. Porque había encontrado el décimo.
   d. Porque se había casado con la muchacha.

F. Ahora te toca a ti Una buena manera de repasar lo que has leído es hacerles preguntas acerca del cuento a los otros estudiantes y responder a las preguntas que ellos tienen. En el cuento anterior les hiciste preguntas a tus compañeros también, pero ahora trata de hacerles preguntas que verdaderamente los reten *(challenge them)*. Los temas a continuación pueden ofrecer algunas posibilidades para tus preguntas.

- el tiempo
- los números
- la muchacha
- el hombre
- el criado

- la suerte
- la reacción al ganar
- el billete que se ha perdido
- la reacción al no encontrar el billete
- la conclusión

Por ejemplo, si quieres preguntarles acerca de la reacción de los personajes al ganar, fíjate *(pay attention)* en las diferentes preguntas que puedes hacer.

¿Cómo reaccionaron el hombre y la muchacha al ganar?

¿Qué hicieron el hombre y la muchacha al oír que habían ganado?

¿Por qué reaccionaron así el hombre y la muchacha a la noticia de haber ganado?

¿Cuáles son las reacciones del hombre y de la muchacha cuando ganan?

¿Son iguales las reacciones del hombre y de la muchacha cuando ganan?

¿Crees que sus reacciones son normales? ¿Típicas?

¿Esperabas esas reacciones del hombre y de la muchacha?

¿Qué reacción muestra más madurez?

¿Qué nos muestran las reacciones sobre la personalidad de los personajes?

G. Los personajes principales ¿Qué te parecen los personajes principales del cuento de Pardo Bazán? ¿Son reales? ¿Son demasiado idealizados? ¿Qué piensas acerca de los valores que poseen? ¿Cuáles crees que son sus virtudes y defectos? En grupos de tres o cuatro estudiantes habla un poco sobre cada uno de los personajes y di por qué los admiras o por qué no los admiras. Usa las preguntas anteriores como punto de partida.

H. El debate sobre el feminismo En la breve biografía de la autora se menciona que las obras de Pardo Bazán "ayudaron a iniciar el debate sobre el feminismo en España". En tu opinión, ¿cómo podría este cuento ayudar al debate sobre el feminismo? ¿Hay partes del cuento que te molestan *(bother you)*? Haz una lista de esas partes y explica por qué te molestan. Quizás las siguientes ideas te ayuden a desarrollar en el tema.

- cómo presenta la autora a la chica
- cómo trata el hombre a la chica
- lo que dice el hombre en el último párrafo "después de proteger y educar [a la chica], di la mano de esposo…" [líneas 70–71]

Luego, en grupos pequeños discute tus ideas con los otros estudiantes.

Un paso más

Para conversar

A. Una explicación difícil Si te encontraras en la situación del narrador y le tuvieras que explicar a alguien que has perdido el billete que los haría ricos, ¿qué harías? ¿De qué tendrías miedo? ¿Qué le dirías a esa persona? ¿Cómo crees que reaccionaría? Usa las preguntas anteriores para explicarle a un(a) compañero(a) de clase lo que harías y cómo te sentirías. Pídele consejos a tu compañero(a). Él (Ella) se preparará para darte consejos.

B. Una reacción inesperada Ahora imagínate que eres la muchacha, o sea, la persona que no pudo hacerse rica a causa del descuido *(carelessness)* de otra persona. ¿Cómo reaccionarías? ¿Qué dirías al saber que el billete que valía muchísimo se ha perdido? ¿Estarías enojado(a)? ¿Por qué? Explícale al resto de la clase cómo te sentirías.

C. Los números de la suerte Mucha gente tiene números favoritos que consideran de buena suerte. ¿Tienes algunos números en particular que te gustan? ¿Cuáles son? ¿Qué representan? Diles tus números a los otros estudiantes de la clase. Explícales las razones por las cuales te gustan esos números, y escucha su explicación. ¿Cuál es la explicación más interesante?

D. Por casualidad *(By chance)* Los personajes de este cuento se encuentran por casualidad. Piensa en el efecto de la casualidad en tu vida y cuéntale a un(a) compañero(a) de clase algún incidente increíble que te haya sucedido. Quizás las siguientes ideas te ayuden a pensar en un incidente.

- un encuentro con alguien
- un premio que ganaste
- algo que encontraste
- una capacidad que no sabías que tenías
- una nota inesperada *(unexpected)* en una clase
- el descubrimiento de tu interés en una asignatura o en un pasatiempo que no sabías que tenías

E. Algo perdido ¿Recuerdas algo en particular que has perdido? Descríbele el incidente a otro(a) estudiante de la clase. Usa las siguientes preguntas como guía:

- ¿Qué perdiste? ¿Dónde?
- ¿Cómo te sentiste cuando lo perdiste?
- ¿Le echaste la culpa a otra persona? *(Did you blame someone else?)*
- ¿Dónde buscaste lo que habías perdido?
- ¿Te ayudó a buscarlo alguien? ¿Quién?
- ¿Lo encontraste?
- ¿Cómo reaccionaste al (no) encontrarlo?

F. Una situación parecida Si perdieras las siguientes cosas, ¿cómo reaccionarías? Ponlas en orden de importancia, con el objeto de más valor primero, y el de menos valor al final. Luego explícales a los otros estudiantes qué harías si las perdieras. Puedes añadir otras cosas.

las llaves de tu casa

un reloj que te dio tu abuelo(a)

una composición que escribiste para la clase de literatura

tu cartera con cien dólares

un suéter que te hizo tu madre

unos billetes para un concierto

tu mascota favorita

un billete de lotería

You may find **Appendix A** (Some Words and Expressions Used to Connect Ideas) and **Appendix C** (Some Expressions Used to Begin and End a Written Message) especially useful as you complete these exercises.

Para escribir

A. Un resumen Escribe un resumen del cuento "El décimo" en menos de cincuenta palabras.

1. Primero, lee la lista a continuación. Luego, elimina las palabras que tú <u>no</u> consideres importantes.

asustarse	encontrar	perder
la boda	engañar	prometer
el bolsillo	guardar	sacar premio
colgar	las lágrimas	el sobretodo
el décimo	la mitad	sonar
la emoción		

2. Ahora, añade por lo menos tres palabras más que consideres importantes. Al final, debes tener un total de diez o doce palabras.

3. Antes de empezar a escribir, piensa en las ideas más importantes del cuento y trata de responder brevemente a las preguntas ¿quién(es)?, ¿qué?, ¿cuándo?, ¿cómo? y ¿dónde? A veces lo más difícil es ser breve. ¡Vamos a ver si puedes!

B. (No) Me gusta Un(a) amigo(a) te pide tu opinión acerca del final de este cuento, para saber si te gustó o no. Escribe un párrafo en el que expreses tu opinión. Escoge uno de los siguientes adjetivos como punto de partida.

absurdo	inspirador	romántico
emocionante	interesante	tonto
inesperado	realista	

Considera las siguientes preguntas para expresar tus ideas.

- ¿Cuál es tu opinión acerca del final del cuento?
- Explica por qué opinas de esa manera.
- ¿Qué referencias (acciones, conversaciones, personajes, reacciones) apoyan tu opinión? Da por lo menos dos ejemplos.

C. ¿El amor o el dinero? Muchas personas no pueden decidir qué es más importante en la vida, el amor o el dinero. En tu opinión, ¿es más importante tener mucho dinero o tener el amor de tus familiares y amigos? Escribe una composición de por lo menos 200 palabras en la que expreses tu opinión sobre el tema. Si usas la siguiente guía, cada punto puede ser un párrafo de la composición.

1. tu tesis sobre el tema

2. la razón por la cual tienes esa opinión

3. algunos ejemplos específicos para apoyar tus ideas

4. tus ideas sobre las personas que opinan de una manera diferente

5. un resumen de tus ideas

D. ¿La historia de mi...? Esta actividad te ayudará a comprobar que se puede escribir un cuento de alta calidad con un estilo sencillo. Utilizando algunos de los componentes estilísticos del cuento, escribe tu propio cuento acerca de un evento importante en tu vida. Aquí tienes una selección del cuento.

Una alegría loca se pintó en los negros ojos de la chica, y con la fe más absoluta, cogiéndome por un brazo, exclamó:
—¡Señorito, por su padre y por su madre, deme su nombre y las señas de su casa! Yo sé que dentro de ocho días seremos ricos.
Sin dar importancia a lo que decía le di mi nombre y mis señas; y diez minutos después ni recordaba el incidente.

Ahora fíjate en *(pay attention to)* algunos de los componentes estilísticos de esa selección.

descripción:	"Una alegría loca se pintó en los negros ojos de la chica, y con la fe más absoluta..."
acción:	"...cogiéndome por un brazo, exclamó"
diálogo:	"¡Señorito, por su padre y por su madre, deme su nombre y las señas de su casa! Yo sé que dentro de ocho días seremos ricos".
narración:	"Sin dar importancia a lo que decía le di mi nombre y mis señas; y diez minutos después ni recordaba el incidente".

La autora usa una gran variedad de tiempos verbales en el cuento (se pintó, cogiéndome, exclamó, deme, sé, seremos, decía, di, recordaba, etc.). Mientras escribes tu cuento, piensa en esta variedad y trata de usar varios tiempos verbales.

Interpersonal Writing

Directions: For each of the following exercises, you will write a message. For each exercise, you have 10 minutes to read the instructions and write your message. Each message should be at least 60 words in length.

Instrucciones: Para cada uno de los siguientes ejercicios, vas a escribir un mensaje. Para cada ejercicio, tienes 10 minutos para leer las instrucciones y escribir tu mensaje. Cada mensaje debe tener una extensión de 60 palabras.

Mensaje 1

Imagina que acabas de ganar un premio de cinco mil dólares. Escríbele un mensaje electrónico a un amigo. Salúdalo y

- menciona las circunstancias del premio
- describe tu reacción al recibirlo
- menciona lo que quieres hacer con el dinero
- menciona la reacción de tus padres
- despídete

Mensaje 2

Imagina que al regresar a casa te das cuenta de que no tienes el reproductor de MP3 de tu hermana. Antes de salir a buscarlo, escríbele una nota a tu hermana. Salúdala y

- menciona lo que pasó
- describe tu reacción
- dile lo que vas a hacer para encontrarlo
- dile lo que harás si no lo encuentras
- despídete

Comprensión auditiva

Escucha las siguientes selecciones. Después de cada selección vas a escuchar varias preguntas. Escoge la mejor respuesta para cada pregunta entre las opciones impresas en tu libro.

Selección número 1

La selección que vas a escuchar trata de algo que pasó con la lotería en los estados de Nueva York y Connecticut.

Número 1
- **a.** El número de policías.
- **b.** El número de periódicos.
- **c.** El número de coches.
- **d.** El número de tiendas.

Número 2
- **a.** Cuando escuchó la radio.
- **b.** Cuando habló con los oficiales.
- **c.** Cuando ganó el premio.
- **d.** Cuando leyó el periódico.

Número 3
- **a.** Que algunas personas gasten tanto dinero.
- **b.** Que el premio sea tan pequeño.
- **c.** Que la policía participe en el juego.
- **d.** Que las carreteras se llenen tanto.

Número 4
- **a.** Agradecidas.
- **b.** Afortunadas.
- **c.** Deprimidas.
- **d.** Furiosas.

Selección número 2

Escucha la siguiente conversación entre David y Miguelina sobre los regalos que David le hace a su profesora.

Número 1
- **a.** De la cantidad de regalos que hace David.
- **b.** De que David nunca le trae regalos cuando viaja.
- **c.** De que a David se le olvidó sus cumpleaños.
- **d.** De que la profesora no agradece los regalos.

Número 2
- **a.** Sacar mejores notas.
- **b.** Ser el estudiante favorito.
- **c.** Tener más amigos.
- **d.** Ir de vacaciones.

Número 3
- **a.** Se burlan de él.
- **b.** No le tienen confianza.
- **c.** No quieren sentarse con él.
- **d.** Lo felicitan por su amabilidad.

Número 4
- **a.** Hablar con sus amigos.
- **b.** Salir con Miguelina.
- **c.** Seguir visitando a la profesora.
- **d.** Continuar haciendo lo mismo.

You may find **Appendix B** (Some Expressions Used for Oral Communication) especially useful as you complete this exercise.

Simulated Conversation

Directions: You will now participate in a simulated conversation. First, you will have 30 seconds to read the outline of the convesation. Then, you will listen to a message and have one minute to read again the outline of the conversation. Afterward, the conversation will begin, following the outline. Each time it is your turn, you will have 20 seconds to respond; a tone will indicate when you should begin and end speaking. You should participate in the conversation as fully and appropriately as possible.

Instrucciones: Ahora participarás en una conversación simulada. Primero, tendrás 30 segundos para leer el esquema de la conversación. Entonces, escucharás un mensaje y tendrás un minuto para leer de nuevo el esquema de la conversación. Después, empezará la conversación, siguiendo el esquema. Siempre que sea tu turno, tendrás 20 segundos para responder; una señal te indicará cuando debes empezar y terminar de hablar. Debes participar en la conversación en la manera más completa y apropiada posible.

(A) Imagina que recibes un mensaje telefónico de la señora Pérez, la secretaria de tu escuela sobre un objeto que le acaban de dar. Escucha el mensaje. [You will hear the message on the recording. Escucharás el mensaje en la grabación.]

(B) La conversación.
[The shaded lines reflect what you will hear on the recording. Las líneas en gris reflejan lo que escucharás en la grabación.]

Sra. Pérez	• *Contesta el teléfono.*
Tú	• *Salúdala. Identifícate y explícale por qué has llamado.*
Sra. Pérez	• *Te explica por qué te había llamado.*
Tú	• *Expresa tu agradecimiento.*
Sra. Pérez	• *Continúa la conversación.*
Tú	• *Reacciona y pídele información sobre el alumno.*
Sra. Pérez	• *Continúa la conversación.*
Tú	• *Explícale lo que piensas hacer para agradecérselo.*
Sra. Pérez	• *Continúa la conversación.*
Tú	• *Reacciona a su consejo y muestra tu agradecimiento.*

Go Online

For: Additional practice
Visit: www.PHSchool.com
Web Code: jxd-0003

Continuidad de los parques

Julio Cortázar

**Abriendo paso:
Gramática**

Preterite and imperfect
indicative: Unidad 1,
págs. 1 a 15; RG 1,
págs. 30 a 45
Adjectives: Unidad 2,
págs. 49 a 72; RG 2,
págs. 73 a 94
Gerund (present
participle): Unidad 3,
págs. 102 a 109; RG 3,
págs. 128 a 130

Antes de leer

A. Para discutir en clase Mira el dibujo y úsalo como punto de
partida para narrar lo que tú crees que está sucediendo. Para la discusión
con la clase, haz una lista de palabras clave o de frases que te ayuden a
expresar tus ideas.

B. Nuestra experiencia Muchos autores tienen la gran habilidad de crear un mundo que le permite al lector abandonar la realidad y "vivir" lo que está sucediendo en una novela o en un cuento. Piensa en un libro que tú leíste y que te permitió transportarte al mundo que el autor había creado. Describe lo que sucedió en el libro y explica cómo te sentías mientras lo leías.

C. El abandono total El personaje principal del cuento que vas a leer está leyendo un libro. Lee la descripción de lo que le está sucediendo y responde a las preguntas al final de la selección.

> Su memoria retenía sin esfuerzo los nombres y las imágenes de los protagonistas; la ilusión novelesca lo ganó casi en seguida. Gozaba del placer casi perverso de irse desgajando° línea a línea de lo que lo rodeaba, y sentir a la vez que su cabeza descansaba cómodamente en el terciopelo° del alto respaldo,° que los cigarrillos seguían al alcance° de la mano, que más allá de los ventanales danzaba el aire del atardecer bajo los robles.°

irse... separating himself; tearing himself away

velvet / back (of the chair)

al... within reach

oak trees

1. ¿Por qué piensas que "su memoria retenía sin esfuerzo los nombres y las imágenes de los protagonistas"?

2. ¿Cuál era el placer perverso que gozaba el hombre que leía?

3. ¿Qué tipo de ambiente está tratando de crear el autor?

D. El título Aunque al principio el título del cuento parece que no nos dice mucho, una vez que leas el cuento te darás cuenta de que es muy acertado. Piensa en el título del cuento y explica lo que el autor está tratando de comunicar. ¡Usa la imaginación!

El autor

Julio Cortázar
(1914–1984)

Julio Cortázar nació en Bruselas en 1914 de padres argentinos. Se crió y se educó en la Argentina, pero vivió en París por muchos años antes de morir allí. Cortázar era un hombre erudito que conocía el poder de la palabra. Llegó a ser una de las figuras cumbres del *boom* de la literatura hispanoamericana. En muchas de sus obras encontramos el "realismo mágico" que ha hecho famosos a tantos escritores hispanoamericanos—un realismo que sobrepasa la apariencia literal. El individuo, muchas veces solo en un mundo absurdo que no puede controlar, trata de poner orden al caos que existe. Entre las obras más conocidas de Cortázar están *Bestiario* (1951), *Final del juego* (1956) y sus novelas *Rayuela* (1963) y *Libro de Manuel* (1973).

Nota cultural

El realismo mágico es una característica de la literatura latinoamericana de la segunda mitad de siglo XX que funde la realidad con elementos fantásticos. En este cuento lo real se presenta como dos realidades: una verdadera y otra narrada.

¿Conoces alguna obra en que se unen la realidad y la fantasía? En tu opinión, ¿qué efecto tendrá esta característica en un cuento o una novela? ¿Te gusta leer cuentos o novelas con esta característica? Explica.

Al leer

En el cuento que vas a leer ocurre una transformación entre lo que el hombre está leyendo y lo que empieza a ver desde donde está sentado. Mientras lees, presta mucha atención a los siguientes puntos:

- los detalles del lugar donde se encuentra el hombre que está leyendo

- la transformación que ocurre mientras lee (presta atención a la narración que empieza en la línea 13)

- la casa a la que llegan los amantes

Continuidad de los parques

Julio Cortázar

Había empezado a leer la novela unos días antes. La abandonó
por negocios urgentes, volvió a abrirla cuando regresaba en tren a
la finca;° se dejaba interesar lentamente por la trama,° por el
dibujo de los personajes. Esa tarde, después de escribir una carta

5   a su apoderado° y discutir con el mayordomo una cuestión de
aparcerías,° volvió al libro en la tranquilidad del estudio que
miraba hacia el parque de los robles. Arrellanado° en su sillón
favorito, de espaldas a la puerta que lo hubiera molestado como
una irritante posibilidad de intrusiones, dejó que su mano

10 izquierda acariciara° una y otra vez el terciopelo verde y se puso a
leer los últimos capítulos. Su memoria retenía sin esfuerzo los
nombres y las imágenes de los protagonistas; la ilusión novelesca
lo ganó casi en seguida. Gozaba del placer casi perverso de irse
desgajando línea a línea de lo que lo rodeaba, y sentir a la vez

15 que su cabeza descansaba cómodamente en el terciopelo del alto
respaldo, que los cigarrillos seguían al alcance de la mano, que
más allá de los ventanales danzaba el aire del atardecer bajo los
robles. Palabra a palabra, absorbido por la sórdida disyuntiva° de
los héroes, dejándose ir hacia las imágenes que se concertaban° y

20 adquirían color y movimiento, fue testigo del último encuentro en
la cabaña del monte. Primero entraba la mujer, recelosa,° ahora
llegaba el amante, lastimada° la cara por el chicotazo de una
rama.° Admirablemente restañaba° ella la sangre con sus besos,
pero él rechazaba° las caricias, no había venido para repetir las

25 ceremonias de una pasión secreta, protegida por un mundo de
hojas secas y senderos furtivos.° El puñal se entibiaba° contra su
pecho, y debajo latía° la libertad agazapada.° Un diálogo
anhelante° corría por las páginas como un arroyo de serpientes, y
se sentía que todo estaba decidido desde siempre. Hasta esas

country house / plot

business agent
sharecropping
Lying back, Lounging

caress

dilemma
came together

suspicious
?
*el... the lash of a branch /
she was stopping / was
rejecting*

*senderos... hidden paths /
was becoming warm /
was beating / hidden*
anxious

caricias que enredaban° el cuerpo del amante como queriendo
retenerlo y disuadirlo,° dibujaban abominablemente la figura de
otro cuerpo que era necesario destruir. Nada había sido olvidado;
coartadas,° azares,° posibles errores. A partir de esa hora cada
instante tenía su empleo minuciosamente atribuido. El doble
repaso despiadado° se interrumpía apenas para que una mano
acariciara una mejilla. Empezaba a anochecer.

Sin mirarse ya, atados° rígidamente a la tarea que los esperaba,
se separaron en la puerta de la cabaña. Ella debía seguir por la
senda que iba al norte. Desde la senda opuesta él se volvió un
instante para verla correr con el pelo suelto.° Corrió a su vez,
parapetándose° en los árboles y los setos,° hasta distinguir en la
bruma malva del crepúsculo° la alameda que llevaba a la casa.°
Los perros no debían ladrar, y no ladraron. El mayordomo no
estaría a esa hora, y no estaba. Subió los tres peldaños° del porche
y entró. Desde la sangre galopando en sus oídos le llegaban las
palabras de la mujer: primero una sala azul, después una galería,
una escalera alfombrada. En lo alto,° dos puertas. Nadie en la
primera habitación, nadie en la segunda. La puerta del salón, y
entonces el puñal en la mano, la luz de los ventanales, el alto
respaldo de un sillón de terciopelo verde, la cabeza del hombre en
el sillón leyendo una novela.

30

35

40

45

50

entangled

deter it

alibis / accidents

merciless

tied up

loose
*hiding himself behind /
hedges / en... in the
mauve-colored mist of the
twilight / la... the line of
poplars that led to the
house / steps*

En... At the top

Comprensión

A. ¿Cierta o falsa? Lee las siguientes frases y decide si la información es cierta o falsa, según el cuento. Si la información es falsa, escribe la información correcta.

1. El hombre había empezado a leer una novela muchas semanas antes.

2. El hombre comenzó a leer de nuevo la novela en el tren y luego en el estudio de su casa.

3. El hombre escogió un lugar donde nadie lo molestara para leer la novela.

4. El hombre se sentó en un sillón de terciopelo verde.

5. Cuando empezó a leer no podía recordar los nombres ni las imágenes de los protagonistas.

6. El lector se distraía mientras leía la novela.

7. El lector empezó a ser testigo de un incidente en un monte.

8. El amante le hirió *(wounded)* la cara a la mujer en el monte.

9. Al amante le gustaba que la mujer lo acariciara.

10. El amante llevaba un puñal.

11. Parece que los amantes habían planeado matar a alguien.

12. Los amantes fueron juntos a una casa.

13. La mujer le había descrito detalladamente la casa al amante.

14. El amante encontró a un hombre leyendo una novela.

15. El sillón donde el hombre estaba leyendo era de terciopelo rojo.

B. Comprensión general Con tus propias palabras, responde a las siguientes preguntas. Luego, comparte tus ideas con los otros estudiantes de la clase.

1. Describe detalladamente el lugar donde se sentó el hombre a leer la novela.

2. ¿Qué sucedió cuando el hombre se dejaba ir "hacia las imágenes que se concertaban y adquirían color y movimiento..."?

3. ¿De qué fue testigo el hombre?

4. ¿Qué hicieron los amantes cuando salieron de la cabaña del monte?

5. ¿Adónde llegó el amante? ¿Qué vio allí? ¿Quién parecía ser el hombre que estaba en el sillón?

C. De la misma familia Las palabras de la lista a continuación son palabras que probablemente ya conoces. Escribe todas las palabras de la misma familia que conozcas.

dibujo [línea 4]	esfuerzo [línea 11]
apoderado [línea 5]	protegida [línea 25]
tranquilidad [línea 6]	destruir [línea 32]

D. En contexto Imagínate que quieres explicarle a un(a) compañero(a) de clase el significado de las siguientes palabras. En español, explica lo que cada una de las palabras significa. Escribe las explicaciones para luego compartirlas con el resto de la clase.

mayordomo [línea 5]	monte [línea 21]
intrusiones [línea 9]	puñal [línea 26]
acariciara (acariciar) [línea 10]	mejilla [línea 36]
protagonistas [línea 12]	galopando (galopar) [línea 45]
al alcance de [línea 16]	escalera [línea 47]
atardecer [línea 17]	

E. Al punto Lee las siguientes preguntas o frases incompletas. Luego, escoge la mejor respuesta o terminación según la lectura.

1. El hombre dejó de leer la novela porque…
   a. no le interesaba la trama.
   b. no le gustaban los personajes.
   c. tuvo que ocuparse de su trabajo.
   d. había olvidado el libro en el tren.

2. La tarde en que el hombre regresó a su finca…
   a. se enfadó con su mayordomo.
   b. se reunió con su abogado.
   c. decidió dibujar a los personajes.
   d. empezó a leer la novela de nuevo.

3. El hombre se sentó de espaldas a la puerta para…
   a. evitar que lo interrumpieran.
   b. poder ver lo que hacía el mayordomo.
   c. no tener que mirar los robles.
   d. no impedir que la luz entrara por la ventana.

4. Por la descripción del lugar donde estaba sentado el hombre, el autor nos quiere comunicar que él se sentía…
   a. intranquilo.   c. preocupado.
   b. a gusto.   d. orgulloso.

5. Al "irse desgajando línea a línea de lo que lo rodeaba…" [líneas 13–14] el hombre parecía estar…
   a. abandonando la realidad.
   b. destruyendo el libro.
   c. perdiendo la concentración.
   d. preocupado por algo.

6. La actitud de los dos amantes parece indicar que ellos…
   a. quieren escapar.   c. sienten vergüenza.
   b. están cansados.   d. tienen problemas.

7. ¿Qué le sucedió al hombre mientras se dejaba llevar hacia las imágenes que se describen en la novela?
   a. Presenció el encuentro entre dos personas.
   b. Empezó a recordar su juventud.
   c. Se quedó dormido y empezó a soñar.
   d. Imaginó las intenciones del autor.

8. ¿Quiénes parecían ser los amantes que se encontraron en el bosque?

    a. Dos personas que el hombre había encontrado en el tren.

    b. Unos amigos que se parecían a los personajes.

    c. El mayordomo y una mujer que el hombre conocía.

    d. Los personajes de la novela que el hombre leía.

9. Cuando el autor habla del amante y dice "no había venido para repetir las ceremonias de una pasión secreta…" [líneas 24–25] implica que el amante NO quería…

    a. casarse con la mujer.

    b. ocultarle nada a la mujer.

    c. continuar la relación a escondidas.

    d. pasar tiempo con la mujer.

10. ¿Qué parecían haber planeado los amantes?

    a. La muerte de otra persona.

    b. Su escape a otro lugar.

    c. Despedirse por última vez.

    d. Terminar las constantes peleas.

11. Al salir de la cabaña, los amantes…

    a. se abrazaron por mucho tiempo.

    b. se despidieron del mayordomo.

    c. se escondieron detrás de un árbol.

    d. se fueron por diferentes lugares.

12. Por la descripción que la mujer le dio a su amante de la casa, podemos deducir que ella…

    a. quería confundirlo.

    b. trataba de traicionarlo.

    c. conocía la casa muy bien.

    d. desconocía cuál era la casa.

13. ¿A quién encontró el amante en uno de los salones de la casa?

    a. Al mayordomo que preparaba la cena.

    b. A un hombre que leía una novela.

    c. A la mujer que lo esperaba.

    d. A una persona que llevaba unos perros.

F. Ahora te toca a ti El cuento que acabas de leer es bastante corto y el autor deja mucho a la imaginación del lector. Piensa en lo que sucede en el cuento y escribe cinco preguntas sobre aspectos del cuento que te inquieten. Hazle las preguntas a otro(a) estudiante en la clase para ver si te puede ayudar. Luego, Uds. van a compartir las mejores preguntas con el resto de la clase, así podrán aclarar cualquier duda que tengan.

Un paso más

Vocabulario útil para conversar y para escribir

Aquí tienes una lista de palabras y expresiones que te ayudarán a expresar tus ideas. Trata de incluirlas en la discusión con los otros estudiantes o en los ejercicios de escritura.

a mi parecer	in my opinion
aprovecharse de	to take advantage of
confundir	to confuse
en resumidas cuentas	in short, after all
estar convencido(a) de que...	to be convinced that...
inesperado(a)	unexpected
mal intencionado(a)	evil-minded
mezclar	to mix
no saber dónde meterse	not to know where to turn
parece mentira	it's hard to believe
paso a paso	step by step
pegar un grito	to let out a yell
planear	to plan
ponerse de acuerdo	to reach an agreement
por ese motivo	for that reason
sospechar	to suspect
vigilar	to keep an eye on

Para conversar

A. Paso a paso en la casa Haz una lista de todo lo que debía haber encontrado el amante al llegar a la casa y de lo que encontró. ¿Ocurrió todo al pie de la letra *(exactly as planned)*? ¿Por qué sabían ellos dos todos los detalles? ¿Puedes dar una explicación lógica? Una vez que tengas una explicación, compártela con tus compañeros en grupos de tres o cuatro estudiantes. Prepárense para presentarle a la clase la mejor explicación.

B. Una explicación lógica Piensa en el cuento y trata de explicarle lógicamente al resto de los estudiantes de la clase lo que tú piensas que sucedió. Vas a tener que convencerlos así que tienes que usar la imaginación y ejemplos específicos del cuento para convencerlos. Tu explicación tiene que tener en cuenta una explicación lógica de los eventos. Incluye las respuestas a las siguientes preguntas.

1. ¿Cómo puede explicarse la transformación entre lo que está leyendo el hombre y lo que empieza a ver a través de los ventanales?

2. ¿Quién es el hombre que lee la novela?

3. ¿Quiénes son los amantes?

4. ¿Existe una relación entre el hombre y los amantes? ¿Cuál es la relación que existe entre ellos?

5. ¿Qué va a suceder ahora?

Comparte tu explicación con otros estudiantes en grupos de tres o cuatro. Luego, prepárense para discutir con el resto de la clase todas las posibilidades lógicas.

C. Unas horas después Imagínate que puedes presenciar lo que sucede después de que termina el cuento. Usa la imaginación y prepara la continuación del cuento. En grupos de tres o cuatro estudiantes compartan las diferentes ideas y luego escojan la mejor descripción para presentársela al resto de la clase.

D. Una entrevista Si pudieras entrevistar a Julio Cortázar, el autor del cuento, ¿qué le preguntarías? Escribe por lo menos cinco preguntas que te gustaría hacerle. En grupos de tres o cuatro estudiantes escojan las mejores preguntas. Luego, el (la) profesor(a) va a hacer el papel del autor y va a responder a las preguntas de la clase.

Para escribir

You may find **Appendix A** (Some Words and Expressions Used to Connect Ideas) and **Appendix C** (Some Expressions Used to Begin and End a Written Message) especially useful as you complete these exercises.

A. Un resumen Imagínate que quieres recomendarle el cuento a un(a) amigo(a). Escribe un párrafo en el que resumas lo que sucede en el cuento sin decirle demasiado para que él (ella) se entusiasme a leerlo.

B. Los días antes del encuentro Imagínate que conoces muy bien a los amantes del cuento. Escribe un párrafo en el que expliques lo que sucedió los días antes del "encuentro" en el bosque.

C. El encuentro Imagínate que eres el hombre que está leyendo la novela. De repente, te das cuenta de que hay una persona en tu estudio con un puñal en la mano. Escribe un párrafo en el que expliques lo que tú harías si fueras él y te encontraras en esta situación.

D. Mi opinión Escoge tres adjetivos de la lista a continuación y escribe dos párrafos en los que describas lo que piensas sobre el cuento. Para cada adjetivo da por lo menos dos razones que apoyen tu opinión. Si no encuentras tres adjetivos en la lista que expresen tu opinión, puedes usar otros que sean más adecuados.

aburrido	emocionante	inquietante
chistoso	extraño	pretensioso
confuso	innovador	sorprendente

E. Las técnicas de algunos escritores Algunos autores usan la misma técnica que Cortázar usa de escribir un cuento dentro de otro. ¿Qué piensas de esta técnica? ¿Te gusta cuando el autor te hace pensar y descubrir algo inesperado o prefieres las obras donde la acción se describe claramente paso a paso? Escribe un ensayo de unas 200 palabras en el que expreses tu opinión sobre esta técnica. Usa la siguiente guía o desarrolla otra que sea más adecuada para lo que quieres expresar.

1. Expresa tu opinión sobre esta técnica.

2. Usa un ejemplo de un cuento o de una novela que has leído que apoye tu opinión.

3. Expresa lo que te gustó o no te gustó de este cuento o novela.

4. Resume las ideas principales.

Interpersonal Writing

Directions: For each of the following exercises, you will write a message. For each exercise, you have 10 minutes to read the instructions and write your message. Each message should be at least 60 words in length.

Instrucciones: Para cada uno de los siguientes ejercicios, vas a escribir un mensaje. Para cada ejercicio, tienes 10 minutos para leer las instrucciones y escribir tu mensaje. Cada mensaje debe tener una extensión de 60 palabras.

Mensaje 1

Imagina que acabas de leer un cuento que te recomendó un amigo.
Escríbele una nota. Salúdalo y

- expresa una reacción negativa o positiva
- explica tu reacción
- recomiéndale o no el cuento a él
- dile por qué crees que le gustará o no le gustará
- despídete

Mensaje 2

Imagina que acabas de terminar una larga relación con tu novio(a).
Escríbele una nota a un(a) amigo(a). Salúdalo(la) y

- explica por qué terminó la relación
- expresa cómo te sientes
- pídele un consejo
- despídete

Comprensión auditiva

Escucha las siguientes selecciones. Después de cada selección vas a escuchar
varias preguntas. Escoge la mejor respuesta para cada pregunta entre las
opciones impresas en tu libro.

Selección número 1

La selección que vas a escuchar trata de un nuevo libro de cuentos de misterio.

Número 1
- **a.** Contar los horrores de su vida.
- **b.** Llevarnos a un mundo irreal.
- **c.** Definir lo que es verdaderamente el horror.
- **d.** Explicar los misterios que nos llevan a la locura.

Número 2
- **a.** Se vuelve loco cuando asesina a un hombre.
- **b.** Comete crímenes desde la tumba.
- **c.** Sus sueños se hacen realidad.
- **d.** Sueña que es un policía asesino.

Número 3
- **a.** Porque el final de los cuentos es obvio.
- **b.** Porque los personajes no son muy convincentes.
- **c.** Porque los cuentos no están bien desarrollados.
- **d.** Porque nunca sabemos lo que sucede al final.

Selección número 2

La selección que vas a escuchar trata de *BEM*, una revista de ciencia ficción publicada en España.

Número 1
- **a.** Porque fue la primera revista dentro de su género.
- **b.** Porque sus fundadores son muy conocidos.
- **c.** Porque hay pocas revistas de este tipo en España.
- **d.** Porque su diseño es muy atractivo.

Número 2
- **a.** No acepta anuncios de publicidad.
- **b.** Nadie recibe dinero por su trabajo.
- **c.** No aceptan dinero por las suscripciones.
- **d.** No ha sido reconocida por las organizaciones españolas.

Número 3
- **a.** Una pequeña cantidad de dinero.
- **b.** Un premio por promover este tipo de literatura.
- **c.** Una oportunidad para trabajar con el equipo de producción.
- **d.** Un aumento en el número de revistas en su suscripción.

CAPÍTULO

5

Cuentos

Cajas de cartón

Francisco Jiménez

Abriendo paso:
Gramática

Preterite and imperfect
indicative: Unidad 1,
págs. 1 a 15; RG 1,
págs. 30 a 45
Reflexive verbs: Unidad 3,
págs. 109 a 115; RG 3,
págs. 130 a 132
Object pronouns:
Paso 3, págs. 263 a 273
Gustar and verbs like
gustar: Paso 8,
págs. 302 a 304
Compound prepositions:
Appendix C,
págs. 353 y 354
Idiomatic expressions:
Appendix F,
págs. 362 a 366

Antes de leer

A. Para discutir en clase Mira los dibujos a continuación y úsalos como punto de partida para narrar lo que tú crees que está sucediendo. Para la discusión con el resto de la clase, haz una lista de palabras clave o de frases que te ayuden a expresar tus ideas. Usa los siguientes puntos como guía para la descripción.

- el lugar
- la ropa
- los personajes
- la hora
- el tiempo

Aquí tienes una lista de palabras que puedes usar en la descripción, pero tienes que añadir otras palabras y expresiones para poder narrar tu "cuento" con más claridad. Usa la imaginación y trata de hacer la narración interesante y original.

amarrar	el colchón	la olla	secar
los cachivaches	la cosecha	el pañuelo	el sudor
las cajas	empacar	las parras	las uvas
la choza	mudarse	recoger	la viña

B. Nuestra experiencia Hay muchos niños que tienen que mudarse constantemente a causa del trabajo de sus padres o de otras circunstancias. ¿Has tenido que mudarte varias veces? ¿Conoces a alguien que haya tenido que mudarse constantemente? ¿Cómo se siente esa persona? Si no conoces a nadie, ¿cómo te sentirías tú si tuvieras que mudarte constantemente? ¿Qué efectos tendría en tu vida personal y en tu vida escolar las mudanzas? Explica tu respuesta.

C. El trabajo de los inmigrantes Investiga la situación de los trabajadores inmigrantes en California o en cualquier otra parte de los Estados Unidos. ¿Qué tipo de trabajo hacen? ¿De dónde vienen? ¿Cuáles son las condiciones de vivienda y de trabajo? Puedes investigar en la biblioteca, en el Internet o en tu clase de estudios sociales sobre este tema. Como punto de partida puedes investigar sobre César Chávez, un reconocido líder de los trabajadores inmigrantes. ¿Quién era? ¿Qué hizo? ¿Cuáles fueron sus logros *(achievements)* etc.? Prepara un informe corto para presentárselo al resto de la clase.

D. Una selección Lee la siguiente selección del cuento que vas a leer. Luego responde a las preguntas al final de la selección.

Al ponerse el sol llegamos a un campo de trabajo cerca de Fresno. Ya que Papá no hablaba inglés, Mamá le preguntó al capataz° si necesitaba más trabajadores. "No necesitamos a nadie", dijo él, rascándose° la cabeza. "Pregúntele a Sullivan. Mire, siga este mismo camino hasta que llegue a una casa grande y blanca con una cerca° alrededor. Allí vive él".

Cuando llegamos allí, Mamá se dirigió a la casa. Pasó por la cerca, por entre filas° de rosales hasta llegar a la puerta. Tocó el timbre. Las luces del portal se encendieron y un hombre alto y fornido° salió. Hablaron brevemente. Cuando el hombre entró en la casa, Mamá se apresuró° hacia el carro. "¡Tenemos trabajo! El señor nos permitió quedarnos allí toda la temporada",° dijo un poco sofocada de gusto° y apuntando° hacia un garaje viejo que estaba cerca de los establos.

El garaje estaba gastado° por los años. Roídas por comejenes,° las paredes apenas sostenían el techo agujereado.° No tenía ventanas y el piso de tierra suelta ensabanaba todo de polvo.°

foreman

scratching

fence

rows

corpulent

se... hurried

season

sofocada... choked up with pleasure / pointing

worn-out / Roídas... eaten away by termites / full of holes ensabanaba... entirely covered with dust

1. ¿Adónde llegó la familia del narrador? ¿En qué estado de los Estados Unidos se encuentra este pueblo?

2. ¿Qué buscaban allí?

3. En tu opinión, ¿cómo se sentiría la madre cuando el capataz le dijo: "No necesitamos a nadie"?

4. ¿Cómo se sentía la madre después de hablar con el señor Sullivan?

5. ¿Qué le ofreció el señor Sullivan?

6. Compara la casa del señor Sullivan con la "nueva" casa del narrador y su familia.

E. El título Piensa en el título del cuento. En tu opinión, ¿por qué se llama "Cajas de cartón"? ¿De qué piensas que va a tratar? Ten presente la selección que acabas de leer. Usa la imaginación y trata de adivinar lo que va a pasar.

El autor

Francisco Jiménez
(1943–   )

Francisco Jiménez nació en 1943. "Cajas de cartón" es un cuento biográfico que narra las experiencias de una familia de obreros migratorios como lo fue la familia de Jiménez. Él ha declarado que "Roberto" es el nombre de su hermano mayor y "Panchito", el nombre con que lo llamaban a él, su apodo. Aunque en el cuento no menciona el nombre del narrador, él, o sea "Panchito", es el narrador. La historia de Francisco Jiménez es un ejemplo vivo del éxito que han tenido muchos inmigrantes en los Estados Unidos. Su determinación le ayudó a vencer las vicisitudes que se les presentaron a él y a su familia. Recibió un doctorado de la Universidad de Columbia y hoy enseña español en la Universidad de Santa Clara en California.

Nota cultural

En 1962 el mexicano-americano César Estrada Chávez empezó su lucha para mejorar la vida de los que trabajan en los campos recogiendo productos agrícolas. La organización que fundó adoptó el lema *(motto)* personal de Chávez: ¡Sí se puede!

¿Crees que se ha logrado lo que Chávez quería? ¿En qué situaciones se ha oído su lema recientemente? ¿Cómo se dice en inglés? ¿Ha sido efectivo?

Al leer

Mientras lees el cuento, presta atención a estos puntos:

- el tipo de trabajo que hacían algunos miembros de la familia y las condiciones en que trabajaban
- el tipo de vida que llevaban
- el primer día de escuela del narrador

Cajas de cartón

Francisco Jiménez

contractor, foreman

day-laborers

picker / A... I liked him

?

signaled / Ya... It's time (Ya es hora) / badly spoken, broken

?

Por... On the way

steering wheel

estaba... ?

Echó... He threw back

cough

lo... what belonged to us

weight

tampoco... had not slept a wink either

Era a fines de agosto. Ito el contratista,° ya no sonreía. Era natural. La cosecha de fresas terminaba, y los trabajadores, casi todos braceros,° no recogían tantas cajas de fresas como en los meses de junio y julio.

Cada día el número de braceros disminuía. El domingo sólo **5** uno—el mejor pizcador°—vino a trabajar. A mí me caía bien.° A veces hablábamos durante nuestra media hora de almuerzo. Así es cómo aprendí que era de Jalisco, de mi tierra natal. Ese domingo fue la última vez que lo vi.

Cuando el sol se escondía° detrás de las montañas, Ito nos **10** señaló° que era hora de ir a casa. "Ya es horra",° gritó en su español mocho.° Ésas eran las palabras que yo ansiosamente esperaba doce horas al día, todos los días, siete días a la semana, semana tras semana, y el pensar que no las volvería a oír me entristeció.° **15**

Por el camino rumbo° a casa, Papá no dijo una palabra. Con las dos manos en el volante° miraba fijamente hacia el camino. Roberto, mi hermano mayor, también estaba callado.° Echó para atrás° la cabeza y cerró los ojos. El polvo que entraba de fuera lo hacía toser° repetidamente. **20**

Era a fines de agosto. Al abrir la puerta de nuestra chocita me detuve. Vi que lo que nos pertenecía° estaba empacado en cajas de cartón. De repente sentí aún más el peso° de las horas, los días, las semanas, los meses de trabajo. Me senté sobre una caja, y se me llenaron los ojos de lágrimas al pensar que teníamos que **25** mudarnos a Fresno.

Esa noche no pude dormir, y un poco antes de las cinco de la madrugada Papá, que a la cuenta tampoco había pegado° los ojos

en toda la noche, nos levantó. A pocos minutos los gritos alegres
de mis hermanitos, para quienes la mudanza° era una gran ° — ?
aventura, rompieron el silencio del amanecer.° El ladrido de los dawn
perros pronto los acompañó.

Mientras empacábamos los trastes° del desayuno, Papá salió utensils
para encender° la "Carcanchita". Ése era el nombre que Papá le to start
puso a su viejo Plymouth negro del año 38. Lo compró en una
agencia de carros usados en Santa Rosa en el invierno de 1949.
Papá estaba muy orgulloso de su carro. "Mi Carcanchita" lo
llamaba cariñosamente. Tenía derecho° a sentirse así. Antes de the right
comprarlo, pasó mucho tiempo mirando otros carros. Cuando al
fin escogió la "Carcanchita", la examinó palmo a palmo.° palmo... inch by inch
Escuchó el motor, inclinando la cabeza de lado a lado como un
perico,° tratando de detectar cualquier ruido que pudiera indicar parakeet
problemas mecánicos. Después de satisfacerse con la apariencia y
los sonidos del carro, Papá insistió en saber quién había sido el
dueño.° Nunca lo supo, pero compró el carro de todas maneras.° owner / de... anyway
Papá pensó que el dueño debió haber sido alguien importante
porque en el asiento de atrás encontró una corbata azul.

Papá estacionó el carro enfrente a la choza y dejó andando el
motor.° "Listo", gritó. Sin decir palabra, Roberto y yo dejó... ?
comenzamos a acarrear° las cajas de cartón al carro. Roberto to carry
cargó las dos más grandes y yo las más chicas. Papá luego cargó el
colchón ancho sobre la capota° del carro y lo amarró con lazos° hood / ties, knots
para que no se volara con el viento del camino.

Todo estaba empacado menos la olla de Mamá. Era una olla
vieja y galvanizada que había comprado en una tienda de segunda
en Santa María el año en que yo nací. La olla estaba llena de
abolladuras y mellas,° y mientras más abollada estaba, más le abolladuras... dents and nicks
gustaba a Mamá. "Mi olla" la llamaba orgullosamente.

Sujeté° abierta la puerta de la chocita mientras Mamá sacó° I held / took out
cuidadosamente su olla, agarrándola° por las dos asas° para no grabbing it / handles
derramar° los frijoles cocidos.° Cuando llegó al carro, Papá tendió ? / cooked
las manos para ayudarle con ella. Roberto abrió la puerta
posterior del carro y Papá puso la olla con mucho cuidado en el
piso detrás del asiento. Todos subimos a la "Carcanchita". Papá
suspiró,° se limpió el sudor de la frente con las mangas° de la sighed / sleeves
camisa, y dijo con cansancio: "Es todo".

Mientras nos alejábamos, se me hizo un nudo en la garganta.° nudo... lump in my throat
Me volví y miré nuestra chocita por última vez.

Al ponerse el sol llegamos a un campo de trabajo cerca de

Fresno. Ya que Papá no hablaba inglés, Mamá le preguntó al   70
capataz si necesitaba más trabajadores. "No necesitamos a
nadie", dijo él, rascándose la cabeza. "Pregúntele a Sullivan.
Mire, siga este mismo camino hasta que llegue a una casa grande
y blanca con una cerca alrededor. Allí vive él".

Cuando llegamos allí, Mamá se dirigió a la casa. Pasó por la   75
cerca, por entre filas de rosales hasta llegar a la puerta. Tocó el
timbre. Las luces del portal se encendieron y un hombre alto y
fornido salió. Hablaron brevemente. Cuando el hombre entró en
la casa, Mamá se apresuró hacia el carro. "¡Tenemos trabajo! El
señor nos permitió quedarnos allí toda la temporada", dijo un   80
poco sofocada de gusto y apuntando hacia un garaje viejo que
estaba cerca de los establos.

El garaje estaba gastado por los años. Roídas por comejenes,
las paredes apenas sostenían el techo agujereado. No tenía
ventanas y el piso de tierra suelta ensabanaba todo de polvo.   85

Esa noche, a la luz de una lámpara de petróleo, desempacamos
las cosas y empezamos a preparar la habitación para vivir.

barrer... to sweep the floor   Roberto, enérgicamente se puso a barrer el suelo;° Papá llenó los
? / tin   agujeros° de las paredes con periódicos viejos y con hojas de lata.°
Mamá les dio de comer a mis hermanitos. Papá y Roberto   90
entonces trajeron el colchón y lo pusieron en una de las esquinas
del garaje. "Viejita", dijo Papá, dirigiéndose a Mamá, "tú y los
niños duerman en el colchón. Roberto, Panchito y yo dormiremos
bajo los árboles".

*   *   *

Muy tempranito por la mañana al día siguiente, el señor   95
Sullivan nos enseñó donde estaba su cosecha y, después del
desayuno, Papá, Roberto y yo nos fuimos a la viña a pizcar.

A eso de las nueve, la temperatura había subido hasta cerca de
cien grados. Yo estaba empapado° de sudor y mi boca estaba tan
soaked
chewing   seca que parecía como si hubiera estado masticando° un pañuelo.   100
row   Fui al final del surco,° cogí la jarra de agua que habíamos llevado
y comencé a beber. "No tomes mucho; te vas a enfermar", me
warning me   gritó Roberto. No había acabado de advertirme° cuando sentí un
gran dolor de estómago. Me caí de rodillas y la jarra se me
slipped   deslizó° de las manos.   105
buzzing   Solamente podía oír el zumbido° de los insectos. Poco a poco
me empecé a recuperar. Me eché agua en la cara y en el cuello y
mud   miré el lodo° negro correr por los brazos y caer a la tierra que
to boil   parecía hervir.°

110 Todavía me sentía mareado° a la hora del almuerzo. Eran las   *dizzy*
dos de la tarde y nos sentamos bajo un árbol grande de nueces°   *walnuts*
que estaba al lado del camino. Papá apuntó° el número de cajas   *wrote down*
que habíamos pizcado. Roberto trazaba° diseños en la tierra con   *was drawing*
un palito.° De pronto vi palidecer° a Papá que miraba hacia el   *small stick / grow pale*
115 camino. "Allá viene el camión° de la escuela", susurró° alarmado.   *bus / whispered*
Instintivamente, Roberto y yo corrimos a escondernos entre las
viñas. El camión amarillo se paró frente a la casa del señor
Sullivan. Dos niños muy limpiecitos y bien vestidos se apearon.°   *got off*
Llevaban libros bajo sus brazos. Cruzaron la calle y el camión se
120 alejó. Roberto y yo salimos de nuestro escondite° y regresamos   *hiding place*
adonde estaba Papá. "Tienen que tener cuidado", nos advirtió.

    Después del almuerzo volvimos a trabajar. El calor oliente y
pesado,° el zumbido de los insectos, el sudor y el polvo hicieron   *oliente... smelly and heavy*
que la tarde pareciera una eternidad. Al fin las montañas que
125 rodeaban° el valle se tragaron° el sol. Una hora después estaba   *surrounded / se... swallowed*
demasiado oscuro para seguir trabajando. Las parras tapaban° las   *covered*
uvas y era muy difícil ver los racimos.° "Vámonos", dijo Papá   *bunches, clusters*
señalándonos que era hora de irnos. Entonces tomó un lápiz y
comenzó a figurar cuánto habíamos ganado ese primer día.
130 Apuntó números, borró algunos, escribió más. Alzó la cabeza sin
decir nada. Sus tristes ojos sumidos° estaban humedecidos.   *sunken*

    Cuando regresamos del trabajo, nos bañamos afuera con el
agua fría bajo una manguera.° Luego nos sentamos a la mesa   *hose*
hecha de cajones de madera y comimos con hambre la sopa de
135 fideos,° las papas y tortillas de harina° blanca recién hechas.   *noodles / flour*
Después de cenar nos acostamos a dormir, listos para empezar a
trabajar a la salida del sol.

    Al día siguiente, cuando me desperté, me sentía magullado;°   *bruised; sore*
me dolía todo el cuerpo. Apenas podía mover los brazos y las
140 piernas. Todas las mañanas cuando me levantaba me pasaba lo
mismo hasta que mis músculos se acostumbraron a ese trabajo.

    Era lunes, la primera semana de noviembre. La temporada de
las uvas se había terminado y ya podía ir a la escuela. Me
desperté temprano esa mañana y me quedé acostado mirando las
145 estrellas y saboreando° el pensamiento de no ir a trabajar y de   *enjoying*
empezar el sexto grado por primera vez ese año. Como no podía
dormir, decidí levantarme y desayunar con Papá y Roberto. Me
senté cabizbajo° frente a mi hermano. No quería mirarlo porque   *pensive*
sabía que él estaba triste. Él no asistiría a la escuela hoy, ni
150 mañana, ni la próxima semana. No iría hasta que se acabara la

temporada de algodón,° y eso sería en febrero. Me froté° las
manos y miré la piel seca y manchada° de ácido enrollarse° y caer
al suelo.

Cuando Papá y Roberto se fueron a trabajar, sentí un gran
alivio. Fui a la cima° de una pendiente° cerca de la choza y   155
contemplé a la "Carcanchita" en su camino hasta que desapareció
en una nube de polvo.

Dos horas más tarde, a eso de las ocho, esperaba el camión de
la escuela. Por fin llegó. Subí y me senté en un asiento
desocupado. Todos los niños se entretenían hablando o gritando.   160

Estaba nerviosísimo cuando el camión se paró delante de la
escuela. Miré por la ventana y vi una muchedumbre° de niños.
Algunos llevaban libros, otros juguetes. Me bajé del camión, metí
las manos en los bolsillos, y fui a la oficina del director. Cuando
entré oí la voz de una mujer diciéndome: "May I help you?" Me   165
sobresalté.° Nadie me había hablado inglés desde hacía meses. Por
varios segundos me quedé sin poder contestar. Al fin, después de
mucho esfuerzo, conseguí decirle en inglés que me quería
matricular en el sexto grado. La señora entonces me hizo una
serie de preguntas que me parecieron impertinentes. Luego me   170
llevó a la sala de clase.

El señor Lema, el maestro de sexto grado, me saludó
cordialmente, me asignó un pupitre,° y me presentó a la clase.
Estaba tan nervioso y tan asustado° en ese momento cuando
todos me miraban que deseé estar con Papá y Roberto pizcando   175
algodón. Después de pasar la lista, el señor Lema le dio a la clase
la asignatura de la primera hora. "Lo primero que haremos esta
mañana es terminar de leer el cuento que comenzamos ayer", dijo
con entusiasmo. Se acercó a mí, me dio su libro y me pidió que
leyera. "Estamos en la página 125", me dijo. Cuando lo oí, sentí   180
que toda la sangre me subía a la cabeza; me sentí mareado.
"¿Quisieras leer?", me preguntó en un tono indeciso. Abrí el libro
a la página 125. Mi boca estaba seca. Los ojos se me comenzaron
a aguar. El señor Lema entonces le pidió a otro niño que leyera.

Durante el resto de la hora me empecé a enojar más y más   185
conmigo mismo. Debí haber leído, pensaba yo.

Durante el recreo° me llevé el libro al baño y lo abrí a la
página 125. Empecé a leer en voz baja, pretendiendo que estaba
en clase. Había muchas palabras que no sabía. Cerré el libro y
volví a la sala de clase.   190

El señor Lema estaba sentado en su escritorio. Cuando entré

me miró sonriéndose. Me sentí mucho mejor. Me acerqué a él y le
preguntó si me podía ayudar con las palabras desconocidas. "Con
mucho gusto", me contestó.

195   El resto del mes pasé mis horas de almuerzo estudiando ese inglés
con la ayuda del buen señor Lema.

    Un viernes durante la hora del almuerzo, el señor Lema me invitó
a que lo acompañara a la sala de música. "¿Te gusta la música?", me
preguntó. "Sí, muchísimo", le contesté entusiasmado, "me gustan los
200 corridos mexicanos".° Él cogió una trompeta, la tocó un poco y luego
me la entregó.° El sonido me hizo estremecer.° Me encantaba ese
sonido. "¿Te gustaría aprender a tocar este instrumento?", me
preguntó. Debió haber comprendido la expresión en mi cara porque
antes que yo le respondiera, añadió: "Te voy a enseñar a tocar esta
205 trompeta durante las horas de almuerzo".

    Ese día casi no podía esperar el momento de llegar a casa y
contarle° las nuevas a mi familia. Al bajar del camión me encontré
con mis hermanitos que gritaban y brincaban° de alegría. Pensé que
era porque yo había llegado, pero al abrir la puerta de la chocita, vi
210 que todo estaba empacado en cajas de cartón…

corridos… *Mexican folk songs*
me… *handed it over to me /*
tremble

tell them
were jumping

Comprensión

A. ¿Cierta o falsa? Lee las siguientes frases y decide si la información es cierta o falsa, según el cuento. Si la información es falsa, escribe la información correcta.

1. A fines de agosto la cosecha de fresas se terminaba.

2. El narrador no podía dormir porque la idea de mudarse otra vez le alegraba mucho.

3. El padre del narrador compró un coche de último modelo.

4. A la madre del narrador le gustaba su olla vieja.

5. El narrador casi lloró cuando dejaron la chocita donde vivían.

6. En Fresno la familia no pudo encontrar trabajo.

7. El garaje donde vivía la familia era muy bonito y cómodo.

8. El narrador empezó a sentirse mal en el campo.

9. Al narrador le dolía el cuerpo a causa del trabajo.

10. En noviembre el narrador y su hermano empezaron a asistir a la escuela.

11. El primer día de escuela fue muy agradable para el narrador.

12. El maestro trató de ayudar al narrador.

13. El narrador sabía tocar la trompeta muy bien.

14. Al final del cuento el narrador y su familia decidieron quedarse en Fresno para siempre.

B. Comprensión general Con tus propias palabras, responde a las siguientes preguntas. Luego, comparte tus ideas con los otros estudiantes de la clase.

1. ¿Qué tipo de trabajo hacían los miembros de la familia del narrador? ¿Cómo era el trabajo?

2. ¿Qué tipo de vida llevaba esta familia? ¿Cómo podrías caracterizar su vida?

3. ¿Cómo se sentía el narrador el día que iba a ir a la escuela? ¿Cómo se sentía cuando ya estaba allí?

4. Explica detalladamente lo que le pasó al narrador ese día en la escuela.

C. De la misma familia Las palabras de la lista a continuación son palabras que probablemente ya conoces. Escribe todas las palabras de la misma familia que conozcas, por ejemplo: estudioso—el (la) estudiante, estudiar, estudiantil.

> entristeció (entristecer) [línea 15]
> camino [línea 16]
> empacado [línea 22]
> cansancio [línea 66]
> nos alejábamos (alejarse) [línea 67]
> pensamiento [línea 145]
> indeciso [línea 182]
> escritorio [línea 191]

D. En contexto Imagínate que quieres explicarle a un(a) compañero(a) de clase el significado de las siguientes palabras. En español, explica lo que cada una de las palabras significa. Escribe las explicaciones para luego compartirlas con el resto de la clase.

> mudarnos (mudarse) [línea 26]
> choza [línea 48]
> colchón [línea 52]
> cerca [línea 74]
> escondernos (esconderse) [línea 116]
> manguera [línea 133]

E. Al punto Lee las siguientes preguntas o frases incompletas. Luego, escoge la mejor respuesta o terminación según la lectura.

1. Al principio del cuento, ¿qué dijo el narrador sobre la cosecha?
  a. Que estaba terminando.
  b. Que duraría dos meses más.
  c. Que acababa de empezar.
  d. Que era la mejor en muchos años.

2. ¿Qué era Jalisco?
   a. El lugar donde trabajaban los braceros.
   b. El nombre del mejor amigo del narrador.
   c. El nombre de la montaña que veían los trabajadores.
   d. El lugar donde había nacido el narrador.

3. Cuando el narrador oyó las palabras de Ito, él se entristeció porque...
   a. no podría jugar con Ito como lo hacía antes.
   b. pronto no oiría las palabras que estaba acostumbrado a oír.
   c. ahora tendría que quedarse a trabajar más horas.
   d. no podría ir con Ito a la escuela la semana próxima.

4. Cuando el narrador llegó a su casa a fines de agosto se dio cuenta de que su familia...
   a. estaba celebrando algo.
   b. tenía que trabajar por más tiempo.
   c. tenía que trasladarse a otro lugar.
   d. estaba enojada con él.

5. ¿Qué era la "Carcanchita"?
   a. El coche viejo que había comprado el papá.
   b. La ciudad donde trabajaban ahora.
   c. La choza donde vivían.
   d. El lugar adonde se mudaban.

6. Por la manera en que el narrador describe la olla de su madre parece que...
   a. la olla tenía poderes mágicos.
   b. la olla le traía mucha tristeza.
   c. la madre le tenía mucho cariño.
   d. la madre acababa de comprarla.

7. La familia se mudó a Fresno porque allí...
   a. estaba el resto de la familia.
   b. parecía haber trabajo.
   c. conocía a mucha gente.
   d. tenía una casa buena.

8. ¿Qué le permitió hacer el señor Sullivan a la familia?
   a. Quedarse y trabajar allí por un tiempo.
   b. Arreglar el carro del padre en el garaje.
   c. Descansar en su casa por unos días.
   d. Mudarse con él en su propia casa.

9. ¿Cómo estaba el garaje donde iba a vivir la familia del narrador?
  a. Muy limpio.
  b. Muy bien conservado.
  c. Listo para vivir allí.
  d. En muy malas condiciones.

10. ¿Qué hizo la familia la noche que llegó al campo del señor Sullivan?
  a. Empezó a arreglar el garaje.
  b. Celebró su buena suerte.
  c. Salió a cenar con el señor Sullivan.
  d. Arregló el coche.

11. ¿Dónde tenían que dormir algunos de los miembros de la familia?
  a. En la casa del señor Sullivan.
  b. En un campo cercano.
  c. Al aire libre.
  d. En una hamaca incómoda.

12. El narrador se desmayó a causa…
  a. del trabajo y de la temperatura.
  b. de la noticia que le dio el padre.
  c. de lo que había comido.
  d. de lo que había visto.

13. Una interpretación de la razón por la cual el padre palideció cuando vio el camión de la escuela puede ser que…
  a. no quería que los niños en el camión lo reconocieran.
  b. no quería tener un accidente.
  c. temía que la policía lo viniera a buscar.
  d. le dolía que sus hijos no pudieran ir a la escuela.

14. La descripción que hace el narrador del padre "Sus tristes ojos sumidos estaban humedecidos" [línea 131], parece indicar que…
  a. le molestaban los rayos del sol.
  b. estaba contento de su buena fortuna.
  c. no sabía hacer las cuentas.
  d. no habían ganado tanto como esperaban.

15. ¿Por qué no podía mover los brazos y las piernas el narrador?
- **a.** Porque no dormía bien.
- **b.** Porque el trabajo era muy duro.
- **c.** Porque su hermano le había hecho daño.
- **d.** Porque había tenido un accidente.

16. ¿Por qué fue importante la primera semana de noviembre para el narrador?
- **a.** Porque entonces podría regresar a su pueblo natal.
- **b.** Porque entonces podría ir a la escuela.
- **c.** Porque su hermano regresaría de un viaje.
- **d.** Porque la temporada de las uvas empezaría.

17. ¿Por qué estaba triste Roberto, el hermano del narrador?
- **a.** Porque todavía tenía que trabajar.
- **b.** Porque su padre le exigía mucho.
- **c.** Porque no había salido bien en sus clases.
- **d.** Porque no quería ir a la escuela.

18. Al principio, cuando se encontró en la clase del señor Lema, el narrador se sintió…
- **a.** agotado.
- **b.** enfermo.
- **c.** incómodo.
- **d.** enloquecido.

19. ¿Por qué se enojó el narrador consigo mismo en la clase?
- **a.** Porque no había podido leer.
- **b.** Porque los estudiantes se reían de él.
- **c.** Porque el profesor lo había avergonzado.
- **d.** Porque no sabía las respuestas a las preguntas.

20. ¿Cómo se comportó *(behaved)* el profesor con el narrador?
- **a.** No le prestó mucha atención.
- **b.** No le permitió aprender a tocar la trompeta.
- **c.** Le daba las tareas más fáciles.
- **d.** Lo ayudó y lo hizo sentirse a gusto en la escuela.

21. Un día cuando regresó a su casa de la escuela, el narrador se dio cuenta de que…
- **a.** sus padres habían vendido el coche.
- **b.** sus hermanos no estaban orgullosos de él.
- **c.** su familia iba a mudarse de nuevo.
- **d.** su madre le había comprado una trompeta a su hermano.

F. Ahora te toca a ti Una buena manera de repasar lo que has leído es hacerles preguntas acerca del cuento a los otros estudiantes y responder a las preguntas que ellos tienen. Trata de escribir por lo menos cinco preguntas que reten *(challenge)* a tus compañeros de clase. En grupos de tres o cuatro estudiantes hazles las preguntas a tus compañeros y responde a las suyas. Luego, escojan las mejores preguntas para hacérselas a los otros estudiantes de la clase.

G. Otras preguntas Responde a las siguientes preguntas según el cuento. Piensa bien en lo que vas a contestar antes de escribir tus respuestas. Luego, comparte las respuestas con el resto de la clase.

1. ¿Por qué eran las mudanzas "una gran aventura" para los hermanos menores del narrador? Explica tu respuesta.

2. La olla de la madre del narrador tiene cierta importancia para ella. Describe la olla. Luego trata de explicar por qué parece ser importante para la madre. ¿Es la olla una de las únicas cosas que son constantes en la vida de la familia? ¿Por qué parece tenerle tanto cariño?

3. ¿Por qué tiene problemas el narrador cuando va a la escuela? ¿A qué se deben estos problemas?

Un paso más

Vocabulario útil para conversar y para escribir

Aquí tienes una lista de palabras y expresiones que te ayudarán a expresar tus ideas. Trata de incluirlas en la discusión con los otros estudiantes o en los ejercicios de escritura.

adaptarse	*to adapt oneself*
con relación a	*in relation to*
desafortunadamente	*unfortunately*
echarle de menos a alguien	*to miss someone*
en conclusión	*in conclusion*
en todo caso	*in any case*
la habilidad	*ability, skill*
hacer daño	*to hurt, harm*
insoportable	*intolerable*
mantener	*to support, maintain*
mejorar	*to improve*
para continuar	*to continue*
rechazar	*to reject*
superar	*to overcome*
tener éxito	*to be successful*

Para conversar

A. Situaciones difíciles Es probable que nunca hayas tenido que enfrentarte a muchas de las dificultades que se le presentaron al narrador y a su familia. Piensa en las siguientes situaciones y explica detalladamente lo que tú harías o cómo te sentirías si te encontraras en ellas.

1. Tú tienes que trabajar en el campo cuando hace mucho calor.

2. No puedes ir regularmente a la escuela.

3. Tus padres no pueden encontrar trabajo permanente.

4. No puedes tener muchos amigos porque siempre estás mudándote.

5. Ahora piensa en otras situaciones difíciles y preséntaselas a tus compañeros de clase para ver cómo ellos reaccionarían.

B. Una comparación Piensa en la vida del narrador y haz una lista de las cosas que no tiene y de las actividades en que no puede participar como un chico normal. Luego, reflexiona sobre tu vida y haz otra lista de las cosas que tú tienes y de las actividades en que puedes participar y compáralas con la del narrador. Prepárate para poder compartir tu comparación con el resto de la clase.

C. La despedida Imagínate que eres un(a) amigo(a) del narrador. Él viene a visitarte para decirte que él y su familia tienen que mudarse de nuevo. Como lo conoces por un tiempo le tienes mucho cariño. Piensa en lo que le dirías y en las preguntas que le harías. Un(a) compañero(a) de clase va a hacer el papel del narrador. Antes de empezar escribe algunas de las ideas que vas a discutir con él (ella).

D. Mi vida Imagínate que eres miembro de la familia del narrador. ¿Cómo describirías la vida de "tu familia"? Usa la lista de adjetivos a continuación como guía. También puedes añadir otros adjetivos y otras ideas para la discusión con el resto de la clase.

agradable	desconcertadora	inestable
aventurera	emocionante	placentera
deprimente	fascinante	solitaria

E. La vida circular Al principio del cuento nos enteramos *(we find out)* de que el narrador tiene que mudarse. Al final del cuento sucede lo mismo, como en un círculo. ¿Qué piensas tú que nos está tratando de decir el autor sobre la vida de esta familia? ¿Piensas que para la familia hay una manera de escaparse de este tipo de vida? ¿Es posible que puedan llevar una vida mejor? ¿Cómo? Explica tu respuesta. Toma en consideración tus conocimientos sobre los trabajadores inmigrantes. En grupos de tres o cuatro estudiantes, preséntales tu opinión a tus compañeros. Luego, Uds. van a escoger la mejor respuesta y presentársela a la clase.

F. Un debate En los Estados Unidos hay un debate constante sobre los trabajadores inmigrantes. Algunos dicen que no se les debería permitir trabajar en este país porque les están quitando los trabajos a los norteamericanos. Al mismo tiempo muy pocas personas quieren hacer este trabajo tan duro y por tan poca paga. Tu profesor(a) va a dividir la clase en grupos. Uds. tendrán que defender su opinión sobre este tema. Sería buena idea tratar de conseguir alguna información sobre el tema en la clase de estudios sociales, en la biblioteca de la escuela o en el Internet. Antes de comenzar el debate, hagan una lista de los puntos más importantes que Uds. tienen que considerar. Prepárense bien para poder defender así sus opiniones.

You may find **Appendix A** (Some Words and Expressions Used to Connect Ideas) and **Appendix C** (Some Expressions Used to Begin and End a Written Message) especially useful as you complete these exercises.

Para escribir

A. Un resumen Escribe un resumen del cuento. Antes de empezar, haz una lista de las ideas principales. Responde brevemente a las siguientes preguntas: ¿qué sucede?, ¿dónde?, ¿cuándo?, ¿quiénes? y ¿por qué?

B. La ayuda de un maestro El señor Lema, el profesor del narrador, representa un rayo de esperanza para el narrador. Piensa en las respuestas a las preguntas a continuación; luego, usa las preguntas como guía para escribir dos párrafos sobre el tema.

Primer párrafo: Expresa tu opinión sobre lo que representa el profesor para el narrador. ¿Por qué piensas tú que el señor Lema trata de ayudar al narrador? Si el narrador se hubiera podido quedar en ese pueblo y asistir a la escuela por más tiempo, ¿qué beneficios habría obtenido?

Segundo párrafo: ¿Has tenido tú un(a) profesor(a) que se haya interesado en ti o que te haya dado esperanza? Descríbelo(la) brevemente y explica cómo te ayudó.

C. Otro final Ahora tienes la oportunidad de cambiar el final del cuento que leíste o predecir el futuro de la familia. ¿Cómo te gustaría cambiar el cuento? ¿Crees que debe tener un final feliz? ¿Cómo? Si no crees que el cuento debe tener un final feliz, por lo menos puede tener un final que le da al narrador más esperanza de la que tiene ahora. Piensa cuidadosamente en un posible final o en lo que le podría suceder a la familia en el futuro. Luego, escribe un párrafo en el que expliques cómo tú lo terminarías.

D. El valor de la vida dura Probablemente el narrador del cuento ha aprendido mucho sobre la vida. Es posible que aprecie mucho el valor de su familia, el valor del dinero, el valor de poder determinar su futuro, etc. En tu opinión, ¿piensas que si tú tuvieras este tipo de experiencia apreciarías más lo que tienes ahora? ¿Sería buena idea que los jóvenes tuvieran una experiencia similar a la del narrador para que valoraran más lo que tienen? Escribe un ensayo de unas 200 palabras en el que expliques el valor del trabajo, de la vida dura y los beneficios que este tipo de experiencia podría tener para los jóvenes. Las siguientes ideas te van a ayudar a organizar tu ensayo antes de empezar a escribir.

1. Haz una lista de todas las palabras o frases que te vengan a la mente sobre el tema. Usa el esquema a continuación.

Dificultades de la experiencia	
Consecuencias positivas	
Cosas que apreciarías más	
Valores que aprenderías	
Consecuencias negativas	

2. Ahora, usa el esquema para organizar cada párrafo del ensayo.

E. Los inmigrantes Piensa en una persona de tu comunidad que haya inmigrado a este país. Habla con esta persona y trata de averiguar su opinión con respecto a la necesidad de tener que:

1. mudarse a un país extranjero

2. aprender otra lengua

3. ayudar a la familia económicamente

4. resolver los problemas y las dificultades que enfrentó o cualquier otro punto que consideres importante

Escribe un ensayo de unas 200 palabras en el que incluyas las ideas de la lista anterior. Si no puedes hablar con una persona que se ha encontrado en esta situación, explica cómo tú piensas que sería esta experiencia si tú fueras la persona que tiene que inmigrar. Puedes usar la lista anterior como guía para organizar el ensayo.

F. Cómo adaptarse a una nueva cultura Es probable que conozcas o que hayas oído hablar de un(a) inmigrante que ha tenido gran éxito en este país. La siguiente lista puede darte algunas ideas, pero puedes escoger a otra persona que no esté en la lista. Escribe una composición en la que describas a esta persona. En tu composición incluye:

1. de dónde vino y por qué

2. las dificultades que tuvo que enfrentar

3. cómo superó *(overcame)* las dificultades

4. lo que pudo alcanzar

Tu ensayo debe tener una extensión de unas 200 palabras.

Inmigrantes que puedes considerar:

Roberto Clemente (deportista)   Ellen Ochoa (astronauta)
Jaime Escalante (educador)   Edward James Olmos (actor)
Gloria Estefan (cantante)   Tito Puente (músico)
Oscar Hijuelos (escritor)   Chi Chi Rodríguez (deportista)
Rolando Hinojosa (escritor)   Arantxa Sánchez-Vicario (deportista)
Rita Moreno (actriz)   Carlos Santana (músico)

Interpersonal Writing

Directions: For each of the following exercises, you will write a message. For each exercise, you have 10 minutes to read the instructions and write your message. Each message should be at least 60 words in length.

Instrucciones: Para cada uno de los siguientes ejercicios, vas a escribir un mensaje. Para cada ejercicio, tienes 10 minutos para leer las instrucciones y escribir tu mensaje. Cada mensaje debe tener una extensión de 60 palabras.

Mensaje 1

Imagina que tu familia acaba de mudarse. Escríbele un mensaje electrónico a un buen amigo que dejaste donde tú vivías. Salúdalo y

- menciona tu primera impresión del lugar
- compara el nuevo ambiente con el del lugar donde vivías
- menciona a algunas personas que has conocido
- expresa tu reacción general a la mudanza
- despídete

Mensaje 2

Imagina que hoy fue tu primer día en una nueva escuela. Escríbele un mensaje electrónico a una amiga que dejaste donde tú vivías. Saluda a tu amiga y

- dile algo del maestro
- menciona dos cosas que ocurrieron en clase
- dile como te sentiste
- despídete

Comprensión auditiva

Escucha las siguientes selecciones. Después de cada selección vas a escuchar varias preguntas. Escoge la mejor respuesta para cada pregunta entre las opciones impresas en tu libro.

Selección número 1

Ahora vas a escuchar una selección sobre la situación de los niños en muchas partes del mundo.

Número 1
- **a.** Mueren a causa de la violencia.
- **b.** Son adictos a las drogas.
- **c.** No tienen hogar.
- **d.** Están enfermos.

Número 2
- **a.** Que los gobiernos no presten atención a los estudios.
- **b.** Que el problema pueda resolverse con poco dinero.
- **c.** Que los niños no quieran atención médica.
- **d.** Que no haya suficientes vacunas para los niños.

Número 3
- **a.** La reducción del costo de las medicinas.
- **b.** El aumento en el número de escuelas.
- **c.** La determinación de mejorar la situación.
- **d.** La construcción de más hospitales y clínicas.

Selección número 2

Vas a escuchar una selección sobre la autoestima en los niños.

Número 1
- **a.** Antes de los nueve años.
- **b.** Después de la escuela secundaria.
- **c.** Durante la transición entre la escuela primaria y la secundaria.
- **d.** Mucho antes de empezar la escuela primaria.

Número 2
- **a.** Los padres.
- **b.** Los parientes.
- **c.** Las amigas.
- **d.** Los maestros.

Número 3
- **a.** Permitirles que jueguen a menudo.
- **b.** Permitirles que fracasen de vez en cuando.
- **c.** Felicitarlos cuando tienen éxito.
- **d.** Enseñarles la importancia de la competencia.

You may find **Appendix B** (Some Expressions Used for Oral Communication) especially helpful as you complete this exercise.

Simulated Conversation

Directions: You will now participate in a simulated conversation. First, you will have 30 seconds to read the outline of the conversation. Then, you will listen to a message and have one minute to read again the outline of the conversation. Afterward, the conversation will begin, following the outline. Each time it is your turn, you will have 20 seconds to respond; a tone will indicate when you should begin and end speaking. You should participate in the conversation as fully and appropriately as possible.

Instrucciones: Ahora participarás en una conversación simulada. Primero, tendrás 30 segundos para leer el esquema *(outline)* de la conversación. Después empezará la conversación, siguiendo el esquema. Siempre que sea tu turno, tendrás 20 segundos para responder; una señal te indicará cuándo debes empezar y terminar de hablar. Debes participar en la conversación en la manera más completa y apropiada posible.

(A) Imagina que tu familia acaba de mudarse a otra ciudad. En tu nueva escuela hablas con el señor Contreras, tu nuevo maestro.

(B) La conversación.
[The shaded lines reflect what you will hear on the recording. Las líneas en gris reflejan lo que escucharás en la grabación.]

Sr. Contreras	• *Te saluda y te hace algunas preguntas.*
Tú	• *Salúdalo y responde a sus preguntas.*
Sr. Contreras	• *Reacciona y te hace otras preguntas.*
Tú	• *Responde con detalles.*
Sr. Contreras	• *Continúa la conversación.*
Tú	• *Expresa tu opinión.*
Sr. Contreras	• *Continúa la conversación.*
Tú	• *Reacciona a lo que te dice.*
Sr. Contreras	• *Continúa la conversación.*
Tú	• *Muestra tu agradecimiento y comenta sobre los libros.*
Sr. Contreras	• *Continúa la conversación.*
Tú	• *Termina la conversación.*

For: Additional practice
Visit: www.PHSchool.com
Web Code: jxd-0005

Nosotros, no

José Bernardo Adolph

Antes de leer

A. Para discutir en clase Mira los dibujos y describe cada situación. Para la discusión con el resto de la clase, haz una lista de palabras clave o frases que te ayuden a expresar tus ideas. En la presentación incluye las respuestas a las preguntas que aparecen a continuación.

1. ¿Por qué se siente triste el hombre? ¿Dónde está? ¿Qué día y qué hora es? ¿Qué hace la gente generalmente ese día a esa hora?

2. ¿Qué efecto tiene lo que ve en la televisión en lo que probablemente está pensando?

3. ¿Qué quiere cambiar el hombre?

4. ¿De qué se da cuenta al final? ¿Cómo se siente?

5. ¿Cuál es la moraleja *(moral)* del cuento?

**Abriendo paso:
Gramática**

Pluperfect indicative:
Unidad 1, págs. 19 a
29; RG 1, págs. 47 y 48
Future: Unidad 5,
págs. 174 a 181; RG 5,
págs. 203 a 205
Conditional: Unidad 6,
págs. 220 a 227; RG 6,
págs. 233 a 235
Indefinite and negative
words: Paso 7,
págs. 298 a 300

Viernes

B. Nuestra experiencia Todos conocemos a ancianos que muchas veces no reciben el respeto que merecen. Responde a las siguientes preguntas y comparte las respuestas con los otros estudiantes.

1. Describe a un(a) anciano(a) que conoces personalmente.

2. ¿En qué piensas cuando ves a esa persona?

3. ¿Ayudas a esa persona? En general, ¿piensas que tú podrías hacer más por la persona a quien describiste? ¿Cómo puede llevar esa persona una vida mejor?

4. ¿Te ha ayudado a ti alguna vez esa persona? ¿Cómo?

Ahora, piensa en ti mismo(a).

1. ¿Puedes imaginarte cómo serás tú a la edad de ochenta años? Explica.

2. ¿Cómo te gustaría que te trataran?

C. Los estereotipos Si oyeras los siguientes comentarios, ¿qué dirías? Defiende tu reacción u opinión en grupos de tres o cuatro estudiantes. Usa ejemplos específicos para apoyar tus ideas.

1. "Los ancianos no pueden hacer nada".

2. "Los jóvenes no tienen compasión por los viejos".

3. "Nunca quiero ser viejo(a)".

4. "¡Qué pasado de moda *(out of fashion)*! ¿No saben nada de la moda los ancianos?"

5. "No tenemos que visitar a nuestros abuelos. Ellos están en un hogar de tercera edad *(senior citizens' home)*. Allí tienen muchos amigos".

6. Crea tu propia situación aquí y preséntasela a tus compañeros en el grupo.

D. La inmortalidad Si pudieras escoger entre vivir para siempre o morir a una edad normal, ¿qué escogerías? Haz una lista de todas las ventajas *(advantages)* y desventajas *(disadvantages)* en que puedas pensar. Luego, compara tu lista con las de tus compañeros en grupos de tres o cuatro estudiantes. ¿Puedes llegar a una conclusión sobre tu opinión y la opinión de tus compañeros? Recuerda que debes considerar no sólo las ventajas y desventajas personales, sino también las de tu comunidad y las del mundo. Usa el gráfico a continuación para tu lista.

	Ventajas	Desventajas
para mí		
para mi comunidad		
para el mundo		

E. Una selección El primer párrafo del cuento "Nosotros, no" presenta el tema muy claramente: el hombre conquista la mortalidad y hay enorme alegría y celebración por todas partes del mundo. Lee la selección y luego responde a las preguntas al final. Recuerda que si ves un signo de interrogación (?) al margen, debes deducir el significado de la palabra o frase según el contexto.

small bells

were fused

?

loudspeakers

? / stressed

en... ?

Aquella tarde, cuando tintinearon las campanillas° de los teletipos y fue repartida la noticia como un milagro, los hombres de todas las latitudes se confundieron° en un solo grito de triunfo. Tal como había sido predicho° doscientos años antes, finalmente el hombre había conquistado la inmortalidad en 2168.

Todos los altavoces° del mundo, todos los transmisores de imágenes,° todos los boletines destacaron° esta gran revolución biológica. También yo me alegré, naturalmente, en un primer instante.°

¡Cuánto habíamos esperado este día!

Ahora responde a las siguientes preguntas basándote en lo que leíste.

1. ¿Qué palabra da un tono religioso al suceso?

2. ¿Qué nos dice la palabra *finalmente* acerca del descubrimiento?

3. "También yo me alegré, naturalmente, en un primer instante". ¿Qué connotación tiene esta frase? Explica tu respuesta.

4. ¿Cuál crees que sea la relación entre el título del cuento y el tema de la inmortalidad?

5. En tu opinión, ¿quién narra el cuento?

6. Escribe una oración *(sentence)* que describa, con tus propias palabras, la idea principal de este párrafo.

José Bernardo Adolph
(1933–2008)

José Bernardo Adolph nació en Alemania pero reside en Perú desde su niñez. En 1983 recibió el Primer Premio de la Municipalidad de Lima por su obra *Mañana, las ratas*, una novela que tiene lugar en el siglo XXI y en la cual se puede apreciar su gran interés por la ciencia ficción. Ese mismo año obtuvo también el Primer Premio en el concurso del Cuento de las 1.000 palabras que otorga la revista Caretas. "Nosotros, no" es un cuento muy breve pero muy eficaz. En él, Adolph nos presenta la posible realidad de un descubrimiento muy deseado y las espantosas consecuencias que tal descubrimiento podría causar.

Al leer

El cuento "Nosotros, no" trata del descubrimiento de una inyección que permitirá la inmortalidad. Además de presentar un tema interesante, el autor incluye algunas consecuencias inesperadas. Mientras lees, presta atención a los siguientes puntos:

- la reacción de todo el mundo a la primera noticia
- la reacción de los mayores de veinte años a la segunda noticia
- la reacción de los mortales después de oír la noticia de lo que le sucedió a un chico

Nosotros, no
José Bernardo Adolph

Aquella tarde, cuando tintinearon las campanillas de los teletipos
y fue repartida la noticia como un milagro, los hombres de todas
las latitudes se confundieron en un solo grito de triunfo. Tal como
había sido predicho doscientos años antes, finalmente el hombre
había conquistado la inmortalidad en 2168.   5

Todos los altavoces del mundo, todos los transmisores de
imágenes, todos los boletines destacaron esta gran revolución
biológica. También yo me alegré, naturalmente, en un primer
instante.

¡Cuánto habíamos esperado este día!   10

Una sola inyección, de cien centímetros cúbicos, era todo lo
que hacía falta° para no morir jamás. Una sola inyección,   *hacía... ?*
aplicada cada cien años, garantizaba que ningún cuerpo humano
se descompondría nunca. Desde ese día, sólo un accidente podría
acabar con° la vida humana. Adiós a la enfermedad, a la   15   *acabar con... ?*
senectud,° a la muerte por desfallecimiento° orgánico.   *old age / weakening*

Una sola inyección, cada cien años.

Hasta que vino la segunda noticia, complementaria de la
primera. La inyección sólo surtiría° efecto entre los menores de   *would produce*
veinte años. Ningún ser humano que hubiera traspasado la edad   20
del crecimiento podría detener su descomposición interna a
tiempo. Sólo los jóvenes serían inmortales. El gobierno federal
mundial se aprestaba° ya a organizar el envío, reparto° y   *se... ? / ?*
aplicación de las dosis a todos los niños y adolescentes de la
tierra. Los compartimentos de medicina de los cohetes llevarían   25
las ampolletas° a las más lejanas colonias terrestres del espacio.   *small vials*

Todos serían inmortales.

Menos nosotros, los mayores, los adultos, los formados, en
cuyo organismo la semilla° de la muerte estaba ya definitivamente   *seed*
implantada.   30

Todos los muchachos sobrevivirían para siempre. Serían

inmortales y de hecho° animales de otra especie. Ya no seres
humanos; su sicología, su visión, su perspectiva, eran
radicalmente diferentes a las nuestras. Todos serían inmortales.

35 Dueños del universo para siempre. Libres. Fecundos. Dioses.

Nosotros, no. Nosotros, los hombres y las mujeres de más de
veinte años, éramos la última generación mortal. Éramos la
despedida, el adiós, el pañuelo° de huesos y sangre que ondeaba,°
por última vez, sobre la faz de la tierra.

40 Nosotros, no. Marginados° de pronto, como los últimos abuelos,
de pronto nos habíamos convertido en habitantes de un asilo para
ancianos, confusos conejos asustados entre una raza de titanes.
Estos jóvenes, súbitamente,° comenzaban a ser nuestros verdugos°
sin proponérselo. Ya no éramos sus padres. Desde ese día éramos

45 otra cosa; una cosa repulsiva y enferma, ilógica y monstruosa.
Éramos Los Que Morirían. Aquellos Que Esperaban la Muerte.
Ellos derramarían° lágrimas, ocultando su desprecio,° mezclándolo
con su alegría. Con esa alegría ingenua con la cual expresaban su
certeza° de que ahora, ahora sí, todo tendría que ir bien.

50 Nosotros sólo esperábamos. Los veríamos crecer, hacerse
hermosos, continuar jóvenes y prepararse para la segunda
inyección, una ceremonia —que nosotros ya no veíamos— cuyo
carácter religioso se haría evidente. Ellos no se encontrarían jamás
con Dios. El último cargamento de almas rumbo al más allá° era

55 el nuestro.

¡Ahora cuánto nos costaría dejar la tierra!° ¡Cómo nos iría
carcomiendo° una dolorosa envidia! ¡Cuántas ganas de asesinar
nos llenaría el alma, desde hoy y hasta el día de nuestra muerte!

Hasta ayer. Cuando el primer chico de quince años, con su

60 inyección en el organismo, decidió suicidarse. Cuando llegó esa
noticia, nosotros, los mortales, comenzamos recientemente a amar
y a comprender a los inmortales.

Porque ellos son unos pobres renacuajos° condenados a prisión
perpetua en el verdoso estanque° de la vida. Perpetua. Eterna. Y

65 empezamos a sospechar que dentro de 99 años, el día de la
segunda inyección, la policía saldrá a buscar a miles de inmortales
para imponérsela.

Y la tercera inyección, y la cuarta, y el quinto siglo, y el sexto;
cada vez menos voluntarios, cada vez más niños eternos que

70 imploran la evasión, el final, el rescate.° Será horrenda la cacería.°
Serán perpetuos miserables.

Nosotros, no.

de... in fact

handkerchief / waved

Made obsolete; Shunned

? / executioners

would shed / scorn

certainty

al... to the hereafter

(here) this world
gnawing

tadpoles
stagnant pool

rescue / hunting

Comprensión

A. ¿Cierta o falsa? Lee las siguientes frases y decide si la información es cierta o falsa, según el cuento. Si la información es falsa, escribe la información correcta.

1. El narrador se sintió muy alegre al principio del cuento.

2. Para no morir era necesario recibir una inyección después de cumplir veinte años.

3. Una persona solamente podía morir a causa de un accidente.

4. La inyección no ayudaría a las personas mayores de veinte años.

5. El autor no consideraba seres humanos a los jóvenes que recibían la inyección.

6. Los jóvenes que recibían la inyección tendrían la oportunidad de encontrarse con Dios.

7. Cuando un joven se suicidó, los adultos empezaron a sentir lástima por los jóvenes.

8. A consecuencia de la inyección los jóvenes serían miserables eternamente.

B. Comprensión general Con tus propias palabras, responde a las siguientes preguntas. Comparte tus ideas con otros estudiantes de la clase y escucha sus ideas.

1. ¿En qué consistía el descubrimiento? ¿Qué garantizaba?

2. ¿De qué manera podría morir una persona?

3. Según la segunda noticia, ¿quiénes no se beneficiarían de este descubrimiento?

4. ¿Cuál fue la reacción inicial de los que NO serían incluidos? ¿Cuándo cambiaron de opinión? ¿Por qué cambiaron de opinión?

C. De la misma familia Las palabras de la lista a continuación son palabras que probablemente ya conoces. Escribe todas las palabras de la misma familia que conozcas.

predicho (predecir) [línea 4]	despedida [línea 38]
inmortalidad [línea 5]	habitantes [línea 41]
garantizaba (garantizar) [línea 13]	monstruosa [línea 45]
crecimiento [línea 21]	certeza [línea 49]
mundial [línea 23]	dolorosa [línea 57]
lejanas [línea 26]	verdoso [línea 64]
terrestres [línea 26]	horrenda [línea 70]

D. En contexto Encuentra el significado de la palabra o expresión de la columna A en la columna B. El contexto te ayudará a averiguar el significado de las palabras.

<table>
<tr><td align="center">A</td><td align="center">B</td></tr>
<tr><td>1. tintinearon (tintinear) [línea 1]</td><td>a. terminar</td></tr>
<tr><td></td><td>b. se necesitaba</td></tr>
<tr><td>2. se confundieron (confundirse) [línea 3]</td><td>c. señalaron</td></tr>
<tr><td>3. destacaron (destacar) [línea 7]</td><td>d. de momento</td></tr>
<tr><td></td><td>e. se preparaba</td></tr>
<tr><td>4. hacía falta (hacer falta) [línea 12]</td><td>f. distribución</td></tr>
<tr><td>5. acabar con [línea 15]</td><td>g. sonaron</td></tr>
<tr><td>6. se aprestaba (aprestarse) [línea 23]</td><td>h. se mezclaron</td></tr>
<tr><td>7. reparto [línea 23]</td><td></td></tr>
<tr><td>8. súbitamente [línea 43]</td><td></td></tr>
</table>

E. Al punto Lee las siguientes preguntas o frases incompletas. Luego, escoge la mejor respuesta o terminación según la lectura.

1. Según el contexto, "...los hombres de todas las latitudes" [líneas 2–3] se refiere a...
   a. la gente de todas partes del mundo.
   b. las personas que han muerto.
   c. los científicos.
   d. la gente del hemisferio occidental.

2. ¿Qué pasó en el año 2168?
   a. El hombre predijo el descubrimiento de una inyección contra la mortalidad.
   b. El hombre descubrió una manera de vivir para siempre.
   c. Todas las naciones declararon una guerra biológica.
   d. Todas las naciones acabaron con la vida humana.

3. ¿A qué se refiere la frase "los transmisores de imágenes" [líneas 6–7]?
   a. A la inyección.   c. Al estanque.
   b. A la televisión.   d. Al altoparlante.

4. ¿A qué se refiere la expresión "cien centímetros cúbicos" [línea 11]?
   a. Al cuerpo.   c. A la dosis.
   b. Al tiempo.   d. A los boletines.

5. Además de la inmortalidad, con esta inyección los seres humanos gozarían de...
   a. menos contaminación.   c. más invenciones.
   b. buena salud.   d. menos sufrimientos.

6. Según el cuento, ¿cuál era "la edad del crecimiento" [líneas 20–21]?
   a. Menos de veinte años.   c. Cien años.
   b. Más de veinte años.   d. Más de cien años.

7. Al conquistar la inmortalidad, el hombre ya no era considerado...
   a. animal.   c. libre.
   b. Dios.   d. humano.

8. ¿A quién se refiere la expresión "el pañuelo de huesos y sangre" [línea 38]?
   a. A los que morirán.
   b. A la nueva generación inmortal.
   c. A los que no quieren la inyección.
   d. A la juventud enferma.

9. La descripción "...confusos conejos asustados entre una raza de titanes" [línea 42] quiere decir que...
   a. todo el mundo se portaba *(behaved)* como animales.
   b. los jóvenes iban a ser gigantes.
   c. los mayores de edad les tenían miedo a los jóvenes.
   d. nadie sabía qué hacer.

10. Según el cuento, los padres y los mayores de edad pensaban que los jóvenes...
   a. no mostrarían compasión por ellos.
   b. no aceptarían la muerte de los mayores.
   c. los defenderían ante la policía federal.
   d. los llevarían a otras colonias en el espacio.

11. ¿A quiénes describía el narrador cuando dijo "el último cargamento de almas rumbo al más allá" [línea 54]?
   a. A los muertos.   **c.** A los mayores.
   b. A los jóvenes.   **d.** A los dioses.

12. La frase "¡...cuánto nos costaría dejar la tierra!" [línea 56] quiere decir que las personas mayores...
   a. querían encontrarse con Dios.
   b. no podían llevar su dinero al más allá.
   c. no querían morir, al igual que los jóvenes.
   d. pensaban que la inyección costaba demasiado.

13. ¿Qué implica la frase "...la policía saldrá a buscar a miles de inmortales para imponérsela" [líneas 66–67]?
   a. Que algunos no querrían vivir para siempre.
   b. Que no habría suficiente medicina para todo el mundo.
   c. Que el gobierno dejaría de dar las inyecciones.
   d. Que la policía viviría para siempre.

14. ¿Qué opinión parece tener el autor sobre la inmortalidad?
   a. Que traerá problemas horrorosos.
   b. Que traerá paz.
   c. Que pronto se conseguirá.
   d. Que puede obtenerse fácilmente.

F. Ahora te toca a ti En esta actividad tendrás la oportunidad de hacerle preguntas al autor, como lo hacen los reporteros en las entrevistas. Como el autor no está presente, tú y tus compañeros tendrán que hacer el papel del autor y responder a las preguntas de "los reporteros". Tu profesor(a) va a escoger a algunos estudiantes para que hagan el papel de autor y a otros el de reporteros. Las ideas a continuación son posibles áreas que puedes explorar con tus preguntas.

- el anuncio del descubrimiento

- el descubrimiento

- los problemas o las desventajas del descubrimiento

- el posible problema del aumento de la población

- la visión del autor sobre el futuro

- otra manera de terminar el cuento

Un paso más

Vocabulario útil para conversar y para escribir

Aquí tienes una lista de palabras y expresiones que te ayudarán a expresar tus ideas. Trata de incluirlas en la discusión con los otros estudiantes o en los ejercicios de escritura.

a pesar de (que)	in spite of the fact that
el asilo para ancianos	nursing home
de ese modo	in that way
envejecer	to grow old
injusto(a)	unfair
la ley	law
mantenerse en forma	to stay in shape
¡No me digas!	You don't say!
por lo tanto	therefore
por otra parte	on the other hand
la sabiduría	wisdom
senil	senile
sin embargo	however
soñar (ue) con	to dream of

Para conversar

A. La publicidad En estos anuncios puedes ver el interés actual en retardar *(to delay)* el envejecimiento *(aging)*. Algunos dirían que los avances de la ciencia nos proveen *(provide)* oportunidades legítimas para mantenernos jóvenes, pero los críticos mantienen que la preocupación por preservar la juventud no es nada más que un temor a la vejez y a la muerte. ¿Qué opinas tú? Las personas que usan estos productos, ¿lo hacen por vanidad? Si tú fueras mayor, ¿usarías estos productos? Explica tu respuesta. Escucha con atención lo que dicen los otros estudiantes de la clase y hazles preguntas.

Nueva crema nutritiva

Una acción
en profundidad
contra la arruga

Prevención activa contra el envejecimiento

Te presenta lo más avanzado de la ciencia para nutrir la piel y prevenirla activamente contra el envejecimiento. Día a día, con esta crema tendrás el tiempo a tu favor.

Camino de juventud:

Hasta el momento, ningún sabio ha dado con la fórmula mágica para preservar la juventud eternamente; pero, en materia de cosmética, la ciencia ha permitido que nos encontremos mejor dentro de nuestra piel el mayor tiempo posible.

Con la Crema Rejuvenecedora con Liposomas, ya puedes olvidar que el tiempo pasa.

Ahora, busca un anuncio de una revista o de un periódico que anuncie un producto para mantenerse joven, y tráelo a la clase. Explícales a tus compañeros de clase tu reacción a ese anuncio. Puedes usar las ideas al principio del ejercicio como guía para la presentación.

B. Asumiendo otra identidad Una de las mejores maneras de comprender otra perspectiva es adoptar la identidad de otra persona. Piensa ahora en un(a) anciano(a) que conoces e intenta acordarte de algo que le cuesta trabajo hacer debido a su edad. Cuéntales esa historia a los otros estudiantes como si fueras él (ella). Los estudiantes que te escuchan te harán preguntas sobre esa experiencia. Las situaciones a continuación te ofrecen posibles ideas para explorar.

- no podía renovar su permiso de conducir

- no podía preparar la comida

- no podía recordar su dirección

C. ¿Quieres ser inmortal? En grupos de tres o cuatro estudiantes preparen un debate sobre el tema: "La inmortalidad, ¿la deseamos o no?" Unos deben estar a favor del tema y otros en contra. Consideren los siguientes puntos mientras se preparan para el debate. También puedes usar las ideas que expresaste en el ejercicio D de la sección **Antes de leer.**

- ejemplos que apoyan la opinión de cada estudiante

- por qué tiene justificación cada punto de vista

- posibles problemas (legales, morales, sociales, económicos, etc.)

- posibles preguntas para los estudiantes que tienen una opinión diferente

Usa el siguiente gráfico para organizar tus ideas.

aspectos positivos	aspectos negativos
_____	_____
_____	_____
_____	_____
_____	_____
_____	_____

la inmortalidad

posibles problemas

_____

_____

_____

_____

_____

D. Cambios El autor de "Nosotros, no" dice muy poco sobre los cambios que van a ocurrir en el año 2168. ¿Cómo piensas que será el mundo entonces? ¿Vivirá la gente en "lejanas colonias terrestres en el espacio"? ¿Piensas que los seres humanos van a cambiar físicamente? ¿Cómo cambiarán? ¿Pensarán o actuarán muy diferente? Escribe una lista de palabras para poder discutir el tema con los otros estudiantes de tu clase.

E. Excepciones Imagínate que vives en el año 2168. Te enteras del descubrimiento y de que te permitirán hacer una excepción y escoger a cinco personas mayores que podrán recibir la inyección y vivir para siempre. ¿A quién escogerías? Lee la lista a continuación y decide a cuáles de estas personas escogerías y explica por qué.

1. un(a) médico(a) muy famoso(a) experto(a) en medicina general

2. un familiar o amigo(a) tuyo(a)

3. un(a) experto(a) en estrategias militares

4. un sacerdote, un rabino o un ministro

5. un(a) científico(a) muy reconocido(a) por sus conocimientos del universo

6. otra(s) persona(s) que no aparece(n) en la lista

Prepara tus ideas para discutirlas con tus compañeros de clase en grupos de tres o cuatro estudiantes. Luego, Uds. escogerán las explicaciones más convincentes para presentárselas al resto de la clase.

Para escribir

You may find **Appendix A** (Some Words and Expressions Used to Connect Ideas) and **Appendix C** (Some Expressions Used to Begin and End a Written Message) especially useful as you complete these exercises.

A. La actitud del autor Piensa en el cuento "Nosotros, no". Escribe un párrafo de unas diez frases en el que expreses tu opinión sobre la forma en que el autor trata el tema. ¿Es pesimista u optimista? Explica tu respuesta.

B. El dilema de muchas familias Muchas familias tienen que decidir si los abuelos deben ir a vivir a un hogar de tercera edad o quedarse a vivir en su casa. Escribe un ensayo de aproximadamente 200 palabras en el que discutas el tema. Primero, escribe algunas ideas antes de comenzar a escribir.

	La casa	El asilo
Ventajas		
Desventajas		

Ahora, usa la siguiente guía para expresar tus ideas:

1. Expresa tu opinión o tesis con respecto al tema.

2. Explica tu tesis (usa las ideas que escribiste anteriormente). Explica bajo *(under)* qué circunstancias una solución es mejor que la otra.

3. Expresa lo que deseas que tu familia haga cuando seas un(a) anciano(a).

4. Resume tus ideas.

C. Los cumpleaños Es interesante ver cómo los niños esperan con gran placer cada cumpleaños, mientras que muchos adultos prefieren olvidar la fecha y el hecho de que se están poniendo viejos. ¿Por qué crees que es así? Imagínate primero que eres un(a) joven que cumple dieciséis años, y luego un(a) adulto(a) que cumple cincuenta. Escribe una reflexión sobre tu cumpleaños a la edad de dieciséis años y a la edad de cincuenta años. Puedes escribir tus reflexiones en forma de diario personal. Tu ensayo debe tener por lo menos unas 200 palabras.

D. Testamentos (Wills) Hoy en día mucha gente prefiere morir en lugar de *(instead of)* continuar viviendo por medios artificiales, o sea, "enchufados" *(plugged)* a una máquina. Por esta razón muchos preparan un testamento en el que explican lo que la familia debe hacer en caso de que ellos necesiten estar "enchufados" a una máquina. Escribe un editorial para el periódico de tu escuela en el que defiendas o critiques la idea de estos testamentos. Incluye las siguientes ideas en tu editorial:

- El valor de la vida de un ser humano

- Compara la importancia de la calidad de vida con la idea de seguir viviendo aunque no exista esa calidad.

- El valor o la falta de valor de estos testamentos

E. Mi propio cuento Ahora tienes la oportunidad de usar tu creatividad. En el cuento que acabas de leer se ha descubierto una inyección que conquistará la mortalidad. Piensa en otra invención que revolucionaría el mundo como lo conocemos ahora y escribe tu propia obra de ciencia ficción. El plan a continuación te ayudará a organizar tu obra.

1. Describe: el marco histórico

2. Explica:
   a. la invención
   b. los beneficios de la invención
   c. las complicaciones o las limitaciones de la invención
   d. los conflictos que surgirían como resultado de las limitaciones de la invención
   e. las posibles soluciones a los conflictos, o quizás quieras terminar el cuento con una pregunta para que el (la) lector(a) tenga que pensar en el dilema

3. Conclusión

Interpersonal Writing

Directions: For each of the following exercises, you will write a message. For each exercise, you have 10 minutes to read the instructions and write your message. Each message should be at least 60 words in length.

Instrucciones: Para cada uno de los siguientes ejercicios, vas a escribir un mensaje. Para cada ejercicio, tienes 10 minutos para leer las instrucciones y escribir tu mensaje. Cada mensaje debe tener una extensión de 60 palabras.

Mensaje 1

Escribe un mensaje electrónico. Imagina que le escribes a tu hermana mayor que vive en otro estado. Salúdala y
- menciona un nuevo producto para la piel
- dile cómo supiste del nuevo producto
- describe lo que se dice del nuevo producto
- habla de tu intención de usarlo o no y por qué
- despídete

Mensaje 2

Acabas de leer un artículo sobre el uso de la criogénica para congelar a los muertos y revivirlos luego. Escríbele un mensaje electrónico a un amigo. Salúdalo y
- menciona el artículo
- dile donde lo leíste
- dile lo que piensas de esa publicación
- dale tu opinión sobre el tema
- despídete

Comprensión auditiva

Escucha las siguientes selecciones. Después de cada selección vas a escuchar varias preguntas. Escoge la mejor respuesta para cada pregunta entre las opciones impresas en tu libro.

Selección número 1

A continuación vas a escuchar una selección sobre un nuevo informe de las Naciones Unidas que afecta a los habitantes de Europa y América del Norte.

Número 1
- **a.** Educacionales.
- **b.** Económicos.
- **c.** Políticos.
- **d.** Filosóficos.

Número 2
- **a.** No ha cambiado.
- **b.** Ha disminuido.
- **c.** No es posible determinarlo.
- **d.** Es dos veces más alto.

Número 3
- **a.** 40 millones.
- **b.** 90 millones.
- **c.** 185 millones.
- **d.** 310 millones.

Número 4
- **a.** Hacer cambios en los servicios sociales.
- **b.** Obligar a los jóvenes a que ahorren más.
- **c.** Mejorar el nivel de vida de los habitantes.
- **d.** Mantener a los ciudadanos informados.

Selección número 2

Graciela y Rosa hablan sobre su amiga Caridad y sobre los problemas médicos que ella ha tenido últimamente.

Número 1
- **a.** Porque su cara parecía diferente ahora.
- **b.** Porque iba vestida de una manera extraña.
- **c.** Porque llevaba la cara cubierta.
- **d.** Porque había cambiado de personalidad.

Número 2
- **a.** No podía respirar bien.
- **b.** No podía tragar bien.
- **c.** Le cortaron la cara.
- **d.** Tuvo que operarse tres veces.

Número 3
- **a.** Que Caridad lo hizo por su esposo.
- **b.** Que las mujeres no se pueden defender.
- **c.** Que los cirujanos son unos criminales.
- **d.** Que todo es la culpa de la sociedad.

Número 4
a. Con las mujeres.
b. Con el abogado.
c. Con el vecino.
d. Con los doctores.

Número 5
a. Optimista.
b. Indiferente.
c. Sospechosa.
d. Calmada.

Número 6
a. Al esposo.
b. Al cirujano.
c. Al vecino.
d. Al abogado.

No oyes ladrar los perros

Juan Rulfo

Antes de leer

A. Para discutir en clase Mira el dibujo y úsalo como punto de partida para narrar lo que tú crees que está sucediendo. Para la discusión con la clase, usa la lista de palabras a continuación y añade otras palabras o frases que te ayuden a expresar las ideas.

aguantarse	la orilla	la sombra
el arroyo	el peso	tropezar
la luna	las piedras	tambaleante
el monte	redondo	

Abriendo paso:
Gramática

Gerund (present participle): Unidad 3, págs. 102 a 109; RG 3, págs. 128 a 130
Imperative: Unidad 4, págs. 133 a 140; RG 4, págs. 154 a 165
Imperfect and pluperfect subjunctive: Unidad 6, págs. 207 a 219; RG 6, págs. 228 a 233
Object pronouns: Paso 3, págs. 263 a 273
Indefinite and negative words: Paso 7, págs. 298 a 301

B. Nuestra experiencia Algunas veces nos encontramos desorientados en lugares que no conocemos bien. Imagínate que te encuentras en el campo y que estás tratando de llegar al pueblo más cercano, pero estás perdido(a). ¿Qué métodos puedes usar para orientarte? Describe tres métodos y explica cómo te ayudarían a llegar al pueblo más cercano.

C. Las acciones de los hijos Muchos dicen que los padres no tienen control sobre lo que sus hijos hacen. Hay chicos(as) que vienen de buenas familias, que reciben una buena educación de sus padres, etc., pero que llegan a ser delincuentes. ¿Por qué? ¿Cómo se podría explicar este fenómeno? ¿Es culpa de la sociedad? ¿Del ambiente donde crecen? Explica tu respuesta. Usa ejemplos específicos que apoyen tus ideas. Luego comparte tu explicación con el resto de la clase.

D. Los movimientos físicos En el cuento que vas a leer aparecen muchos verbos que tienen que ver con movimientos físicos. Estudia la lista a continuación y luego haz los ejercicios. Es sumamente importante que sepas bien el significado de estas palabras antes de leer el cuento.

aguantarse *to hold on*	estirar *to stretch*
aplastar *to crush*	soltar (ue) *to let go, to set free*
balancearse *to balance*	tambalearse *to stagger; to sway*
doblar las piernas *to bend the legs*	temblar (ie) *to tremble*
encoger *to shrink*	treparse *to climb*
enderezarse *to straighten up*	tropezar (ie) *to stumble*
	zarandear *to shake vigorously*

1. Lee las palabras de la columna A y escoge el verbo que puede considerarse la acción opuesta entre las palabras de la columna B.

A	B
1. doblar las piernas	**a.** soltar
2. tambalearse	**b.** encoger
3. agarrar	**c.** balancearse
4. estirar	**d.** enderezarse

2. Escribe frases para describir lo que hace el hombre en los dibujos a continuación. Usa las palabras de la lista anterior. También explica por qué piensas tú que él se encuentra en estas situaciones.

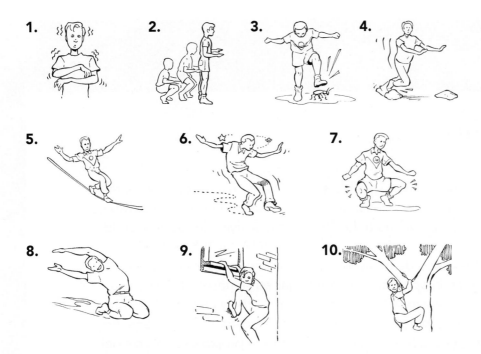

E. Una selección En la siguiente selección del cuento "No oyes ladrar los perros", el padre habla con su hijo Ignacio mientras lo lleva a Tonaya para que un doctor lo cure. Lee la selección y luego responde a las preguntas.

—Todo esto que hago, no lo hago por usted. Lo hago por su difunta madre. Porque usted fue su hijo. Por eso lo hago. Ella me reconvendría° si yo lo hubiera dejado tirado allí, donde lo encontré, y no lo hubiera recogido° para llevarlo a que lo curen, como estoy haciéndolo. Es ella la que me da ánimos,° no usted. Comenzando porque a usted no le debo más que puras dificultades, puras mortificaciones, puras vergüenzas.

me... would reprimand me

no... I would not have picked you up / courage

1. ¿Cómo explica el padre los esfuerzos que hace por su hijo?

2. ¿Cuál es el tono de la selección? ¿Cómo le habla el padre al hijo? ¿Parece enojado el padre?

3. ¿Por qué piensas tú que el padre usa la forma usted cuando habla con su hijo?

4. ¿Qué piensas tú que le ha pasado a Ignacio?

5. ¿Qué habrá hecho Ignacio para que el padre diga lo que dice en la última frase de la selección? Haz una lista de por lo menos tres cosas que habrá hecho Ignacio.

El autor

Juan Rulfo
(1917–1986)

Juan Rulfo nació en un pequeño pueblo en el estado de Jalisco, México, en 1918. Cuando era muy joven se encontró solo sin sus padres; primero vivió con sus abuelos y luego en un orfanato. En 1933 se fue a vivir a la capital donde empezó a escribir. Su primer cuento apareció en 1942. En 1952 recibió una beca del Centro Mexicano de Escritores, y en 1953 le otorgaron una beca Rockefeller que le dio la oportunidad de trabajar en su novela. Publicó una colección de cuentos titulada *El llano en llamas* en 1953 y una novela *Pedro Páramo* en 1955. En sus obras podemos apreciar la soledad de los pequeños pueblos en México, la experiencia del campesino y la propia experiencia del autor con la pobreza. Rulfo tiene la habilidad de crear imágenes y ambientes con muy pocas palabras, pero con gran precisión. Aunque su obra literaria no es muy extensa, se ha traducido a numerosos idiomas y ha tenido un gran impacto en la literatura hispánica.

Nota cultural

La familia hispana tradicional y la distribución de las obligaciones familiares cambiaron mucho en el siglo XX.

¿Qué sabes de la familia hispana tradicional? ¿Cuáles son algunos cambios que han ocurrido? ¿Qué diferencias y semejanzas hay entre la familia hispana tradicional y la familia norteamericana tradicional? Explica.

Al leer

Como ya sabes en el cuento que vas a leer un padre lleva a su hijo a un pueblo donde hay un doctor que lo puede curar. Mientras lees, ten presentes los siguientes puntos:

- lo que le repite o le pregunta constantemente el padre a Ignacio

- los sentimientos del padre hacia el hijo

- la vida que llevaba el hijo

No oyes ladrar los perros

Juan Rulfo

—Tú que vas allá arriba,° Ignacio, dime si no oyes alguna
señal de algo o si ves alguna luz en alguna parte.

—No se ve nada.

—Ya debemos estar cerca.

5 —Sí, pero no se oye nada.

—Mira bien.

—No se ve nada.

—Pobre de ti, Ignacio.

La sombra larga y negra de los hombres siguió moviéndose de
10 arriba abajo,° trepándose a las piedras, disminuyendo y creciendo
según avanzaba por la orilla del arroyo. Era una sola sombra,
tambaleante.

La luna venía saliendo de la tierra, como una llamarada
redonda.°

15 —Ya debemos estar llegando a ese pueblo, Ignacio. Tú que
llevas las orejas de fuera,° fíjate a ver si no oyes° ladrar los perros.
Acuérdate que nos dijeron que Tonaya estaba detrasito° del
monte. Y desde qué horas que hemos dejado el monte. Acuérdate,
Ignacio.

20 —Sí, pero no veo rastro° de nada.

—Me estoy cansando.

—Bájame.

El viejo se fue reculando° hasta encontrarse con el paredón° y
se recargó° allí, sin soltar la carga de sus hombros. Aunque se le
25 doblaban las piernas,° no quería sentarse, porque después no
hubiera podido levantar el cuerpo de su hijo, al que allá atrás,
horas antes, le habían ayudado a echárselo a la espalda.° Y así lo
había traído desde entonces.

—¿Cómo te sientes?

Tú... *You who are up there*

de... *?*

una... *a round blaze of fire*

Tú... *You who have ears free
to hear* / fíjate... *try to see
if you don't hear* / *?*

sign

se... *walked backward* / *?*
se... *he rearranged his load*
se... *his legs were buckling*

echárselo... *to load him on
his back*

—Mal. 30

Hablaba poco. Cada vez menos. En ratos parecía dormir. En ratos parecía tener frío. Temblaba. Sabía cuándo le agarraba a su hijo el temblor por las sacudidas° que le daba, y porque los pies se le encajaban en los ijares como espuelas.° Luego las manos del hijo, que traía trabadas° en su pescuezo,° le zarandeaban la cabeza 35 como si fuera una sonaja.°

Él apretaba° los dientes para no morderse la lengua y cuando acababa aquello le preguntaba:

—¿Te duele mucho?

—Algo —contestaba él. 40

Primero le había dicho: "Apéame° aquí… Déjame aquí… Vete tú solo. Yo te alcanzaré° mañana o en cuanto me reponga° un poco". Se lo había dicho como cincuenta veces. Ahora ni siquiera eso decía.

Allí estaba la luna. Enfrente de ellos. Una luna grande y 45 colorada que les llenaba de luz los ojos y que estiraba y oscurecía más su sombra sobre la tierra.

—No veo ya por dónde voy —decía él.

Pero nadie le contestaba.

El otro iba allá arriba, todo iluminado por la luna, con su cara 50 descolorida, sin sangre, reflejando una luz opaca. Y él acá abajo.

—¿Me oíste, Ignacio? Te digo que no veo bien.

Y el otro se quedaba callado.

Siguió caminando, a tropezones. Encogía el cuerpo y luego se enderezaba para volver a tropezar de nuevo. 55

—Éste no es ningún camino. Nos dijeron que detrás del cerro° estaba Tonaya. Ya hemos pasado el cerro. Y Tonaya no se ve, ni se oye ningún ruido que nos diga que está cerca. ¿Por qué no quieres decirme qué ves, tú que vas a allá arriba, Ignacio?

—Bájame, padre. 60

—¿Te sientes mal?

—Sí.

—Te llevaré a Tonaya a como dé lugar.° Allí encontraré quien te cuide. Dicen que allí hay un doctor. Yo te llevaré con él. Te he traído cargado° desde hace horas y no te dejaré tirado aquí para 65 que acaben contigo quienes sean.

Se tambaleó un poco. Dio dos o tres pasos de lado° y volvió a enderezarse.

—Te llevaré a Tonaya.

—Bájame. 70

Sabía… He knew when the trembling would seize his son because of the jerking / se… would dig in his loins like spurs / locked / neck / rattle
gritted

Let me down

? / I recover

hill

a… no matter what

Te… I have been carrying you

de… sideways

Selección número 1

Escucha la siguiente selección sobre un artículo en el cual se habla de la relación entre dos hermanas.

Número 1
- **a.** Los problemas del matrimonio.
- **b.** Las revistas para la familia moderna.
- **c.** La relación entre dos hermanas.
- **d.** Las diferencias entre los miembros de la familia.

Número 2
- **a.** Lo mucho que había cambiado.
- **b.** La unión que tenía con ella.
- **c.** La enfermedad que tenía su madre.
- **d.** Los problemas que existían entre ellas.

Número 3
- **a.** De que es mejor distanciarse de la familia.
- **b.** De que tiene mucho en común con su hermana.
- **c.** De que a veces es mejor compartir los secretos.
- **d.** De que la amistad ayuda con la salud mental.

Selección número 2

Escucha la siguiente selección sobre el líder campesino Emiliano Zapata.

Número 1
- **a.** Organizaron a los dueños de tierra.
- **b.** Negociaron un contrato de trabajo.
- **c.** Repartieron tierras a los campesinos.
- **d.** Participaron en una huelga.

Número 2
- **a.** Por explotar a los campesinos.
- **b.** Por quedarse con muchas de las tierras.
- **c.** Por no reconocer la explotación de los campesinos.
- **d.** Por los métodos que usaba para obtener justicia.

Número 3
- **a.** La situación del campesino no ha cambiado.
- **b.** La gente no recuerda a Emiliano Zapata.
- **c.** Los campesinos ahora son los explotadores.
- **d.** Los campesinos rechazan la reforma agraria.

You may find **Appendix B** (Some Expressions Used for Oral Communication) especially helpful as you complete this exercise.

Simulated Conversation

Directions: You will now participate in a simulated conversation. First, you will have 30 seconds to read the outline of the conversation. Then, you will listen to a message and have one minute to read again the outline of the conversation. Afterward, the conversation will begin, following the outline. Each time it is your turn, you will have 20 seconds to respond; a tone will indicate when you should begin and end speaking. You should participate in the conversation as fully and appropriately as possible.

Instrucciones: Ahora participarás en una conversación simulada. Primero, tendrás 30 segundos para leer el esquema *(outline)* de la conversación. Después empezará la conversación, siguiendo el esquema. Siempre que sea tu turno, tendrás 20 segundos para responder; una señal te indicará cuándo debes empezar y terminar de hablar. Debes participar en la conversación en la manera más completa y apropiada posible.

(A) Imagina que tu mejor amiga Rebeca te habla sobre los problemas que tiene con sus padres mientras Uds. viajan a la escuela.

(B) La conversación.
[The shaded lines reflect what you will hear on the recording. Las líneas en gris reflejan lo que escucharás en la grabación.]

Rebeca	• *Te explica su problema.*
Tú	• *Reacciona y ofrécele una sugerencia.*
Rebeca	• *Enfatiza su opinión.*
Tú	• *Expresa tu opinión.*
Rebeca	• *Continúa la conversación.*
Tú	• *Acepta lo que te pregunta y expresa tu opinión.*
Rebeca	• *Continúa la conversación.*
Tú	• *Responde a su pregunta.*
Rebeca	• *Continúa la conversación.*
Tú	• *Despídete.*
Rebeca	• *Se despide.*

Go Online

For: Additional practice
Visit: www.PHSchool.com
Web Code: jxd-0007

El autor

Isaac Aisemberg
(1918–1997)

Isaac Aisemberg nació en Argentina en 1918. La mayoría de los lectores lo conocen como W.I. Eisen, el seudónimo que usaba en sus cuentos. Aisemberg estudió derecho, escribió para varios periódicos argentinos y por un tiempo se dedicó a escribir guiones para la televisión y la radio. Sus cuentos policíacos han contribuido enormemente a la popularidad y al éxito de este tipo de relato. Aquí incluimos uno de los mejores cuentos que ha escrito. Desde las primeras líneas hasta el sorprendente final, el lector puede apreciar la maestría de este autor que es, sin duda alguna, uno de los mejores de este género.

Nota cultural

En el siglo VIII, con la invasión de los árabes llega el ajedrez a la península ibérica. Hoy día las piezas mantienen el recuerdo de la sociedad medieval: rey, dama, caballo (en representación del caballero), torre y obispo. En español, el obispo conserva el nombre de alfil (elefante en árabe). Muchas de las palabras en español que empiezan con "al" son de origen árabe.

¿Cuántas conoces? Investiga por lo menos cinco de esas palabras.

Al leer

Vas a leer un cuento sobre la vida de un tío y sus dos sobrinos, y cómo llegan a solucionar los problemas entre ellos. Mientras lees:

- presta atención a las palabras que se usan para describir al tío

- presta atención a las razones por las cuales los sobrinos estaban descontentos

- piensa cuidadosamente en la sorpresa al final del cuento y trata de explicarla de una manera lógica

Jaque mate en dos jugadas

Isaac Aisemberg

Yo lo envenené. En dos horas quedaría liberado. Dejé a mi tío
Néstor a las veintidós.° Lo hice con alegría. Me ardían las
mejillas.° Me quemaban los labios. Luego me serené y eché a
caminar tranquilamente por la avenida en dirección al puerto.

Me sentía contento. Liberado. Hasta Guillermo saldría socio°   5
beneficiario en el asunto. ¡Pobre Guillermo! ¡Tan tímido, tan
inocente! Era evidente que yo debía pensar y obrar por ambos.
Siempre sucedió así. Desde el día en que nuestro tío nos llevó a su
casa. Nos encontramos perdidos en el palacio. Era un lugar seco,
sin amor. Únicamente el sonido metálico de las monedas.   10

—Tenéis que acostumbraros al ahorro, a no malgastar. ¡Al fin
y al cabo,° algún día será vuestro! —decía. Y nos acostumbramos
a esperarlo.

Pero ese famoso y deseado día no llegaba, a pesar de que tío
sufría del corazón. Y si de pequeños nos tiranizó, cuando   15
crecimos se hizo cada vez más intolerable.

Guillermo se enamoró un buen día. A nuestro tío no le gustó
la muchacha. No era lo que ambicionaba para su sobrino.

—Le falta cuna…,° le falta roce…,° ¡puaf! Es una ordinaria…,
sentenció.   20

Inútil fue que Guillermo se dedicara a encontrarle méritos. El
viejo era testarudo° y arbitrario.

Conmigo tenía otra clase de problemas. Era un carácter contra
otro. Se empeñó° en doctorarme en bioquímica. ¿Resultado? Un
perito° en póquer y en carreras de caballos.° Mi tío para esos   25
vicios no me daba ni un centavo. Tenía que emplear todo mi
ingenio para quitarle un peso.

Uno de los recursos era aguantarle sus interminables partidas° de

a… ?
cheeks

partner

¡Al… In the end

le… She lacks lineage / class

stubborn

Se… He persisted
expert / carreras… horse racing

games

ajedrez; entonces yo cedía° con aire de hombre magnánimo, pero él,
en cambio, cuando estaba en posición favorable alargaba° el final,
anotando° las jugadas con displicencia,° sabiendo de mi prisa por
salir para el club. Gozaba con mi infortunio saboreando su coñac.

    Un día me dijo con tono condescendiente:

    —Observo que te aplicas en el ajedrez. Eso me demuestra dos
cosas: que eres inteligente y un perfecto holgazán.° Sin embargo,
tu dedicación tendrá su premio. Soy justo. Pero eso sí, a falta de
diplomas, de hoy en adelante tendré de ti bonitas anotaciones de
las partidas. Sí, muchacho, vamos a guardar° cada uno los apuntes
de los juegos en libretas para compararlas. ¿Qué te parece?

    Aquello podría resultar un par de cientos de pesos, y acepté.
Desde entonces, todas las noches, la estadística. Estaba tan
arraigada° la manía en él, que en mi ausencia comentaba las
partidas con Julio, el mayordomo.

    Ahora todo había concluido. Cuando uno se encuentra en un
callejón° sin salida, el cerebro trabaja, busca, rebusca. Y encuentra.
Siempre hay salida para todo. No siempre es buena. Pero es salida.

    Llegaba a la Costanera. Era una noche húmeda. En el cielo
nublado, alguna chispa° eléctrica. El calorcillo mojaba las manos,
resecaba la boca.

    En la esquina, un policía me hizo saltar el corazón.

    El veneno, ¿cómo se llamaba? Aconitina. Varias gotitas en el
coñac mientras conversábamos. Mi tío esa noche estaba
encantador. Me perdonó la partida.

    —Haré un solitario° —dijo—. Despacharé° a los sirvientes…
¡Hum! Quiero estar tranquilo. Después leeré un buen libro. Algo
que los jóvenes no entienden… Puedes irte.

    —Gracias, tío. Hoy realmente es… sábado.

    —Comprendo.

    ¡Demonios! El hombre comprendía. La clarividencia° del
condenado.°

    El veneno producía un efecto lento, a la hora, o más según el
sujeto. Hasta seis u ocho horas. Justamente durante el sueño. El
resultado: la apariencia de un pacífico ataque cardíaco, sin huellas
comprometedoras. Lo que yo necesitaba. ¿Y quién sospecharía? El
doctor Vega no tendría inconveniente en suscribir el certificado de
defunción. ¿Y si me descubrían? ¡Imposible!

    Pero, ¿y Guillermo? Sí. Guillermo era un problema. Lo hallé
en el hall después de preparar la "encomienda"° para el infierno.
Descendía la escalera, preocupado.

Glosses (right margin):

- 29 cedía° — used to yield
- 30 alargaba° — ?
- 31 anotando° — jotting down / con… — with disdain
- 35 holgazán° — perfecto… absolute bum
- 38 guardar° — ?
- 42 arraigada° — fixed, rooted
- 45 callejón° — ?
- 48 chispa° — spark
- 54 solitario° Despacharé° — ? / ?
- 59 clarividencia° — clear-sightedness
- 60 condenado° — ?
- 68 encomienda° — parcel

—¿Qué te pasa? —le pregunté jovial, y le hubiera agregado de 70
buena gana: "¡Si supieras, hombre!"

¡Estoy... I am fed up!

—¡Estoy harto!° —me replicó.

Le... I patted him

—¡Vamos! —Le palmoteé° la espalda—. Siempre estás
dispuesto a la tragedia…

—Es que el viejo me enloquece. Últimamente, desde que 75
volviste de la Facultad y le llevas la corriente° en el ajedrez, se la

le... you have been going
along with him / se... he
picks on me

toma conmigo.° Y Matilde…

—¿Qué sucede con Matilde?

—Matilde me lanzó un ultimátum: o ella, o tío.

—Opta por ella. Es fácil elegir. Es lo que yo haría… 80

—¿Y lo otro?

glare

Me miró desesperado. Con brillo° demoníaco en las pupilas;
pero el pobre tonto jamás buscaría el medio de resolver su
problema.

—Yo lo haría —siguió entre dientes—; pero, ¿con qué 85
viviríamos? Ya sabes cómo es el viejo… Duro, implacable. ¡Me

¡Me... He would cut out
my food

cortaría los víveres!°

—Tal vez las cosas se arreglen de otra manera… —insinué
bromeando—. ¡Quién te dice…!

mueca... bitter grimace

—¡Bah!… —sus labios se curvaron con una mueca amarga—.° 90
No hay escapatoria. Pero yo hablaré con el viejo tirano. ¿Dónde
está ahora?

Me asusté. Si el veneno resultaba rápido… Al notar los
primeros síntomas podría ser auxiliado y…

—Está en la biblioteca —exclamé—, pero déjalo en paz. Acaba 95
de jugar la partida de ajedrez, y despachó a la servidumbre. ¡El

wolf / den

lobo° quiere estar solo en la madriguera!° Consuélate en un cine o
en un bar.

Se... He shrugged his
shoulders

Se encogió de hombros.°

—El lobo en la madriguera… —repitió. Pensó unos segundos y 100
agregó, aliviado: —Lo veré en otro momento. Después de todo…

no... you would not dare do it

—Después de todo, no te animarías,° ¿verdad?— gruñí
salvajemente.

Me... He glared at me.

Me clavó la mirada.° Sus ojos brillaron con una chispa
siniestra, pero fue un relámpago. 105

Miré el reloj: las once y diez de la noche.

light / ?

Ya comenzaría a producir efecto. Primero un leve° malestar,°
nada más. Después un dolorcillo agudo, pero nunca demasiado
alarmante. Mi tío refunfuñaba° una maldición para la cocinera. El

grumbled
¡Qué... How easy it all is!

pescado indigesto. ¡Qué poca cosa es todo!° Debía de estar 110 leyendo los diarios de la noche, los últimos. Y después, el libro, como gran epílogo. Sentía frío.

Las baldosas se estiraban en rombos.° El río era una mancha sucia cerca del paredón. A lo lejos luces verdes, rojas, blancas. Los automóviles se deslizaban chapoteando° en el asfalto.

Las... The pavement
stretched in rhomboids.

splashing

Decidí regresar, por temor a llamar la atención. Nuevamente por la avenida hacia Leandro N. Alem. Por allí a Plaza de Mayo. El reloj me volvió a la realidad. Las once y treinta y seis. Si el veneno era eficaz, ya estaría todo listo. Ya sería dueño de millones. Ya sería libre… Ya sería… ya sería asesino.

Por primera vez pensé en la palabra misma. Yo, ¡asesino! Las rodillas me flaquearon.° Un rubor° me azotó° el cuello, me subió a las mejillas, me quemó las orejas, martilló mis sienes.° Las manos transpiraban. El frasquito de aconitina en el bolsillo llegó a pesarme una tonelada. Busqué en los bolsillos rabiosamente hasta dar con él. Era un insignificante cuentagotas y contenía la muerte; lo arrojé° lejos.

Las... My knees gave out. /
blush / lashed / martilló...
it hammered at my temples

lo... I threw it

Avenida de Mayo. Choqué con varios transeúntes.° Pensarían en un borracho. Pero en lugar de alcohol, sangre.

passers-by

Yo, asesino. Esto sería un secreto entre mi tío Néstor y mi conciencia. Recordé la descripción del efecto del veneno: "en la lengua, sensación de hormigueo° y embotamiento,° que se inicia en el punto de contacto para extenderse a toda la lengua, a la cara y a todo el cuerpo".

tingling / dullness

Entré en un bar. Un tocadiscos atronaba° con un viejo *rag-time*. "En el esófago y en el estómago, sensación de ardor intenso". Millones. Billetes de mil, de quinientos, de cien. Póquer. Carreras. Viajes… "sensación de angustia, de muerte próxima, enfriamiento profundo generalizado, trastornos° sensoriales, debilidad muscular, contracciones, impotencia de los músculos".

was blaring

disorders

Habría quedado solo. En el palacio. Con sus escaleras de mármol. Frente al tablero de ajedrez. Allí el rey, y la dama, y la torre negra. Jaque mate.

El mozo se aproximó. Debió sorprender mi mueca de extravío,° mis músculos en tensión, listos para saltar.

mueca... frenzied grimace

—¿Señor?

—Un coñac…

—Un coñac… —repitió el mozo—. Bien, señor— y se alejó.

Por la vidriera la caravana que pasa, la misma de siempre. El tic-tac del reloj cubría todos los rumores. Hasta los de mi corazón. La una. Bebí el coñac de un trago.

"Como fenómeno circulatorio, hay alteración del pulso e hipotensión que se derivan de la acción sobre el órgano central, llegando, en su estado más avanzado, al síncope cardíaco…" Eso es. El síncope cardíaco. La válvula de escape.

A las dos y treinta de la mañana regresé a casa. Al principio no lo advertí.° Hasta que me cerró el paso.° Era un agente de policía. Me asusté.

—¿El señor Claudio Álvarez?

—Sí, señor… —respondí humildemente.

—Pase usted… —indicó, franqueándome la entrada.°

—¿Qué hace usted aquí? —me animé a murmurar.

—Dentro tendrá la explicación —fue la respuesta.

En el hall, cerca de la escalera, varios individuos de uniforme se habían adueñado° del palacio. ¿Guillermo? Guillermo no estaba presente.

Julio, el mayordomo, amarillo, espectral trató de hablarme. Uno de los uniformados, canoso,° adusto,° el jefe del grupo por lo visto, le selló los labios° con un gesto. Avanzó hacia mí, y me inspeccionó como a un cobayo.°

—Usted es el mayor de los sobrinos, ¿verdad?

—Sí, señor… —murmuré.

—Lamento decírselo, señor. Su tío ha muerto… asesinado —anunció mi interlocutor. La voz era calma, grave—. Yo soy el inspector Villegas, y estoy a cargo de la investigación. ¿Quiere acompañarme a la otra sala?

—Dios mío —articulé anonadado°—. ¡Es inaudito!°

Las palabras sonaron a huecas,° a hipócritas. (¡Ese dichoso veneno dejaba huellas! ¿Pero cómo…, cómo?)

—¿Puedo… puedo verlo? —pregunté.

—Por el momento, no. Además, quiero que me conteste algunas preguntas.

—Como usted disponga…° —accedí azorado.°

Lo seguí a la biblioteca vecina. Tras él se deslizaron suavemente dos acólitos.° El inspector Villegas me indicó un sillón y se sentó en otro. Encendió frugalmente un cigarrillo y con evidente grosería° no me ofreció ninguno.

—Usted es el sobrino… Claudio. —Pareció que repetía una lección aprendida de memoria.

—Sí, señor.

—Pues bien: explíquenos qué hizo esta noche.

Yo también repetí una letanía.°

195 —Cenamos los tres, juntos como siempre. Guillermo se retiró a su habitación. Quedamos mi tío y yo charlando un rato; pasamos a la biblioteca. Después jugamos nuestra habitual partida de ajedrez; me despedí de mi tío y salí. En el vestíbulo me encontré con Guillermo que descendía por las escaleras rumbo a la calle. Cambiamos unas palabras y me fui.

—Y ahora regresa…

200 —Sí…

—¿Y los criados?

—Mi tío deseaba quedarse solo. Los despachó después de cenar. A veces le acometían éstas y otras manías.°   ?

—Lo que usted dice concuerda en gran parte con la declaración
205 del mayordomo. Cuando éste regresó, hizo un recorrido por el edificio. Notó la puerta de la biblioteca entornada y luz adentro. Entró. Allí halló a su tío frente a un tablero de ajedrez, muerto. La partida interrumpida… De manera que jugaron la partidita, ¿eh?

Algo dentro de mí comenzó a saltar violentamente. Una
210 sensación de zozobra, de angustia, me recorría con la velocidad de un pebete.° En cualquier momento estallaría la pólvora. ¡Los   *fuse (of firework)*
consabidos solitarios de mi tío!°   *¡Los… The usual games of solitaire my uncle played!*

—Sí, señor… —admití.

No podía desdecirme. Eso también se lo había dicho a
215 Guillermo. Y probablemente Guillermo al inspector Villegas. Porque mi hermano debía de estar en alguna parte. El sistema de la policía aislarnos, dejarnos solos, inertes, indefensos, para pillarnos.

—Tengo entendido que ustedes llevaban un registro de las jugadas. Para establecer los detalles en su orden, ¿quiere
220 mostrarme su libretita de apuntes, señor Álvarez?

Me hundía en el cieno.°   *Me… I was sinking in the mud.*

—¿Apuntes?

—Sí, hombre —el policía era implacable—, deseo verla, como es de imaginar. Debo verificarlo todo, amigo; lo dicho y lo hecho
225 por usted. Si jugaron como siempre…

Comencé a tartamudear.°   *to stammer, stutter*

—Es que… —Y después, de un tirón:°— ¡Claro que jugamos   *de… all at once*
como siempre!

Las lágrimas comenzaron a quemarme los ojos. Miedo. Un
230 miedo espantoso. Como debió sentirlo tío Néstor cuando aquella "sensación de angustia… de muerte próxima… enfriamiento profundo, generalizado…" Algo me taladraba° el cráneo. Me   *was drilling*
empujaban. El silencio era absoluto, pétreo.° Los otros también   *hard, rocky*

estaban callados. Dos ojos, seis ojos, ocho ojos, mil ojos. ¡Oh, qué angustia! 235

Me tenían… me tenían… Jugaban con mi desesperación… Se divertían con mi culpa…

De pronto, el inspector gruñó:

—¿Y?

Una sola letra ¡pero tanto! 240

—¿Y? —repitió—. Usted fue el último que lo vio con vida. Y, además, muerto. El señor Álvarez no hizo anotación alguna esta vez, señor mío.

No sé por qué me puse de pie. Tenso. Elevé mis brazos, los estiré. Me estrujé° las manos, clavándome las uñas, y al final 245 chillé con voz que no era la mía:

—¡Basta! Si lo saben, ¿para qué lo preguntan? ¡Yo lo maté! ¡Yo lo maté! ¿Y qué hay?° ¡Lo odiaba con toda mi alma! ¡Estaba cansado de su despotismo! ¡Lo maté! ¡Lo maté!

El inspector no lo tomó tan a la tremenda.° 250

—¡Cielos! —dijo—. Se produjo más pronto de lo que yo esperaba. Ya que se le soltó la lengua, ¿dónde está el revólver?

El inspector Villegas no se inmutó.° Insistió imperturbable.°

—¡Vamos, no se haga el tonto ahora! ¡El revólver! ¿O ha olvidado que lo liquidó de un tiro? ¡Un tiro en la mitad de la 255 frente, compañero! ¡Qué puntería!°

Glosses (left margin):

Me… I clenched

¿Y… So what?

no lo… was not surprised

no… didn't wince, lose his calm / unperturbed

¡Qué… What aim!

10. ¿Qué sensación le produjo a Claudio el pensar que "ya sería asesino" [línea 120]?
- **a.** Se sintió poderoso.
- **b.** Se sintió más libre.
- **c.** Se puso muy enfadado.
- **d.** Se puso nervioso.

11. ¿Con quién se encontró Claudio cuando regresó a su casa?
- **a.** Con la policía.
- **b.** Con Guillermo.
- **c.** Con el mayordomo muerto.
- **d.** Con el tío que jugaba ajedrez solo.

12. Cuando Claudio le contó al inspector lo que había sucedido, le mintió al decir que esa noche…
- **a.** había jugado ajedrez con su tío.
- **b.** no había estado en casa.
- **c.** había hablado con Guillermo.
- **d.** había hablado con su tío por un largo rato.

13. ¿Qué le pidió el inspector a Claudio?
- **a.** El tablero de ajedrez.
- **b.** Una copa de coñac.
- **c.** La libretita.
- **d.** El cuentagotas.

14. ¿Qué significa "Dos ojos, seis ojos, ocho ojos, mil ojos" [línea 234]?
- **a.** Que había mucha gente en las escaleras del palacio.
- **b.** Que todo el mundo sabía lo que él había hecho.
- **c.** Que habían muerto muchas personas.
- **d.** Que llegaban más y más policías.

15. ¿Cómo comprobó el inspector que Claudio mentía cuando dijo que había jugado con su tío esa noche?
- **a.** Claudio había perdido la libretita.
- **b.** Guillermo le había dicho la verdad.
- **c.** No había anotaciones de la partida.
- **d.** El mayordomo le había contado al inspector lo que había pasado.

16. ¿Qué significa el título del cuento?
- **a.** Que el tío fue asesinado por dos personas.
- **b.** Que el ajedrez le causó la muerte al tío.
- **c.** Que los dos sobrinos habían jugado con el tío.
- **d.** Que era la segunda vez que trataban de asesinar al tío.

G. Ahora te toca a ti Usa los temas a continuación para escribir preguntas y comprobar si tus compañeros de clase han comprendido el cuento, o para clarificar algo que tú no hayas comprendido.

1. los personajes

2. las razones por las cuales se cometió el crimen

3. los acontecimientos / eventos de la noche del crimen: lo que hizo Claudio, lo que hizo Guillermo

4. la confesión por parte de Claudio

5. el final del cuento

Un paso más

Vocabulario útil para conversar y para escribir

Antes de empezar a hacer los ejercicios a continuación, repasa las palabras en los ejercicios A y C de la sección **Antes de leer.** Aquí tienes una lista de palabras y expresiones que te ayudarán a expresar tus ideas. Trata de incluirlas en la discusión con los otros estudiantes o en los ejercicios de escritura.

del mismo modo	*in the same way*
desgraciadamente	*unfortunately*
en cuanto a	*with regard to*
en gran parte	*mainly*
en todo caso	*anyway*
es preciso pensar / examinar / hacer notar	*it is necessary to think / to examine / to notice*
por lo tanto	*therefore*
por otro lado	*on the other hand*
resultar en	*to result in*
se puede deducir que	*one can deduce that*
tener algo en común con	*to have something in common with*

Para conversar

A. Dilemas Ahora te toca analizar la situación y el crimen que se cometió en el cuento. ¿Qué harías en los siguientes casos? Lee las preguntas y piensa cuidadosamente en las posibles respuestas. Haz una lista de las palabras y frases que vas a necesitar para expresarle tus ideas al resto de la clase.

1. Guillermo te pide consejos sobre el ultimátum de Matilde. En tu opinión, ¿a quién debería escoger Guillermo? ¿Al tío o a Matilde? ¿Por qué?

2. En el cuento Claudio dice: "Cuando uno se encuentra en un callejón sin salida, el cerebro trabaja, busca, rebusca. Y encuentra. Siempre hay salida para todo. No siempre es buena. Pero es salida" [líneas 44–46]. Haz una lista de todas las posibilidades que tenían Claudio y Guillermo para resolver su dilema sin tener que asesinar a su tío.

3. ¿Qué harías si tuvieras un tío como el tío Néstor? ¿Qué harías en el lugar de Guillermo y de Claudio?

B. El ultimátum Imagínate que eres Guillermo y que vas a hablar con tu novia Matilde sobre el ultimátum que ella te ha dado. Con un(a) compañero(a) de clase, prepara algunos de los puntos que tendrías que discutir en esta conversación. Luego, preséntenles la conversación a los otros estudiantes de la clase.

C. Reportaje sobre un crimen Eres reportero(a) para el periódico de la ciudad o del pueblo donde se ha cometido el crimen que se describe en el cuento. Escribe una lista de preguntas que le harías a cada una de las personas involucradas (*involved*) en el caso (Guillermo, Claudio, el tío, el mayordomo y el inspector). Algunos de tus compañeros de clase van a hacer el papel de los personajes y responder a tus preguntas.

D. Una conversación interesante Imagínate que el tío no ha muerto, sólo está herido. Ahora está en el hospital recuperándose y Guillermo y Claudio van a visitarlo. Con dos estudiantes de la clase, dramaticen la conversación que podría ocurrir entre el tío, Guillermo y Claudio.

E. "Estos jóvenes de hoy..." En el cuento el tío Néstor expresa su opinión sobre los jóvenes cuando dice: "Después leeré un buen libro. Algo que los jóvenes no entienden…" [líneas 55–56]. ¿Estás de acuerdo con el tío? ¿Es ésta la opinión que tienen los adultos de los jóvenes de hoy? ¿Piensas que esta frase es un indicio de lo que piensan los adultos de los jóvenes? Explícale a la clase tu reacción a tal declaración. Da ejemplos específicos para defender tu opinión.

F. El juicio El (La) profesor(a) va a organizar el juicio de Claudio y Guillermo en la clase. Él (Ella) va a escoger a los estudiantes que van a hacer los siguientes papeles:

- el juez
- los acusados: Guillermo y Claudio
- los abogados
- los testigos
- el agente de policía / el inspector
- el mayordomo (opcional)
- la persona con quien Claudio tropieza en la calle (opcional)
- Matilde
- el resto de la clase será el jurado

Para que sea un buen juicio todos los personajes tienen que estar bien preparados. Recuerden que no se puede cometer ningún error. Cada estudiante tiene que preparar por lo menos dos o tres preguntas para cada personaje. También deben pensar en las posibles explicaciones de los acusados y estar preparados para hacerles más preguntas. Al final "el jurado" decidirá quién es culpable y el castigo para la persona o las personas culpables.

G. Un debate Hoy en día la pena de muerte es un tema que se discute apasionadamente en los Estados Unidos. Todos los estudiantes de la clase van a participar en un debate sobre este tema. Cada estudiante debe preparar su opinión a favor o en contra de la pena de muerte. Considera las siguientes ideas:

- ¿Debe existir la pena de muerte? Considera los problemas éticos, religiosos, etc.
- Si crees que debe existir, ¿qué crímenes la merecen? ¿Qué se logra al matar a un ser humano?

Número 3
  a. Porque preveía el futuro.
  b. Porque sus personajes son históricos.
  c. Porque fue escrita por ambos escritores.
  d. Porque tiene lugar en otro planeta.

Número 4
  a. Conocer a Cervantes.
  b. Vivir por más tiempo.
  c. Pedirle disculpas a Borges.
  d. Haber escrito más libros.

Go Online

For: Additional practice
Visit: www.PHSchool.com
Web Code: jxd-0008

La siesta del martes

Gabriel García Márquez

**Abriendo paso:
Gramática**

Preterite, imperfect and
   pluperfect indicative:
   Unidad 1, págs. 1 a
   15, 19 a 29; RG 1,
   págs. 30 a 45, 47 a 48
Adjectives: Unidad 2
   págs. 49 a 57; RG 2,
   págs. 73 a 79
Ser/Estar: Unidad 3,
   págs. 98 a 107
Por/Para: Paso 10, págs.
   309 a 311
Imperative: Unidad 4,
   págs. 133 a 139; RG 4,
   págs. 154 a 165
Reflexive verbs: Unidad 3,
   págs. 109 a 115; RG 3,
   págs. 130 a 132
Idiomatic Expressions:
   Appendix F págs. 362 a
   366

Antes de leer

A. Para discutir en clase Mira los dibujos a continuación y descríbelos detalladamente. Para la descripción, usa las palabras a continuación y añade otras que te ayuden a expresar tus ideas. En tu presentación incluye las respuestas a las preguntas en la próxima página.

el ramo	la cartera	el regazo	marchito	las llaves
el vagón	la carretas de bueyes	la sotana	los lentes	el luto
el sudor	el campesino	los racimos	entreabierto	el cura

1. ¿Cómo describirías la postura (la manera en que está sentada) de la mujer? ¿Qué nos demuestra sobre ella?

2. ¿Cuál parece ser la clase social de estas dos mujeres? Explica tu respuesta.

3. ¿Dónde se encuentran en el segundo dibujo? ¿Quiénes parecen ser las personas con quien habla la mujer? ¿Por qué están allí?

B. El ambiente Muchas veces los autores usan el ambiente para complementar la trama. En muchos casos, el tiempo (*weather*) es clave para complementar la trama. ¿Has leído alguna obra donde esto sucede? Escoge una obra en la cual esto sucede y explica cómo es el tiempo en la obra que has escogido y expresa tu opinión sobre el efecto que esta técnica tiene en la obra.

C. El tiempo Las siguientes frases describen el tiempo donde el cuento tiene lugar:

"el aire se hizo húmedo y no se volvió a sentir la brisa del mar..."
[líneas 2–3]
"Eran las once de la mañana y aún no había empezado el calor."
[líneas 10–11]
"... bajo el sol aplastante (*crushing, overwhelming*)" [línea 46]
"Por la ventanilla entraba un viento ardiente y seco." [línea 64]

¿Qué ambiente trata de crear el autor? ¿Cómo te sentirías tú si estuvieras en un lugar donde la condición del tiempo fuera así? Explica tu respuesta.

D. La madre García Márquez describe a uno de los personajes de la obra (la madre) de esta manera:

Viajaba con la columna vertebral° firmemente apoyada° contra el espaldar° del asiento, sosteniendo en el regazo° con ambas manos una cartera de charol desconchado°. Tenía la serenidad escrupulosa de la gente acostumbrada a la pobreza.

columna... *spine* / *resting*

backrest / sosteniendo...
  holding on her lap / charol...
  flaking patent leather

¿Qué impresión nos da la descripción de la madre? ¿Cómo parece ser ella? ¿Fuerte? ¿Desafiante? ¿Cobarde? ¿Orgullosa? Puedes usar algunas de las ideas que usaste en el ejercicio A. Escoge tres adjetivos que en tu opinión la describen y explica por qué piensas así.

E. Nuestra experiencia Algunas personas anhelan *(yearn)* vivir en un pueblo pequeño y otras no. ¿Te gustaría vivir en un pueblo pequeño? ¿Cómo es el ambiente en los pueblos pequeños? ¿Cuáles son las ventajas y las desventajas?

F. Situaciones difíciles Algunas veces en la prensa o en la televisión se presentan personas que muestran mucha dignidad y fuerza de espíritu a pesar de encontrarse en situaciones difíciles. Piensa en un incidente en el cual esto sucede y escribe palabras clave para poder contárselo a tus compañeros de clase. Explica también cómo te afectó, o lo que aprendiste de esta situación.

G. Una selección En el cuento ocurre un incidente que es clave para comprender la razón por la cual la mujer y su hija visitan el pueblo. Lee la selección y responde a las preguntas al final del ejercicio.

Todo había empezado el lunes de la semana anterior, a las tres de la madrugada y a pocas cuadras de allí. La señora Rebeca, una viuda solitaria que vivía en una casa llena de cachivaches,° sintió a través del rumor de la llovizna° que alguien trataba de forzar desde afuera la puerta de la calle. Se levantó, buscó a tientas° en el ropero un revólver arcaico que nadie había disparado° desde los tiempos del coronel Aureliano Buendía, y fue a la sala sin encender las luces. Orientándose no tanto por el ruido de la cerradura como por un terror desarrollado en ella por 28 años de soledad, localizó en la imaginación no sólo el sitio donde estaba la puerta sino la altura exacta de la cerradura. Agarró° el arma con las dos manos, cerró los ojos y apretó el gatillo.° Era la primera vez en su vida que disparaba un revólver. Inmediatamente después de la detonación no sintió nada más que el murmullo de la llovizna en el techo de cinc. Después percibió un golpecito metálico en el andén° de cemento y una voz muy baja, apacible, pero terriblemente fatigada: «Ay, mi madre». El hombre que amaneció muerto frente a la casa, con la nariz despedazada,° vestía una franela° a rayas de colores, un pantalón ordinario con una soga° en lugar de cinturón, y estaba descalzo. Nadie lo conocía en el pueblo.

odds and ends
?
a... gropingly
had fired

? / apretó... pulled the trigger

footwalk

torn to pieces
undershirt / rope

1. ¿Cuándo ocurre el incidente?

2. Describe la vida que llevaba la viuda.

3. ¿Por qué se tuvo que levantar la viuda?

4. ¿Cómo reaccionó la viuda?

5. ¿Qué palabras oyó la viuda después de disparar el revólver? ¿Por qué piensas tú que el personaje dice esas palabras?

6. Describe al hombre detalladamente.

7. ¿Qué le sucedió al hombre?

8. ¿Qué sabemos sobre el hombre?

H. El crimen Algunas personas piensan que la gente tiene derecho a llevar armas y a dispararle a cualquiera que consideran una amenaza. Otras personas creen que a veces el robo es justificado. ¿Qué piensas tú? Explica tu respuesta.

El autor

Gabriel García Márquez
(1927–   )

Entre los escritores latinoamericanos reconocidos a nivel internacional, Gabriel García Márquez ocupa uno de los lugares más sobresalientes. Galardonado con el Premio Nóbel de Literatura en 1982, sus novelas y cuentos lo han establecido en el ámbito de los escritores más leídos de todo el mundo. García Márquez nació en Aracataca, Colombia, en 1928. Además de ser escritor de cuentos y novelas, García Márquez estudió derecho, colaboró en varios periódicos, sirvió de corresponsal de la Agencia de noticias Prensa Latina, fue director de varias revistas y escritor de varios guiones de películas. Su gran obra maestra es *Cien años de soledad* (1967), donde crea un mundo mítico lleno de personajes inolvidables. Uno de estos personajes, el coronel Aureliano Buendía, es uno de los personajes centrales de la obra y el primer ser humano que nació en Macondo (el pueblo ficticio donde tienen lugar muchas de sus obras), y al cual hace referencia García Márquez en "La siesta del martes".

Entre las obras notables encontramos su colección de cuentos *Los funerales de la Mamá Grande* (1962), de donde proviene "La siesta del martes", *La increíble y triste historia de la Cándida Eréndida y de su abuela desalmada* (1972) y sus novelas *El coronel no tiene quien le escriba* (1961), *El general en su laberinto* (1989) y *El amor en los tiempos de cólera* (1985).

En los países de habla hispana, el martes trece es el día que trae mala suerte. Hay un dicho popular que dice: "Martes trece no te cases, ni te embarques, ni te mudes a otra parte".

¿Cómo es esta práctica semejante o diferente de la costumbre en los Estados Unidos? ¿Conoces algunos ejemplos en que el trece no se usa por ser considerado mala suerte?

Al leer

Mientras lees, ten presentes los siguientes puntos:

- el tiempo y cómo éste afecta el ambiente en el cuento
- el carácter y el comportamiento *(behavior)* de la mujer y la niña
- el carácter y el comportamiento del sacerdote y su hermana
- el comportamiento de los habitantes del pueblo

LECTURA

La siesta del martes

Gabriel García Márquez

El tren salió del trepidante corredor de rocas bermejas,° penetró en las plantaciones de banano, simétricas e interminables, y el aire se hizo húmedo y no se volvió a sentir la brisa del mar. Una humareda sofocante entró por la ventanilla del vagón. En el
5 estrecho camino paralelo a la vía férrea había carretas de bueyes cargadas de racimos verdes. Al otro lado del camino, en intempestivos espacios° sin sembrar, había oficinas con ventiladores eléctricos, campamentos de ladrillos° rojos y residencias con sillas y mesitas blancas en las terrazas, entre
10 palmeras y resales polvorientos. Eran las once de la mañana y aún no había empezado el calor.

—Es mejor que subas el vidrio—dijo la mujer—. El pelo se te va a llenar de carbón.

La niña trató de hacerlo pero la persiana° estaba bloqueada
15 por óxido.°

Eran los únicos pasajeros en el escueto° vagón de tercera clase. Como el humo de la locomotora siguió entrando por la ventanilla, la niña abandonó el puesto y puso en su lugar los únicos objetos que llevaban: una bolsa de material plástico con cosas de comer y
20 un ramo de flores envuelto° en papel de periódicos. Se sentó en el asiento opuesto, alejada de la ventanilla, de frente a su madre. Ambas guardaban un luto riguroso y pobre.

La niña tenía doce años y era la primera vez que viajaba. La mujer parecía demasiado vieja para ser su madre, a causa de las
25 venas azules en los párpados° y del cuerpo pequeño, blando y sin formas, en un traje cortado como una sotana. Viajaba con la columna vertebral firmemente apoyada contra el espaldar del asiento, sosteniendo en el regazo con ambas manos una cartera de charol desconchado. Tenía la serenidad escrupulosa de la gente
30 acostumbrada a la pobreza.

trepidante... trembling corridor of reddish stone

en intempestivos... harsh spaces / bricks

window blind

por... because of the rust

plain

wrapped

eyelids

A las doce había empezado el calor. El tren se detuvo diez minutos en una estación sin pueblo para abastecerse de agua.° Afuera, en el misterioso silencio de las plantaciones, la sombra tenía un aspecto limpio. Pero el aire estancado° dentro del vagón olía a cuero sin curtir.° El tren no volvió a acelerar. Se detuvo en dos pueblos iguales, con casas de madera pintadas de colores vivos. La mujer inclinó la cabeza y se hundió en el sopor.° La niña se quitó los zapatos. Después fue a los servicios sanitarios a poner en agua el ramo de flores muertas.

Cuando volvió al asiento la madre la esperaba para comer. Le dio un pedazo de queso, medio bollo de maíz y una galleta dulce, y sacó para ella de la bolsa de material plástico una ración igual. Mientras comían, el tren atravesó muy despacio un puente de hierro y pasó de largo por un pueblo igual a los anteriores, sólo que en éste había una multitud en la plaza. Una banda de músicos tocaban una pieza° alegre bajo el sol aplastante. Al otro lado del pueblo, en una llanura cuarteada por la aridez,° terminaban las plantaciones.

La mujer dejó de comer.

—Ponte los zapatos—dijo.

La niña miró hacia el exterior. No vio nada más que la llanura desierta por donde el tren empezaba a correr de nuevo, pero metió en la bolsa el último pedazo de galleta y se puso rápidamente los zapatos. La mujer le dio la peineta.°

—Péinate—dijo.

El tren empezó a pitar° mientras la niña se peinaba. La mujer se secó el sudor del cuello y se limpió la grasa de la cara con los dedos. Cuando la niña acabó de peinarse el tren pasó frente a las primeras casas de un pueblo más grande pero más triste que los anteriores.

—Si tienes ganas de hacer algo, hazlo ahora—dijo la mujer—. Después, aunque te estés muriendo de sed no tomes agua en ninguna parte. Sobre todo, no vayas a llorar.

La niña aprobó con la cabeza. Por la ventanilla entraba un viento ardiente y seco, mezclado con el pito de la locomotora y el estrépito° de los viejos vagones. La mujer enrolló la bolsa con el resto de los alimentos y la metió en la cartera. Por un instante, la imagen total del pueblo, en el luminoso martes de agosto, resplandeció° en la ventanilla. La niña envolvió las flores en los periódicos empapados,° se apartó un poco más de la ventanilla y miró fijamente a su madre. Ella le devolvió una expresión apacible.

Glosses (left margin):

abastecerse... *to get a supply of water*

stagnant

cuero... *untanned hide*

se... *sank into drowsiness*

(music) piece

cuarteada... *cracked by the drought*

ornamental comb

to whistle

noise, racket

gleamed, stood out

soaked

Line numbers: 35, 40, 45, 50, 55, 60, 65, 70

El tren acabó de pitar y disminuyó la marcha. Un momento después se detuvo.

No había nadie en la estación. Del otro lado de la calle, en la acera sombreada° por los almendros, sólo estaba abierto el salón de billar. El pueblo flotaba en el calor. La mujer y la niña descendieron del tren, atravesaron la estación abandonada cuyas baldosas° empezaban a cuartearse° por la presión de la hierba, y cruzaron la calle hasta la acera de sombra.

Eran casi las dos. A esa hora, agobiado por el sopor,° el pueblo hacia la siesta. Los almacenes, las oficinas públicas, la escuela municipal, se cerraban desde las once y no volvían a abrirse hasta un poco antes de las cuatro, cuando pasaba el tren de regreso. Sólo permanecían abiertos el hotel frente a la estación, su cantina° y su salón de billar,° y la oficina del telégrafo a un lado de la plaza. Las casas, en su mayoría construidas sobre el modelo de la compañía bananera, tenían las puertas cerradas por dentro y las persianas° bajas. En algunas hacía tanto calor que sus habitantes almorzaban en el patio. Otros recostaban° un asiento a la sombra de los almendros y hacían la siesta sentados en plena calle.

Buscando siempre la protección de los almendros la mujer y la niña penetraron en el pueblo sin perturbar la siesta. Fueron directamente a la casa cural.° La mujer raspó° con la uña la red metálica de la puerta, esperó un instante y volvió a llamar. En el interior zumbaba° un ventilador eléctrico. No se oyeron los pasos. Se oyó apenas el leve crujido° de una puerta y en seguida una voz cautelosa muy cerca de la red metálica: «¿Quién es?» La mujer trató de ver a través de la red metálica.

—Necesito al padre—dijo.

—Ahora está durmiendo.

—Es urgente—insistió la mujer.

Su voz tenía una tenacidad reposada.°

La puerta se entreabrió sin ruido y apareció una mujer madura y regordeta,° de cutis muy pálido y cabellos color de hierro.° Los ojos parecían demasiado pequeños detrás de los gruesos cristales de los lentes.

—Sigan—dijo, y acabó de abrir la puerta.

Entraron en una sala impregnada de un viejo olor de flores. La mujer de la casa los condujo hasta un escaño de madera° y les hizo señas de que se sentaran. La niña lo hizo, pero su madre permaneció° de pie, absorta, con la cartera apretada° en las dos manos. No se percibía ningún ruido detrás del ventilador eléctrico.

Glosses (right margin):

- 75 — shaded
- baldosas° / cuartearse° — floor tiles / to crack
- agobiado... weighed down by the drowsiness
- cantina° — bar
- salón... billiard hall
- persianas° — shutters
- recostaban° — would lean
- casa cural° / raspó° — priest's house / scraped
- zumbaba° — was buzzzing
- crujido° — creaking
- reposada° — quiet, peaceful
- regordeta° / color de hierro° — plump, short and stout / iron
- escaño... wooden bench
- permaneció° — remained
- apretada° — clenched, clutched

La mujer de la casa apareció en la puerta del fondo.°

—Dice que vuelvan después de las tres—dijo en voz muy baja—. Se acostó hace cinco minutos.

—El tren se va a las tres y media—dijo la mujer.

Fue una réplica breve y segura, pero la voz seguía siendo apacible, con muchos matices. La mujer de la casa sonrió por primera vez.

—Bueno—dijo.

Cuando la puerta del fondo volvió a cerrarse la mujer se sentó junto a su hija. La angosta° sala de espera era pobre, ordenada y limpia. Al otro lado de una baranda° de madera que dividía la habitación, había una mesa de trabajo, sencilla, con un tapete de hule,° y encima de la mesa una máquina de escribir primitiva junto a un vaso con flores. Detrás estaban los archivos parroquiales. Se notaba que era un despacho° arreglado° por una mujer soltera.

La puerta del fondo se abrió y esta vez apareció el sacerdote limpiando los lentes con un pañuelo. Sólo cuando se los puso pareció evidente que era hermano de la mujer que había abierto la puerta.

—¿Qué se le ofrece?—preguntó.

—Las llaves del cementerio—dijo la mujer.

La niña estaba sentada con las flores en el regazo y los pies cruzados bajo el escaño.° El sacerdote la miró, después miró a la mujer y después, a través de la red metálica de la ventana, el cielo brillante y sin nubes.

—Con este calor—dijo—. Han podido esperar a que bajara el sol.

La mujer movió la cabeza en silencio. El sacerdote pasó del otro lado de la baranda, extrajo del armario un cuaderno forrado de hule, un plumero de palo° y un tintero,° y se sentó a la mesa. El pelo que le faltaba en la cabeza le sobraba° en las manos.

—¿Qué tumba van a visitar?—preguntó.

—La de Carlos Centeno—dijo la mujer.

—¿Quién?

—Carlos Centeno—repitió la mujer.

El padre siguió sin entender.

—Es el ladrón que mataron aquí la semana pasada—dijo la mujer en el mismo tono—. Yo soy su madre.

El sacerdote la escrutó.° Ella lo miró fijamente, con un dominio reposado,° y el padre se ruborizó.° Bajó la cabeza para escribir. A medida que llenaba la hoja pedía a la mujer los datos de su

---

Margin glosses:

puerta... *back door*

narrow

banister

tapete... *oilskin tablecloth*

office / arranged

bench

plumero... *wooden penholder / inkwell / le... was more than enough*

scrutinized

calm / blushed

Line numbers: 115, 120, 125, 130, 135, 140, 145, 150

identidad, y ella respondía sin vacilación, con detalles precisos,
como si estuviera leyendo. El padre empezó a sudar. La niña se
desabotonó la trabilla° del zapato izquierdo, se descalzó el talón° y
lo apoyó en el contrafuerte.° Hizo lo mismo con el derecho.

Todo había empezado el lunes de la semana anterior, a las tres
de la madrugada y a pocas cuadras de allí. La señora Rebeca, una
viuda solitaria que vivía en una casa llena de cachivaches, sintió a
través del rumor de la llovizna que alguien trataba de forzar desde
afuera la puerta de la calle. Se levantó, buscó a tientas en el ropero
un revólver arcaico que nadie había disparado desde los tiempos
del coronel Aureliano Buendía, y fue a la sala sin encender las
luces. Orientándose no tanto por el ruido de la cerradura como
por un terror desarrollado en ella por 28 años de soledad, localizó
en la imaginación no sólo el sitio donde estaba la puerta sino la
altura exacta de la cerradura. Agarró el arma con las dos manos,
cerró los ojos y apretó el gatillo. Era la primera vez en su vida que
disparaba un revólver. Inmediatamente después de la detonación
no sintió nada más que el murmullo de la llovizna en el techo de
cinc. Después percibió un golpecito metálico en el andén de
cemento y una voz muy baja, apacible, pero terriblemente fatigada:
«Ay, mi madre». El hombre que amaneció muerto frente a la casa,
con la nariz despedazada, vestía una franela a rayas de colores, un
pantalón ordinario con una soga en lugar de cinturón, y estaba
descalzo. Nadie lo conocía en el pueblo.

—De manera que se llamaba Carlos Centeno—murmuró el
padre cuando acabó de escribir.

—Centeno Ayala—dijo la mujer—. Era el único varón.°

El sacerdote volvió al armario. Colgadas de un clavo° en el
interior de la puerta había dos llaves grandes y oxidadas, como la
niña imaginaba y como imaginaba la madre cuando era niña y
como debió imaginar el propio sacerdote alguna vez que eran las
llaves de San Pedro. Las descolgó,° las puso en el cuaderno abierto
sobre la baranda y mostró con el índice un lugar en la página
escrita; mirando a la mujer.

—Firme aquí.

La mujer garabateó° su nombre, sosteniendo la cartera bajo la
axila.° La niña recogió las flores, se dirigió a la baranda
arrastrando° los zapatos y observó atentamente a su madre.

El párroco suspiró.°

—¿Nunca trató de hacerlo entrar por el buen camino?

La mujer contestó cuando acabó de firmar.

se desabotonó... untied the strap / se descalzó... slipped her heel out / lo apoyó... rested it on the back of her shoe	
male	
Colgadas... hanging from a nail	
took down	
scribbled	
armpit	
dragging	
sighed	

—Era un hombre muy bueno.   195

El sacerdote miró alternativamente a la mujer y a la niña y comprobó con una especie de piadoso estupor° que no estaban a punto de° llorar. La mujer continuó inalterable:

—Yo le decía que nunca robara nada que le hiciera falta a alguien para comer, y él me hacía caso. En cambio, antes, cuando   200 boxeaba, pasaba hasta tres días en la cama postrado por los golpes.°

—Se tuvo que sacar todos los dientes—intervino la niña.

—Así es—confirmó la mujer—. Cada bocado° que me comía en ese tiempo me sabía a los porrazos° que le daban a mi hijo los   205 sábados a la noche.

—La voluntad de Dios es inescrutable°—dijo el padre. Pero lo dijo sin mucha convicción, en parte porque la experiencia lo había vuelto un poco escéptico, y en parte por el calor. Les recomendó que se protegieran la cabeza para evitar la insolación. 210 Les indicó bostezando° y ya casi completamente dormido, cómo debían hacer para encontrar la tumba de Carlos Centeno. Al regreso no tenían que tocar. Debían meter la llave por debajo de la puerta, y poner allí mismo, si tenían, una limosna° para la Iglesia. La mujer escuchó las explicaciones con mucha atención, pero dio   215 las gracias sin sonreír.

Desde antes de abrir la puerta de la calle el padre se dio cuenta de que había alguien mirando hacia adentro, las narices aplastadas contra° la red metálica. Era un grupo de niños. Cuando la puerta se abrió por completo los niños se dispersaron. A esa hora, de   220 ordinario, no había nadie en la calle. Ahora no sólo estaban los niños. Había grupos bajo los almendros. El padre examinó la calle distorsionada° por la reverberación, y entonces comprendió. Suavemente volvió a cerrar la puerta.

—Esperen un minuto—dijo, sin mirar a la mujer.   225

Su hermana apareció en la puerta del fondo con una chaqueta negra sobre la camisa de dormir y el cabello suelto° en los hombros. Miró al padre en silencio.

—¿Qué fue?—preguntó él.

—La gente se ha dado cuenta—murmuró su hermana.   230

—Es mejor que salgan por la puerta del patio—dijo el padre.

—Es lo mismo—dijo su hermana—. Todo el mundo está en las ventanas.

La mujer parecía no haber comprendido hasta entonces. Trató de ver la calle a través de° la red metálica. Luego le quitó el ramo   235

astonishment
a... about to

blows

mouthful
blows

inscrutable, impenetrable

yawning

alms

aplastadas... squashed against

distorted

cabello... hair down

a... through

de flores a la niña y empezó a moverse hacia la puerta. La niña la
siguió.

    —Esperen a que baje el sol—dijo el padre.

    —Se van a derretir°—dijo su hermana, inmóvil en el fondo de
la sala—. Espérense y les presto una sombrilla.°

    —Gracias —replicó la mujer—. Así vamos bien.

    Tomó a la niña de la mano y salió a la calle.

240

to melt

les... I will lend you a parasol

Comprensión

A. La secuencia de los eventos Lee las frases a continuación. Luego, usa los números 1–12 para ponerlas en orden, según la secuencia de los eventos en el cuento.

_____ **a.** El sacerdote se dio cuenta de que las personas del pueblo habían visto a la mujer y a la niña.

_____ **b.** La mujer le pidió al sacerdote las llaves del cementerio.

_____ **c.** El sacerdote no quería que la mujer y la niña salieran de su casa.

_____ **d.** La mujer y la niña viajaban en un vagón de tercera clase.

_____ **e.** La mujer y la niña salieron a la calle después de recibir las llaves.

_____ **f.** La madre le dio de comer a la niña.

_____ **g.** La mujer y la niña fueron directamente a la casa del cura.

_____ **h.** La niña fue a buscar agua para poner las flores en un florero.

_____ **i.** La hermana del cura abrió la puerta después de que la madre llamó a la puerta.

_____ **j.** El sacerdote le pidió a la madre que firmara el cuaderno y le dio las llaves oxidadas.

_____ **k.** La mujer y la niña llegaron al pueblo.

_____ **l.** El sacerdote salió y se puso los lentes.

B. Comprensión general Responde a las siguientes preguntas usando tus propias palabras. Comparte tus ideas con otros compañeros de la clase y escucha sus respuestas.

1. ¿Cómo fue el viaje de la mujer y la niña en el tren? ¿Qué se veía por las ventanillas del tren?

2. ¿Qué hicieron la mujer y la niña cuando se bajaron del tren?

3. Describe lo que hacían los habitantes del pueblo a la hora que llegaron la mujer y la niña al pueblo.

4. ¿Quién era Carlos Centeno? ¿Cómo murió? ¿Mereció la muerte que recibió? Explica tu respuesta.

5. ¿Cuál era la razón del viaje de la mujer y la niña?

6. ¿Qué clase de madre piensas tú que fue la madre de Carlos Centeno? Explica tu respuesta.

7. ¿Por qué actuaron de esa manera el sacerdote y su hermana? ¿Les tenían miedo a la señora y a la hija? ¿Le tenían miedo al pueblo?

C. De la misma familia Las palabras de la lista a continuación son palabras que probablemente ya conoces. Escribe todas las palabras de la misma familia que conozcas, por ejemplo: estudioso—el/la estudiante, estudiar, estudiantil, los estudios. La referencia indica la línea en la que puedes encontrar la palabra en el texto.

polvorientos [línea 10]	sonreír [línea 216]
la sombra [línea 33]	la llovizna [línea 161]
pintadas [línea 36]	descalzo [línea 177]
peinarse [línea 58]	suavemente [línea 224]
perturbar [línea 92]	

D. En contexto Imagínate que quieres explicarle a un(a) compañero(a) de clase el significado de las siguientes palabras. En español, explica lo que cada una de las palabras significa. Escribe las explicaciones para luego compartirlas con el resto de la clase. La referencia indica la línea en la que puedes encontrar la palabra en el texto.

el plumero [línea 142]	garabateó (garabatear)
la tumba [línea 144]	[línea 189]
desabotonó (desabotonar)	bostezando (bostezar)
[línea 156]	[línea 211]
los cachivaches [línea 160]	derretir [línea 239]
murmullo [línea 171]	

E. Al punto Lee las siguientes preguntas o frases incompletas. Luego, escoge la mejor respuesta o terminación según la lectura.

1. Por la descripción del tiempo mientras la mujer y la niña viajaban, sabemos que...
   a. los personajes vivían en un clima muy frío.
   b. no se podía sentir ni una brisa en el tren.
   c. pronto iba a llover mucho.
   d. no se podía salir a la calle sin zapatos.

2. ¿Qué significa la frase "Eran las once de la mañana y aún no había empezado el calor." [línea 10]?
   a. Que los habitantes sufrían por el frío.
   b. Que la calefacción no funcionaba bien.
   c. Que pronto mejoraría el tiempo.
   d. Que el calor iba a empeorar.

3. ¿Cómo era la comida que le ofreció la madre a la niña?
   a. Muy extravagante.
   b. Demasiado fría.
   c. Un poco extraña.
   d. Bastante modesta.

4. ¿Qué le aconsejó la mujer a la niña?
   a. Que no pidiera nada y que no llorara.
   b. Que no se comiera toda la comida.
   c. Que abriera la ventanilla del vagón.
   d. Que se sentara cerca de ella.

5. ¿Cómo podemos describir el pueblo cuando llegó el tren a su destino?
   a. Sucio.
   b. Solitario.
   c. Acogedor.
   d. Ruidoso.

6. ¿A dónde fueron la mujer y la niña al llegar al pueblo?
   a. Al cementerio.
   b. Al almacén.
   c. A la casa del cura.
   d. A la oficina de telégrafo.

7. Según su hermana, ¿qué estaba haciendo el cura?
  a. Estaba durmiendo.
  b. Estaba leyendo.
  c. Estaba escribiendo.
  d. Estaba paseando.

8. La mujer no podía esperar hasta las tres de la tarde porque . . .
  a. tenía que visitar a otras personas.
  b. iba a perder la salida del tren.
  c. quería comer antes de regresar.
  d. temía que la vieran los vecinos.

9. Cuando la madre le dijo al cura la tumba que quería visitar, el cura . . .
  a. se puso muy contento.
  b. se sorprendió mucho.
  c. no quiso hablar más con ella.
  d. no reconoció el nombre.

10. La viuda que mató a Carlos Centeno pensaba que él era . . .
  a. un ladrón.
  b. un sacerdote.
  c. un extranjero.
  d. un vendedor.

11. Por las preguntas que le hizo el cura a la madre parece que él pensaba que la madre . . .
  a. no había criado bien al hijo.
  b. no sabía lo que le había sucedido al hijo.
  c. no había conocido bien a su hijo.
  d. no quería mucho a su hija.

12. Según la madre, Carlos Centeno había llevado una vida muy . . .
  a. alegre.
  b. aburrida.
  c. dura.
  d. exitosa.

13. La hermana y el cura no querían que la madre y la hija salieran para que no las vieran . . .
  a. los policías.
  b. los boxeadores.
  c. los habitantes del pueblo.
  d. los músicos de la banda.

14. ¿De qué se dieron cuenta los habitantes del pueblo al final del cuento?
   a. De que había mucha gente en las calles.
   b. De que no podían salir de sus casas.
   c. De que la mujer era la madre del ladrón muerto.
   d. De que la niña había vivido en el pueblo antes.

15. Al final del cuento nos damos cuenta de que a la madre . . .
   a. no le importaba que la gente la viera.
   b. no le había dicho la verdad el cura.
   c. la conocían muy bien en el pueblo.
   d. la estimaba mucho el cura.

F. Ahora te toca a ti Ahora tienes la oportunidad de hacerles preguntas a tus compañeros de clase para ver si ellos entendieron el cuento. Ellos también podrán ayudarte si tú no has comprendido algo. La lista a continuación te da algunas posibilidades para las preguntas pero tú puedes usar tus propias ideas.

   • la situación económica de la madre y de su familia

   • el incidente con la señora Rebeca

   • la reacción del pueblo

   • la reacción del cura y su hermana

   • la representación de la iglesia en el cuento

Un paso más

Para conversar

A. Una entrevista Imagina que quieres entrevistar a la viuda. Escribe cinco preguntas que te gustaría hacerle. Luego, en grupo de tres o cuatro estudiantes, Uds. van a escoger las mejores preguntas y el profesor(a) va a escoger a diferentes estudiantes para que respondan como si fueran la viuda.

B. El efecto ¿Habrá tenido algún efecto este incidente (el viaje, la visita al pueblo y al sacerdote, la muerte de su hermano, etc.) en la vida de la hija? Imagina que te encuentras con ella diez años más tarde y le recuerdas el incidente. ¿Qué diría ella? ¿Cómo vería ella ese incidente después de diez años? Escribe palabras clave que te ayuden a expresar tus ideas al resto de la clase.

C. Los nombres Con la excepción de algunos, el autor no le da nombre a todos los personajes. ¿Por qué no le da nombre García Márquez a la madre o a la niña pero sí al hijo, Carlos Centeno Ayala y a la señora Rebeca? Haz algunos apuntes para la discusión en clase.

D. La gente del pueblo La gente del pueblo parece tener un papel importante en el cuento. La hermana del sacerdote dice:

"—La gente se ha dado cuenta . . ."

¿Qué nos indica esta frase? ¿Cómo reacciona el sacerdote? ¿Por qué es importante la manera en que reacciona la gente del pueblo?

E. La respuesta de la madre Cuando el sacerdote no reconoce el nombre de la persona cuya tumba la madre quiere visitar, ella le responde de la siguiente manera:

"—Es el ladrón que mataron aquí la semana pasada—dijo la mujer en el mismo tono—. Yo soy su madre."

¿Por qué se expresa de esta manera la madre? ¿Tiene vergüenza de su hijo? Explica.

F. El final La siguiente conversación tiene lugar al final del cuento . . .

"—Esperen a que baje el sol—dijo el padre.
—Se van a derretir—dijo su hermana, inmóvil en el fondo de la sala—. Espérense y les presto una sombrilla.
—Gracias—replicó la mujer—. Así vamos bien.
Tomó a la niña de la mano y salió a la calle."

¿Piensas tú que ambos (el sacerdote y la hermana) están verdaderamente preocupados por la madre y la niña? Explica por qué piensas de esa manera. ¿Qué piensas tú que estaba tratando de expresar la madre con su respuesta? ¿Cómo es su espíritu? ¿Qué nos demuestra este intercambio sobre la personalidad de la madre? Explica.

G. La iglesia García Márquez parece expresar indirectamente su opinión de la iglesia a través del personaje del cura. ¿Cómo crees que García Márquez presenta a la iglesia en el cuento? ¿De manera positiva o negativa? ¿Compasiva? Explica tu respuesta.

Para escribir

You may find **Appendix A** (Some Words and Expressions Used to Connect Ideas) and **Appendix C** (Some Expressions Used to Begin and End a Written Message) especially useful as you complete these exercises.

A. Otro narrador ¿Cómo sería el cuento si fuera narrado por la niña, la madre o el sacerdote? Escoge a uno de los personajes y explica en un breve párrafo cómo sería diferente el cuento desde el punto de vista del personaje que escogiste.

B. La noticia del día Imagina que eres un reportero para el periódico local del pueblo donde sucede este cuento. Escribe un breve artículo sobre la muerte de Carlos Centeno. No te olvides de crear un titular para que la gente se interese en leer el artículo. Recuerda que los artículos de periódico generalmente contestan a las preguntas: ¿Cuándo? ¿Dónde? ¿Quiénes? ¿Cómo? ¿Por qué ?

C. Mi opinión García Márquez describe con cuidado el ambiente en que se desarrolla el cuento, pero a los personajes los conocemos por sus acciones y su comportamiento. Escoge tres adjetivos de la siguiente lista. Usa los adjetivos para escribir un párrafo en el que expreses tu opinión sobre el carácter de la chica, la madre y el sacerdote. Explica por qué escogiste esos adjetivos dando ejemplos concretos del comportamiento de los personajes en el cuento. También puedes usar tus propios adjetivos.

ingenuo	valiente	desinteresado	compasivo	violento
débil	cortés	sensible	avergonzado	encantador
cruel	agradable	cobarde	enojado	orgulloso
egoísta	digno			

D. Los sentimientos de la madre Escríbele una carta al sacerdote como si fueras la madre, expresando cómo te sentiste cuando fuiste a buscar las llaves del cementerio. Usa lo que sabes del carácter de la madre para escribir la carta.

E. Las emociones La madre y, en menor grado, la hija sienten profunda tristeza pero no la expresan abiertamente. Escribe un breve párrafo en el que contestes a las siguientes preguntas: ¿Piensas que es importante expresar las emociones que se sienten? ¿Qué ventajas o desventajas puede tener el expresar o no las emociones?

F. Lugares El cuento se desarrolla en tres lugares: el tren, la casa del cura y la casa de la señora Rebeca. Escoge un lugar y uno de los siguientes temas y escribe un párrafo acerca de la manera en que García Márquez comunica el tema.

Temas: la desigualdad social / la indiferencia de la sociedad / la pobreza / el orgullo

Interpersonal Writing

Directions: For each of the following exercises, you will write a message. For each exercise, you have 10 minutes to read the instructions and write your message. Each message should be at least 60 words in length.

Instrucciones: Para cada uno de los siguientes ejercicios, vas a escribir un mensaje. Para cada ejercicio, tienes 10 minutos para leer las instrucciones y escribir tu mensaje. Cada mensaje debe tener una extensión de 60 palabras.

Mensaje 1

Imagina que te acabas de enterar de la muerte de un pariente de una amiga tuya. Escríbele una nota breve a tu amiga, salúdala y expresa

- tu reacción
- algunos consejos
- tus deseos para el futuro
- despídete

Mensaje 2

Imagina que una persona no te ha tratado bien cuando la visitaste. Escríbele una cartita a esta persona. Salúdala y

- expresa tus sentimientos
- pídele una explicación
- ofrece un consejo
- despídete

Comprensión auditiva

Escucha las siguientes selecciones. Después de cada selección vas a escuchar varias preguntas. Escoge la mejor respuesta para cada pregunta entre las opciones impresas in tu libro.

Selección número 1

Ahora vas a escuchar una selección sobre la situación económica de Latinoamérica.

Número 1
- **a.** No había ningún cambio.
- **b.** Empezó a mejorar.
- **c.** Estaba peor que nunca.
- **d.** No podía estabilizarse.

Número 2
- **a.** Porque los gobiernos no son estables.
- **b.** Porque los latinoamericanos no quieren gastar dinero.
- **c.** Porque las compañías extranjeras no cooperan.
- **d.** Porque temen que la situación actual no dure.

Número 3
- **a.** Las inversiones fuera del país.
- **b.** El ahorro de los latinoamericanos.
- **c.** Los gobiernos de la región.
- **d.** El fracaso de tantos bancos de ahorros.

Número 4
- **a.** Los errores del pasado.
- **b.** La reducción del ahorro interno.
- **c.** La contribución del gobierno.
- **d.** Los problemas del desempleo.

Selección número 2

Escucha la siguiente selección sobre la película *El coronel no tiene quien le escriba*, basada en la novela de Gabriel García Márquez.

Número 1
- **a.** Un actor mexicano.
- **b.** Un director de cine.
- **c.** Un oficial del gobierno.
- **d.** Un escritor reconocido.

Número 2

    a. Porque pensaba que el director necesitaba aprender más.

    b. Porque no había podido conseguir suficiente dinero.

    c. Porque tuvo que hacer muchos cambios en la novela.

    d. Porque nadie se lo había pedido.

Número 3

    a. Porque lo conocía muy bien.

    b. Porque era el pueblo favorito de García Márquez.

    c. Porque le costaría menos dinero hacerla allí.

    d. Porque allí vivía García Márquez.

Número 4

    a. Porque él no puede encontrar trabajo en el pueblo.

    b. Porque se les murió su gallo favorito.

    c. Porque no han recibido el dinero que les prometieron.

    d. Porque su hijo les trae muchos problemas.

Número 5

    a. Noticias sobre su gallo.

    b. Noticias sobre su pensión.

    c. El regreso de su hijo.

    d. El regreso de su esposa.

Número 6

    a. Se mudó fuera del país.

    b. Se unió al ejército.

    c. Fue encarcelado.

    d. Fue asesinado.

Simulated Conversation

You may find **Appendix B** (Some Expressions Used for Oral Communication) especially helpful as you complete this exercise.

Directions: You will now participate in a simulated conversation. First, you will have 30 seconds to read the outline of the conversation. Then, you will listen to a message and have one minute to read again the outline of the conversation. Afterward, the conversation will begin, following the outline. Each time it is your turn, you will have 20 seconds to respond; a tone will indicate when you should begin and end speaking. You should participate in the conversation as fully and appropriately as possible.

Instrucciones: Ahora participarás en una conversación simulada. Primero, tendrás 30 segundos para leer el esquema de la conversación. Entonces, escucharás un mensaje y tendrás un minuto para leer de nuevo el esquema de la conversación. Después, empezará la conversación, siguiendo el esquema. Siempre que sea tu turno, tendrás 20 segundos para responder; una señal te indicará cuando debes empezar y terminar de hablar. Debes participar en la conversación de la manera más completa y apropiada posible.

(A) Imagina que recibes un mensaje telefónico de tu amiga Caridad sobre algo que le han dicho con respecto a un examen. Escucha el mensaje. [You will hear the message on the recording. Escucharás el mensaje en la grabación.]

(B) La conversación.
[The shaded lines reflect what you will hear on the recording. Las líneas en gris reflejan lo que escucharás en la grabación.]

Caridad	• *Contesta el teléfono.*
Tú	• *Salúdala y expresa tu enojo.*
Caridad	• *Te dice cómo se siente.*
Tú	• *Expresa tu reacción sobre los otros estudiantes.*
Caridad	• *Continúa la conversación.*
Tú	• *Expresa tu opinión.*
Caridad	• *Continúa la conversación.*
Tú	• *Apoya lo que dice.*
Caridad	• *Continúa la conversación.*
Tú	• *Sugiere no hacer nada.*
Caridad	• *Continúa la conversación.*
Tú	• *Termina la conversación y despídete.*

Go Online

For: Additional practice
Visit: www.PHSchool.com
Web Code: jxd-0009

Dos palabras
Isabel Allende

Abriendo paso: Gramática

Preterite, imperfect and pluperfect indicative:
 Unidad 1, págs. 1 a 15, 19 a 29;
 RG 1, págs. 30 a 45, 47 a 48
Adjectives: Unidad 2, págs. 49 a 72;
 RG 2, págs. 73 a 94
Por/Para: Paso 10, págs. 309 a 311
Prepositions: Appendix C, págs. 353 a 358

Antes de leer

A. Para discutir en clase Mira el dibujo a continuación y descríbelo detalladamente. Para la descripción, usa las palabras a continuación y añade otras que te ayuden a expresar tus ideas.

los jinetes	la intemperie	el tintero
el pliego de lienzo	hacer cola	el toldo de lienzo
el atado	galopear	la aldea
el chal		

B. El título El cuento que vas a leer se llama *Dos palabras*. Piensa en dos palabras que son importantes para ti y en por qué lo son. Tú y tus compañeros de clase van a compartir sus palabras y a determinar las dos palabras más populares de la clase. Luego, van a discutir por qué piensan que esas dos sobresalen.

C. La profesión de Belisa En el cuento que vas a leer, el personaje principal es una mujer que "vende palabras". ¿Qué te viene a la mente cuando piensas en una mujer que "vende palabras"? En varios países latinoamericanos hay mucha gente analfabeta y hay personas que saben leer y escribir que se establecen en lugares públicos dispuestos a escribir cartas, documentos y hasta poesías amorosas a cambio de dinero. ¿Conoces alguna situación en los Estados Unidos en la que alguien le paga a otra persona para que escriba una carta, un documento, etc.?

D. Un oficio cuando no hay otro En el mundo en que se desarrolla el cuento hay mucha pobreza y pocas oportunidades de trabajo. Hoy día en los Estados Unidos también hay mucho desempleo. Imagina que no tienes trabajo y necesitas un sueldo para vivir. ¿Qué oportunidades de trabajo existen para personas de tu edad? Si no existiera un trabajo para ti, ¿podrías crear un oficio que te permitiera ganar suficiente dinero para vivir? Usa tu creatividad y describe un oficio en el cual piensas que podrías tener éxito. No puede ser un oficio que se considere "normal" sino uno que sea muy diferente a los oficios comunes.

E. El analfabetismo En muchos países en vía al desarrollo viven muchas personas que nunca tuvieron la oportunidad de recibir una educación mínima. ¿Qué efecto tiene esta situación en el futuro de estas personas? ¿Qué efectos tiene en la población en general? ¿Cuáles serían algunas maneras de superar la situación?

F. Candidato para presidente Haz una lista de tres cosas que te gustaría oírle decir a un candidato para presidente en su discurso. Explica también por qué crees que es importante que el candidato las diga. Vas a compartir tus ideas con tus compañeros de clase y juntos van a escoger las tres ideas que el grupo considera más importantes.

G. Un poco de vocabulario La autora usa las palabras subrayadas en las siguientes frases para expresar sus ideas. Entre las siguientes palabras y expresiones, escoge la que mejor sustituye la palabra subrayada en cada frase.

con gran dificultad	disparo	durar mucho tiempo
preguntar	pequeños detalles	atadura
ocupar	anunciar	quedaron
regalaba	empezar	evadir
ruido		

1. Había tanto <u>bullicio</u> en la fiesta que los vecinos llamaron a la policía.

2. La policía lanzó un <u>pistolazo</u> al aire con sus pistolas.

3. Mi abuela tiene artritis y sube la escalera <u>penosamente</u>.

4. Como no encontraba el edificio, tuve que <u>inquirir</u> dónde estaba.

5. Los recuerdos de mis vacaciones van a <u>perdurar</u>.

6. En la calle los vendedores necesitan <u>pregonar</u> su mercancía.

7. Sabemos todos los <u>pormenores</u> de la vida de las estrellas de cine.

8. Para <u>burlar</u> al perro Juan decidió <u>echar</u> a correr.

9. No sabe leer ni escribir, son pocos los trabajos que puede <u>desempeñar</u>.

10. Tenía veinte pesos y gastó quince, le <u>sobraron</u> cinco pesos.

11. Pedro usó una <u>cuerda</u> para atar el perro al árbol.

12. Cada año su abuela le <u>obsequiaba</u> ropa para su cumpleaños.

H. Una selección La siguiente selección proviene del cuento que vas a leer. Léela cuidadosamente y responde a las preguntas que aparecen al final de la selección.

Tenía el nombre de Belisa Crepusculario, pero no por fe de bautismo° o acierto de su madre, sino porque ella misma lo buscó hasta encontrarlo y se vistió con él. Su oficio era vender palabras. Recorría el país, desde las regiones más altas y frías hasta las costas calientes, instalándose en las ferias y en los mercados, donde montaba cuatro palos con un toldo de lienzo°, bajo el cual se protegía del sol y de la lluvia para atender a su clientela. No necesitaba pregonar° su mercadería, porque de tanto caminar por aquí y por allá, todos la conocían. Había quienes la aguardaban° de un año para otro y cuando aparecía por la aldea° con su atado° bajo el brazo, hacían cola frente a su tenderete°. Vendía a precios justos. Por cinco centavos entregaba versos de memoria, por siete mejoraba la calidad de los sueños, por nueve escribía cartas de enamorados, por doce inventaba insultos para enemigos irreconciliables. También vendía cuentos, pero no eran cuentos de fantasía, sino largas historias verdaderas que recitaba de corrido, sin saltarse nada°. Así llevaba las nuevas° de un pueblo a otro. La gente le pagaba por agregar una o dos líneas: nació un niño, murió fulano,° se casaron nuestros hijos, se quemaron las cosechas. En cada lugar se juntaba una pequeña multitud a su alrededor para oírla cuando comenzaba a hablar y así se enteraban de las vidas de otros, de los parientes lejanos, de los pormenores° de la Guerra Civil. A quien le comprara cincuenta centavos, ella le regalaba una palabra secreta para espantar° la melancolía. No era la misma para todos, por supuesto, porque eso habría sido un engaño° colectivo. Cada uno recibía la suya con la certeza de que nadie más la empleaba para ese fin en el universo y más allá.

fe... baptismal certificate

toldo... canvas tent
?

? / small village
bundle / stall

recitaba... she used to recite without stopping, without leaving out anything / ?
Mr. So and so

?

?
deceit

1. ¿Quién escogió el nombre de Belisa Crepusculario?

2. ¿Dónde hacía sus negocios Belisa? ¿Por qué?

3. Haz una lista de lo que Belisa ofrecía y el precio que cobraba.

4. ¿Cómo sabía la gente lo que estaba pasando en otros lugares?

5. Según la autora, ¿qué sabemos sobre la palabra secreta que vendía Belisa? Explica tu respuesta.

6. Teniendo en cuenta la selección anterior y el título del cuento, ¿qué piensas tú que va a pasar en el cuento?

La autora

Isabel Allende
(1942–   )

Isabel Allende, hija de padres chilenos, nació en 1942 en Lima, Perú donde su padre era diplomático. Vivió en Beirut durante su infancia y luego en Santiago de Chile. En 1973, a causa de los conflictos políticos y sociales por los cuales pasaba su país, Allende se fue a vivir en el exilio. Hoy vive en los Estados Unidos. Su vida como escritora comenzó en Chile donde escribió para la revista feminista *Paula*. Sus artículos pronto la hicieron muy popular entre sus lectores. Toda su obra literaria ha sido escrita en el exilio pero la base geográfica de la mayor parte es Chile.

Entre las obras que la ayudaron a aparecer en el ámbito mundial se encuentran *La casa de los espíritus* (1982), *Eva Luna* (1987), *Cuentos de Eva Luna* (1989), *El plan infinito* (1991), *Paula* (1995), *Afrodita* (1997) , *Hija de la fortuna* (1999), *Retrato en sepia* (2000), *La ciudad de las bestias* (2003), *El bosque de los pigmeos* (2004), *El Zorro* (2005), *Inés del alma mía* (2006), *La suma de los días* (2007) *La isla bajo el mar* (2009). *La casa de los espíritus* fue la obra que le permitió ser conocida a nivel internacional. Esta novela cuenta la historia de la familia Trueba durante años de grandes cambios políticos. En ella aparecen muchos personajes que están basados en miembros de la familia de Allende. En 1993 se hizo una película basada en la novela. El cuento que vas a leer aparece en la colección *Cuentos de Eva Luna*. Muchos de estos cuentos están basados en incidentes que aparecieron en los diarios de Caracas, Venezuela, mientras la autora vivía allí.

Al leer

Mientras lees, ten presentes los siguientes puntos:

- el oficio de Belisa Crepusculario y cómo lo hacía

- lo que sucedió con el Coronel

- el efecto que tuvo la relación entre el Coronel y Belisa Crepusculario en cada uno de ellos

- la inteligencia, la fuerza de carácter e integridad de Belisa

Dos palabras
Isabel Allende

Tenía el nombre de Belisa Crepusculario, pero no por fe de bautismo o acierto de su madre, sino porque ella misma lo buscó hasta encontrarlo y se vistió con él. Su oficio era vender palabras. Recorría el país, desde las regiones más altas y frías hasta las costas calientes, instalándose en las ferias y en los mercados, donde 5 montaba cuatro palos con un toldo de lienzo, bajo el cual se protegía del sol y de la lluvia para atender a su clientela. No necesitaba pregonar su mercadería, porque de tanto caminar por aquí y por allá, todos la conocían. Había quienes la aguardaban de un año para otro y cuando aparecía por la aldea con su atado bajo 10 el brazo, hacían cola frente a su tenderete. Vendía a precios justos. Por cinco centavos entregaba versos de memoria, por siete mejoraba la calidad de los sueños, por nueve escribía cartas de enamorados, por doce inventaba insultos para enemigos irreconciliables. También vendía cuentos, pero no eran cuentos de 15 fantasía, sino largas historias verdaderas que recitaba de corrido, sin saltarse nada. Así llevaba las nuevas de un pueblo a otro. La gente le pagaba por agregar una o dos líneas: nació un niño, murió fulano, se casaron nuestros hijos, se quemaron las cosechas. En cada lugar se juntaba una pequeña multitud a su alrededor para 20 oírla cuando comenzaba a hablar y así se enteraban de las vidas de otros, de los parientes lejanos, de los pormenores de la Guerra Civil. A quien le comprara cincuenta centavos, ella le regalaba una palabra secreta para espantar la melancolía. No era la misma para todos, por supuesto, porque eso habría sido un engaño colectivo. 25 Cada uno recibía la suya con la certeza de que nadie más la empleaba para ese fin en el universo y más allá.

Belisa Crepusculario había nacido en una familia tan mísera, que ni siquiera poseía nombres para llamar a sus hijos. Vino al mundo y creció en la región más inhóspita, donde algunos años las 30 lluvias se convierten en avalanchas de agua que se llevan todo, y en

otros no cae ni una gota del cielo, el sol se agranda hasta ocupar el
horizonte entero y el mundo se convierte en un desierto. Hasta que
cumplió doce años no tuvo otra ocupación ni virtud que sobrevivir
35   al hambre y la fatiga de siglos. Durante una interminable sequía le
tocó enterrar a cuatro hermanos menores y cuando comprendió
que llegaba su turno, decidió echar a andar por las llanuras en
dirección al mar, a ver si en el viaje lograba burlar a la muerte.
La tierra estaba erosionada, partida en profundas grietas°,   *cracks*
40   sembrada de piedras, fósiles de árboles y de arbustos espinudos°,   arbustos … *thorny bushes*
esqueletos de animales blanqueados por el calor. De vez en cuando
tropezaba con familias que, como ella, iban hacía el sur siguiendo
el espejismo del agua. Algunos habían iniciado la marcha llevando
sus pertenencias° al hombro o en carretillas, pero apenas podían   *belongings*
45   mover sus propios huesos y a poco andar debían abandonar sus
cosas. Se arrastraban penosamente, con la piel convertida en cuero
de lagarto y los ojos quemados por la reverberación de la luz.
Belisa los saludaba con un gesto al pasar, pero no se detenía,
porque no podía gastar sus fuerzas en ejercicios de compasión.
50   Muchos cayeron por el camino pero ella era tan tozuda° que   *stubborn*
consiguió atravesar el infierno y arribó por fin a los primeros
manantiales, finos hilos de agua, casi invisibles, que alimentaban
una vegetación raquítica, y que más adelante se convertían en
riachuelos y esteros°.   riachuelos… *brooks and
                                                                     streams*
55   Belisa Crepusculario salvó la vida y además descubrió por
casualidad la escritura. Al llegar a una aldea en las proximidades
de la costa, el viento colocó a sus pies una hoja de periódico. Ella
tomó aquel papel amarillo y quebradizo° y estuvo largo rato   *brittle*
observándolo sin adivinar su uso, hasta que la curiosidad pudo
60   más que su timidez. Se acercó a un hombre que lavaba un caballo
en el mismo charco turbio° donde ella saciara° su sed.   charco … *muddy puddle
                                                                     / quench*
        —¿Qué es esto?—preguntó.
        —La página deportiva del periódico—replicó el hombre sin dar
muestras de asombro° ante su ignorancia.   muestras… *signs of
                                                                     amazement*
65   La respuesta dejó atónita a la muchacha, pero no quiso parecer
descarada° y se limitó a inquirir el significado de las patitas de   *insolent, shameless*
mosca dibujadas sobre el papel.
        —Son palabras, niña. Allí dice que Fulgencio Barba noqueó al
Negro Tiznao en el tercer round.
70   Ese día Belisa Crepusculario se enteró que las palabras andan
sueltas° sin dueño y cualquiera con un poco de maña° puede   *loose / skill*
apoderárselas para comerciar con ellas. Consideró su situación y

?

went through

to swindle

pre-packaged

concluyó que aparte de prostituirse o emplearse como sirvienta en las cocinas de los ricos, eran pocas las ocupaciones que podía desempeñar.° Vender palabras le pareció una alternativa decente. A partir de ese momento ejerció esa profesión y nunca le interesó otra. Al principio ofrecía su mercancía sin sospechar que las palabras podían también escribirse fuera de los periódicos. Cuando lo supo calculó las infinitas proyecciones de su negocio, con sus ahorros le pagó veinte pesos a un cura para que le enseñara a leer y escribir y con los tres que le sobraron se compró un diccionario. Lo revisó° desde la A hasta la Z y luego lo lanzó al mar, porque no era su intención estafar° a los clientes con palabras envasadas°.

* * *

horsemen / burst in

under the command

havoc, destruction

rebaño... herd in stampede

fright, horror

?

Varios años después, en una mañana de agosto, se encontraba Belisa Crepusculario al centro de una plaza, sentada bajo su toldo vendiendo argumentos de justicia a un viejo que solicitaba su pensión desde hacía diecisiete años. Era día de mercado y había mucho bullicio a su alrededor. Se escucharon de pronto galopes y gritos, ella levantó los ojos de la escritura y vio primero una nube de polvo y enseguida un grupo de jinetes° que irrumpió° en el lugar. Se trataba de los hombres del Coronel, que venían al mando° del Mulato, un gigante conocido en toda la zona por la rapidez de su cuchillo y la lealtad hacía su jefe. Ambos, el Coronel y el Mulato, habían pasado sus vidas ocupados en la Guerra Civil y sus nombres estaban irremisiblemente unidos al estropicio° y la calamidad. Los guerreros entraron al pueblo como un rebaño en estampida°, envueltos en ruido, bañados de sudor y dejando a su paso un espanto° de huracán. Salieron volando las gallinas, dispararon a perderse los perros, corrieron las mujeres con sus hijos y no quedó en el sitio del mercado otra alma viviente que Belisa Crepusculario, quien no había visto jamás al Mulato y por lo mismo le extrañó° que se dirigiera a ella.

látigo... rolled up whip

bulto... sailor sack / rump, hindquarters / Set off

—A ti te busco—le gritó señalándola con su látigo enrollado° y antes que terminara de decirlo, dos hombres cayeron encima de la mujer atropellando el toldo y rompiendo el tintero, la ataron de pies y manos y la colocaron atravesada como un bulto de marinero° sobre la grupa° de la bestia del Mulato. Emprendieron° galope en dirección a las colinas.

shaking

Horas más tarde, cuando Belisa Crepusculario estaba a punto de morir con el corazón convertido en arena por las sacudidas° del caballo, sintió que se detenían y cuatro manos poderosas la

depositaban en tierra. Intentó ponerse de pie y levantar la cabeza
con dignidad, pero le fallaron las fuerzas° y se desplomó° con un
115 suspiro, hundiéndose en un sueño ofuscado°. Despertó varias
horas después con el murmullo de la noche en el campo, pero no
tuvo tiempo de descifrar esos sonidos, porque al abrir los ojos se
encontró ante la mirada impaciente del Mulato, arrodillado° a
su lado.

120   —Por fin despiertas, mujer—dijo alcanzándole su cantimplora
para que bebiera un sorbo de aguardiente con pólvora° y acabara
de recuperar la vida.

Ella quiso saber la causa de tanto maltrato y él le explicó que el
Coronel necesitaba sus servicios. Le permitió mojarse la cara y
125 enseguida la llevó a un extremo del campamento, donde el hombre
más temido del país reposaba° en una hamaca colgada° entre dos
árboles. Ella no pudo verle el rostro, porque tenía encima la
sombra incierta del follaje° y la sombra imborrable de muchos
años viviendo como un bandido, pero imaginó que debía ser de
130 expresión perdularia° si su gigantesco ayudante se dirigía a él con
tanta humildad. Le sorprendió su voz, suave y bien modulada
como la de un profesor.

—¿Eres la que vende palabras?—preguntó.

—Para servirte—balbuceó ella oteando en la penumbra° para
135 verlo mejor.

El Coronel se puso de pie y la luz de la antorcha que llevaba el
Mulato le dio de frente. La mujer vio su piel oscura y sus fieros
ojos de puma y supo al punto que estaba frente al hombre más
solo de este mundo.

140   —Quiero ser presidente—dijo él.

Estaba cansado de recorrer esa tierra maldita en guerras inútiles y
derrotas° que ningún subterfugio podía transformar en victorias.
Llevaba muchos años durmiendo a la intemperie°, picado° de
mosquitos, alimentándose de iguanas y sopa de culebra°, pero esos
145 inconvenientes menores no constituían razón suficiente para
cambiar su destino. Lo que en verdad le fastidiaba° era el terror en
los ojos ajenos°. Deseaba entrar a los pueblos bajo arcos de
triunfo, entre banderas de colores y flores, que lo aplaudieran y le
dieran de regalo huevos frescos y pan recién horneado. Estaba
150 harto° de comprobar cómo a su paso huían los hombres,
abortaban de susto° las mujeres y temblaban las criaturas, pero eso
había decidido ser presidente. El Mulato le sugirió que fueran a la
capital y entraran galopando al Palacio para apoderarse del

le... her strength failed her /
se... she collapsed /
disturbed, troubled

kneeling

gunpowder

? / ?

foliage

depraved

she stammered inspecting in
semi-darkness

defeats
out in the open / ?
snake

le... bothered him
of others

estaba...was fed up
of fright

gobierno, tal como tomaron tantas otras cosas sin pedir permiso, pero al Coronel no le interesaba convertirse en otro tirano, de esos ya habían tenido bastantes por allí y, además, de ese modo no obtendría el afecto de las gentes. Su idea consistía en ser elegido por votación popular en los comicios° de diciembre. 155

—Para eso necesito hablar como un candidato. ¿Puedes venderme las palabras para un discurso?—preguntó el Coronel a Belisa Crepusculario. 160

Ella había aceptado muchos encargos°, pero ninguno como ese, sin embargo no pudo negarse, temiendo que el Mulato le metiera un tiro° entre los ojos, o peor aún, que el Coronel se echara a llorar. Por otra parte, sintió el impulso de ayudarlo, porque percibió un palpitante calor en su piel, un deseo poderoso de tocar a ese hombre, de recorrerlo con sus manos, de estrecharlo entre sus brazos. 165

Toda la noche y buena parte del día siguiente estuvo Belisa Crepusculario buscando en su repertorio las palabras apropiadas para un discurso presidencial, vigilada de cerca° por el Mulato, quien no apartaba los ojos de sus firmes piernas de caminante y sus senos° virginales. Descartó° las palabras ásperas° y secas, las demasiado floridas, las que estaban desteñidas° por el abuso, las que ofrecían promesas improbables, las carentes° de verdad y las confusas, para quedarse solo con aquellas capaces de tocar con certeza el pensamiento de los hombres y la intuición de las mujeres. Haciendo uso de los conocimientos comprados al cura por veinte pesos, escribió el discurso en una hoja de papel y luego hizo señas al Mulato para que desatara la cuerda con la cual la había amarrado por los tobillos a un árbol. La condujeron nuevamente donde el Coronel y al verlo ella volvió a sentir la misma palpitante ansiedad del primer encuentro. Le pasó el papel y aguardó, mientras él lo miraba sujetándolo con la punta de los dedos. 170 175 180 185

—¿Qué carajo dice aquí?—preguntó por último.

—¿No sabes leer?

—Lo que yo se hacer es la guerra—replicó él.

Ella leyó en alta voz el discurso. Lo leyó tres veces, para que su cliente pudiera grabárselo en la memoria. Cuando terminó vio la emoción en los rostros° de los hombres de la tropa que se juntaron para escucharla y notó que los ojos amarillos del Coronel brillaban de entusiasmo, seguro de que con esas palabras el sillón presidencial sería suyo. 190

—Si después de oírlo tres veces los muchachos siguen con la
boca abierta, es que esta vaina° sirve, Coronel—aprobó el Mulato.

—¿Cuánto te debo por tu trabajo, mujer?—preguntó el jefe.

—Un peso, Coronel.

—No es caro—dijo el abriendo la bolsa que llevaba colgada del
cinturón con los restos del último botín°.

—Además tienes derecho a una ñapa°. Te corresponden dos
palabras secretas—dijo Belisa Crepusculario.

—¿Cómo es eso?

Ella procedió a explicarle que por cada cincuenta centavos que
pagaba un cliente. Le obsequiaba° una palabra de uso exclusivo. El
jefe se encogió de hombros°, pues no tenía ni el menor interés en la
oferta, pero no quiso ser descortés con quien lo había servido tan
bien. Ella se aproximó sin prisa al taburete de suela° donde él
estaba sentado y se inclinó para entregarle su regalo. Entonces el
hombre sintió el olor de animal montuno° que se desprendía° de
esa mujer, el calor de incendio que irradiaban sus caderas°, el roce°
terrible de sus cabellos, el aliento de yerbabuena° susurrando° en
su oreja las dos palabras secretas a las cuales tenía derecho.

—Son tuyas, Coronel—dijo ella al retirarse—. Puedes
emplearlas cuanto quieras.

El Mulato acompañó a Belisa hasta el borde° del camino, sin
dejar de mirarla con ojos suplicantes de perro perdido, pero
cuando estiró° la mano para tocarla, ella lo detuvo con un chorro
de palabras° inventadas que tuvieron la virtud de espantarle° el
deseo, porque creyó que se trataba de alguna maldición
irrevocable.

* * *

En los meses de setiembre, octubre y noviembre el Coronel
pronunció su discurso tantas veces, que de no haber sido hecho
con palabras refulgentes° y durables, el uso lo habría vuelto
ceniza°. Recorrió el país en todas direcciones, entrando a las
ciudades con aire triunfal y deteniéndose también en los pueblos
más olvidados, allá donde sólo el rastro de basura indicaba la
presencia humana, para convencer a los electores que votaran por
él. Mientras hablaba sobre una tarima° al centro de la plaza, el
Mulato y sus hombres repartían caramelos y pintaban su nombre
con escarcha dorada° en las paredes, pero nadie prestaba atención
a esos recursos de mercader°, porque estaban deslumbrados° por
la claridad de sus proposiciones y la lucidez poética de sus
argumentos, contagiados de su deseo tremendo de corregir los

	thing
	loot
	small amount of extra goods given for free
	?
	se... shrugged his shoulders
	taburete... leather stool
	animal... wild animal / was given off / irradiaban... her hips were radiating / terrible touch / aliento... mint breath / whispering
	edge, side
	stretched
	chorro... stream of words / scare away
	brilliant, gleaming
	ash
	dais, platform
	escarcha... golden frost
	recursos... merchant resources / dazzled

errores de la historia y alegres por primera vez en sus vidas. Al   235
terminar la arenga° del Candidato, la tropa lanzaba pistoletazos°
al aire y encendía petardos° y cuando por fin se retiraban, quedaba
atrás una estela° de esperanza que perduraba° muchos días en el
aire, como el recuerdo magnífico de un cometa. Pronto el Coronel
se convirtió en el político más popular. Era un fenómeno nunca   240
visto, aquel hombre surgido° de la guerra civil, lleno de cicatrices°
y hablando como un catedrático, cuyo prestigio se regaba° por el
territorio nacional conmoviendo el corazón de la patria. La prensa
se ocupó de él. Viajaron de lejos los periodistas para entrevistarlo y
repetir sus frases, y así creció el número de sus seguidores y de sus   245
enemigos.

　　—Vamos bien, Coronel—dijo el Mulato al cumplirse doce
semanas de éxitos.

　　Pero el candidato no lo escuchó. Estaba repitiendo sus dos
palabras secretas, como hacía cada vez con mayor frecuencia. Las   250
decía cuando lo ablandaba° la nostalgia, las murmuraba dormido,
las llevaba consigo sobre su caballo, las pensaba antes de
pronunciar su célebre discurso y se sorprendía saboreándolas en
sus descuidos°. Y en toda ocasión en que esas dos palabras venían
a su mente, evocaba la presencia de Belisa Crepusculario y se le   255
alborotaban° los sentidos con el recuerdo del olor montuno, el
calor de incendio, el roce terrible y el aliento de yerbabuena, hasta
que empezó a andar como un sonámbulo° y sus propios hombres
comprendieron que se le terminaría la vida antes de alcanzar el
sillón de los presidentes.   260

　　—¿Qué es lo que te pasa, Coronel?—le preguntó muchas veces
el Mulato, hasta que por fin un día el jefe no pudo más y le
confesó que la culpa de su ánimo eran esas dos palabras que
llevaba clavadas° en el vientre.

　　—Dímelas, a ver si pierden su poder—le pidió su fiel ayudante.   265
　　—No te las diré, son sólo mías—replicó el Coronel.

　　Cansado de ver a su jefe deteriorarse como un condenado a
muerte, el Mulato se echó el fusil al hombro y partió en busca de
Belisa Crepusculario. Siguió sus huellas° por toda esa vasta
geografía hasta encontrarla en un pueblo del sur, instalada bajo el   270
toldo de su oficio, contando su rosario de noticias. Se le plantó°
delante con las piernas abiertas y el arma empuñada°.

　　—Tú te vienes conmigo—ordenó.

　　Ella lo estaba esperando. Recogió su tintero, plegó el lienzo de
su tenderete°, se echó el chal° sobre los hombros y en silencio   275

---

impassioned speech / ?
encendía... lit firecrackers
trail / ?

? / scars
se... was spreading

softened him up

moments of inattention

stirred up

sleepwalker

nailed

tracks, footprints

se... he planted himself
brandished

plegó... folded the cloth of
her stall / ?

trepó al anca del caballo. No cruzaron ni un gesto en todo el camino, porque al Mulato el deseo por ella se le había convertido en rabia y sólo el miedo que le inspiraba su lengua le impedía destrozarla a latigazos. Tampoco estaba dispuesto a comentarle
que el Coronel andaba alelado°, y que lo que no habían logrado tantos años de batallas, lo había conseguido un encantamiento° susurrado° al oído. Tres días después llegaron al campamento y de inmediato condujo a su prisionera hasta el candidato, delante de toda la tropa.

andaba... *was stupefied*

spell, enchantment

?

—Te traje a esta bruja para que le devuelvas sus palabras, Coronel, y para que ella te devuelva la hombría—dijo apuntando el cañón de su fusil° a la nuca° de la mujer.

cañón... *barrel of his rifle / nape (back of neck)*

El Coronel y Belisa Crepusculario se miraron largamente, midiéndose desde la distancia. Los hombres comprendieron entonces que ya su jefe no podría deshacerse del hechizo° de esas dos palabras endemoniadas°, porque todos pudieron ver los ojos carnívoros del puma tornarse mansos° cuando ella avanzó y le tomó la mano.

spell

wicked, devilish

tornarse... *to become tame*

Comprensión

A. Comprensión general En tus propias palabras, responde a las siguientes preguntas. Luego, comparte tus ideas con los otros estudiantes de la clase.

1. Describe la vida que había llevado Belisa Crepusculario antes de comenzar su oficio.

2. Describe cómo se preparó Belisa para ejercer su oficio.

3. Describe el incidente cuando Belisa descubrió la escritura.

4. ¿Cómo comenzó Belisa a ayudar al Coronel?

5. ¿Cómo es la relación entre el Coronel y Belisa y entre el Mulato y Belisa?

6. ¿Cómo quiere tomar el poder el Coronel?

7. ¿Cómo progresa la vida política del Coronel una vez que Belisa empieza a ayudarlo?

8. ¿Por qué fue importante que el Mulato encontrara a Belisa?

9. Explica el final del cuento.

B. De la misma familia Las palabras de la lista a continuación son palabras que probablemente ya conoces. Escribe todas las palabras de la misma familia que conozcas. La referencia indica la línea en la que puedes encontrar la palabra en el texto.

emplearse [línea 73]	empuñada [línea 272]
apoderarse [línea 153]	endemoniadas [línea 291]
maldición [línea 220]	

C. En contexto Imagínate que quieres explicarle a un(a) compañero(a) de clase el significado de las siguientes palabras. En español, explica lo que cada una de las palabras significa. Escribe las explicaciones para luego compartirlas con el resto de la clase. La referencia indica la línea en la que puedes encontrar la palabra en el texto.

cuerda [línea 180]	cicatrices [línea 241]
amarrado [línea 181]	ceniza [línea 225]
brillaban (brillar) [línea 193]	bruja [línea 285]

D. Al punto Lee las siguientes preguntas o frases incompletas. Luego, escoge la mejor respuesta o terminación según la lectura.

1. El nombre del personaje principal se lo dio...
   a. su madre.
   b. el sacerdote.
   c. el coronel.
   d. ella misma.

2. ¿Cómo podemos describir el trabajo que hacía Belisa?
   a. Muy exitoso.
   b. Muy peligroso.
   c. Bien pagado.
   d. Demasiado complicado.

3. ¿Qué propósito tenían los cuentos que contaba Belisa?
   a. Dar las noticias.
   b. Criticar la guerra.
   c. Llevar a los oyentes a un lugar de fantasía.
   d. Hacer burla de la vida de otras personas.

4. ¿Cuál era una de la razones por la cual el lugar de donde venía Belisa era tan inhóspito?
   a. La gente.
   b. El clima.
   c. La violencia.
   d. El abuso.

5. ¿Por qué salió Belisa del pueblo donde había nacido?
   a. Porque así lo había hecho su familia en el pasado.
   b. Porque sus hermanos se lo pidieron varias veces.
   c. Porque no quería morir.
   d. Porque no le gustaba el pueblo.

6. Belisa descubrió la escritura cuando vio por primera vez . . .
   a. a un hombre que estaba escribiendo.
   b. a dos hombres boxeando.
   c. una página de un periódico.
   d. un bolígrafo que alguien usaba.

7. ¿A qué se refiere la autora cuando dice "las patitas de mosca dibujadas sobre el papel" [línea 66]?
   a. A los animales que había dibujado Belisa.
   b. A las letras del periódico que leía.
   c. A la cantidad de moscas que había en ese lugar.
   d. A lo sucio que estaba el papel.

8. El incidente con la página de periódico nos demostraba que Belisa era . . .
   a. analfabeta.
   b. lista.
   c. insensible.
   d. desagradable.

9. ¿Qué le sucedió a Belisa una mañana de agosto?
   a. La contrataron para que cuidara los animales.
   b. La obligaron a que luchara con los guerreros.
   c. Se le olvidaron las palabras que necesitaba.
   d. Se la llevaron prisionera.

10. ¿Qué le pidió el Coronel a Belisa?
    a. Que se casara con el Mulato.
    b. Que lo ayudara a ser presidente.
    c. Que se fuera con él a la guerra.
    d. Que le salvara la vida.

11. ¿Qué le sugirió el Mulato al Coronel?
    a. Que no se hiciera amigo de Belisa.
    b. Que no montara más a caballo.
    c. Que terminara la Guerra Civil.
    d. Que tomara el palacio presidencial por la fuerza.

12. ¿Cómo quería obtener sus deseos el Coronel?
    a. A través de sus conexiones póliticas.
    b. Con dinero.
    c. Por medios honestos.
    d. Por sus características físicas.

13. ¿Cómo ayudó Belisa al Coronel?
    a. Escribiendo lo que el Coronel tenía que decir.
    b. Leyéndole libros de historia.
    c. Convenciéndolo de que sería Presidente.
    d. Inspirándolo a recorrer el país.

14. Cuando el Coronel le pagó un peso, él tenía derecho a . . .
    a. recibir todo servicio gratis.
    b. dos palabras secretas.
    c. llevarse a Belisa con él.
    d. ser dueño de muchas tierras.

15. Durante los siguientes meses el Coronel empezó a ser . . .
- **a.** odiado.
- **b.** violento.
- **c.** famoso.
- **d.** avaricioso.

16. Cuando el Mulato le habló al Coronel, él no lo escuchó y podemos concluir que el Coronel estaba . . .
- **a.** enamorado.
- **b.** loco.
- **c.** enfermo.
- **d.** enojado.

17. ¿Por qué pensaban los hombres del Coronel que a él "se le terminaría la vida antes de alcanzar el sillón de los presidentes" [línea 259]?
- **a.** Porque parecía estar obsesionado.
- **b.** Porque su enfermedad avanzaba.
- **c.** Porque no tenía mucho apoyo.
- **d.** Porque no sabía gobernar.

18. Cuando el Mulato fue a buscar a Belisa, ella ya sabía que . . .
- **a.** el Coronel había muerto.
- **b.** el Coronel la quería matar.
- **c.** el Mulato venía por ella.
- **d.** el Mulato tenía que escapar.

19. Por la manera en que actuó, el Mulato parece que quiere . . .
- **a.** abandonar al Coronel.
- **b.** engañar al Coronel.
- **c.** disfrutar de la atención de Belisa.
- **d.** obligar a Belisa a regresar a su pueblo.

20. ¿Cuál era la causa del comportamiento (*behavior*) del Coronel?
- **a.** El largo tiempo que pasó luchando en la guerra.
- **b.** Las palabras secretas que Belisa le había dado.
- **c.** La manera en que la gente lo trataba.
- **d.** La pérdida de la esperanza de ser presidente.

21. ¿Cómo podríamos describir el final del cuento?
- **a.** Romántico.
- **b.** Realista.
- **c.** Triste.
- **d.** Pesimista.

E. Ahora te toca a ti Usa las siguientes ideas como punto de partida y escribe cinco preguntas para ver si tus compañeros han comprendido el cuento. También puedes hacerles preguntas sobre cualquier punto que tú no hayas comprendido.

- los inicios del negocio de Belisa
- el encuentro de Belisa con el Mulato y el Coronel
- lo que Belisa hizo por el Coronel
- la manera en que el Coronel cambió
- el final del cuento

Un paso más

Vocabulario útil para conversar y para escribir	
Aquí tienes una lista de palabras y expresiones que te ayudarán a expresar tus ideas. Trata de incluirlas en la discusión con los otros estudiantes o en los ejercicios de escritura.	
castigar	to punish
confiar en alguien	to trust someone
con respecto a	with respect to
decepcionar	to disappoint
el derecho	the right, moral or legal entitlement
la esperanza	the hope
hay que tener en cuenta	one must take into account
merecer	to deserve
por eso	therefore
también viene al caso	it is also to the point
con soltura	with ease
leal	loyal
engañar	to deceive
el truco	the trick

Para conversar

A. Después del secuestro Imagina que te encuentras con Belisa una vez que ella fue secuestrada por el Mulato. Escribe cinco preguntas que te gustaría hacerle. Luego, vas a compartir las preguntas en grupos pequeños y van a escoger las mejores. El (La) profesor(a) escogerá a uno o dos estudiantes para que hagan el papel de Belisa.

B. El discurso Es obvio que el discurso que escribió Belisa para el Coronel tuvo un gran impacto en su campaña. Escribe por lo menos cinco ideas que tú piensas que ella incluyó en el discurso y explica por qué tú piensas que le dio tan buen resultado. Luego, vas a discutir tus ideas con el resto de la clase.

C. El Coronel Al terminar la lectura tenemos una buena idea del tipo de persona que es el Coronel. ¿Cuál es tu opinión de él? Si pudieras darle algún consejo, ¿qué le dirías? ¿Por qué? Prepárate para defender tu opinión.

D. Los políticos La manera en que algunos políticos son elegidos en los Estados Unidos ha cambiado mucho en los últimos años. ¿Qué piensas de las personas que usan medios que muchas veces no son muy legítimos para ser elegidos? ¿Piensas que el dinero del candidato puede afectar los resultados de una elección? Usa ejemplos específicos para defender tu opinión. En la clase vas a discutir tus ideas y debatir el tema con tus compañeros de clase.

E. El oficio de Belisa Explica lo que piensas del oficio de Belisa. Explica por qué hay necesidad de tener a una persona con ese oficio y los beneficios y desventajas del oficio. Además, explica cómo ejercerías tú el oficio si tuvieras la oportunidad de ejercerlo.

F. Las emociones Además del amor, hay otras emociones que son aparentes en el cuento. Haz una lista de por lo menos cinco de las emociones que son claramente aparentes en *Dos palabras*. Luego, da un ejemplo concreto del texto que demuestra cada una de esas emociones.

G. El exilio Tanto Isabel Allende como su personaje, Belisa Crepusculario, tienen que abandonar el lugar donde crecieron a causa de las circunstancias. Muchas personas piensan que el exilio saca a relucir *(brings to light)* la fuerza interior de los exiliados. Isabel Allende ha llegado a ser una de las novelistas latinoamericanas más leídas en el mundo entero. Haz una lista que muestre los diferentes momentos en que Belisa muestra esa fuerza interior y la confianza que tiene en sí misma.

H. El poder del amor En sus obras, Allende nos muestra que el poder puede manifestarse de varias maneras y puede resultar en redención o destrucción. En *Dos palabras* nos muestra el poder del amor en las acciones de los personajes principales. ¿Cómo afecta el amor las acciones del Mulato, de Belisa y del Coronel?

Para escribir

You may find **Appendix A** (Some Words and Expressions Used to Connect Ideas) and **Appendix C** (Some Expressions Used to Begin and End a Written Message) especially useful as you complete these exercises.

A. El final del cuento En el final del cuento, el autor no nos dice claramente lo que va a pasar de ese momento en adelante. Escribe un breve párrafo explicando lo que va a suceder cuando Belisa toma al Coronel de la mano.

B. Dos palabras La autora nos deja en suspenso al no decirnos las dos palabras que Belisa le dio al Coronel. Escribe un breve párrafo explicando cuáles crees que son esas dos palabras y por qué tuvieron el efecto que tuvieron.

C. El poder por la fuerza Lee la siguiente cita del cuento. Luego, responde a las preguntas al final.

> El Mulato le sugirió que fueran a la capital y entraran galopando al Palacio para apoderarse del gobierno, tal como tomaron tantas otras cosas sin pedir permiso, pero al Coronel no le interesaba convertirse en otro tirano, de esos ya habían tenido bastantes por allí y, además, de ese modo no obtendría el afecto de las gentes. Su idea consistía en ser elegido por votación popular en los comicios de diciembre.

¿Cuál es la diferencia entre las ideas del Mulato y las del Coronel? ¿Qué nos dice sobre el Coronel? ¿Con quién estás de acuerdo? Explica por qué.

D. Sin pedir permiso Busca en el Internet un presidente que llegó al poder "sin pedir permiso", en otras palabras un presidente que tomó el poder a la fuerza. Escribe un breve párrafo explicando la situación en el país antes y después de que esta persona llegó al poder.

E. Otro final Escribe un breve párrafo describiendo cómo tú hubieras terminado el cuento. ¿Qué cambiarías?

Interpersonal Writing

Directions: For each of the following exercises, you will write a message. For each exercise, you have 10 minutes to read the instructions and write your message. Each message should be at least 60 words in length.

Instrucciones: Para cada uno de los siguientes ejercicios, vas a escribir un mensaje. Para cada ejercicio, tienes 10 minutos para leer las instrucciones y escribir tu mensaje. Cada mensaje debe tener una extensión de 60 palabras.

Mensaje 1

Imagina que un(a) compañero(a) de clase te dice que él o ella no tiene las palabras necesarias para terminar su relación con un(a) chico(a) y te pide que lo hagas por él/ella. Tú aceptas. Escribe la cartita que tu amigo(a) necesita para terminar la relación. Salúdalo(la) y
- expresa tu decisión (como si fueras tu compañero(a)
- explica la razón por la cual llegaste a esa decisión
- dale disculpas
- despídete

Mensaje 2

Imagina que has oído una noticia muy interesante sobre las últimas elecciones. Escríbele un correo electrónico a un(a) amigo(a) y
- saluda a tu amigo(a)
- cuéntale la noticia
- expresa tu reacción
- pregúntale lo que piensa
- despídete

Comprensión auditiva

Escucha las siguientes selecciones. Después de cada selección vas a escuchar varias preguntas. Escoge la mejor respuesta para cada pregunta entre las opciones impresas in tu libro.

Selección número 1

La selección que vas a escuchar trata de un interesante festival de teatro.

Número 1
- **a.** En una novela.
- **b.** En un poema.
- **c.** En un ensayo político.
- **d.** En una tragedia griega.

Número 2
- **a.** A causa de un desastre natural.
- **b.** A causa de no haber estado terminada.
- **c.** A causa de la convención demócrata.
- **d.** A causa de los problemas políticos.

Número 3
- **a.** En el golpe militar.
- **b.** En los carnavales.
- **c.** En la nueva democracia.
- **d.** En música religiosa.

Número 4
- **a.** En una iglesia.
- **b.** En un parque.
- **c.** En un teatro.
- **d.** En un estadio.

Número 5
- **a.** Una semana.
- **b.** Más de un mes.
- **c.** Unos doce días.
- **d.** Dos días.

Selección número 2

Escucha la siguiente selección sobre la escritora Isabel Allende y dos de sus novelas más importantes: *La casa de los espíritus* y *Paula*.

Número 1
- **a.** Porque describe el paisaje y a la gente con mucho detalle.
- **b.** Porque los eventos políticos que narra coinciden con los eventos en Chile.
- **c.** Porque así lo ha explicado García Márquez.
- **d.** Porque muchos de los personajes llevan el apellido Allende.

Número 2
- **a.** Unos líderes políticos.
- **b.** Un autor famoso.
- **c.** Varias mujeres.
- **d.** Una de sus hijas.

Número 3
- **a.** Cuando su hija se enfermó.
- **b.** Cuando la autora enloquecía.
- **c.** Después de que su hija se lo sugirió.
- **d.** Durante un golpe de estado en Chile.

Número 4
- **a.** Que es un poco deprimente.
- **b.** Que es el libro más notable que ha escrito.
- **c.** Que el final es demasiado optimista.
- **d.** Que nunca la debería haber escrito.

You may find **Appendix B** (Some Expressions Used for Oral Communication) especially helpful as you complete this exercise.

Simulated Conversation

Directions: You will now participate in a simulated conversation. First, you will have 30 seconds to read the outline of the conversation. Then, you will listen to a message and have one minute to read again the outline of the conversation. Afterward, the conversation will begin, following the outline. Each time it is your turn, you will have 20 seconds to respond; a tone will indicate when you should begin and end speaking. You should participate in the conversation as fully and appropriately as possible.

Instrucciones: Ahora participarás en una conversación simulada. Primero, tendrás 30 segundos para leer el esquema de la conversación. Entonces, escucharás un mensaje y tendrás un minuto para leer de nuevo el esquema de la conversación. Después, empezará la conversación, siguiendo el esquema. Siempre que sea tu turno, tendrás 20 segundos para responder; una señal te indicará cuando debes empezar y terminar de hablar. Debes participar en la conversación en la manera más completa y apropiada posible.

(A) Imagina que recibes un mensaje telefónico de tu amigo Mateo sobre un problema que tiene con su novia. Escucha el mensaje. [You will hear the message on the recording. Escucharás el mensaje en la grabación.]

(B) La conversación.
[The shaded lines reflect what you will hear on the recording. Las líneas en gris reflejan lo que escucharás en la grabación.]

Mateo	• *Contesta el teléfono.*
Tú	• *Salúdalo. Explica por qué lo has llamado.*
Mateo	• *Te explica lo que acababa de ver.*
Tú	• *Expresa tu reacción.*
Mateo	• *Continúa la conversación.*
Tú	• *Defiende a Adela, la novia.*
Mateo	• *Continúa la conversación.*
Tú	• *Dale algunas sugerencias.*
Mateo	• *Continúa la conversación.*
Tú	• *Expresa tu satisfacción.*
Mateo	• *Continúa la conversación.*
Tú	• *Termina la conversación.*

For: Additional practice
Visit: www.PHSchool.com
Web Code: jxd-0010

Emma Zunz

Jorge Luis Borges

Abriendo paso:
Gramática

Preterite, imperfect, and
pluperfect indicative:
Unidad 1, págs. 1 a 29;
RG 1, págs. 30 a 48
Imperfect subjunctive:
Unidad 6, págs. 211 a
214; RG 6, págs. 228 a
231
Reflexive verbs: Unidad 3,
págs. 109 a 115; RG 3,
págs. 130 a 132
Relative pronouns: Paso 4,
págs. 274 a 284
Object pronouns: Paso 3,
págs. 263 a 273
Subject and prepositional
pronouns: Paso 2,
págs. 258 a 262

Antes de leer

A. Para discutir en clase Mira el dibujo y describe lo que está sucediendo. Usa la imaginación. Para la discusión con el resto de la clase, haz una lista de palabras clave o de frases que te ayuden a expresar tus ideas. En la presentación incluye las respuestas a las preguntas que aparecen a continuación.

1. ¿Dónde están estos personajes? Describe el lugar detalladamente.

2. Describe a las personas. ¿De qué crees que están hablando estas personas? ¿Por qué están hablando?

3. ¿Qué está sucediendo afuera? ¿Qué relación crees que existe entre las personas que están adentro y las que están fuera del edificio?

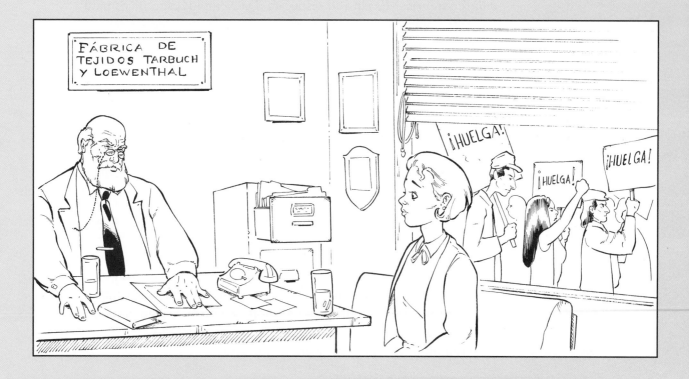

B. Nuestra experiencia En las siguientes actividades tendrás la oportunidad de hablar sobre tus experiencias personales con respecto a algunos temas que aparecen en el cuento que vas a leer. Piensa en las respuestas y luego discute tus ideas con otros estudiantes en grupos de tres o cuatro.

- Muchas veces la gente dice cosas acerca de nosotros que no son verdad, en otras palabras, levantan calumnias. ¿Puedes pensar en algunas calumnias que se han levantado contra tus amigos o contra personas famosas? ¿Qué efecto pueden tener estas calumnias? Si hablas sobre tus amigos, no tienes que mencionar su nombre.

- En el cuento que vas a leer una hija trata de defender el honor de su padre. ¿Qué representa el honor o la buena reputación para ti? ¿Qué harías tú si una persona tratara de dañar tu reputación o la reputación de uno de tus amigos?

C. La venganza y el perdón En el diccionario la palabra *venganza (revenge)* está definida como "mal que se hace a alguien para castigarlo *(punish)* y reparar así una injuria o daño recibido". ¿Se puede justificar la venganza en algunas ocasiones? ¿Es mejor perdonar y olvidar los daños causados por otra persona? ¿Se debe confrontar a la persona que causa daños o injurias? Explica tu respuesta. Da ejemplos específicos para apoyar tu opinión. Luego en grupos de tres o cuatro estudiantes, compartan sus opiniones. Prepárense para discutir las ideas del grupo con el resto de la clase.

D. Una selección Los siguientes párrafos son muy importantes para la comprensión del cuento que vas a leer. Emma Zunz acaba de recibir una carta de un señor que vivía en la misma pensión que su padre. En esta carta él le anuncia a Emma que su padre ha muerto después de haber bebido, por error, una fuerte dosis de veronal, un sedante *(sedative)*.

stomach / ciega… blind guilt

desire

Secretly / drawer
subsequent
conjecture them

Emma dejó caer el papel. Su primera impresión fue de malestar en el vientre° y en las rodillas; luego de ciega culpa,° de irrealidad, de frío, de temor; luego, quiso ya estar en el día siguiente. Acto continuo comprendió que esa voluntad° era inútil porque la muerte de su padre era lo único que había sucedido en el mundo, y seguiría sucediendo sin fin. Recogió el papel y se fue a su cuarto. Furtivamente° lo guardó en un cajón,° como si de algún modo ya conociera los hechos ulteriores.° Ya había empezado a vislumbrarlos,° tal vez; ya era la que sería.

En la creciente oscuridad, Emma lloró hasta el fin de aquel día el suicidio de Manuel Maier, que en los antiguos días felices fue Emanuel Zunz. Recordó veraneos en una chacra,° cerca de Gualeguay,° recordó (trató de recordar) a su madre, recordó la casita de Lanús° que les remataron,° recordó los amarillos losanges° de una ventana, recordó el auto de prisión, el oprobio,° recordó los anónimos° con el suelto° sobre "el desfalco° del cajero",° recordó (pero eso jamás lo olvidaba) que su padre, la última noche, le había jurado° que el ladrón era Loewenthal. Loewenthal, Aarón Loewenthal, antes gerente° de la fábrica y ahora uno de los dueños. Emma, desde 1916, guardaba el secreto. A nadie se lo había revelado, ni siquiera a su mejor amiga, Elsa Urstein. Quizá rehuía° la profana incredulidad; quizá creía que el secreto era un vínculo° entre ella y el ausente. Loewenthal no sabía que ella sabía; Emma Zunz derivaba° de ese hecho ínfimo° un sentimiento de poder.

farm

city in Argentina

a suburb / was auctioned off

diamond-shaped windows

infamy / anonymous letters / short newspaper article / embezzlement / cashier; treasurer / le… had sworn to him / manager

was rejecting

link

derived

smallest

Ahora, responde a las preguntas a continuación, basándote en lo que acabas de leer.

1. ¿Cómo se sintió Emma después de recibir la carta?

2. ¿Qué pensamientos tuvo Emma?

3. ¿Qué crimen había cometido su padre?

4. Según el padre de Emma, ¿quién había sido el verdadero ladrón?

5. ¿Quiénes parecen ser las únicas personas que sabían la verdad?

El autor

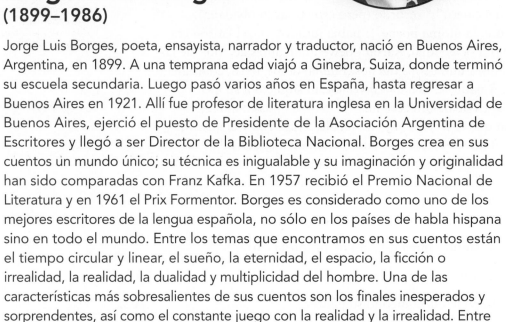

Jorge Luis Borges
(1899–1986)

Jorge Luis Borges, poeta, ensayista, narrador y traductor, nació en Buenos Aires, Argentina, en 1899. A una temprana edad viajó a Ginebra, Suiza, donde terminó su escuela secundaria. Luego pasó varios años en España, hasta regresar a Buenos Aires en 1921. Allí fue profesor de literatura inglesa en la Universidad de Buenos Aires, ejerció el puesto de Presidente de la Asociación Argentina de Escritores y llegó a ser Director de la Biblioteca Nacional. Borges crea en sus cuentos un mundo único; su técnica es inigualable y su imaginación y originalidad han sido comparadas con Franz Kafka. En 1957 recibió el Premio Nacional de Literatura y en 1961 el Prix Formentor. Borges es considerado como uno de los mejores escritores de la lengua española, no sólo en los países de habla hispana sino en todo el mundo. Entre los temas que encontramos en sus cuentos están el tiempo circular y linear, el sueño, la eternidad, el espacio, la ficción o irrealidad, la realidad, la dualidad y multiplicidad del hombre. Una de las características más sobresalientes de sus cuentos son los finales inesperados y sorprendentes, así como el constante juego con la realidad y la irrealidad. Entre sus colecciones de cuentos se encuentran *Historia universal de la infamia* (1935), *Ficciones* (1944), la más conocida, *El Aleph* (1949) y *El hacedor* (1960).

Nota cultural

A pesar de haber sido nominado año tras año para el premio Nobel, Jorge Luis Borges nunca lo recibió. Algunos piensan que sus ideas políticas le impidieron ganarlo.

¿Crees que se deben considerar las ideas políticas cuando se discute otorgar un premio? ¿Por qué?

Al leer

El cuento que vas a leer es la historia de una hija que quiere vengar a su padre. Al leer, presta atención a los siguientes puntos:

- los preparativos que hace Emma para llevar a cabo *(carry out)* su plan
- cómo Emma venga a su padre
- la ironía al final del cuento

Emma Zunz

Jorge Luis Borges

El catorce de enero de 1922, Emma Zunz, al volver de la fábrica
de tejidos° Tarbuch y Loewenthal, halló en el fondo del zaguán°
una carta, fechada° en el Brasil, por la que supo que su padre
había muerto. La engañaron,° a primera vista, el sello y el sobre;
5   luego, la inquietó la letra desconocida. Nueve o diez líneas
borroneadas° querían colmar° la hoja; Emma leyó que el señor
Maier había ingerido° por error una fuerte dosis de veronal y
había fallecido° el tres del corriente° en el hospital de Bagé. Un
compañero de pensión de su padre firmaba la noticia, un tal Fein
10 o Fain, de Río Grande, que no podía saber que se dirigía a la hija
del muerto.

Emma dejó caer el papel. Su primera impresión fue de malestar
en el vientre y en las rodillas; luego de ciega culpa, de irrealidad,
de frío, de temor; luego, quiso ya estar en el día siguiente. Acto
15 continuo comprendió que esa voluntad era inútil porque la
muerte de su padre era lo único que había sucedido en el mundo,
y seguiría sucediendo sin fin. Recogió el papel y se fue a su
cuarto. Furtivamente lo guardó en un cajón, como si de algún
modo ya conociera los hechos ulteriores. Ya había empezado a
20 vislumbrarlos, tal vez; ya era la que sería.

En la creciente oscuridad, Emma lloró hasta el fin de aquel día
el suicidio de Manuel Maier, que en los antiguos días felices fue
Emanuel Zunz. Recordó veraneos en una chacra, cerca de
Gualeguay, recordó (trató de recordar) a su madre, recordó la
25 casita de Lanús que les remataron, recordó los amarillos losanges
de una ventana, recordó el auto de prisión, el oprobio,° recordó
los anónimos con el suelto sobre "el desfalco del cajero", recordó
(pero eso jamás lo olvidaba) que su padre, la última noche, le
había jurado que el ladrón era Loewenthal. Loewenthal, Aarón

Glosses (right margin):

fábrica... textile mill / hall
?
misled

scribbled / to fill
ingested, consumed
? / del... ?

disgrace, dishonor

Loewenthal, antes gerente de la fábrica y ahora uno de los 30
dueños. Emma, desde 1916, guardaba el secreto. A nadie se lo
había revelado, ni siquiera a su mejor amiga, Elsa Urstein. Quizá
rehuía la profana incredulidad; quizá creía que el secreto era un
vínculo entre ella y el ausente. Loewenthal no sabía que ella sabía;
Emma Zunz derivaba de ese hecho ínfimo un sentimiento de 35
poder.

No durmió aquella noche y cuando la primera luz definió el
rectángulo de la ventana, ya estaba perfecto su plan. Procuró que
ese día, que le pareció interminable, fuera como los otros. Había
en la fábrica rumores de huelga; Emma se declaró, como siempre, 40
contra toda violencia. A las seis, concluido el trabajo, fue con Elsa
a un club de mujeres, que tiene gimnasio y pileta.° Se
inscribieron;° tuvo que repetir y deletrear° su nombre y su
apellido, tuvo que festejar las bromas vulgares que comentan la
revisación.° Con Elsa y con la menor de las Kronfuss discutió a 45
qué cinematógrafo irían el domingo a la tarde. Luego, se habló de
novios y nadie esperó que Emma hablara. En abril cumpliría
diecinueve años, pero los hombres le inspiraban, aún, un temor
casi patológico... De vuelta,° preparó una sopa de tapioca y unas
legumbres, comió temprano, se acostó y se obligó a dormir. Así, 50
laborioso y trivial, pasó el viernes quince, la víspera.°

El sábado, la impaciencia la despertó. La impaciencia, no la
inquietud, y el singular alivio° de estar en aquel día, por fin. Ya
no tenía que tramar° y que imaginar; dentro de algunas horas
alcanzaría° la simplicidad de los hechos. Leyó en La Prensa que el 55
Nordstjärnan,° de Malmö,° zarparía° esa noche del dique° 3;
llamó por teléfono a Loewenthal, insinuó que deseaba comunicar,
sin que lo supieran las otras algo sobre la huelga y prometió pasar
por el escritorio, al oscurecer. Le temblaba la voz;° el temblor
convenía a una delatora. Ningún otro hecho memorable ocurrió 60
esa mañana. Emma trabajó hasta las doce y fijó° con Elsa y con
Perla Kronfuss los pormenores° del paseo del domingo. Se acostó
después de almorzar y recapituló, cerrados los ojos, el plan que
había tramado. Pensó que la etapa final sería menos horrible que
la primera y que le depararía,° sin duda, el sabor de la victoria y 65
de la justicia. De pronto, alarmada, se levantó y corrió al cajón de
la cómoda. Lo abrió; debajo del retrato de Milton Sills, donde la
había dejado anteanoche, estaba la carta de Fain. Nadie podía
haberla visto; la empezó a leer y la rompió.

Referir con alguna realidad los hechos de esa tarde sería difícil 70

Marginal glosses:

swimming pool (Argentina)

Se... They registered / spell

examination (Argentina)

De... ?

day before, eve

relief

to plot

would attain

name of a ship / Swedish port / would sail / dock

Le... Her voice was trembling

settled

details

would offer

y quizá improcedente.° Un atributo de lo infernal es la irrealidad, _{not right}
un atributo que parece mitigar° sus terrores y que los agrava tal _{soothe}
vez. ¿Cómo hacer verosímil° una acción en la que casi no creyó _{probable}
quien la ejecutaba, cómo recuperar ese breve caos que hoy la
75 memoria de Emma Zunz repudia° y confunde? Emma vivía por _{rejects}
Almagro, en la calle Liniers; nos consta° que esa tarde fue al _{nos... we know for certain}
puerto. Acaso en el infame Paseo de Julio se vio multiplicada en
espejos, publicada por luces y desnudada por los ojos
hambrientos, pero más razonable es conjeturar° que al principio _{to conjecture, guess}
80 erró, inadvertida, por la indiferente recova….° Entró en dos o tres _{pack}
bares, vio la rutina o los manejos° de otras mujeres. Dio al fin con _{handling}
hombres del Nordstjärnan. De uno, muy joven, temió que le
inspirara alguna ternura y optó por otro, quizá más bajo que ella
y grosero,° para que la pureza del horror no fuera mitigada. El _{coarse, vulgar}
85 hombre la condujo a una puerta y después a un turbio° zaguán y _{dark}
después a una escalera tortuosa y después a un vestíbulo (en el
que había una vidriera° con losanges idénticos a los de la casa en _{shop window}
Lanús) y después a una puerta que se cerró. Los hechos graves
están fuera del tiempo, ya porque en ellos el pasado inmediato
90 queda como tronchado° del porvenir, ya porque no parecen _{cut off}
consecutivas las partes que los forman.

  ¿En aquel tiempo fuera del tiempo, en aquel desorden perplejo
de sensaciones inconexas y atroces, pensó Emma Zunz una sola
vez en el muerto que motivaba el sacrificio? Yo tengo para mí que
95 pensó una vez y que en ese momento peligró° su desesperado _?
propósito. Pensó (no pudo no pensar) que su padre le había hecho
a su madre la cosa horrible que a ella ahora le hacían. Lo pensó
con débil asombro° y se refugió, en seguida, en el vértigo. El _{fear, consternation}
hombre, sueco° o finlandés,° no hablaba español; fue una _{Swedish / Finnish}
100 herramienta° para Emma como ésta lo fue para él, pero ella sirvió _{tool, instrument}
para el goce° y él para la justicia. _{enjoyment}

  Cuando se quedó sola, Emma no abrió en seguida los ojos. En
la mesa de luz estaba el dinero que había dejado el hombre.
Emma se incorporó° y lo rompió como antes había roto la carta. _{se... sat up}
105 Romper dinero es una impiedad,° como tirar el pan; Emma se _{es... it's a heartless thing to do}
arrepintió, apenas° lo hizo. Un acto de soberbia° y en aquel día…. _{as soon as / rage, fury}
El temor se perdió en la tristeza de su cuerpo, en el asco.° El asco y _{disgust}
la tristeza la encadenaban,° pero Emma lentamente se levantó y _{were paralyzing her}
procedió a vestirse. En el cuarto no quedaban colores vivos; el
110 último crepúsculo se agravaba. Emma pudo salir sin que la
advirtieran;° en la esquina subió a un Lacroze,° que iba al oeste. _{sin... without being noticed / type of streetcar}

Eligió, conforme a su plan, el asiento más delantero,° para que no le vieran la cara. Quizá le confortó verificar, en el insípido trajín° de las calles, que lo acaecido° no había contaminado las cosas. Viajó por barrios decrecientes° y opacos,° viéndolos y olvidándolos en el acto, y se apeó° en una de las bocacalles° de Warnes. Paradójicamente su fatiga venía a ser una fuerza, pues la obligaba a concentrarse en los pormenores de la aventura y le ocultaba el fondo y el fin.

Aarón Loewenthal era, para todos, un hombre serio; para sus pocos íntimos, un avaro.° Vivía en los altos de la fábrica, solo. Establecido en el desmantelado arrabal,° temía a los ladrones; en el patio de la fábrica había un gran perro y en el cajón de su escritorio, nadie lo ignoraba, un revólver. Había llorado con decoro,° el año anterior, la inesperada muerte de su mujer —¡una Gauss, que le trajo una buena dote!° —, pero el dinero era su verdadera pasión. Con íntimo bochorno° se sabía menos apto para ganarlo que para conservarlo. Era muy religioso, creía tener con el Señor un pacto secreto, que lo eximía° de obrar bien, a trueque° de oraciones y devociones. Calvo, corpulento, enlutado, de quevedos ahumados° y barba rubia, esperaba de pie, junto a la ventana, el informe confidencial de la obrera Zunz.

La vio empujar la verja° (que él había entornado° a propósito) y cruzar el patio sombrío. La vio hacer un pequeño rodeo° cuando el perro atado ladró. Los labios de Emma se atareaban° como los de quien reza° en voz baja; cansados, repetían la sentencia que el señor Loewenthal oiría antes de morir.

Las cosas no ocurrieron como había previsto Emma Zunz. Desde la madrugada anterior, ella se había soñado muchas veces, dirigiendo el firme revólver, forzando al miserable a confesar la miserable culpa y exponiendo la intrépida estratagema° que permitiría a la Justicia de Dios triunfar de la justicia humana. (No por temor sino por ser un instrumento de la Justicia, ella no quería ser castigada.) Luego, un solo balazo° en mitad del pecho rubricaría° la suerte de Loewenthal. Pero las cosas no ocurrieron así.

Ante Aarón Loewenthal, más que la urgencia de vengar a su padre, Emma sintió la de castigar el ultraje padecido° por ello. No podía no matarlo, después de esa minuciosa deshonra.° Tampoco tenía tiempo que perder en teatralerías. Sentada, tímida, pidió excusas a Loewenthal, invocó (a fuer de delatora)° las obligaciones de la lealtad,° pronunció algunos nombres, dio a

115

120

125

130

135

140

145

150

?

hustle and bustle

lo… what had happened

deteriorating / gloomy

se… she got off / intersections

miser

desmantelado… run-down suburb

propriety

dowry

embarrassment, humiliation

exempted

a… in exchange for

quevedos… tinted pince-nez eyeglasses

gate / left ajar

?

were occupied, busy / prays

stratagem, trick

shot

would sign and seal

ultraje… outrage, abuse suffered / minuciosa… meticulous dishonor

a… as an informer

loyalty

entender otros y se cortó como si la venciera el temor. Logró que
Loewenthal saliera a buscar una copa de agua. Cuando éste,
155 incrédulo de tales aspavientos,° pero indulgente, volvió del — *theatricality, histrionics*
comedor, Emma ya había sacado del cajón el pesado revólver.
Apretó el gatillo° dos veces. El considerable cuerpo se desplomó° — *trigger / se... collapsed*
como si los estampidos° y el humo lo hubieran roto, el vaso de — *reports of a gun; gun blasts*
agua se rompió, la cara la miró con asombro° y cólera, la boca de — *astonishment*
160 la cara la injurió en español y en ídisch.° Las malas palabras no — *Yiddish*
cejaban;° Emma tuvo que hacer fuego otra vez. En el patio, el — *no... did not stop*
perro encadenado rompió a ladrar, y una efusión de brusca sangre
manó° de los labios obscenos y manchó° la barba y la ropa. — *sprang, poured from / stained*
Emma inició la acusación que tenía preparada ("He vengado a mi
165 padre y no me podrán castigar…"), pero no la acabó, porque el
señor Loewenthal ya había muerto. No supo nunca si alcanzó a
comprender.

Los ladridos tirantes° le recordaron que no podía, aún, — *tense*
descansar. Desordenó el diván, desabrochó° el saco° del cadáver, — *unbuttoned / jacket*
170 le quitó los quevedos salpicados° y los dejó sobre el fichero.° — *spattered / file cabinet*
Luego tomó el teléfono y repitió lo que tantas veces repetiría, con
esas y con otras palabras: *Ha ocurrido una cosa que es*
increíble.... El señor Loewenthal me hizo venir con el pretexto de
la huelga.... Abusó de mí y lo maté.
175 La historia era increíble, en efecto, pero se impuso° a todos, — *se... it imposed itself, it convinced*
porque sustancialmente era cierta. Verdadero era el tono de
Emma Zunz, verdadero el pudor,° verdadero el odio. Verdadero — *modesty, chasteness*
también era el ultraje que había padecido: sólo eran falsas las
circunstancias, la hora y uno o dos nombres propios.

Comprensión

A. ¿Cierta o falsa? Lee las siguientes frases y decide si la información es cierta o falsa, según el cuento. Si la información es falsa, escribe la información correcta.

1. Emma Zunz recibió una carta del señor Loewenthal.

2. La carta decía que el padre de Emma había ingerido el veneno por error.

3. Emma no sintió mucho la muerte de su padre.

4. Emma no le dijo a nadie que ella sabía quién era el verdadero ladrón.

5. A Emma los hombres nunca le inspiraban temor.

6. Emma pretendía tener información sobre la huelga.

7. El día que iba a llevar a cabo su plan, Emma rompió la carta que había recibido.

8. Emma visitó varios bares antes de conocer a un marinero.

9. Loewenthal era un hombre generoso.

10. Emma pudo llevar a cabo sus planes exactamente como los había planeado.

11. Los nervios no permitieron que Emma matara al señor Loewenthal.

12. Emma se comunicó con la policía para explicarle por qué había matado a Loewenthal.

B. La sucesión de los eventos Lee las frases a continuación. Luego, usa los números 1–15 para ponerlas en orden, según los eventos en el cuento.

a. Emma sacó el revólver del cajón del escritorio de Loewenthal.

b. Loewenthal empezó a decir malas palabras.

c. Emma leyó en el periódico que un barco estaría en el puerto esa noche.

d. Antes de llamar a la policía, Emma desordenó la oficina.

15. Emma decidió sentarse en la parte delantera del autobús porque…
   a. no quería que la reconocieran.
   b. había visto a una de sus amigas.
   c. quizás tendría que salir rápidamente.
   d. el autobús iba demasiado lleno.

16. Las cosas no sucedieron como Emma las había planeado a causa de que…
   a. el marinero llamó a la policía.
   b. Loewenthal no llegó a confesar su culpa.
   c. ella no tuvo fuerzas para matar a Loewenthal.
   d. cuando llegó, Loewenthal ya había muerto.

17. ¿Qué excusa iba a usar Emma con la policía?
   a. Que Loewenthal le había quitado su dinero.
   b. Que otra persona había asesinado a Loewenthal.
   c. Que los huelguistas la habían enviado a matarlo.
   d. Que Loewenthal la había violado.

18. ¿Qué parece indicar el autor al final del cuento?
   a. Que la historia de Emma se podía creer.
   b. Que la policía arrestaría a Emma.
   c. Que los nombres no habían sido cambiados.
   d. Que Emma verdaderamente no odiaba a Loewenthal.

I. **Ahora te toca a ti** Imagínate que eres el (la) detective que está a cargo de investigar el crimen que se describe en el cuento. Hazles cinco preguntas a tus compañeros sobre el cuento. Estas preguntas te ayudarán a verificar si ellos han comprendido el cuento; al mismo tiempo podrás aclarar cualquier duda que tengas. Algunas ideas que puedes considerar son:

- las razones por las cuales Emma quiere matar a Loewenthal
- la vida de Emma
- los preparativos del plan
- el día que Emma lleva a cabo el plan
- el final del cuento

Un paso más

Vocabulario útil para conversar y para escribir

Aquí tienes una lista de palabras y expresiones que te ayudarán a expresar tus ideas. Trata de incluirlas en la discusión con los otros estudiantes o en los ejercicios de escritura.

a causa de	*on account of*
caerle bien (mal) a alguien	*to be liked (disliked) by someone*
la cárcel	*prison*
el chantaje	*blackmail*
cometer un crimen	*to commit a crime*
como resultado	*as a result*
convencer	*to convince*
la culpa	*guilt*
de antemano	*beforehand*
debido a (que)	*because of*
los detalles	details
echarle la culpa a alguien	*to blame someone*
el engaño	*fraud, deceit*
la huella	*track, trail*
el (la) juez	*judge*
el juicio	*trial*
el (la) ladrón (ladrona)	*thief*
llevar a cabo	*to carry out*
la mentira	*lie*
según	*according to*
ser culpable	*to be guilty*
tener razón	*to be right*
el (la) testigo	*witness*

Para conversar

A. Una descripción Escoge tres de los adjetivos a continuación que se prestan *(lend themselves)* para describir a Emma. Explícale a un(a) compañero(a) de clase por qué crees que esos adjetivos son adecuados para describirla. Usa ejemplos del cuento para justificar tus ideas. También puedes añadir otros adjetivos. Escucha las ideas de tu compañero(a) y hazle preguntas sobre lo que él (ella) dice.

apasionada	determinada	leal
débil	fuerte	obsesionada
despreocupada	ingenua	sinvergüenza

B. **¿La única opción?** Sugiere por lo menos dos opciones que Emma hubiera podido usar para resolver su dilema y explica por qué éstas son o no son más deseables que la opción que ella escogió. Luego en grupos de tres o cuatro estudiantes discutan todas las opciones y prepárense para presentarle las ideas del grupo al resto de la clase.

C. **¿Debe castigarse?** Explica con tus propias palabras por qué Emma debe o no debe recibir un castigo. Piensa bien en el crimen y la razón por la cual ella lo cometió. ¿Sientes simpatía o antipatía por Emma? Prepara una lista de frases y palabras que te ayuden a discutir tus ideas en grupos de tres o cuatro estudiantes. Luego, prepárense para presentarle al resto de la clase las diferentes ideas del grupo.

D. **Investigación** Un(a) policía llega al lugar del crimen. Con un(a) compañero(a) de clase, ten una conversación semejante a la que te imaginas que ocurrió entre Emma y el (la) policía. Piensa en lo que vas a decir y en las posibles preguntas que tu compañero(a) va a hacerte; así estarás mejor preparado(a).

E. **Los chismes** Eres un(a) reportero(a) para un periódico nacional de "chismes". Ten una entrevista con la mejor amiga de Emma, Elsa Urstein, donde tratas de investigar los detalles más sórdidos del cuento. Uno(a) de tus compañeros hará el papel de la mejor amiga de Emma.

F. **¿Qué harías?** Imagínate que tú eres Emma. ¿Cómo tratarías de solucionar el problema? Explica detalladamente lo que harías para defender el nombre de un familiar muy querido que estuviera en una situación similar. Tus compañeros de clase te harán preguntas sobre la presentación.

G. **Un programa de entrevistas** Imagínate que después de los acontecimientos que se describen en el cuento, un canal de televisión invita a algunos de los personajes, o a conocidos de ellos, a un programa de entrevistas. Tu profesor(a) escogerá a un(a) estudiante para que haga el papel del (de la) entrevistador(a). Otros cinco estudiantes harán los papeles de Emma, su amiga Elsa, un colega de Loewenthal, el amigo del padre de Emma y el marinero. En la clase, con la ayuda del resto de tus compañeros, que harán de público, discutan por medio de preguntas los eventos del cuento. Antes de comenzar, prepara por lo menos cinco preguntas que te gustaría hacerles a los miembros del panel.

You may find **Appendix A** (Some Words and Expressions Used to Connect Ideas) and **Appendix C** (Some Expressions Used to Begin and End a Written Message) especially useful as you complete these exercises.

Para escribir

A. Un reportaje Imagínate que eres reportero(a) y que Emma te ha contado lo que pasó detalladamente. Ahora tienes que escribir un breve reportaje para la próxima edición del periódico. Escoge los hechos más importantes y escribe el reportaje sobre lo que ocurrió. Antes de escribir el artículo, responde a las preguntas ¿qué?, ¿quién?, ¿cuándo?, ¿por qué? y ¿cómo? Recuerda que la narración objetiva no incluye las opiniones del (de la) escritor(a) y que toda información se debe exponer clara y concisamente.

B. ¿Cómplice o no? ¿Cómo piensas que habría reaccionado la mejor amiga de Emma (Elsa Urstein) si se hubiera enterado de los planes de Emma? ¿Habría ayudado a Emma? ¿La habría tratado de convencer para que no llevara a cabo su plan? Escribe un párrafo en el que expliques lo que ella habría pensado o hecho.

C. En defensa del honor Muchas personas piensan que es muy importante defender el honor de un familiar, pase lo que pase, o sea, "la sangre sobre todo". Escribe tu opinión sobre esta idea en un párrafo de unas diez frases.

D. El crimen perfecto En tu opinión, ¿piensas que éste puede ser "el crimen perfecto"? Escribe un párrafo de unas diez frases en el que expliques tu opinión.

E. El perdón Perdonar es lo mejor que puede hacer una persona que ha sufrido una injuria o daño o que ha sido lastimada. La persona que perdona demuestra gran generosidad. ¿Estás de acuerdo con esta declaración? En tu experiencia, y dando ejemplos específicos, explica por qué estás o no estás de acuerdo con esta declaración. Escribe un ensayo de unas 200 palabras en el que expliques tu opinión con respecto a este tema. Puedes usar los apuntes que hiciste en el ejercicio C de la sección **Antes de leer** como guía para hacer un esquema del ensayo antes de comenzar a escribir.

F. La opinión del padre Imagínate que antes de morir, el padre de Emma se entera de los planes de Emma. Escríbele una carta a Emma como si tú fueras el padre y dale tu opinión acerca de sus planes. Antes de comenzar a escribir, haz un esquema de cada párrafo con las ideas principales que vas a discutir.

Párrafo no. 1	
Párrafo no. 2	
Párrafo no. 3	
Párrafo no. 4	
Conclusión	

Trata de incluir las siguientes expresiones en tu carta:

a fin de cuentas *in the end, after all*

al igual que *the same as*

con respecto a *with regard to*

en realidad *in reality, as a matter of fact*

Interpersonal Writing

Directions: For each of the following exercises, you will write a message. For each exercise, you have 10 minutes to read the instructions and write your message. Each message should be at least 60 words in length.

Instrucciones: Para cada uno de los siguientes ejercicios, vas a escribir un mensaje. Para cada ejercicio, tienes 10 minutos para leer las instrucciones y escribir tu mensaje. Cada mensaje debe tener una extensión de 60 palabras.

Mensaje 1

Escribe un mensaje electrónico. Imagina que le escribes a un amigo, salúdalo y

- menciona algo negativo que acaba de pasarte
- expresa cómo te sientes
- dile lo que piensas hacer
- pídele su reacción
- despídete

Mensaje 2

Imagina que viste un robo. Escríbele un mensaje electrónico a una amiga, salúdala y

- describe el incidente
- menciona lo que hicieron los testigos
- menciona lo que hizo la policía
- expresa tu reacción
- despídete

Comprensión auditiva

Escucha las siguientes selecciones. Después de cada selección vas a escuchar varias preguntas. Escoge la mejor respuesta para cada pregunta entre las opciones impresas en tu libro.

Selección número 1

Ahora vas a escuchar un cuento corto sobre un hombre que vivía solo y su experiencia con un ladrón.

Número 1
- **a.** En una cárcel.
- **b.** En un banco.
- **c.** En una calle.
- **d.** En una casa.

Número 2
- **a.** Retratos.
- **b.** Dinero.
- **c.** Navajas.
- **d.** Joyas.

Número 3
- **a.** Empezó a llorar.
- **b.** Salió gritando.
- **c.** Lo cortó con una navaja.
- **d.** Le pidió que abriera la caja fuerte.

Número 4
- **a.** Golpeó a Roberto.
- **b.** Luchó con Roberto.
- **c.** Se fue de la casa.
- **d.** Destruyó una pared.

Selección número 2

Escucha la siguiente conversación entre Adelaida y Gerardo sobre una obra de teatro que él acaba de ver.

Número 1
- **a.** Cuando una pasajera se roba una caja.
- **b.** Cuando se hunde un barco en el puerto.
- **c.** Cuando un ladrón asesina a una pasajera.
- **d.** Cuando los trabajadores se ponen en huelga.

Número 2
- **a.** Se la regaló a su esposo.
- **b.** Se la robaron del cuarto.
- **c.** La escondieron en un cajón.
- **d.** La entregó a la policía.

Número 3
- **a.** Decirle el final de la obra a Adelaida.
- **b.** Ir a ver la obra otra vez.
- **c.** Encontrarse con el profesor.
- **d.** Salir a cenar con Adelaida.

Número 4
- **a.** Decirle a Adelaida cómo termina la obra.
- **b.** Ver la obra de nuevo con Adelaida.
- **c.** Regalarle una entrada a Adelaida.
- **d.** Invitar a uno de sus profesores a ver la obra.

Número 5

a. Porque tiene que ir a cenar.

b. Porque tiene que encontrarse con alguien.

c. Porque tiene una cita en el Café Cervantes.

d. Porque tiene que comprar las entradas.

Simulated Conversation

You may find **Appendix B** (Some Expressions Used for Oral Communication) especially helpful as you complete this exercise.

Directions: You will now participate in a simulated conversation. First, you will have 30 seconds to read the outline of the conversation. Then, you will listen to a message and have one minute to read again the outline of the conversation. Afterward, the conversation will begin, following the outline. Each time it is your turn, you will have 20 seconds to respond; a tone will indicate when you should begin and end speaking. You should participate in the conversation as fully and appropriately as possible.

Instrucciones: Ahora participarás en una conversación simulada. Primero, tendrás 30 segundos para leer el esquema de la conversación. Entonces, escucharás un mensaje y tendrás un minuto para leer de nuevo el esquema de la conversación. Después, empezará la conversación, siguiendo el esquema. Siempre que sea tu turno, tendrás 20 segundos para responder; una señal te indicará cuándo debes empezar y terminar de hablar. Debes participar en la conversación en la manera más completa y apropiada posible.

(A) Imagina que vas a la oficina del profesor de español y tratas de convencerlo para que cambie la fecha del próximo examen.

(B) La conversación.
[The shaded lines reflect what you will hear on the recording. Las líneas en gris reflejan lo que escucharás en la grabación.]

Profesor	• *Te saluda.*
Tú	• *Salúdalo y explícale lo que quieres.*
Profesor	• *Te explica por qué no puede cambiar la fecha.*
Tú	• *Expresa tu reacción.*
Profesor	• *Continúa la conversación.*
Tú	• *Continúa tratando de convencerlo.*
Profesor	• *Continúa la conversación.*
Tú	• *Responde a su pregunta y dale detalles.*
Profesor	• *Continúa la conversación.*
Tú	• *Agradece su decisión.*
Profesor	• *Continúa la conversación.*
Tú	• *Despídete.*

Go Online

For: Additional practice
Visit: www.PHSchool.com
Web Code: jxd-0011

Índice

Poesía

Poesía Rima LIII

Gustavo Adolfo Bécquer

Abriendo paso:
Gramática

Future: Unidad 5,
    págs. 174 a 181; RG 5,
    págs. 203 a 205
Preterite and imperfect
    indicative: Unidad 1,
    págs. 1 a 15; RG 1,
    págs. 30 a 45

El autor

Gustavo Adolfo Bécquer
(1836–1870)

Aunque cuando Bécquer empieza a escribir el romanticismo ya ha pasado en España, se le considera como uno de los grandes poetas románticos. Las *Rimas* son una colección de setenta y seis poesías (algunos dicen que llegan a noventa y cuatro) que después de su muerte fueron publicadas por sus amigos. Se considera poesía sencilla y sonora con un lenguaje simple, directo y musical. En ellas podemos ver la preocupación del poeta por los valores eternos: el espíritu, la belleza, la esperanza, el amor, la muerte y la soledad. Se ha dicho que reflejan su experiencia personal—un matrimonio fracasado, enfermedad y pobreza. Las *Rimas* están llenas de mucha emoción, como podrás ver en la selección que vas a leer donde se puede apreciar la desesperanza del poeta. Bécquer murió a los treinta y cuatro años de la misma manera que había vivido: pobre.

El romanticismo es un movimiento literario que le da prioridad a los sentimientos sobre la razón. Por eso, se dice que el romanticismo y la juventud van juntos.

¿Existe un movimiento romántico en la literatura inglesa o estadounidense? ¿Qué escritor(a) es uno de sus representantes?

Antes de leer

A. Las siguientes palabras aparecen en el poema que vas a leer. Trata de agruparlas de una manera lógica. Puedes usar las categorías que quieras con tal de que sean lógicas. Busca en el diccionario el significado de las palabras que no sepas.

el ala	las gotas	el rocío
el balcón	el jardín	las tapias
las flores	las madreselvas	el vuelo
las golondrinas	los nidos	

B. Lee la lista de palabras del ejercicio anterior de nuevo. ¿Qué sentimientos piensas que va a tratar de expresar el poeta al usar estas palabras? ¿Qué imágenes te vienen a la mente cuando piensas en estas palabras?

C. Para crear cierto efecto el poeta cambia el orden de las palabras en varios versos. En el lenguaje literario, este cambio se llama hipérbaton. Lee los siguientes versos y trata de poner las palabras en el orden que generalmente se encuentran en prosa: sujeto, verbo, predicado.

    Modelo: Volveré yo a mi amada a visitar.

                    Yo volveré a visitar a mi amada.

to hang

1. Volverán las oscuras golondrinas en tu balcón sus nidos a colgar,...°

dense

2. Volverán las tupidas° madreselvas de tu jardín las tapias a escalar...

3. Volverán del amor en tus oídos las palabras ardientes a sonar;...

D. Lee la "Rima LIII" prestando atención a las cosas que, según el poeta, volverán y las que no volverán.

Poesía

Rima LIII
Gustavo Adolfo Bécquer

Volverán las oscuras golondrinas
en tu balcón sus nidos a colgar,
y otra vez con el ala a sus cristales,°   *window pane*
  jugando llamarán;

5   pero aquéllas que el vuelo refrenaban°   *restrained*
tu hermosura y mi dicha° a contemplar;   *happiness; good luck*
aquéllas que aprendieron nuestros nombres,
  ésas... ¡no volverán!

Volverán las tupidas madreselvas
de tu jardín las tapias a escalar,   10
y otra vez a la tarde, aun más hermosas,
    sus flores se abrirán;

cuajadas... *filled with dew*   pero aquellas cuajadas de rocío,°
cuyas gotas mirábamos temblar
y caer, como lágrimas del día...   15
    ésas... ¡no volverán!

Volverán del amor en tus oídos
las palabras ardientes a sonar;
tu corazón de su profundo sueño
    tal vez despertará;   20

pero mudo y absorto y de rodillas,
como se adora a Dios ante su altar,
don't be deceived   como yo te he querido... desengáñate:°
    ¡así no te querrán!

Comprensión

Responde a las siguientes preguntas sobre el contenido del poema. Prepara tus ideas para discutirlas con el resto de la clase.

1. El poeta describe eventos que sucederán y otros que no sucederán. Completa el siguiente esquema usando la información del poema. Añade otros eventos que no están en el esquema. Usa tus propias palabras para expresarte.

	¿Qué harán?	¿Cuáles no volverán?
las golondrinas		
las tupidas madreselvas		

2. Según la estrofa 5, ¿qué oirá la persona a quien le habla el poeta? ¿Qué despertará tal vez?

3. ¿Cómo describe el poeta la manera en que él ha querido a su amada?

4. ¿Qué expresa el poeta al final del poema? ¿Te parece él un poco presumido (conceited)? ¿Cuál es tu opinión sobre lo que él expresa?

Un paso más

A. Escribe un párrafo en el que expreses tu opinión sobre la actitud del poeta en estas rimas. ¿Es optimista o pesimista? ¿Por qué piensas así?

B. Imagínate que eres el autor de estas rimas. Piensa en los sentimientos que has expresado en ellas. Escribe un ensayo en el que describas lo que sucedió antes de que tú escribieras estas rimas. Puedes usar el siguiente esquema para escribir tu ensayo. El ensayo debe tener una extensión de unas 200 palabras.

1. Describe dónde conociste a tu amada(o) y cómo era la relación entre Uds.

2. Explica lo que sucedió con la relación.

3. Describe cómo te sentiste después y por qué decidiste escribir estas rimas.

4. Puedes terminar el ensayo expresando cómo esperas que sea tu vida de ahora en adelante.

Poesía # Me gustas cuando callas

Pablo Neruda

Abriendo paso:
Gramática

Imperfect subjunctive: Unidad 6, págs. 211 a 214; RG 6, págs. 228 a 231

Adjectives: Unidad 2, págs. 49 a 72; RG 2, págs. 73 a 94

Ser/Estar: Unidad 3, págs. 98 a 107

El autor

Pablo Neruda
(1904–1973)

Pablo Neruda, sin duda alguna, ha sido uno de los poetas más importantes del mundo de habla hispana del siglo XX. Prueba de su reconocimiento es el hecho de que en 1971 recibió el Premio Nobel de Literatura. En sus poemas amorosos de *Veinte poemas de amor y una canción desesperada* (1924) se puede apreciar una gran riqueza y variedad temática; en *Residencia en la tierra* (1933) se aprecia su preocupación por la angustia, las injusticias y la violencia que sufre el ser humano; y en *Odas elementales* (1954) le da valor poético a los objetos cotidianos tales como la cebolla, la alcachofa, el tomate, los calcetines y el diccionario entre otros. En resumen, Neruda produjo una obra que lo convirtió en uno de los poetas más originales de Hispanoamérica.

Antes de leer

A. El nombre del poema que vas a leer es "Me gustas cuando callas". Haz una lista de todas las razones por las cuales el poeta le diría esa frase a otra persona. Compara la lista con otros estudiantes en grupos pequeños y prepárate para presentar tus ideas a la clase.

B. Imagínate que te encuentras en las siguientes situaciones. Explica las ventajas y las desventajas de quedarte en completo silencio en esa situación. Luego, responde a las preguntas al final del ejercicio.

1. Estás con un(a) compañero(a) en el laboratorio de ciencias.

2. Eres un(a) pasajero(a) en un tren y estás sentado(a) al lado de una persona que no conoces.

3. Estás en un parque sentado(a) al lado de tu novio(a).

¿Qué sensación sientes cuando estás con otra persona y esta persona no habla? ¿Te molesta? ¿Te agrada? ¿Te sientes ausente, distante, alejado(a)?

C. Algunas personas dicen que dos personas que se quieren mucho pueden estar juntos y callados y comunicarse sin hablarse. ¿Estás de acuerdo? ¿Es posible estar con una persona y comunicarse en silencio? Explica cómo.

Poesía

Me gustas cuando callas

Pablo Neruda

Me gustas cuando callas porque estás como ausente,
y me oyes desde lejos, y mi voz no te toca.
Parece que los ojos se te hubieran volado
y parece que un beso te cerrara la boca.

5   Como todas las cosas están llenas de mi alma
emerges de las cosas, llena del alma mía.
Mariposa° de sueño, te pareces a mi alma,   *butterfly*
y te pareces a la palabra melancolía.

  Me gustas cuando callas y estás como distante.
10   Y estás como quejándote, mariposa en arrullo.°   *en... cooing*
Y me oyes desde lejos, y mi voz no te alcanza:°   *no... doesn't reach you*
déjame que me calle con el silencio tuyo.

  Déjame que te hable también con tu silencio
claro como una lámpara, simple como un anillo.
15   Eres como la noche, callada y constelada.°   *full of stars*
Tu silencio es de estrella, tan lejano y sencillo.

  Me gustas cuando callas porque estás como ausente.
Distante y dolorosa como si hubieras muerto.
Una palabra entonces, una sonrisa bastan.°   *are enough*
20   Y estoy alegre, alegre de que no sea cierto.

Comprensión

Responde a las siguientes preguntas sobre el poema que leíste. Prepara tus ideas para discutirlas con el resto de la clase.

1. ¿A quién le habla el poeta en este poema? ¿Qué relación parece tener el poeta con esta persona?

2. ¿Por qué será que la voz del poeta no alcanza a la persona con quien habla [verso 11]? ¿Qué decide hacer el poeta al final de la tercera estrofa?

3. ¿Qué quiere decir el poeta cuando se refiere al silencio como "claro como una lámpara, simple como un anillo" [verso 14]?

4. ¿Por qué se siente alegre el poeta al final del poema?

Un paso más

A. Escribe un párrafo en el que resumas con tus propias palabras la razón por la cual al poeta le gusta que la persona con quien habla, calle.

B. Escribe un poema en el que uses la idea que expresa Neruda en el primer verso. Piensa cuidadosamente en las palabras que vas a usar para completar el primer verso. Luego, completa el poema de cualquier manera que sea apropiada según lo que quieres expresarle a esta persona.

Me gustas cuando... porque estás como...

For: Additional practice
Visit: www.PHSchool.com
Web Code: jxd-0013

Poesía Despedida
Federico García Lorca

Abriendo paso:
Gramática

Present indicative:
Unidad 3, págs. 95 a
98; RG 3, págs. 116 a
127
Affirmative *vosotros*
command: RG 4,
págs. 159 y 164

El autor

Federico García Lorca
(1898–1936)

García Lorca fue un poeta y dramaturgo español, cuya poesía nos muestra España con todo su colorido, belleza e inigualable pasión. Su uso del gitano en la poesía como figura apasionada lo ayuda a resaltar el folklore y el paisaje de la región española de Andalucía. Sus obras de teatro, de gran éxito hasta hoy día, son muy líricas y ofrecen un dramatismo inigualable. Las más famosas son *Bodas de sangre*, *Yerma* y *La casa de Bernarda Alba*. En ellas la represión y la frustración de la mujer son temas fundamentales. García Lorca fue fusilado por los franquistas durante la Guerra Civil Española.

Antes de leer

A. Responde a las siguientes preguntas antes de leer el poema "Despedida".

1. ¿En qué piensas cuando oyes la palabra *despedida*?

2. En general, ¿cómo son las despedidas? ¿Tienen que ser necesariamente tristes? Explica por qué.

B. En el siguiente poema el autor habla sobre su muerte y lo que él quiere que suceda si muere. Presta atención al tono del poema.

Despedida

Federico García Lorca

Si muero,
dejad el balcón abierto.

El niño come naranjas.
(Desde mi balcón lo veo.)

5   El segador° siega el trigo.°   reaper, harvester / wheat
(Desde mi balcón lo siento.)

¡Si muero,
dejad el balcón abierto!

Comprensión

Responde a las siguientes preguntas sobre el poema. Prepara tus ideas para discutirlas con el resto de la clase.

1. ¿Por qué quiere el poeta que dejen el balcón abierto?

2. ¿Qué puede ver y sentir desde su balcón?

3. ¿Piensas que lo que él ve y siente son un símbolo de algo? Explica tu respuesta.

4. ¿Por qué piensas tú que el autor usa signos de exclamación en la última estrofa y no lo hace en la primera estrofa?

5. En tu opinión, ¿cómo es el tono del poema? Explica tu respuesta.

Un paso más

A. Escribe un párrafo en el que expreses la razón por la cual el poeta pide que dejen el balcón abierto.

Go Online
For: Additional practice
Visit: www.PHSchool.com
Web Code: jxd-0015

B. Imagina que la persona que escribe el poema no vive en el campo en España sino en una ciudad en los Estados Unidos. ¿Desde qué lugar le gustaría observer la ciudad? ¿Qué le gustaría ver? Escribe el poema de nuevo con los cambios que esa nueva perspectiva requiere.

Poesía · Selecciones de *Versos sencillos*

José Martí

El autor

José Martí
(1853–1895)

José Martí nació en Cuba de padres inmigrantes españoles. Desde muy temprana edad se distinguió por su incesante lucha por la independencia de su país. A los diecisiete años fue condenado a trabajo forzado y luego fue desterrado a España, donde comenzó su vida literaria. Escribió poesía, ensayo, drama, novela y también se destacó *(stood out)* como periodista. Su poesía se distingue por un lenguaje poético profundo y al mismo tiempo sencillo y muy original. Una de sus obras más conocidas es *Versos sencillos*, en los que nos presenta sus preocupaciones, sus convicciones e ideales. Martí murió en la lucha contra los españoles, y es reconocido como héroe de la independencia de Cuba.

Antes de leer

A. La siguiente selección de *Versos sencillos* tiene que ver con la amistad. Antes de leer el poema, responde a las siguientes preguntas. Estas ideas te van a ayudar a comprender mejor el contenido del poema.

1. Cuando piensas en una rosa blanca, ¿qué ideas te vienen a la mente? ¿pureza? ¿inocencia? ¿paz? ¿algo más?

2. Si una persona te hace algún daño, ¿es justo tratar de desquitarse *(retaliate)*? Explica tu respuesta.

B. Ahora lee la selección a continuación. Presta atención a la actitud del poeta hacia la persona cruel.

LECTURA

Poesía

Selección de Versos sencillos, XXXIX

José Martí

Cultivo una rosa blanca,
En julio como en enero,
Para el amigo sincero
Que me da su mano franca.

5   Y para el cruel que me arranca°   *pulls out; tears out*
El corazón con que vivo,
Cardo ni oruga° cultivo;   *Cardo... Thistle nor stinging*
Cultivo la rosa blanca.   *nettle*

Comprensión

Responde a las siguientes preguntas sobre el poema. Puedes volver a leer los versos si tienes alguna duda. Prepara tus ideas para discutirlas con el resto de la clase.

1. ¿Por qué piensas que el autor cultiva una rosa blanca "en julio como en enero"? ¿Qué idea trata de expresar usando un mes asociado con el verano y otro asociado con el invierno?

2. ¿Cuál es la actitud del poeta hacia "el amigo sincero"?

3. ¿Cuál es la actitud del poeta hacia "el cruel"?

Otra selección de *Versos sencillos*

Ahora lee el siguiente poema donde el autor compara lo que tienen otros y lo que tiene él. Fíjate en la última palabra con la que termina cada estrofa.

Selección de Versos sencillos, XLIV

José Martí

Tiene el leopardo un abrigo
En su monte° seco y pardo: *mountain; forest*
Yo tengo más que el leopardo
Porque tengo un buen amigo.

5   Duerme, como en un juguete,
La mushma° en su cojinete°   *young girl (from the Japanese*
De arce° del Japón yo digo: *"musume") / cushion, small*
"No hay cojín como un amigo."   *pillow / maple tree*

Tiene el conde su abolengo:°   *ancestry, lineage*
10   Tiene la aurora° el mendigo:°   *dawn of day / beggar*
Tiene ala° el ave: ¡yo tengo   *wing*
Allá en México un amigo!°   *Reference to one of his best*
                                               friends Manuel Mercado

Tiene el señor presidente
Un jardín con una fuente,
15   Y un tesoro en oro y trigo:°   *wheat*
Tengo más, tengo un amigo.

Comprensión

Lee el poema XLIV de nuevo y responde a las siguientes preguntas. Prepárate para discutir tus ideas con el resto de la clase.

1. Haz una lista de lo que tiene cada uno de los animales, las cosas o personas que aparecen en el poema.

	Cosas que poseen
el leopardo	
la mushma	
el conde	
el mendigo	
el ave	
el señor presidente	

2. ¿Piensas tú que tienen mucho valor estas cosas? ¿Por qué? Para el autor, ¿qué es más importante que estas cosas?

3. ¿En qué palabra termina cada estrofa? ¿Por qué piensas que el autor hace esto?

4. ¿Cuál parece ser una preocupación constante del autor?

Un paso más

A. Por el tema que trata el autor en ambos poemas, ¿qué clase de persona piensas tú que fue el autor? Escribe un párrafo corto para expresar tu opinión.

B. Ahora, te toca a ti usar un poco de creatividad. Usando los versos sencillos de Martí ("XXXIX") como punto de partida, completa tu propia creación poética. Piensa cuidadosamente en qué objeto vas a usar para el primer verso de tu poema. En la selección que leíste el poeta exalta la idea de la amistad. Antes de empezar a escribir, piensa en qué idea tú vas a exaltar.

Cultivo _____,

En _____ como en _____,

Para _____

Que me da _____.

Y para _____ que me arranca

_____ con que vivo,

Cardo ni oruga cultivo;

Cultivo _____.

C. Esta vez usa la segunda selección de *Versos sencillos* ("XLIV") como punto de partida para tu creación poética. Ahora no vas a tener la guía que tuviste en el ejercicio anterior, así que vas a tener que pensar cuidadosamente antes de empezar a escribir. El poema no tiene que ser necesariamente sobre un(a) amigo(a) o la amistad. Usa la imaginación y escoge un tema que se preste *(lends itself)* para el poema. Recuerda que muy pocas veces los buenos escritores están satisfechos con su obra la primera vez que la escriben. En este ejercicio vas a tener que revisar varias veces lo que escribes para llegar así a la creación ideal. Puedes empezar a pensar en lo que quieres escribir de esta manera:

- Escoge un animal.

- Describe lo que tiene y dónde.

- Di lo que tienes tú.

Luego puedes continuar con las otras estrofas. ¡Manos a la obra!

Go Online

For: Additional practice
Visit: www.PHSchool.com
Web Code: jxd-0017

Poesía # Canción de otoño en primavera

Rubén Darío

Abriendo paso:
Gramática

Present indicative:
Unidad 3, págs. 95 a
98; RG 3, págs. 116 a
127
Preterite, imperfect, and
present perfect
indicative: Unidad 1,
págs. 1 a 19; RG 1,
págs. 30 a 47
Adjectives: Unidad 2,
págs. 49 a 72; RG 2,
págs. 73 a 94

El autor

Rubén Darío
(1867–1916)

Rubén Darío nació en Nicaragua en 1867. Desde muy joven empezó a escribir versos y por eso llegó a ser llamado "el niño poeta". Sus constantes viajes lo llevaron a muchos países latinoamericanos y europeos, lo cual hace que su poesía alcance gran universalidad. Su libro más importante escrito en prosa y verso es *Azul*, el cual publica en 1888. Este libro está caracterizado por el exotismo, lo mitológico, lo sobrenatural y la vida cortesana de París, aunque nunca había estado en Francia. Es el máximo representante del modernismo y tuvo gran influencia en los grandes poetas de la lengua española por su creación poética innovadora. Al mismo tiempo, promovió la idea de que los poetas y escritores de habla hispana tenían que estar conscientes de su responsabilidad artística.

Antes de leer

A. El poema que vas a leer se titula "Canción de otoño en primavera". Responde a las siguientes preguntas antes de leer el poema.

1. Describe el tiempo en las siguientes estaciones: otoño y primavera.

2. ¿Cómo se siente mucha gente cuando se acerca el invierno? ¿Qué sentimientos provoca la llegada del invierno?

3. ¿Qué representa para muchas personas la primavera? ¿Qué sentimientos asociamos con la primavera?

B. El autor repite varias veces los versos:

> Juventud, divino tesoro
> ¡ya te vas para no volver!
> Cuando quiero llorar, no lloro...
> y a veces lloro sin querer...

1. ¿Piensas tú que la juventud es un "divino tesoro"? ¿Por qué?

2. ¿Por qué piensas que él dice "¡ya te vas para no volver!"? ¿Qué nos está tratando de comunicar el poeta?

C. Lee la lista de palabras a continuación y escoge las seis palabras que tú asocias con el amor. Aunque quizás haya más palabras que tú asocies con el amor, escoge solamente las seis más importantes para ti. Si no sabes el significado de algunas de estas palabras, búscalas en un diccionario.

el abrazo	arrullar	el ensueño	la pasión
la aflicción	el beso	el fantasma	sonreír
el alba	el corazón	halagadora	terco
amarga	el duelo	llorar	la ternura

Ahora, añade dos palabras más que no están en la lista pero que tú asocias con el amor. Explica por qué en tu opinión son esas palabras importantes. ¿Qué representan?

D. Lee todo el poema y mientras lees, escoge todos los temas de la lista a continuación que aparecen en él.

- el encuentro de un nuevo amor
- la falta de fe en Dios
- la fugacidad de la vida
- el miedo de vivir eternamente
- la muerte de su amada
- el nacimiento de su hijo
- la pérdida de la juventud
- la pérdida del amor
- no poder regresar a su casa
- el querer seguir amando
- el querer volver al pasado

Poesía

Canción de otoño en primavera

Rubén Darío

Juventud, divino tesoro
¡ya te vas para no volver!
Cuando quiero llorar, no lloro...
y a veces lloro sin querer...

5   Plural ha sido la celeste
historia de mi corazón.
Era una dulce niña, en este
mundo de duelo° y aflicción.   *sorrow, grief*

    Miraba como el alba° pura;   *dawn of day*
10   sonreía como una flor.
Era su cabellera° obscura   *long hair*
hecha de noche y de dolor.

Yo era tímido como un niño.
Ella, naturalmente fue,
para mi amor hecho de armiño,°   *ermine*   15
Herodías y Salomé...

Juventud, divino tesoro,
¡ya te vas para no volver!
Cuando quiero llorar, no lloro,
y a veces lloro sin querer.   20

La otra fue más sensitiva,
y más consoladora y más
halagadora° y expresiva,   *flattering*
cual no pensé encontrar jamás.

Pues a su continua ternura°   *tenderness*   25
una pasión violenta unía.
En un peplo de gasa pura
una bacante se envolvía...°   *En... an intoxicated woman wrapped in a peplum gauze*

En sus brazos tomó mi ensueño°   *dream*
y lo arrulló° como a un bebé...   *lulled*   30
Y lo mató, triste y pequeño,
falto° de luz, falto de fe.   *lacking*

Juventud, divino tesoro,
¡te fuiste para no volver!
Cuando quiero llorar, no lloro,   35
y a veces lloro sin querer...

Otra juzgó que era mi boca
el estuche° de su pasión   *box, case (for jewelry, etc.)*
y que me roería,° loca,   *would gnaw*
con sus dientes el corazón,   40

poniendo en un amor de exceso
la mira de su voluntad,
mientras eran abrazo y beso
síntesis de la eternidad;

45 y de nuestra carne° ligera   flesh
imaginar siempre un Edén,
sin pensar que la Primavera
y la carne acaban también...

Juventud, divino tesoro,
50 ¡ya te vas para no volver!
Cuando quiero llorar, no lloro,
¡y a veces lloro sin querer!

¡Y las demás!,° en tantos climas,   the others
en tantas tierras, siempre son,
55 si no pretextos de mis rimas,
fantasmas de mi corazón.

En vano busqué a la princesa
que estaba triste de esperar.
La vida es dura. Amarga y pesa.°   Bitter and weighty
60 ¡Ya no hay princesa que cantar!

Mas a pesar del tiempo terco,°   obstinate
mi sed de amor no tiene fin;
con el cabello gris me acerco
a los rosales° del jardín...   rose bushes

65 Juventud, divino tesoro,
¡ya te vas para no volver!...
Cuando quiero llorar, no lloro,
y a veces lloro sin querer...

¡Mas es mía el Alba de oro!

Comprensión

Vuelve a leer el poema y responde a las siguientes preguntas. Prepara tus ideas para discutirlas con el resto de la clase.

1. ¿Cómo describe el poeta la relación con su amada en las estrofas 2, 3 y 4?

2. ¿Cómo era la persona que describe en las estrofas 6, 7 y 8? ¿Cómo era la relación que tenían ellos?

3. En la novena estrofa el tiempo verbal que usa el autor cambia. El autor ya no dice "ya te vas". Ahora dice "ya te fuiste". ¿Por qué piensas tú que cambia el tiempo del verbo?

4. ¿En qué estrofa podemos ver que el autor tuvo muchos amores? ¿Qué representan esos amores?

5. En general, ¿piensas que tuvo una vida feliz? ¿Lo dice? ¿Dónde?

6. ¿Qué connotación tiene el último verso? ¿Hay un cambio de actitud?

Un paso más

A. Escribe dos párrafos en los que expreses tu opinión sobre el poema. ¿Estás de acuerdo con las ideas que expresa el poeta? ¿Es optimista o pesimista Rubén Darío? Explica tu respuesta.

B. Escríbele una carta al autor en la que expreses lo siguiente:

1. ¿Qué es lo que sientes tú por él después de haber leído su poema?

2. Expresa lo que él puede hacer ahora para remediar lo que hizo en el pasado.

3. Dale algunos consejos para que él se sienta mejor.

For: Additional practice
Visit: www.PHSchool.com
Web Code: jxd-0018

La carta debe tener una extensión de por lo menos tres párrafos. Antes de empezar a escribir, haz una lista de las ideas que quieres expresar sobre cada uno de los puntos anteriores.

Poesía

Hombres necios que acusáis

Sor Juana Inés de la Cruz

Abriendo paso:
Gramática

Present perfect and
  pluperfect indicative:
  Unidad 1, págs. 16 a
  22; RG 1 págs. 46 a 48
Familiar commands: RG 4,
  págs. 158 a 165
Present subjunctive: RG 4,
  págs. 166 a 172
Imperfect subjunctive:
  Unidad 6, pág. 211 a 214
  RG 6, págs. 228 a 231

La autora

Sor Juana Inés de la Cruz
(1651–1695)

Escritora mexicana. Desde la infancia demostró su precoz inteligencia y gran facilidad por la poesía. Cuando sus padres no accedieron a su insistencia para que la mandaran a la Universidad vestida de hombre, se dedicó a leer los libros de la biblioteca de su abuelo a pesar de castigos y reprehensiones. A los 16 años ingresó en un convento. En su celda tenía una amplia biblioteca y allí se reunía con otros poetas e intelectuales de la época. A través de su vida llegó a tener conocimientos profundos no sólo en la literatura y otras humanidades sino también en las matemáticas y la astronomía. En su *Respuesta a Sor Filotea* (que algunos consideran el primer documento feminista de primer orden) defiende el derecho de la mujer al estudio y explica su sed de conocimiento. En su poesía hay numerosas composiciones tanto de temas profanos como religiosos. Un tema favorito es que las apariencias engañan. Un hilo que une a sus poesía es la lógica. En el poema que vas a leer, Sor Juana se dirige a los hombres y los acusa de comportarse de una manera ilógica. El poema que vas a leer fue escrito en el siglo XVII.

Nota cultural

La Real y Pontificia Universidad de México fue fundada el 21 de septiembre de 1551. La educación era enfocada a los hombres porque se pensaba que las mujeres no necesitaban de grandes conocimientos.

¿Crees que la primera universidad para los americanos de habla inglesa se fundó antes o después que la de México? ¿Se enfocaba la educación hacia ambos sexos?

Antes de leer

A. Antes de empezar el poema, la autora escribe la siguiente introducción explicando lo que piensa demostrar con su texto: la falta de lógica en el gusto que sienten los hombres en criticar el comportamiento *(behavior)* de las mujeres. Lee la introducción y contesta a las preguntas que la siguen:

Arguye° de inconsecuentes° el gusto
y la censura de los hombres que en
las mujeres acusan lo que causan

shows / without logic

Según la autora:

1. ¿Quiénes causan el comportamiento de las mujeres?

2. ¿Por qué no es lógico lo que hacen?

B. La autora usa las palabras subrayadas en las siguientes frases para expresar sus ideas.   Entre las siguientes palabras y expresiones, escoge la que mejor sustituye la palabra subrayada en cada frase.

motivo lógico	frivolidad	vanidad
deseo	inclinación	reflexión
la ira	persistencia	

1. La <u>diligencia</u> en los estudios es más importante que la inteligencia.
   _____

2. Ella no tenía <u>razón</u> para tratar a Juan tan mal. _____

3. Pedro nunca piensa, siempre actúa sin <u>consejo</u>. _____

4. Juan siempre está mirándose en el espejo, tiene mucha <u>presunción</u>.
   _____

5. Cuando vio el helado de chocolate, María sintió <u>ansia</u> de comérselo.
   _____

6. Comprar muchos zapatos caros es señal de <u>liviandad</u>. _____

7. <u>El enfado</u> por ofensas percibidas, lleva a muchas personas a la violencia. _____

8. Sus padres quieren que estudie medicina pero Javier tiene <u>afición</u> por la ingeniería. _____

C. En la primera estrofa del poema la autora repite el tema principal. Lee la primera estrofa y contesta a las preguntas que siguen:

Hombres <u>necios</u> que acusáis
a la mujer sin <u>razón,</u>
sin ver que sois la <u>ocasión</u>
de lo mismo que culpáis:

1. ¿Cuál es el tema de la estrofa?

2. ¿Qué adjetivo usa Sor Juana para describir a los hombres? ¿Piensas que es positivo o negativo el adjetivo? ¿Por qué piensas así?

D. En el poema Sor Juana usa a dos mujeres muy conocidas en su tiempo: Tais (una cortesana en Atenas en el siglo IV a.C.) para representar a la mujer que se entrega al hombre que la persigue, y a Lucrecia (una mujer honesta y virtuosa de la antigua Roma) para representar a la mujer que no se entrega. Hoy día, ¿qué personaje literario, del cine o de la televisión usarías tú para representar a una mujer virtuosa? ¿y a una mujer liviana? ¿Por qué te parecen apropiados los nombres que escogiste? Vas a compartir tus ideas con el resto de la clase.

E. No hay duda que la posición de la mujer en la sociedad ha cambiado desde el siglo XVII. Sin embargo, hay muchos que piensan que el camino hacia la igualdad entre el hombre y la mujer todavía es largo. Haz una lista de algunos de los cambios que han ocurrido y lo que piensas que falta por cambiar para que haya igualdad. Vas a compartir tus ideas con el resto de la clase.

Ejemplo: Las mujeres trabajan en las mismas profesiones que los hombres pero ganan menos por el mismo trabajo.

F. Lee las siguientes afirmaciones que hace la autora a través de su poema (escrito en el siglo XVII). ¿Cuáles crees que todavía existen en el siglo XXI? ¿Cuáles han desaparecido? ¿Crees que todas van a desaparecer en este siglo? Explica tu respuesta.

1. Los hombres quieren casarse con una mujer honesta, pero quieren salir con una mujer fácil de conquistar.

2. Los hombres quieren tener relaciones con la mujer, pero luego piensan que ella no es suficientemente "pura".

3. Los hombres se quejan (*complain*) de la mujer que rechaza (*rejects*) sus avances, pero se burlan de la mujer que los acepta.

4. En estos asuntos la mujer no puede ganar: si no acepta los avances del hombre, éste la considera cruel y desagradecida, si los acepta la considera fácil.

Poesía

Hombres necios que acusáis

Sor Juana Inés de la Cruz

**Arguye de inconsecuentes el gusto
y la censura de los hombres que en
las mujeres acusan lo que causan**

Hombres necios° que acusáis°°   ?
a la mujer sin razón°,   ?
sin ver que sois la ocasión°   cause
de lo mismo que culpáis:

5   si con ansia° sin igual   ?
solicitáis su desdén,°   disdain
¿por qué queréis que obren° bien   act
si las incitáis° al mal?   incite

Combatís su resistencia,
10   y luego con gravedad
decís que fue liviandad°   ?
lo que hizo la diligencia.°   ?

Parecer quiere el denuedo°   what most resembles the
de vuestro parecer loco,°   bravery / mad appearance
15   al niño que pone el coco°   makes the bogeyman
y luego le tiene miedo.

Queréis con presunción° necia   ?
hallar a la que buscáis,
para pretendida, Tais,
20   y en la posesión, Lucrecia.

<table>
<tr><td>way of acting</td><td>¿Qué humor° puede ser más raro</td><td></td></tr>
<tr><td>?</td><td>que el que falta de consejo°,</td><td></td></tr>
<tr><td>steams up (tarnishes)</td><td>él mismo empaña° el espejo</td><td></td></tr>
<tr><td>laments, complains</td><td>y siente° que no esté claro?</td><td></td></tr>
<tr><td></td><td>Con el favor y el desdén</td><td>25</td></tr>
<tr><td></td><td>tenéis condición igual,</td><td></td></tr>
<tr><td>whimpering, complaining</td><td>quejándoos°, si os tratan mal,</td><td></td></tr>
<tr><td>mocking</td><td>burlándoos°, si os quieren bien.</td><td></td></tr>
<tr><td>good reputation</td><td>Opinión ninguna gana,°</td><td></td></tr>
<tr><td>is prudent</td><td>pues la que más se recata,°</td><td>30</td></tr>
<tr><td>ungrateful</td><td>si no os admite, es ingrata°</td><td></td></tr>
<tr><td>unchaste</td><td>y si os admite, es liviana.°</td><td></td></tr>
<tr><td>are</td><td>Siempre tan necios andáis°</td><td></td></tr>
<tr><td>standard</td><td>que con desigual nivel°</td><td></td></tr>
<tr><td></td><td>a una culpáis por cruel</td><td>35</td></tr>
<tr><td></td><td>y a otra por fácil culpáis.</td><td></td></tr>
<tr><td>moderate, between two
extremes / aspires to</td><td>¿Pues cómo ha de estar templada°
la que vuestro amor pretende°,</td><td></td></tr>
<tr><td></td><td>si la que es ingrata ofende</td><td></td></tr>
<tr><td></td><td>y la que es fácil enfada?</td><td>40</td></tr>
<tr><td>?</td><td>Mas entre el enfado° y pena</td><td></td></tr>
<tr><td></td><td>que vuestro gusto refiere,</td><td></td></tr>
<tr><td>good for</td><td>bien haya° la que no os quiere</td><td></td></tr>
<tr><td>complain all you want</td><td>y quejaos en hora buena.°</td><td></td></tr>
<tr><td></td><td>Dan vuestras amantes penas</td><td>45</td></tr>
<tr><td></td><td>a sus libertades alas,</td><td></td></tr>
<tr><td></td><td>y después de hacerlas malas</td><td></td></tr>
<tr><td></td><td>las queréis hallar muy buenas.</td><td></td></tr>
</table>

    ¿Cuál mayor culpa ha tenido
50 en una pasión errada,
la que cae de rogada
o el que ruega de caído°?   *baseness*

    ¿O cuál es más de culpar,
aunque cualquiera mal haga:
55 la que peca° por la paga   *to sin*
o el que paga por pecar?

    Pues ¿para qué os espantáis°   *to appall, shock*
de la culpa que tenéis?
Queredlas cual las hacéis
60 o hacedlas cual las buscáis.

    Dejad de solicitar
y después con más razón
acusaréis la afición°   *?*
de la que os fuere a rogar.

65   Bien con muchas armas fundo
que lidia° vuestra arrogancia,   *struggles*
pues en promesa e instancia°   *argument*
juntáis diablo, carne y mundo.

Comprensión

Después de leer cuidadosamente el poema, prestando atención a cada estrofa, contesta a las siguientes preguntas:

1. Escribe una frase que resuma la segunda estrofa. Vas a compartir tu resumen con un grupo pequeño y el grupo va a escoger el mejor resumen para compartirlo con la clase.

2. La palabra "gravedad" que aparece en la tercera estrofa, se puede traducir de varias formas: *gravity, modesty, composure, seriousness, rightiousness, dignity.* Si consideras los versos 9–12, ¿cuál de estas traducciones te parece más apropiada? Explica tu respuesta.

3. En tus propias palabras y sin usar nombres propios, resume la idea que expresa Sor Juana en los versos 17–20.

4. En los versos 21–24 Sor Juana resume el tema principal de nuevo. Usa estos versos para resumir el tema en tus palabras.

5. Lee los versos 25–28 y 29–32 y luego completa el siguiente resumen:

   Si la mujer te trata mal, te _____ y dices que la mujer es _____

   Si la mujer te trata bien, te _____ y dices que la mujer es _____

6. Lee los versos 37–40. Según la autora, ¿por qué es difícil para la mujer que aspira al amor de un hombre saber cómo comportarse?

7. Lee los versos 41–44. Según la autora, el enfado o la tristeza que siente el hombre son resultado de su propio comportamiento. ¿Qué piensa ella que debe hacer la mujer aunque el hombre se queje?

8. En los versos 49–52 y 53–56 la autora hace casi la misma pregunta. Escribe la pregunta en tus propias palabras.

9. En tus propias palabras, escribe el consejo que la autora le da a los hombres en los versos 57–60.

10. Según la autora, si los hombres dejan de solicitar a las mujeres ¿qué podrán hacer ellos?

Un breve análisis literario

1. En el verso 23, "el espejo" es una metáfora. ¿Qué representa "el espejo"? La autora usa la metáfora "empaña el espejo" para representar las acciones del hombre. Imagina que eres poeta. ¿Qué expresión (verbo + sustantivo) usarías tú para expresar lo mismo?

2. El hipérbaton es la alteración del orden lógico de las palabras. ¿Cuál es el orden lógico en los versos 35 y 36 del poema? ¿De qué acción acusa la autora a los hombres en los versos 33–36?

3. Las palabras de los versos 45–46 no están en orden lógico (hipérbaton). El orden lógico es:

   vuestras amantes penas dan alas a su libertad

   Además, "dan alas a su libertad" es una metáfora. En tus propias palabras escribe una frase que resuma los versos 45–49.

4. Según la autora ¿cuáles son las "armas" que usa el hombre en su lucha por hacer pecar a la mujer? En tu opinión, ¿por qué cierra la autora el poema con estas palabras?

5. La antítesis consiste en contraponer dos pensamientos, dos expresiones o dos palabras contrarias. En este poema hay muchos ejemplos de antítesis, i.e. favor/desdén. Escribe tres ejemplos más. ¿Piensas que la antítesis funciona especialmente bien o mal en este poema? ¿Por qué?

6. En tu opinión, ¿cuál es la estrofa que mejor comunica lo que la autora quiere decir?

7. ¿Cuál es tu reacción al poema? ¿Crees que el ser hombre o mujer afecta tu reacción? Explica tu respuesta.

Un paso más

A. Hacia el final del poema, tal parece que la autora resume algunas de las ideas centrales del poema. Sor Juana nos lleva a las siguientes conclusiones:

Si una mujer honesta se entrega a un hombre después de muchos ruegos, el hombre también tiene culpa.

El hombre que le paga a una prostituta tiene tanta culpa como la mujer que recibe el dinero.

¿Estás de acuerdo con la autora? Escoge una de sus conclusiones y escribe un párrafo en el cual expliques por qué estás o no estás de acuerdo.

B. Si pensamos en la época cuando Sor Juana escribió este poema, es importante notar que ella tenía ideas bastante modernas. ¿Cómo es que una monja del siglo XVII pudo escribir poemas como éste? ¿Crees que hubo repercusiones? Explica cuáles podrían haber sido estas repercusiones.

C. Piensa en un incidente que demuestre que en el siglo XXI los hombres critican a las mujeres por comportamientos que ellos mismos causan. Escribe un breve resumen del incidente (puede ser real o imaginario pero no debes usar nombres propios).

D. En sus obras y en su vida, Sor Juana afirma que los hombres y las mujeres son iguales con respecto a sus emociones y a su intelecto. Casi cuatro siglos más tarde todavía existen situaciones en las que es evidente que no se ha logrado la igualdad. Por ejemplo, algunas familias compran diferentes juguetes para los niños y las niñas. Haz una lista de algunos actos que todavía ocurren dentro de la familia y en la vida diaria que demuestran que la igualdad no se ha logrado totalmente. Luego, discute tus ideas con tus compañeros de clase en grupos pequeños y traten de explicar come se puede superar esta desigualdad.

E. ¿Piensas que el poema podría ayudar al debate acerca del feminismo? ¿Hay alguna parte que te moleste? Haz una lista de las partes que te molestan y explica por qué te molestan. Vas a compartir tus ideas con la clase.

F. Imagina que eres Sor Juana Inés de la Cruz y escribe una composición de por lo menos tres párrafos expresando tu reacción a lo siguiente:

Un hombre que sabe cocinar, lavar la ropa y los demás quehaceres de la casa es un hombre que está listo para vivir solo. Una mujer que sepa hacer todas esas cosas, está lista para casarse.

Go Online

For: Additional practice
Visit: www.PHSchool.com
Web Code: jxd-0019

De la prensa

Índice

DE LA
PRENSA

Palenque
La cultura maya en la selva mexicana
Klaus Walter

Antes de leer

A. En un mapa Busca en el Internet información acerca de Palenque. En un mapa localiza el lugar y los lugares a su alrededor. Prepara una presentación para los otros estudiantes en la que describas:

- donde se encuentran las ruinas
- los logros de los mayas
- su religión
- la base de su economía
- su cultura
- las estructuras principales en el Parque Nacional de Palenque

Luego, en grupos tú vas a compartir la información que encontraste y vas a incluir información que los otros expresan pero que no incluiste en tu presentación. Tu profesor(a) va a escoger estudiantes de diferentes grupos para presentarle la información a la clase.

B. UNESCO Busca en el Internet toda la información que puedas encontrar sobre esta organización, la misión que tiene y enumera también algunos de los lugares (dos o tres) en la América Latina y el Caribe que se han declarado Patrimonio Cultural de la Humanidad. Escribe palabras y expresiones que te ayuden a presentarle a la clase la información que encontraste sobre esta organización. En grupos, vas a compartir la información para completar tu informe.

> **Abriendo paso: Gramática**
>
> Present: Unidad 3: págs. 95 a 98; RG 3, págs. 116 a 127
> Preterite and imperfect indicative: Unidad 1, págs 1 a 15; RG 1, págs. 30 a 45
> *Ser/Estar*: Unidad 3, págs. 98 a 108
> Adjectives: Unidad 2 págs. 49 a 72; RG 2, págs. 73 a 94
> *Por/Para*: Paso 10, págs. 309 a 311

C. La zona central maya Entre los lugares de gran interés en la llamada zona central maya se encuentran: Yaxchilán en Chiapas, Tikal en Guatemala y Copán en Honduras. El(La) profesor(a) va a dividir la clase en tres grupos:

Grupo 1—Yaxchilán
Grupo 2—Tikal
Grupo 3—Copán

Cada grupo va a preparar una presentación con toda la información que encontraron los miembros del grupo sobre su ciudad maya. Luego van a compartir lo que aprendieron con la clase.

D. Los retos Piensa en las diferentes culturas antiguas que has estudiado en tus clases de estudios sociales, por ejemplo Egipto antiguo, Mesopotamia antigua, Grecia antigua, Roma antigua, China antigua, etc. y haz una lista de los retos que muchas de estas culturas antiguas enfrentaron. Discute las causas de los problemas que enfrentaron así como las consecuencias de estos problemas. Escoge por lo menos dos culturas y haz una lista de palabras y expresiones que te ayudarán a presentar tus ideas a la clase. Estas civilizaciones o culturas no tienen que haber existido necesariamente en países de hispanohablantes.

Al leer

El siguiente artículo trata sobre la ciudad de Palenque en México. Mientras lees, ten presentes los siguientes puntos:

- lo que un visitante puede encontrar allí

- quiénes y cómo se interesaron en explorar el lugar

- su historia a través de los años

DE LA
PRENSA

Palenque: La cultura maya en la selva mexicana

Klaus Walter

Se puede llegar desde San Cristóbal de las Casas, las tierras altas[1] de Chiapas, pasar un rato al lado de las cascadas y lagos de Agua Azul y la catarata de Misol-ha, y seguir rumbo
5 a[2] Palenque, la ciudad maya más occidental de México y, al mismo tiempo, una de las más fascinantes.

Para acceder[3] a la ciudad maya de Palenque, el viajero va bajando la sierra[4] hacia la planicie[5] cálida y húmeda, y avanzando a 10 través de la jungla. No se detiene en la ciudad nueva de Palenque sino que sigue hasta llegar al Parque Nacional de Palenque: una parte de la selva que encierra la zona arqueológica, y

---

[1] ? / [2] heading for

[3] reach / [4] ? / [5] ?

15 que ha sido declarada por la UNESCO
Patrimonio Cultural de la Humanidad (1987).
   El visitante entra al parque, camina bajo
los árboles frondosos[6], y de repente se abre
en medio de la selva un espacio grande y
20 despejado de[7] árboles: ante sus ojos se
levantan templos y palacios majestuosos de
hace más de un milenio. El actual Parque
Nacional de Palenque es un conjunto
monumental que maravilla por su
25 majestuosidad y belleza a los viajeros y
exploradores que lo llevan visitando desde
finales del siglo XVIII. Los grandes templos y
plazas, relieves en piedra[8], las inscripciones
jeroglíficas en medio de la imponente selva,

son algunas de las razones por las que este 30
sitio es algo único.

De aventureros y exploradores

   La ciudad maya Palenque desapareció
unos 650 años antes de la llegada de los
españoles. No se conocen las razones exactas 35
por las que decayó la ciudad o por las que fue
abandonada. En esta región de lluvias
abundantes y selvas subtropicales, en pocos
años la vegetación se tragó[9] los restos de la
civilización. Pronto ya nadie se acordaría de la 40
ciudad antaño[10] esplendorosa, hasta que
unos aventureros en sus viajes por la zona,
tropezaron[11] en la jungla con antiguas piedras

---

[6] leafy / [7] free of / [8] relieves… reliefs in stone

[9] swallowed up / [10] in days gone by / [11] ?

labradas[12]. Siguieron los rumores de culturas
enigmáticas y palacios derruidos[13] en la selva,
aventureros y viajeros de muchos países se
acercaron para quedarse semanas, meses y
hasta años, aguantando[14] fiebres, alacranes[15]
y calor tropical, para documentar con lápiz y
papel los vestigios[16] de esta perdida
civilización indígena.

Por ejemplo, sobre el año 1840 llegaron a
este lugar John Lloyd Stephens y Frederick
Cartherwood. Su libro *"Incidents of travel in
Central America, Chiapas and Yucatán"*, con
las narraciones claras y apasionantes de
Stephens y los dibujos de Catherwood, en los
cuales representó fielmente[17] los relieves y los
jeroglíficos, hizo furor. Poco a poco se inicia
una exploración sistemática del lugar.

El investigador británico Alfred Maudslay
y el explorador francés Désiré Charnay
empezaron a excavar el Templo de las
Inscripciones y a realizar copias en yeso de
estelas[18], relieves e inscripciones. Décadas
después, el ingeniero danés Frans Blom
intentó averiguar cuáles eran las reglas de los
mayas para construir y organizar sus ciudades.

Luego, se exploraron edificios como el
Palacio, Templo del Conde, Grupo Norte y
el Templo del Sol. A finales de los años 40,
el Instituto Nacional de Antropología e
Historia (INAH) se encargó[19] del "Proyecto
Palenque", y en 1952 el arqueólogo Alberto
Ruz L'Huillier descubrió en el interior del
Templo de las Inscripciones la tumba del
gobernante Pakal.

Al mismo tiempo que Palenque era
rescatada de la jungla, se excavaba en otras
regiones del país, y varios investigadores se
daban a la tarea de[20] descifrar la sofisticada
escritura de los glifos[21]. Era un trabajo
complicado, pero las soluciones arrojaron

---

[12] carved / [13] demolished / [14] enduring / [15] scorpions /
[16] remains, vestiges, traces / [17] faithfully

[18] copias... plaster reproductions of traces (vestiges) / [19] ? /
[20] se daban...took upon themselves the task / [21] ?

luz[22] sobre el pasado, aunque todavía quedan muchas preguntas sin contestar.

El pasado palencano

Las primeras noticias de Palenque datan de alrededor del año 100 d.C.; ya existía un poblado, pero su formación como un centro regional importante se inicia a partir del siglo IV. Según las inscripciones, la historia de la dinastía palencana comienza en 431. Después de varias guerras con la ciudad-estado maya Calakmul a finales del siglo VI, sube al trono Pakal—Escudo Sol—en 615 y se inicia el siglo de mayor esplendor: la edad de oro de Palenque.

Pakal hereda[23] el trono de su madre Sak K'uk, lo cual demuestra que en la cultura maya hubo mujeres que podían ejercer[24] funciones importantes—en 1994, la arqueóloga Fanny López Jiménez descubre la tumba de una "Reina Roja", llamada así por el color del cuerpo—, en este caso para garantizar la continuidad dinástica, aunque normalmente el trono se heredaba de padre a hijo. Pakal gobierna durante 68 años, y muere en 683, a la edad de 80 años; después, su hijo Kan B'alam II —Jaguar—Serpiente—será el gobernante (684–702).

La ciudad se convirtió en una potencia regional, un lugar sorprendente, donde florecían la técnica, la arquitectura y la artesanía. En la época de Pakal se construyeron el Templo Olvidado, los Templos de la Cruz y de la Cruz Foliada, y se inicia la construcción del Templo de las Inscripciones y del Palacio. De entonces datan también numerosas esculturas de piedra y objetos de jade y malaquita. Lo asombroso[25] es que todo esto se hiciera sin conocer la rueda[26], bestias de carga[27], ni herramientas[28] de metal. Palenque era, junto con Yaxchilán (Chiapas), Tikal (Guatemala) y Copán (Honduras), una ciudad muy importante de la zona central maya. Una gran civilización que dejó su huella en toda Centroamérica, y, aunque hoy en día sólo se ven restos de la cultura maya, uno nota el contraste brutal entre la vida de aquel entonces y las condiciones deplorables en las que viven los millones de descendientes de los mayas hoy en día en México, Guatemala y Honduras.

La última fecha encontrada de la entronización[29] de un gobernante en Palenque es del año 799. A principios del siglo X, cuando otras ciudades mayas hoy conocidas en el mundo entero, como Uxmal o Chichén Itzá en el norte de la península de Yucatán, gozaban de gran esplendor, Palenque ya había dejado de existir. La ciudad fue abandonada. Hasta hoy no se sabe por qué. Como fuere[30], estas fabulosas construcciones dan idea de la importancia monumental de la región en la época prehispánica. Palenque seguirá maravillando y despertando interés científico, así como también la curiosidad romántica. Frans Blom lo expreso así: "La primera visita a Palenque es impresionante. Cuando uno ha vivido allí por algún tiempo, esta ciudad en ruinas se convierte en una obsesión".

---

[22] arrojaron... *shed light* / [23] ? / [24] ?

[25] *astonishing* / [26] *wheel* / [27] bestias... *beasts of burden* /
[28] *tools* / [29] *placing on the throne* / [30] Como... *Be that as it may*

Comprensión

A. ¿Cierta o falsa? Lee las siguientes frases y decide si la información es cierta o falsa según el artículo que acabas de leer. Si la información es falsa, escribe la información correcta.

1. La zona arqueológica de Palenque se encuentra muy cerca de la ciudad moderna.

2. La antigua ciudad de Palenque dejó de existir a causa de la llegada de los españoles.

3. Hasta hoy en día no conocemos las razones por las que esta ciudad fue abandonada.

4. El interés por explorar Palenque se intensificó una vez que se publicó un libro sobre la ciudad.

5. Pakal fue un líder de los habitantes de Palenque.

6. Durante el gobierno de Pakal la cultura maya floreció mucho.

7. Las mujeres no representaban un papel muy importante en la cultura maya.

8. Durante la época de Pakal hubo una declinación en la construcción de templos en el área.

9. Si comparamos la calidad de vida de los mayas en la época antigua y la de hoy en día podemos encontrar muchas semejanzas.

10. Palenque tuvo su mayor esplendor al mismo tiempo que Uxmal y Chichén Itzá.

B. Comprensión general Usa tus propias palabras para responder a las siguientes preguntas. Luego, en grupos pequeños vas a compartir tus respuestas con el resto de la clase.

1. Describe en detalle el lugar donde se encuentra la antigua ciudad de Palenque.

2. ¿Cómo llegó a ser Palenque un lugar de interés para los aventureros y visitantes al lugar?

3. ¿Cuál fue el aporte de Alberto Ruz L'Huillier?

4. ¿Qué ayudó a descubrir el pasado de la ciudad?

5. ¿Qué acontecimientos (*events*) contribuyeron a que Palenque se convirtiera en una "potencia regional"?

6. ¿Qué sabemos sobre el final de la ciudad de Palenque?

C. De la misma familia Las palabras de la lista a continuación son palabras que probablemente ya conoces. Escribe todas las palabras de la misma familia que conozcas. La referencia indica la línea en la que puedes encontrar la palabra en el texto.

encierra (encerrar) [línea 14]	apasionantes [línea 56]
desapareció (desaparecer) [línea 33]	fielmente [línea 58]
decayó (decaer) [línea 36]	hereda (heredar) [línea 102]

D. En contexto Imagínate que quieres explicarle a un(a) compañero(a) de clase el significado de las siguientes palabras. En español, explica lo que cada una de las palabras significa. Escribe las explicaciones para luego compartirlas con el resto de la clase. La referencia indica la línea en la que puedes encontrar la palabra en el texto.

despejado [línea 20]	se encargó (encargarse) [línea 73]
abandonada (abandonar) [línea 37]	rescatada (rescatar) [línea 79]
tropezaron (tropezar) [línea 43]	la tumba [línea 76]

Un paso más

Para conversar

A. Una visita a Palenque Ahora que sabes más sobre Palenque, haz una lista de las razones por las que te gustaría visitar el lugar y lo que piensas que te va a impresionar más. Puedes usar el lugar del Internet que usaste en el ejercicio A (página 281) o buscar otro lugar para hacer una visita virtual de Palenque. Trae a la clase dos o tres fotos que encuentres en el Internet de algunas de las estructuras que hay en Palenque para compartir con tus compañeros(as) de clase. No tienen que ser estructuras que se mencionan en el artículo *Palenque: La cultura maya en la selva mexicana*.

B. Una visita a un lugar histórico En los Estados Unidos hay muchos lugares históricos, por ejemplo: El Álamo, Monticello, el Instituto Smithsonian, Cabo Cañaveral, el monumento USS Arizona, etc. Prepara una pequeña presentación sobre algún lugar histórico que hayas visitado. Si tienes fotos, tráelas a la clase. ¿Piensas que es importante que los extranjeros visiten ese lugar? Cuando los extranjeros lo visitan, ¿qué piensas que van aprenden sobre la cultura norteamericana?

C. Un grupo en vía de extinción Piensa en un grupo indígena o en una cultura que existe ahora pero que está en peligro de extinción. Prepara un breve informe sobre ese grupo o cultura y explica cuáles son las razones o los problemas que causan un desafío a estas sociedades y cuáles son algunas de las soluciones que podrían ayudar a mantener la riqueza cultural de este grupo.

You may find **Appendix A** (Some Words and Expressions Used to Connect Ideas) especially useful as you complete these exercises.

Para escribir

A. Un día en una excavación Imagina que eres un(a) arqueólogo(a) que está trabajando en una excavación de una ciudad antigua en un país latinoamericano. Escribe una entrada en tu diario describiendo un día típico en esta excavación.

B. La herencia cultural Escribe un ensayo de unas 150 palabras en el que expreses tu opinión sobre la importancia de mantener viva la herencia cultural de un grupo o cultura. Incluye cualquier información que hayas aprendido en cualquiera de tus clases para apoyar tus ideas.

C. Comparaciones De la lista a continuación, escoge un lugar que te interesa y prepara un breve informe sobre él. Expresa las semejanzas y diferencias que encontraste entre este lugar, su cultura y la de Palenque. Puedes usar la información que encontraste para el ejercicio C en la página 282.

Go Online

For: Additional practice
Visit: www.PHSchool.com
Web Code: jxd-0020

- Uxmal
- Chichén Itza
- Tikal
- Copán
- Yaxchilán

Los mayas de hoy

Fernando Briones

Antes de leer

A. Los mayas hoy Busca en el Internet todos los lugares donde todavía se encuentran los mayas. Incluye los estados mexicanos y otras regiones que no sean parte de México. Luego, dibuja un mapa y muestra estas regiones. No te olvides de nombrar los estados y regiones y añadir el número de personas que habita en cada región.

B. La desaparición de una cultura A través de los siglos, muchos grupos indígenas se han visto amenazados por factores fuera de su control. Algunos han desaparecido, otros están en peligro de extinción. Investiga en el Internet y prepara un breve informe sobre uno de estos grupos. Incluye el lugar donde se encuentran, su origen, su situación actual y el peligro que enfrentan.

C. La modernización Muchas personas ven la modernización en áreas donde se encuentran los indígenas como un gran beneficio para ellos. Entre otros beneficios están tener mejores viviendas, mejor salud, más conveniencias, etc. Sin embargo, hay quienes piensan que la modernización no ha sido un beneficio. ¿Estás de acuerdo con la idea de que estas regiones deben modernizarse? Explica las razones por las cuales piensas de esta manera.

**Abriendo paso:
Gramática**

Preterite, imperfect,
   present perfect
   indicative: Unidad 1,
   págs. 1 a 18;
   Reglas gramaticales
   RG 1, págs. 30 a 47
Present indicative:
   Unidad 3: págs. 95 a 98,
   RG 3, págs. 116 a 127
Ser/Estar: Unidad 3,
   págs. 98 a 107
Comparisons: RG 2,
   págs. 90 a 94
Some Expressions Used for
   Oral Communication:
   Appendix D, págs. 359
   a 360

El calendario maya es muy conocido a través en todo el mundo. Es una serie de calendarios y almanaques. Uno de ellos consiste en 260 días *(tzolkin)*, otro de 365 días *(haab)* y otro llamado de "cuenta larga". Todavía se usa en algunas regiones de Oaxaca y en algunas comunidades mayas en Guatemala.

¿Por qué crees que tenían diferentes calendarios? Busca información sobre el calendario y aprende sobre los diferentes usos de cada uno.

Al leer

Vas a leer un artículo sobre la situación actual de los mayas. Mientras lees, ten presentes los siguientes puntos:

- dónde se encuentran los mayas hoy en día

- los criterios que se usan para identificar a un maya

- los ritos en los que participan

- los problemas que enfrentan

Los mayas
de hoy

Fernando Briones

Recientemente, en una emisión de la radio nacional en la que el público hacía preguntas de toda clase para que los conductores respondieran, alguien cuestionó[1]: ¿Por qué
5 desaparecieron los mayas? Por fortuna, la respuesta no tuvo nada que ver con películas de ciencia ficción: "En realidad, los mayas no han desaparecido, siguen ahí, sólo que ya no forman imperios ni ciudades-estado de su
10 periodo clásico".

¿Y dónde están los mayas? Como muchos ciudadanos, los mayas se enfrentan a[2] problemas cotidianos[3]: educación, empleo, salud, seguridad, tierra. Los mayas están
15 desde Manhattan hasta Honduras: no es raro que un vendedor de flores en Nueva York sea un migrante originario del sur de México. Tampoco es extraño encontrar un quiche del altiplano[4] guatemalteco en Florida. En
20 Cancún, el balneario[5] más turístico de México, los empleados de los grandes hoteles y restaurantes, vestidos con impecables trajes blancos, son frecuentemente mayas de Yucatán. En San Cristóbal de las Casas
25 (Chiapas) o en Antigua, Guatemala, es imposible ignorar los coloridos textiles de las mujeres.

---

[1] ? / [2] se... *face* / [3] *daily* / [4] *high plateau* / [5] *seaside resort*

Entre la modernidad y la tradición

Los mayas contemporáneos se ubican[6] en
30 el sureste mexicano (en los estados de
Campeche, Chiapas, Quintana Roo, Tabasco,
Yucatán), en gran parte de Guatemala, y en
menor proporción en Belice, Honduras y El
Salvador. En México, uno de los criterios
35 estadísticos para definir la pertenencia a un
grupo étnico es hablar un idioma autóctono[7].
En esos términos, los mayas constituyen la
segunda familia lingüística más importante
(seguida de náhuatl) e integra más de diez
40 diferentes grupos étnicos con una población
de cerca de un millón de personas. Los
principales grupos (por el número de
hablantes) son los choles, mayas de Yucatán,
tzeltales y tzotziles. En menor proporción se
45 encuentran los chontales de Tabasco,
lacandones y tojolabales.

Sin embargo, el idioma no es el único
criterio para definir la identidad étnica. Con
frecuencia se piensa que los indígenas son
50 aquellos que usan la vestimenta tradicional.
No obstante, los mayas de hoy usan toda clase

de ropa, migran, tienen teléfonos móviles,
y, al mismo tiempo, mantienen antiguas
tradiciones, transformadas y adaptadas a lo
largo de la historia. Por ejemplo, los choles, 55
ubicados al norte de Chiapas, son en su
mayoría agricultores. Actualmente incorporan
técnicas agrícolas modernas, pero realizan
rituales para pedir la lluvia a divinidades de
origen prehispánico en fiestas que sincronizan 60
el calendario religioso católico y el calendario
agrícola. De hecho, la agricultura chol es una
representación de una forma maya de
comprender la naturaleza y el mundo. Estas
expresiones culturales pueden ser sutiles, pero 65
complejas: por ejemplo, ejecutan[8] en una
fiesta católica la danza del Quetzal, un baile
que representa la transición entre el periodo
de cosecha[9] del maíz y el periodo de siembra[10].
La danza es una representación de los puntos 70
cardinales; cuatro hombres bailan con plumas
de quetzal que representan el maíz y el viento.
Durante el baile, los movimientos de las
plumas y los giros[11] de los bailarines son una
metáfora del crecimiento de la planta; la 75

---

[6] ? / [7] indigenous

[8] perform / [9] harvest / [10] sowing / [11] turns

danza se realiza durante el mes de diciembre para representar la caída de las plumas del quetzal, que simbolizan el 80 término de un ciclo agrícola. Como éste, hay muchos ejemplos que integran elementos de la cultura maya prehispánica y la cultura colonial; 85 los tzotziles del pequeño pueblo de San Juan Chamula son famosos por realizar rituales con coca-cola.

Graves problemas sociales

90 Sin embargo, aunque herederos de una cultura avanzada y poderosa, los mayas de hoy enfrentan problemas sociales importantes. Particularmente los mayas de Chiapas viven en condiciones de extrema pobreza. La falta 95 de servicios médicos, escuelas y una distribución desigual de las tierras de cultivo, han provocado conflictos y movimientos sociales como el levantamiento[12] del Ejército Zapatista de Liberación Nacional en 1994, 100 que ha promovido la autonomía de los grupos indígenas.

Por otra parte, la industrialización del país ha provocado una importante migración a los centros urbanos y el olvido progresivo 105 de la agricultura. En la península de Yucatán, famosa por el turismo, muchos jóvenes trabajan como albañiles[13] en la construcción de hoteles, algunos como obreros en las plataformas petroleras del golfo de México, y 110 otros como cargadores[14] en los mercados de las grandes ciudades del país. Las mujeres, famosas por sus sofisticados diseños y técnicas textiles, viven entre el trabajo del hogar y la creación artesanal.[15] Y aun así, la

cultura maya está viva, se 115 transforma, evoluciona y encuentra en las pequeñas fiestas de los pueblos, en la repartición comunal del trabajo (característica de los pueblos 120 indígenas), en la lengua o en la comida un espacio compartido[16] de identidades múltiples, que tienen su origen en la antigua cultura maya, pero también en 125 la cultura global.

_____

[16] shared

_____

[12] uprising / [13] bricklayers / [14] loaders / [15] creación... handcrafted creation

Comprensión

A. ¿Cierta o falsa? Lee las siguientes frases y decide si la información es cierta o falsa, según el artículo. Si la información es falsa, escribe la información correcta.

1. Según el artículo, los mayas han desaparecido.

2. El hecho de que una persona hable una lengua autóctona no es el único criterio para considerarla parte de un grupo étnico.

3. Aproximadamente un millón de personas hablan el idioma maya.

4. Los choles, tzeltales y tzotziles son grupos que hablan el idioma maya.

5. Hoy día se puede identificar a los indígenas por su manera de vestir.

6. Aunque han adaptado ideas modernas, algunos grupos todavía creen en la intervención divina.

7. La danza del Quetzal representa la llegada del año nuevo.

8. Las cosechas se terminan durante el mes de diciembre.

9. La situación de los mayas ha mejorado mucho en los últimos años.

10. Muchos mayas van a las ciudades para mejorar su condición económica.

B. Comprensión general Responde a las siguientes preguntas usando tus propias palabras. Comparte tus ideas con tus compañeros de clase y escucha sus respuestas.

1. ¿Dónde podemos encontrar a los mayas hoy día?

2. ¿Cómo se sabe si una persona pertenece a los mayas?

3. ¿Qué nos dice el artículo sobre la lengua maya?

4. Describe detalladamente la situación actual de los choles. Incluye toda la información que encuentres en el artículo sobre su manera de vivir y sus tradiciones.

5. Describe la danza del Quetzal y su propósito.

6. ¿Qué tipo de vicisitudes *(ups and downs)* enfrentan los mayas hoy día?

C. De la misma familia Las palabras de la lista a continuación son palabras que probablemente ya conoces. Escribe todas las palabras de la misma familia que conozcas. La referencia indica la línea en la que puedes encontrar la palabra en el texto.

fortuna [línea 5]	integra [línea 39]
empleo [línea 13]	mantienen [línea 53]
seguridad [línea 14]	movimientos [línea 73]
flores [línea 16]	provocado [línea 97]
frecuentemente [línea 23]	olvido [línea 104]

D. En contexto Imagínate que quieres explicarle a un(a) compañero(a) de clase el significado de las siguientes palabras. En español, explica lo que cada una de las palabras significa. Escribe las explicaciones para luego compartirlas con el resto de la clase. La referencia indica la línea en la que puedes encontrar la palabra en el texto.

cotidianos [línea 13]	metáfora [línea 75]
cosecha [línea 69]	herederos [línea 90]
siembra [línea 69]	albañiles [línea 107]
plumas [línea 71]	

Un paso más

Para conversar

A. Los aportes de los mayas En el artículo se mencionan brevemente
algunos de los aportes de los mayas. Investiga más a fondo (*in-depth*) los
aportes de los mayas y el efecto que han tenido en el mundo de hoy. En
grupos pequeños van a discutir la información y van a preparar un informe
sobre estos aportes.

B. La religión de los mayas La religión dominaba la mayor parte de la
vida de los mayas. Busca información sobre las creencias de los mayas.
Según ellos, ¿qué sucedía después de que una persona moría? ¿Cuáles eran
los nombres de algunos de sus dioses? ¿Qué representaban? Una vez que
hayas obtenido la información, vas a compartirla con el resto de la clase.

C. Las injusticias Hoy día la sociedad empieza a reconocer las injusticias
que se han cometido en el pasado con respecto al tratamiento de los
pueblos indígenas. En tu opinión, ¿piensas que no se ha tratado bien al
indígena? ¿Por qué? ¿Quiénes han sido algunos de los explotadores? ¿Ha
cambiado la situación? Explica. Si no tienes muchos conocimientos sobre el
tema, le puedes preguntar a un(a) profesor(a) de estudios sociales en tu
escuela o buscar información en la biblioteca o en el Internet. Luego, todos
los estudiantes van a discutir sus ideas con la clase.

Para escribir

You may find **Appendix A** (Some Words and Expressions Used to Connect Ideas) especially useful as you complete these exercises.

A. Una comparación Los indios kunas de Panamá son otro grupo indígena que tiene ciertas semejanzas (*similarities*) con los mayas. Busca información sobre los kunas y luego escribe por lo menos dos párrafos comparándolos con los mayas.

B. Los indígenas en los Estados Unidos Aquí en los Estados Unidos, los indígenas se enfrentan a dificultades tal como los indígenas de otros países. Investiga la situación actual de estos grupos. Luego, resume tus ideas teniendo en cuenta lo que has aprendido sobre los mayas. Escribe por lo menos dos párrafos discutiendo el tema.

C. La ceremonia del Maíz Verde Varios grupos indígenas del sudeste de los Estados Unidos (i.e. seminole y cherokee) celebran los festivales del maíz verde. Busca en el Internet todo lo que puedas sobre cómo uno de los grupos celebra esta ceremonia. ¿Cómo y cuándo se celebra? ¿En qué se parece a las costumbres de los choles? ¿Tiene aspectos diferentes? Usa lo que encuentres para escribir un resumen de uno o dos párrafos.

Go Online

For: Additional practice
Visit: www.PHSchool.com
Web Code: jxd-0021

Eva Perón
Vida y leyenda
Alberto Amato

Antes de leer

Abriendo paso:
Gramática

Preterite: Unidad 1,
   págs. 1 a 8; RG 1,
   págs. 30 a 44
Adjectives: Unidad 2,
   págs. 49 a 72; RG 2,
   págs. 73 a 94
Nouns: Paso 1, págs. 237
   a 249
Indefinite and negative
   Words: Paso 7,
   págs. 298 a 301
Idiomatic expressions:
   Appendix F, págs. 362 a
   366

A. Juan Domingo Perón Busca en el Internet toda la información que puedas encontrar sobre Juan Domingo Perón y la época antes y después de su gobierno. Incluye información sobre lo que sucedía en el país (económicamente, políticamente, socialmente, etc.) antes de ser elegido Perón.

B. La primera dama Aquí en los Estados Unidos muchas veces la "primera dama", o sea la esposa del presidente del país, puede ser una persona que el público acepta o puede ser una persona controversial. Escoge a una de estas mujeres que conozcas bien u otra sobre la cual te gustaría saber más y prepara un breve informe sobre ella. Incluye sus preocupaciones, en qué causas se interesaba, así como la manera en que el pueblo la veía.

C. El papel de la primera dama Ahora que has investigado un poco sobre una de las primeras damas de este país, escribe un breve párrafo sobre lo que en tu opinión es el deber de la primera dama. ¿Qué papel debe representar? ¿Debe influir en las acciones del presidente? ¿Qué sucedería si en lugar de un presidente tuviéramos una presidenta? ¿Cuál sería entonces el papel del "primer caballero"? Ten presente que hablamos en términos generales porque nunca ha habido una presidenta en los Estados Unidos.

D. Eva, el gran musical argentino Lee el breve comentario sobre *Eva, el gran musical argentino* en la página 307. En tus propias palabras expresa lo que discute la selección con respecto al musical.

- el propósito de la obra
- la manera en que se presenta a Eva
- cómo se compara a la Eva de las obras a la Eva real

En general, ¿es justo escribir un musical o hacer una película sobre figuras históricas? Explica tu respuesta.

Al leer

El artículo que vas a leer trata sobre Eva Perón, la primera dama de la Argentina desde 1946 hasta 1952. Mientras lees, ten presentes los siguientes puntos:

- la vida de Eva Perón antes de casarse con Juan Perón
- el papel que desempeñó *(she played)* durante su presidencia
- la reacción positiva o negativa de los argentinos
- el final de la vida de Eva Perón

Nota cultural

Un porteño (una porteña) es una persona nativa de alguna ciudad de España o América en la que hay puerto. Por ejemplo, se refiere a una persona de la ciudad de Buenos Aires, capital de la Argentina.

¿Hay una palabra para expresar eso en inglés? ¿Hay palabras que expresen que una persona es nativa de algún tipo de lugar (i.e. las montañas, el sur, el oeste, la playa, etc.)?

DE LA PRENSA

Eva Perón
Vida y leyenda
Alberto Amato

Nació para ser nadie. Y para no tener nada. Y para pasar por este mundo casi con la fugacidad de un destello[1]. Pero Eva Perón no quiso nada de eso para su vida. Se convirtió en la mujer más importante de la tormentosa historia argentina contemporánea. Tuvo en sus manos el poder y la gloria. Y si bien su vida duró lo que un resplandor[2] (murió devorada por el cáncer a los 33 años, actuó apenas seis años en la vida política y social de Argentina y jamás ocupó un cargo público), partió en dos al país sudamericano y desató[3] tanto amor y tanto odio sobre su vida, su figura y su obra, que aquella breve chispa[4] se transformó en una llamarada[5] que la sobrevivió por medio siglo.

[1] con… in a twinkling of an eye, in a flash / [2] flash

[3] unleashed / [4] spark / [5] blaze

Es imposible intentar explicar a Eva Perón
sin comprender primero a Evita Duarte. Nació
hace 90 años, en los albores[6] del siglo pasado,
20 el 7 de mayo de 1919, en Los Toldos, a
trescientos kilómetros al noroeste de la capital
argentina, en los arrabales desamparados[7]
de las últimas tolderías del cacique[8] Coliqueo,
un indio mapuche desmañado y ladino[9] que
25 terminó por aliarse con los conquistadores del
desierto. Eva Perón jamás toleró ni perdonó la
traición. Era hija natural, de un viajante de
comercio que tenía dos familias. Eva Perón,
en cambio, entregó[10] su vida al amor por un
30 solo hombre al que se aferró[11] para siempre
desde su primer encuentro: Juan Perón. Y
proclamó ese amor a gritos en la tribuna más
precaria y en los balcones de la Casa de
Gobierno con el celo[12] irreverente y candoroso
35 de una muchacha. Lo era: tenía apenas 25
años cuando conoció al coronel Perón, que la
doblaba en edad.

Trabajar para los pobres

Supo desde chica de la miseria y las
40 humillaciones que viven los humildes[13]. Ya en
el poder, Eva Perón se atrincheró[14] en la
Secretaría de Trabajo y Previsión para entregar
personalmente colchones y frazadas[15] y camas
y ropas y máquinas de coser y pelotas de
45 fútbol y muñecas y bicicletas y empleos y
viviendas a miles de personas que no tenían
ni vivienda ni camas ni colchones ni frazadas
ni ropas ni empleos ni muñecas ni bicicletas.
Sólo en las Navidades de 1947 repartió cinco
50 millones de juguetes entre chicos pobres. Y
en mayo de 1948 recibía cerca de doce mil

cartas diarias, según consigna[16] su biógrafa,
la española Marysa Navarro, en su libro
"Evita". Cuando la tarea la desbordó[17], creó
la "Fundación Eva Perón", una institución 55
que extendió la ayuda social a todo el país
y llegó a acumular en sus depósitos una
fortuna en cacerolas[18] y sartenes[19] y abrigos y
mantas y vajilla[20], que eran enviadas a los
rincones[21] más lejanos de un país enorme y 60
devastado.

Sus críticos, que fueron muchos y crueles,
calificaron su accionar como "asistencialismo".
Sus enemigos, que también fueron muchos y
crueles, vieron en ese reparto de bienes[22] la 65
intención política de eternizar a Perón en el
poder. Tal vez no se equivocaran. Pero Eva
contestaba a esos dardos[23] con una frase:
"Sangra tanto el corazón del que pide, que
hay que correr y dar, sin esperar". 70

Evita Duarte llegó a Buenos Aires en 1935
con un sueño, el de ser actriz. Deambuló por
papeluchos[24] sin importancia en radio, cine y
teatro, ámbitos[25] en los que mostró desde
temprano su inquietud social. Llegó a 75
encarnar[26] en radio la biografía de grandes
mujeres de la historia. Esas vidas de otras
fueron su aprendizaje político, y de esas
vidas aprehendió[27] vehemencia, oratoria,
improvisación, sacrificio. 80

En enero de 1944, un terremoto que
destruyó la ciudad de San Juan, en el oeste
argentino que linda[28] con Chile, la unió a
Perón en un festival que recaudaba[29] fondos
para las víctimas de la tragedia. Eva, entonces, 85
asumió el papel estelar de su vida. Dejó atrás
a la actriz Evita Duarte, y en un año pasó a ser

---

[6] dawn / [7] forsaken slums / [8] tolderías… group of tents of
chief / [9] desmañado… clumsy and cunning / [10] dedicated /
[11] held (on) tight / [12] zeal, devotion / [13] lower class, poor /
[14] entrenched herself / [15] mattresses and blankets

[16] ? / [17] overwhelmed / [18] saucepan / [19] skillet / [20] set of dishes /
[21] corners / [22] reparto… distribution of goods / [23] darts /
[24] Deambuló… wandered around playing small roles / [25] fields /
[26] to play / [27] grasped / [28] ? / [29] ?

Eva Perón, cuando el coronel llegó al poder después de que una gigantesca manifestación
90 popular lo rescatara de la cárcel el 17 de octubre de 1945, y de triunfar en las elecciones de febrero de 1946.

Si el peronismo determinó en aquellos años la irrupción en la escena política
95 argentina de una clase social hasta entonces postergada[30], los trabajadores, los más humildes, Eva Perón encarnó la voz y el reclamo[31] de esa clase social. Y lo hizo con vehemencia, con una pasión en la que quemó
100 su vida joven, con un lenguaje llano, claro y simple y, por lo mismo, inaceptable para la época. Dijo su verdad a gritos. Y la crucificaron por la osadía[32]. A más de medio siglo de su muerte, la sociedad (y no sólo la argentina)
105 extraña en sus políticos aquella espontánea sinceridad por la que Eva Perón fue condenada casi a la hoguera[33].

---

[30] postponed / [31] claim, complaint / [32] boldness, audacity /
[33] bonfire, stake

Las huellas de Eva

El matrimonio Perón vivió en dos sitios[34]. En la residencia presidencial que se levantaba 110 entonces en un predio[35] del barrio Norte de Buenos Aires, a escasos[36] tres kilómetros de la Casa de Gobierno. Por el nombre de una de las calles que la rodeaban, se la conocía como "La residencia de la calle Austria". Durante el 115 golpe militar que derrocó[37] a Perón en septiembre de 1955, la residencia presidencial fue bombardeada por aviones de la Armada y parcialmente destruida, al igual que vidas y casas aledañas[38]. El edificio fue luego 120 demolido en un intento, estéril, de borrar de la historia todo lo que había significado el presidente derrocado y su mujer. Hoy, en ese predio, se levanta la Biblioteca Nacional. Y frente a ella, un monumento a Eva, de un 125 bronce cálido que parece flexible como un junco[39], que rescata su vida entera en un solo gesto. Sobre la calle Austria, lo único que queda en pie[40] de aquella época es la entrada de servicio de la residencia que alberga[41] al 130 Instituto Nacional Juan Domingo Perón.

La otra vivienda de la pareja presidencial fue una quinta[42] en la ciudad de San Vicente, a cincuenta y dos kilómetros 135 de la capital argentina, que hoy es museo nacional y el sitio donde descansan los restos[43] del tres veces presidente argentino. 140

Entre 1946 y el año de su muerte, 1952, Eva Perón encarnó el símbolo de un país que necesita poco

---

[34] ? / [35] piece of land / [36] barely /
[37] overthrew / [38] bordering / [39] reed /
[40] ? / [41] ? / [42] estate, country house /
[43] remains

enfermedad que la corroía[50], o por ambas razones, debió renunciar a la nominación en el mismo acto que se había montado[51] para consagrarla. Antes de hacerlo, y en un episodio cargado de dramatismo, único en la historia del país, mantuvo un diálogo memorable con la multitud, que en la alta noche del 22 de agosto de 1951 le exigía que aceptara. Eva dudó. Y hubo entonces un contrapunto[52] de ópera verdiana en el que la voz enronquecida[53] de la primera dama pidió entre lágrimas un poco más de tiempo para pensarlo, mientras miles de voces le gritaban "¡Ahora, ahora...!". A cincuenta y ocho años, aquel acto sintetiza todavía la parábola trágica de un país que estaba a punto de descuartizarse[54], atado a las cinchas[55] de sus deseos y su impotencia.

Dos meses después, el 17 de octubre, y para premiar su renunciamiento, Perón le prendió en el pecho, frente a una multitud y en los balcones de la Casa de Gobierno, la Medalla de la Lealtad Peronista. El discurso de Eva fue una despedida anticipada de la vida y de sus seguidores. Agradeció a quienes habían rogado por su salud, profesó su fe de peronista incesante, y enarboló[56] para siempre tres frases inolvidables, rítmicas, musicales, conmovedoras[57]; un pequeño himno, dolorido y profético:

> "Yo no quise ni quiero nada para mí. Mi gloria es y será siempre el escudo[58] de Perón y la bandera de mi pueblo. Y aunque deje en el camino jirones[59] de mi vida, yo sé que ustedes recogerán mi nombre y lo llevarán como bandera a la victoria".

145 para dividirse en fracciones. Su acción en el gobierno peronista abarcó[44] más que la asistencia social. La mujer llegó al voto en Argentina, recién en 1951, gracias al tesón[45] y al empeño[46] inclaudicables de Eva, a quien se
150 le opusieron muchos intelectuales que no comulgaban[47] con el gobierno de su marido, y que preferían, y lo afirmaron, resignar sus derechos cívicos.

No hubo para Eva términos medios. Ni
155 ella los usó para los demás. Quienes amaban lo que Evita era y quienes odiaban lo que Eva Perón representaba, se hicieron irreconciliables.

Unos la juzgaron[48] poco menos que una santa, un hada protectora y bienhechora[49],
160 una revolucionaria, una mujer empeñada en que la justicia social llegara a cada rincón de un país desolado. Otros la juzgaron una ambiciosa, una aventurera, una resentida egoísta y falsa, cargada de odio y de hipocresía.

165 **Despedida pública**

Aspiró a ser candidata a vicepresidente en las elecciones de noviembre de 1951. Pero, o bien por presiones militares, o por la

---

[44] covered / [45] tenacity / [46] determination / [47] had nothing in common / [48] judged / [49] hada... protective and charitable fairy godmother

[50] was consuming her / [51] se había... had been set up / [52] counterpoint / [53] hoarse / [54] dismember itself / [55] atado... tied to the cinch / [56] raised high, let out / [57] moving / [58] shield / [59] shreds /

Eva Perón no se convirtió en mito luego de su muerte joven. Fue condenada a ser mito aun cuando no había cumplido todavía los treinta años, condena[60] que aceptó como una misión: su pasión, sus desbordes[61], su concepción de la vida, alimentaron ese fuego que le depararía[62] un papel nunca imaginado en las tardes de la radio, lejos de las heroínas de ficción, en un mundo real, con las responsabilidades de una estadista[63] veterana y la edad y el aura de una emperatriz sin corona[64] en un reino de utopía.

Si es cierto que Eva Perón sembró[65] en sólo seis años tantos amores y tantos odios, ambos le fueron correspondidos con creces[66]. Si el amor de los suyos, los humildes, los obreros, las mujeres, " mis descamisados, mis grasitas[67]", dos términos despectivos que sólo eran tolerados en su boca, permaneció inalterable, el odio de sus enemigos se acrecentó[68]. Como afirma la escritora mexicana Alma Guillermopietro: "Evita compartió con su clase social un resentimiento que la consumía y que lo abarcaba[69] todo, precisa contraparte del furibundo desdén[70] con que la clase gobernante veía a la plebe[71]".

Para quienes la amaban, Evita fue un símbolo. Para quienes la odiaban, una obsesión.

En el alma del pueblo

Luego de su muerte en 1952 y ya derrocado Perón en 1955, su nombre fue prohibido, junto con el del expresidente, con los símbolos y los cantos peronistas; se destruyeron los bustos erigidos[72] en su homenaje, se quemaron sus retratos, se arrasó[73] con los bienes y activos de su "Fundación...", calculados en dos mil quinientos millones de pesos de la época. Pero los desatinos[74] llegaron a la locura. El cadáver embalsamado de aquella chica de Los Toldos, devenida en[75] reina sin corona, fue robado por los dictadores que reemplazaron a Perón; su cuerpo fue violentado, mancillado[76], escarnecido[77], vejado[78] y ocultado bajo una identidad falsa en un cementerio de Milán, y devuelto a Perón recién en 1977, como parte de una negociación política de otra dictadura militar.

A tanto disparate[79] impuesto por decreto firmado, los seguidores de Eva Perón respondieron con una lógica inconmovible: le alzaron[80] altares en la penumbra secreta de las casas más humildes, la canonizaron con un fervor que ya querrían para sí muchos santos de las iglesias, y enarbolaron[81] una frase con la sencillez y la lógica del cemento armado[82]: "Eva Perón, eterna en el alma de su pueblo".

Supo que se moría. Hasta el final. El 4 de junio de 1952, delgada como una lámina de papel[83], carcomida[84] por la enfermedad, asistió firme como una roca a la asunción[85] del segundo mandato de su esposo. La leyenda dice, y tal vez sea cierta, que en el auto presidencial que la llevaba al Congreso junto a su marido triunfante, un arnés[86] la mantenía

---

[60] sentence / [61] excesses / [62] would provide / [63] stateswoman / [64] emperatriz... empress without a crown / [65] sowed / [66] correspondido... repayed in abundance / [67] Descamisado y grasista—Los miembros de la clase alta argentina usaban los términos "descamisado" y "grasita" para describir de una manera despreciativa a los miembros de la clase baja y simpatizantes de Juan Perón. / [68] grew / [69] covered / [70] disdain / [71] masses, common people

[72] built, erected / [73] swept away / [74] extravagances / [75] transformed into / [76] sullied / [77] ridiculed, mocked / [78] humiliated / [79] nonsense, foolish acts / [80] they raised / [81] hoisted / [82] cemento... reinforced concrete / [83] ? / [84] eaten away / [85] elevation, inauguration / [86] harness

en pie para que el frío viento del invierno no la derrumbara[87].

Fiel a su estilo, cuando intuyó que el final estaba cerca, tuvo un postrer[88] gesto de
270 desafiante coquetería[89]: pidió a su manicura que, al morir, quitara el esmalte[90] rojo de sus uñas y le colocara uno incoloro.

El 25 de julio de 1952, Eva Perón cedió al embate[91] del cáncer en la residencia
275 presidencial de la calle Austria. Cerró los ojos a las 20.25 según fijó para siempre la Secretaría de Prensa y Difusión de la Presidencia de la Nación. Horas después, su manicura, Sara Gatti, quitó el esmalte rojo de sus uñas y
280 aplicó dos capas[92] de brillo transparente "Queen of Diamonds" de Revlon.

El frágil destello de vida de Eva Perón se había apagado para siempre.

Fue un breve instante de esplendor. Pero
285 cuánto iluminó.

---

[87] no… *would not knock her down* / [88] *last* / [89] *flirtation* / [90] *?* /
[91] cedió… *yielded to the ravages* / [92] *layers*

Eva, el gran musical argentino
Por Héctor Maugeri,
Director de la revista "Caras"

Buenos Aires aplaude de pie la obra "Eva, el gran musical argentino" protagonizado por la actriz y cantante Nacha Guevara. La puesta[93] es una de las más costosas y celebradas por un público exigente y ávido de ver esta nueva versión acerca de la vida de "la abanderada de los humildes". Su primer estreno[94] fue en el verano de 1986. Veintidós años después, y con la dirección musical de Alberto Favero y la propia Guevara, vuelve a deslumbrar[95] en el escenario del teatro Lola Membrives—en pleno corazón de la calle Corrientes (una especie de Broadway porteña)—por su compromiso escénico, el despliegue escenográfico y la impronta emocional de cada una de las canciones, escritas por Pedro Orgambide. "Eva es un musical que honra la vida", aseguró su protagonista, y precisamente de eso trata la obra: de acariciar[96] el corazón de los espectadores, en un contexto histórico y nacional.

A diferencia de las otras "Evitas" (tanto de la creada por Tim Rice y Andrew Lloyd Webber como de la del director cinematográfico Alan Parker), la Eva de Guevara (sin relación con el revolucionario líder argentino-cubano) muestra su costado[97] más visceral. Es una mujer que combina la soberbia[98] con la soledad del poder. En esta Eva, como lo hubo en la real, hay pasión, sangre, lágrimas, esperanza, sueños y traiciones y derrotas. Y muerte. Es una Eva mundana, humana y fiel a sus "descamisados". La Eva de Nacha Guevara es más genuina que las que imaginaron otros autores. Y nos hace sentirla más nuestra.

---

[93] *production* / [94] *opening* / [95] *to dazzle* / [96] *to caress* / [97] *side* /
[98] *arrogance*

Comprensión

A. ¿Cierta o falsa? Lee las siguientes frases y decide si la información es cierta o falsa, según el artículo. Si la información es falsa, escribe la información correcta.

1. Evita Duarte venía de una familia adinerada y poderosa.

2. Eva Perón murió a una temprana edad.

3. El coronel Perón era de la misma edad que Eva.

4. Eva Perón sabía lo que era ser pobre.

5. Eva Perón fue criticada por su ayuda a los desafortunados.

6. Eva Perón conoció a su futuro esposo cuando unos amigos se lo presentaron.

7. La casa donde vivían los Perón fue casi destruida.

8. El Presidente Perón está enterrado en el centro de Buenos Aires.

9. La opinión de los argentinos de Eva Perón iba de un extremo al otro.

10. Eva Perón quería ser vicepresidenta del país.

11. Después de que Eva Perón murió no se permitía ni decir su nombre ni exponer símbolos de la era peronista.

12. Los dictadores hicieron mucho daño a los restos de Eva Perón.

13. Las personas que admiraban a Eva Perón al fin pudieron rendirle homenaje de varias maneras.

14. Eva Perón quería que la enterraran sin pintura de color en las uñas.

B. Comprensión general En tus propias palabras, responde a las siguientes preguntas. Luego, comparte tus ideas con los otros estudiantes de la clase.

1. ¿Cómo se puede explicar la razón por la cual Eva Perón se interesó por los humildes?

2. ¿Por qué se mudó Eva Perón a Buenos Aires?

3. ¿Qué tipo de ayuda les daba Eva Perón a los pobres?

4. Describe la relación personal y pública entre Juan Perón y su esposa, Eva.

5. ¿Cómo podríamos caracterizar para la clase alta y para la clase baja argentina los años entre 1946 y 1952?

6. Describe las distintas opiniones que tenían los argentinos sobre las acciones y el motivo detrás de las acciones de Eva Perón.

7. ¿Qué hizo Eva Perón antes de decidir si iba a ser candidata a la vicepresidencia? ¿Cómo reaccionaron los que la admiraban?

8. ¿Cómo reaccionaron los que estimaban a Eva Perón cuando se les prohibió honrarla?

9. ¿Qué acción muestra al final de su vida la fuerza de voluntad de Eva Perón?

10. ¿Por qué piensas tú que Eva Perón le dio las instrucciones que le dio a su manicura?

11. ¿Cuáles son algunos adjetivos positivos y negativos que se pueden usar para describir a Eva Perón?

C. De la misma familia Las palabras de la lista a continuación son palabras que probablemente ya conoces. Escribe todas las palabras de la misma familia que conozcas. La referencia indica la línea en la que puedes encontrar la palabra en el texto.

tormentosa [línea 5]	destruida [línea 119]
el poder [línea 7]	odiaban [línea 156]
humillaciones [línea 40]	juzgaron [línea 162]
eternizar [línea 66]	cargada [línea 164]
sangra [línea 69]	despedida [línea 165]
terremoto [línea 81]	reino [línea 209]

D. En contexto Imagínate que quieres explicarle a un(a) compañero(a) de clase el significado de las siguientes palabras. En español, explica lo que cada una de las palabras significa. Escribe las explicaciones para luego compartirlas con el resto de la clase. La referencia indica la línea en la que puedes encontrar la palabra en el texto.

llamarada [línea 15]	hada [línea 159]
muñecas [línea 45]	terremoto [línea 81]
corazón [línea 69]	bandera [línea 197]
humildes [líneas 40, 97]	homenaje [línea 233]
hoguera [línea 107]	embalsamado [línea 238]

Un paso más

Vocabulario útil para conversar y para escribir

Aquí tienes una lista de palabras y expresiones que te ayudarán a expresar tus ideas. Trata de incluirlas en la discusión con los otros estudiantes o en los ejercicios de escritura.

contribuir	to contribute
de ese modo	in that way
hacer falta	to lack
la libertad de palabra	freedom of speech
llevar a cabo	to carry out
por cierto	by the way, incidentally
ya que	because, since, seeing that
el cariño	affection
el sentimiento	the feeling
desafortunadamente	unfortunately
la lucha	fight
en cambio	on the other hand
la voluntad del pueblo	the will of the people
los prejuicios	prejudices
sin embargo	however
a pesar de	in spite of
rechazar	to reject

Para conversar

A. Mis consejos   Imagina que eres un(a) consejero(a) de Evita Perón. Conoces bien las opiniones de los argentinos a favor y en contra de Eva Perón. Haz una lista de por lo menos cinco sugerencias y consejos que le darías y explica por qué se los recomiendas.

B. Una profecía   Al final de su vida, Eva Perón le dice estas palabras a la multitud congregada en los balcones de la Casa de Gobierno:

> "Yo no quise ni quiero nada para mí. Mi gloria es y será siempre el escudo de Perón y la bandera de mi pueblo. Y aunque deje en el camino jirones de mi vida, yo sé que ustedes recogerán mi nombre y lo llevarán como bandera a la victoria."

Ahora que has leído sobre la vida y leyenda de Eva Perón, explica por qué se considera esta cita una profecía. ¿Piensas tú que se hizo realidad? Explica tu respuesta.

C. Héroes y heroínas   A través de la historia encontramos a hombres y mujeres que se han destacado en diferentes áreas. Al mismo tiempo, la sociedad algunas veces no olvida sus faltas *(offenses)*. Piensa en un personaje histórico que haya sido controversial. Describe sus logros *(achievements)* así como los errores que cometió. Luego, expresa tu opinión acerca de él o ella.

D. El legado   Aunque todavía eres muy joven, quizás hayas pensado en el legado que te gustaría dejar cuando te jubiles de la profesión que escojas en el futuro. Prepara un breve informe donde discutas lo que quisieras dejar como tu legado. Describe detalladamente el legado y las razones por las cuales te parece importante.

E. Límites de mandato presidencial   Juan Perón fue elegido presidente de Argentina tres veces. ¿Piensas tú que debe haber un límite a las veces que una persona puede ejercer la presidencia? ¿Cuántas veces te parecen apropiadas? ¿Cuáles son algunas de las ventajas y desventajas de no tener límites? ¿Sabes cuántas veces se puede reelegir al presidente de los Estados Unidos? ¿Te parece justo? Explica. Organiza tus ideas para participar en un debate con tus compañeros.

You may find **Appendix A** (Some Words and Expressions Used to Connect Ideas) especially useful as you complete these exercises.

Para escribir

A. El agradecimiento   Imagina que eres uno(a) de las personas humildes a quien Eva Perón ayudó. Escríbele una carta en la que describas tu situación y tus necesidades. Incluye el resultado que ha tenido su ayuda en ti y en tu familia y tu agradecimiento por la ayuda que te dio.

B. El futuro con Eva   En el primer ejercicio de la sección **Antes de leer** (página 300) investigaste la historia de Argentina durante la época de Perón. Teniendo esa historia en cuenta y lo que aprendiste en el artículo que acabas de leer, escribe dos párrafos en los que expreses lo que tú piensas que habría pasado si Eva Perón hubiera vivido por mucho más tiempo.

C. El ídolo   Para muchos, Eva Perón se convirtió en un ídolo. Piensa en un personaje de la historia, de la farándula (*entertainment*) o de los deportes y explica por qué esa persona se convirtió en un ídolo. La persona no tiene que estar viva. No dejes de expresar tu opinión positiva o negativa sobre este personaje.

Go Online

For: Additional practice
Visit: www.PHSchool.com
Web Code: jxd-0022

DE LA PRENSA

Fernando Botero, El espejo convexo

Patricia Venti

Antes de leer

A. Los cuadros de Botero Mira los cuadros de Botero que acompañan el artículo. Lee la siguiente lista de palabras y escoge ocho palabras para describirlos. Si no sabes el significado de algunas de las palabras, búscalas en el diccionario.

abstracto	hinchado	rollizo
apacible	imitar	la sensualidad
deformar	perezoso	simple
la emoción	la redondez	voluminoso
gigante	representar	

Abriendo paso: Gramática

Preterite and present perfect indicative: Unidad 1, págs. 1 a 8 y 16 a 19; RG 1, págs. 30 a 44 y 46 a 47
Present indicative and *Ser/Estar*: Unidad 3, págs. 95 a 107; RG 3, págs. 116 a 127
Adjectives: Unidad 2, págs. 49 a 72; RG 2, págs. 73 a 94

Ahora, escoge otras cuatro palabras que no estén en la lista que se presten *(lend themselves)* para la descripción. Piensa en lo que vas a decir y prepárate para presentarle tus ideas al resto de la clase. Escucha lo que dicen los otros estudiantes y añade más información, o haz preguntas sobre lo que ellos dicen.

B. La dignidad de los cuadros Muchos dicen que aunque Botero pinta a personas gruesas, él las trata con dignidad y respeto. ¿Estás de acuerdo? ¿Por qué piensas que Botero pinta a las personas de esta manera? ¿Nos está tratando de comunicar algo? Prepara tus ideas para discutirlas con tus compañeros de clase en grupos de tres o cuatro estudiantes.

C. Nuestra experiencia Cada pintor desarolla su propio estilo. Piensa en un artista que hayas estudiado en la clase de arte o que conozcas muy bien y prepara un breve informe oral sobre este artista. En tu informe incluye cómo este artista ha imprimido un sello *(stamp)* personal en su obra. Trae ejemplos de su obra a la clase para que los otros estudiantes puedan apreciar mejor la información que vas a presentarles. Prepara tus ideas para presentárselas al resto de la clase.

Al leer

El siguiente artículo trata sobre el pintor colombiano Fernando Botero. Mientras lees ten presentes los siguientes puntos:

- los temas de los cuadros de Botero

- cómo pinta Botero

- la razón por la cual él pinta de esta manera

DE LA PRENSA

Fernando Botero, El espejo convexo

Patricia Venti

Los años sesenta representaron para Latino-américa un tiempo de cambios, revueltas[1] y búsquedas de nuevas formas de expresión artística. En este período muchos pintores e
5 intelectuales del continente viajaron a Europa para ampliar[2] horizontes. Para los artistas latinoamericanos no fue fácil abrirse paso dentro del arte europeo y norteamericano. El tema predominante en
10 esta época fue la figura humana, y de allí surge el movimiento de la nueva figuración. Dentro de esta tendencia se ubica[3] el pintor colombiano Fernando Botero (Medellín, 1932), quien se dedicó desde muy temprano
15 a estudiar y copiar los clásicos de la pintura europea. Después de varios años en el Viejo Continente, regresó a Colombia y allí su arte comenzó a madurar hasta consolidar un estilo propio en el que reconoce dos fuentes[4]
20 de inspiración: la pintura del muralista mexicano Orozco y los pintores florentinos del "Quattrocento".

Si tuviéramos que imaginarnos un mundo apacible, tranquilo y feliz nos bastaría[5] con

mirar los lienzos[6] de Botero, donde mujeres y 25 hombres rollizos[7] parecen suspendidos, plenos[8] e hinchados.[9] Los cuerpos voluminosos son metáforas de momentos eternos que inmovilizan por un instante la muerte. En cuanto a lo temático, este artista inventa 30 universos y les propone a los espectadores lo que podríamos llamar planetas: planetas con habitantes, leyes y reglas propias. Para

---

[1] revolts / [2] ? / [3] one finds / [4] sources / [5] it would be sufficient

---

[6] canvases / [7] plump / [8] full / [9] swollen

Botero, un ser en primer lugar es un volumen
35 o un conjunto de volúmenes. Pero no son
volúmenes inertes ni formas geométricas
aisladas del mundo cotidiano. Son
volúmenes con una gran fuerza vital, con
deseos y pasiones. "Pintar una figura
40 estilizada sería una violación de mis ideas. El
arte no ha de inspirarse en los cánones de la
belleza de la realidad", ha dicho el pintor
colombiano. Botero es un artista que toma
de Europa la tradición pictórica y la traduce a
45 formas colombianas, y así ha reconocido en
varias ocasiones que el estar lejos de
Sudamérica era lo que le permitía seguir
pintando el universo colombiano de su niñez
y adolescencia.
50 Lo que busca Fernando Botero cuando
pinta es crear una unidad compleja, una
totalidad que no destruya la autonomía de
los elementos de la obra. La condición
principal y definitiva que hace de su obra
55 algo excepcional y sin antecedentes en
América es la mansedumbre[10] de sus figuras,
que pueden esconder devastadoras iras y
pasiones.
Pero este artista no se ha dedicado

exclusivamente a la pintura, ya que a 60
mediados de los años setenta comenzó a
esculpir[11] una gran variedad de obras: una
mano gigante, gatos, culebras[12] y una
cafetera gigante. Las formas conservan su
redondez,[13] su volumen. Estos objetos 65
plenos son cuerpos con opulentas curvas,
figuras sacadas[14] de un espejo convexo. "El
arte, en mayor o menor medida, es
deformación... Las esculturas son una
prolongación de mi pintura, de mi 70
espíritu...", afirma Botero. En sus cuadros y
esculturas los hombres y las mujeres son
gordos, pero sus carnes[15] son lisas,[16] firmes.
Los cuerpos no sufren ningún deterioro, las
arrugas[17] no existen porque simplemente el 75
tiempo no transcurre. Este gusto por la
exageración quizá lo absorbió de las
esculturas policromadas que vio en la
infancia y que tanto abundan en Colombia.
"En mi trabajo, el rigor, el deseo de pintar 80
superficies perfectas, viene del arte
hispanoamericano, que posee justamente
esa lucidez, ese pulido,[18] esa terminación
impecable de las superficies". Botero no
pinta del natural. "Si quiero pintar una 85
naranja—dice— no la pongo frente a mí.
Prefiero comérmela, y después la pinto. Mis
pinturas nunca están basadas en la
contemplación directa del paisaje o de la
gente, sino en mi experiencia de la realidad". 90
Las pinturas de Botero también suelen
evocar el "feliz domingo" sudamericano,
donde cada planta, árbol, animal o ser vivo
descansa perezosamente en su sitio.[19] No
hay anarquía o violencia. Pintar gordos es 95
una forma de mostrar gente simple,
bonachona[20] y despreocupada del ritmo
frenético de las grandes ciudades.

[10] gentleness, tameness

[11] ? / [12] snakes / [13] roundness / [14] drawn out, extracted
[15] flesh / [16] smooth / [17] wrinkles / [18] polish / [19] place
[20] good-natured

La Sudamérica plácida

El escritor peruano Mario Vargas Llosa ha
100 escrito con acierto: "Sudamérica está en las
obras de Botero. Familias numerosas y
estables, … patios y huertas[21] junto a casas,
frutas maduras rodeadas de moscas y de
abejas[22] familiares, hábitos de curas, obispos
105 y religiosas, uniformes militares de opereta;
bigotitos y cabellos engominados[23] de los
hombres; pequeñas orquestas populares. Es
un mundo ya en parte desaparecido, una
Sudamérica de la niñez y la adolescencia
110 boteriana, semisoñada[24] o que no existe
más". Esta Sudamérica tan ligada[25] a los
recuerdos de infancia del pintor se convierte
para Botero, como para el otro gran
colombiano Gabriel García Márquez, en un
115 sitio propicio para la invención del mito. Para
Botero, la identidad cultural de Colombia, de
América del Sur, no se alimenta de proclamas
altisonantes[26] ni de gesticulaciones, sino de
sensaciones, sensualidad y emociones. Otro
120 de los temas de Botero es las corridas de
toros. En su juventud acudió a una escuela de
tauromaquia,[27] pero la confrontación con el
animal le hizo dejarlo. En su definición del
espectáculo taurino, dice Botero: "Es una de
125 las actividades que más se presta a[28] ser
pintada. Las imágenes, siempre poderosas, y
el color están ahí. La corrida, en cierto modo,
se pinta sola. El pintor no tiene que inventar
el color, los movimientos, la poesía. Todo,
130 absolutamente todo, te lo dan en la plaza.
Cada vez que asisto a una corrida, en mi
subconsciente queda grabada una imagen,
un gesto, un color".

Como a lo largo de toda la historia de la
135 pintura, no faltan las representaciones de

naturalezas muertas en el repertorio
temático de Fernando Botero. En los
bodegones[29] que pinta el artista colombiano
las frutas tropicales son exuberantes en sus
volúmenes. Esta abundancia y plenitud se 140
manifiestan de un modo casi paradisíaco.

Botero pinta del recuerdo, porque así
tiene la libertad de crear imágenes: "Invento
mis temas visualizándolos, comienzo a
trabajar como un poeta. Termino mi trabajo 145
como un escultor, complaciéndome en
acariciar[30] las formas". Su vida pasa entre sus
talleres[31] en Europa, Estados Unidos
y Colombia, no utiliza bastidor;[32] siempre
deja treinta centímetros a cada lado de la 150
superficie que piensa pintar, pues nunca sabe
qué dimensión alcanzará la obra. "Yo siempre
he procurado[33] que mis obras tengan un sello
personal. La desmesura[34] forma parte de mi
obra, es mi seña de identidad", afirma el 155
artista.

---

[21] orchards / [22] bees / [23] cabellos… *combed with hair gel*
[24] ? / [25] tied / [26] proclamas… *high-sounding announcements* /
[27] *art of bullfighting* / [28] más… *lends itself more to*

[29] *still lifes* / [30] *caressing* / [31] *studios* / [32] *easel*
[33] he… *have tried* / [34] *excess*

Comprensión

A. ¿Cierta o falsa? Lee las siguientes frases y decide si la información es cierta o falsa, según el artículo. Si la información es falsa, escribe la información correcta.

1. El mundo que crea Botero es un mundo inquieto y lleno de caos.

2. El tema principal de la obra de Botero es los paisajes europeos.

3. Para Botero el ser humano es un volumen o un grupo de volúmenes.

4. Si Botero pintara figuras estilizadas, violaría sus propias ideas.

5. En las obras de Botero reconocemos el mundo de su niñez y adolescencia.

6. Botero nunca ha podido crear esculturas.

7. Botero se inspira en sus recuerdos para pintar sus obras.

8. Muchas de las obras de Botero muestran las corridas de toros.

9. En las naturalezas muertas de Botero las frutas son muy pequeñas.

10. Botero no decide el tamaño de sus obras antes de comenzar.

B. Comprensión general Con tus propias palabras, responde a las siguientes preguntas. Comparte tus ideas con otros estudiantes de la clase y escucha sus opiniones.

1. ¿Cuándo desarrolló realmente Botero su estilo propio? ¿Quiénes influyeron en su estilo?

2. ¿Cuál es la opinión de Botero sobre los cuadros de figuras estilizadas?

3. ¿Por qué pinta a gente gruesa?

4. ¿Por qué le gusta pintar las corridas de toros a Botero?

5. En dos o tres frases describe cómo son las obras de Fernando Botero.

C. De la misma familia Las palabras de la lista a continuación son palabras que probablemente ya conoces. Escribe todas las palabras de la misma familia que conozcas. La referencia indica la línea en la que puedes encontrar la palabra en el texto.

pintura [línea 15]	despreocupada [línea 97]
tranquilo [línea 24]	poderosas [línea 127]
inmovilizan (inmovilizar) [línea 29]	grabada [línea 132]
belleza [línea 42]	recuerdo [línea 142]

D. En contexto Imagínate que quieres explicarle a un(a) compañero(a) de clase el significado de las siguientes palabras. En español, explica lo que cada una de las palabras significa. Escribe las explicaciones para luego compartirlas con el resto de la clase. La referencia indica la línea en la que puedes encontrar la palabra en el texto.

hinchados [línea 27]	paisaje [línea 89]
leyes [línea 33]	abejas [línea 104]
espejo [línea 67]	talleres [línea 148]
arrugas [línea 75]	

Un paso más

Vocabulario útil para conversar y para escribir

Aquí tienes una lista de palabras y expresiones que te ayudarán a expresar tus ideas. Trata de incluirlas en la discusión con los otros estudiantes o en los ejercicios de escritura.

al mismo tiempo	*at the same time*
burlarse de	*to make fun of*
causar vergüenza	*to cause shame*
como resultado	*as a result*
digno	*worthy*
insultar	*to insult*
los logros	*achievements*
orgulloso	*proud*
para ilustrar	*to illustrate*
por un lado	*on the one hand*
¡qué vergüenza!	*for shame!*

Para conversar

A. Una entrevista Imagínate que tienes la oportunidad de conocer a Fernando Botero. Le quieres hacer algunas preguntas sobre su vida y su obra. Piensa en lo que quisieras preguntarle y escribe por lo menos seis preguntas. Uno(a) de tus compañeros de clase hará el papel de Botero y responderá a tus preguntas.

B. El sello personal En el artículo Botero dice: "Yo siempre he procurado que mis obras tengan un sello personal" [líneas 152–154]. Piensa en lo que "un sello personal" representa para ti. Prepara un breve informe oral en el que discutas el sello personal que te gustaría demostrarle al mundo. Este sello puede ser a través del arte, de tus estudios, de tu vida personal, etc. Haz una lista de todas las palabras y expresiones que vas a necesitar para expresarle tus ideas al resto de la clase.

C. Orozco Una de las fuentes de inspiración para Botero fue el muralista mexicano José Clemente Orozco (1883–1949). En grupos de tres o cuatro estudiantes, busquen información sobre Orozco y los muralistas mexicanos en la biblioteca de la escuela o en el Internet y preparen un breve informe. El informe debe incluir algunos aspectos de la vida del artista, el tipo de obra que creó, su lugar dentro del movimiento muralista mexicano, etc. Tu profesor(a) va a escoger a un grupo para que le presente la información a la clase. Los otros estudiantes les harán preguntas o añadirán más información a la presentación.

Para escribir

You may find **Appendix A** (Some Words and Expressions Used to Connect Ideas) especially useful as you complete these exercises.

A. Un resumen Escoge diez palabras que consideres importantes para escribir un resumen del artículo que acabas de leer. Piensa cuidadosamente en lo que quieres expresar. Luego, escribe dos párrafos en los que resumas los puntos más importantes del artículo. Algunas ideas que debes incluir son las influencias en la obra de Botero, cómo son sus pinturas y esculturas y las ideas del pintor sobre sus obras.

B. Una reseña (review) Imagínate que eres un(a) crítico(a) de arte y que acabas de visitar por primera vez una exposición de Botero. Escribe una reseña de una extensión de por lo menos 150 palabras sobre la exposición que visitaste. Algunos de los temas que puedes incluir son:

- tu impresión sobre los cuadros (lo que te gustó o no te gustó)

- lo que piensas que nos está comunicando el artista

- si Botero nos presenta un mundo demasiado idealizado o irreal

- el efecto que tuvo la exposición en ti, etc.

Sería buena idea ir a la biblioteca de tu escuela o al Internet y mirar otros cuadros de Botero para tener mejor idea de su obra.

C. Naturalezas muertas (Bodegones)
Botero ha pintado numerosas naturalezas muertas. Escoge una obra de Botero y otra de uno de tus pintores favoritos y prepara una comparación entre las dos obras. En tu comparación puedes incluir la forma de los objetos, los colores, el impacto que producen, etc. Tu ensayo debe tener por lo menos tres párrafos.

D. Una exposición
Imagínate que vas a una exposición de las obras de Botero. Allí te das cuenta de que una de las figuras humanas en una de sus obras se parece mucho a ti *(looks like you)*. Como él pinta de sus recuerdos, hay una posibilidad de que te haya visto y luego te haya pintado. Escríbele una carta a Botero explicándole tu reacción al reconocerte a ti mismo(a) en una de sus obras. En la carta expresa:

1. tu enojo o alegría

2. si en tu opinión te ha pintado fielmente o no

3. las quejas *(complaints)* o los elogios *(praises)* que tengas

4. lo que esperas o deseas que Botero haga en el futuro

Puedes añadir otra información que no aparece en la lista. La carta debe tener una extensión de por lo menos 200 palabras.

Go Online

For: Additional practice
Visit: www.PHSchool.com
Web Code: jxd-0023

Velázquez
La búsqueda de la luz
María Jesús Sánchez

Antes de leer

A. Los cuadros de Velázquez Mira los cuadros que acompañan el artículo. Descríbelos detalladamente, no sólo a las personas y los objetos sino también lo que aparece al fondo y el uso de la luz. Luego, expresa tu opinión sobre cada uno de ellos. Vas a compartir tus ideas con el resto de la clase.

B. La rendición de Breda Al describir el cuadro llamado "La rendición de Breda", el autor del artículo caracteriza el cuadro como "una verdadera narración". Piensa en un cuadro con el que estés familiarizado(a) y que en tu opinión "narra" una historia o incidente. Trae una copia del cuadro a clase y prepárate para presentarlo detalladamente. Al mismo tiempo vas a expresar tu opinión sobre él.

C. El arte barroco español Para comprender mejor ciertas partes del artículo, es buena idea que te familiarices con la terminología. Investiga la corriente llamada "el arte barroco español". Concéntrate principalmente en la pintura. Describe lo que era el arte barroco, cómo surgió y cuáles eran sus caraterísticas principales.

Al leer

El artículo que vas a leer es acerca de uno de los mejores pintores del mundo. Mientras lees, ten presentes los siguientes puntos:

- su juventud y el comienzo de su carrera como pintor

- sus viajes y los beneficios que obtuvo

- su viaje a Italia en 1648

- su relación con el Rey Felipe IV

- el cuadro "Las Meninas"

Nota cultural

Entre los museos de fama mundial se encuentra El Prado. Puedes ir al lugar oficial del museo en la red y apreciar su importancia.

¿Conoces algunos de los cuadros famosos que se encuentran allí? ¿A qué otro museo se pudiera comparar El Prado? Explica tu respuesta.

DE LA PRENSA

Velázquez
La búsqueda de la luz
María Jesús Sánchez

Así entendía el sentido de su obra un español universal, don Diego Rodríguez de Silva y
5 Velázquez, para muchos el mejor pintor de todos los tiempos. No pretendemos en estas páginas darle una información exhaustiva sobre su vida y obra, ni un curso de historia del arte.
10 Vamos a contarle simplemente algunos secretos, a darle algunas pinceladas[1], que nos descubran aspectos poco conocidos. Y sobre todo, intentaremos que deseen buscar sus cuadros por el mundo, para contemplarlos
15 con los ojos bien abiertos.

Velázquez vio su primera luz el 6 de junio de 1599 en la ciudad más populosa y más
20 cosmopolita de la España de su tiempo, "puerto y puerta de las Indias", Sevilla. Con 11 años entró en el taller[2] de
25 Francisco Pacheco, uno de los más famosos de la ciudad. Pacheco vio enseguida que el joven Diego no era un
30 aprendiz[3] normal, y

> "La pintura es un tránsito hacia la luz, la búsqueda incesante de un misterio que se esconde detrás del oficio del pintor"

tenía futuro en el oficio. Tanto, como para permitir que se casara con su hija Juana cuando cumplió 19 años. El maestro llegó a 35 decir años más tarde: "No tengo por mengua[4] que el discípulo aventaje[5] al maestro, ni perdió Leonardo da Vinci por tener a Rafael por discípulo...".

En esos años, la obra de Velázquez 40 empieza ya a ser original. Parece obsesionado por dar cabida[6] en sus lienzos a las cosas de todos los días, al pan, al agua, a los niños, a los ancianos... Es lo que encontramos en algunos cuadros maravillosos: 45

"Vieja friendo huevos" (Edimburgo, National Gallery of Scotland), "El aguador de Sevilla" (Londres, 50 Wellington Museum), y otro menos conocido, "Los tres músicos" (Gemäldegalerie, Berlín). Son cuadros 55 influenciados por el tenebrismo italiano[7], pero que se muestran absolutamente originales

---

[1] brush strokes / [2] studio / [3] apprentice

[4] no... I see no discredit / [5] overtake / [6] dar... to make room for / [7] tenebrismo... strong contrast between light and dark

en su naturalismo exagerado, extraño en el Barroco español. Además, no existe documento alguno sobre la existencia de un contrato de encargo[8] sobre ellos, a pesar de que el taller de Pacheco registraba habitualmente todos los encargos, incluidos los que procedían de las Indias. ¿Para quién pintó Velázquez esos cuadros? Incluso en los cuadros religiosos de esta época predomina su gusto por retratar[9] las cosas de todos los días: lo más importante de "Cristo en casa de Marta y María" (National Gallery, Londres) son la cocina y sus habitantes.

Viaje a Madrid

Fue el mismo Pacheco el que recomendó a su alumno viajar a Madrid a abrirse camino[10]. Tras un primer viaje, en 1623, el mismo Conde Duque de Olivares, el hombre de confianza del rey, le reclama[11] en Madrid. Se convierte así con 24 años en el pintor de cámara[12] del rey Felipe IV, el rey-coleccionista, que tenía más afición al arte que a gobernar su reino. Su opinión sobre las adquisiciones para la colección real fueron siempre muy apreciadas por el Rey. Otro de los "misterios de Velázquez" es cómo consiguió[13] en todos los años que estuvo en la corte, hasta su muerte en 1660, permanecer ajeno[14] a las intrigas palaciegas. Su amistad con el Rey y su honradez se vio recompensada[15] con el nombramiento como Caballero de la Orden de Santiago en 1659, un honor no concedido[16] antes ni después a un pintor.

En 1629, Rubens visita Madrid y le recomienda vivamente ir a Italia. Consigue el permiso del Rey, y desembarca en Génova en 1629. Allí visitará diversas ciudades, y todo lo aprendido lo volcará en[17] obras como "La fragua[18] de Vulcano" (Museo del Prado, Madrid), pintada durante su estancia en Roma. El cuadro es, una vez más, extraño: representa el momento en el que un resplandeciente[19] Apolo le cuenta al deforme[20] Vulcano que su esposa, la bella Venus, le está siendo infiel[21]. La dignidad con la que Velázquez retrata al dios deforme recuerda su respeto inicial por los tipos populares, por la gente de la calle.

Velázquez vuelve a Madrid en 1631. Le espera ansioso el Rey, que no ha autorizado a ningún otro pintor a retratar al pequeño infante Baltasar Carlos, nacido durante la ausencia. Aparte de muchos retratos, una obra llama la atención en esta época, "La rendición de Breda" (Museo del Prado, Madrid). En ella representa el final de una batalla que había ocurrido hacía diez años: el general Justino de Nassau entrega[22] la llave de la ciudad de Breda, en Flandes, al general Ambrosio de Spínola, jefe de las tropas españolas. Es una obra ya de madurez, en la que ha desaparecido la técnica tenebrista del volumen iluminado, y la luz se hace presente de una manera impalpable, a través del aire. Las lanzas[23] de los vencedores y el desorden de los vencidos, el gesto amable del vencedor sobre el derrotado[24], hacen del cuadro una verdadera narración. En esta misma época pinta también toda esa serie de retratos de los enanos[25] y bufones de la corte, que, siguiendo la costumbre de la época, merodeaban[26] en torno a la familia real para divertirles y hacerles compañía. Así, Velázquez

---

[8] contrato… *commission* / [9] *to portray* / [10] abrirse… *to make his way* / [11] *summons him* / [12] pintor… *court painter* / [13] *managed* / [14] permanecer… *to remain apart* / [15] se… *was rewarded* / [16] *not awarded*

[17] lo… *he will pour into* / [18] *forge* / [19] ? / [20] ? / [21] *unfaithful* / [22] *hands over* / [23] *spears* / [24] *defeated* / [25] *dwarfs* / [26] *were prowling around*

nos deja una galería impresionante de seres tristes, retratados de una manera casi despiadada[27] en su fealdad[28], pero a la vez con tanta ternura[29] que despiertan inmediatamente compasión. Así nos miran desde sus retratos "Don Sebastián de Morra", "Don Diego de Acedo" o "El Bufón Calabacillas" (todos en el Museo del Prado, Madrid).

Pintor reconocido

En 1648, el Rey le envía de nuevo a Italia con la intención de comprar obras para adornar las estancias[30] del nuevo Alcázar que quiere remodelar. Así que Velázquez va a "comprar pinturas originales y estatuas antiguas, y vaciar[31] algunas de las más celebradas que en diversos lugares de Europa se hallan". Velázquez ya es un pintor maduro, con un prestigio reconocido, ya no se trata de un viaje de estudios. Tan reconocido, que el papa Inocencio X quiere que le haga un retrato en el Vaticano (Retrato de Inocencio X, Galllería Doria Phamphili, Roma). La personalidad del Papa, desconfiado[32], cruel y un tanto vulgar, quedó plasmada[33] con tanta autenticidad, que el pontífice, cuando lo vio, dijo: "Troppo vero[34]". Es en Roma donde se sitúa uno de los pocos episodios amorosos que se conocen del discreto maestro. Parece ser que el pintor tuvo un hijo natural allí, llamado Antonio, de cuya madre nada se sabe. Aunque una bonita historia dice que pudo ser la pintora Flaminia Triunfi, de la que hizo un retrato y a la que algunos consideran como modelo de "La Venus del espejo" (National Gallery, Londres). No parece verdad. Pero el cuadro, pintado en Madrid antes de

---

[27] merciless / [28] ? / [29] tenderness / [30] rooms / [31] to empty / [32] distrustful / [33] quedó… was captured / [34] Troppo… All too true (in Italian)

irse, o en Italia (lo que parece más probable), es otro "misterio velazqueño"; ¿o no es sorprendente que el rostro[35] reflejado que corresponde al bellísimo cuerpo de la diosa sea el de una aldeana[36] bastante vulgar?[37] Son también bellísimos los paisajes que pintó de los jardines de la Villa Médicis (Museo del Prado, Madrid), auténticos cuadros impresionistas.

En 1657, Velázquez pinta por encargo[38], algo extraño, porque el Rey le permitía aceptar encargos raramente; un cuadro que debería llamarse "La fábula de Aracné" (Museo del Prado, Madrid), pero que todo el mundo llama "Las hilanderas[39]". Y con razón, porque lo que se ve es eso: un taller de hilados[40] en el que se trabaja. El cuadro hay que leerlo en tres niveles[41]; es, como veremos en "Las Meninas", pintura dentro de la pintura, teatro dentro del teatro. Las hilanderas trabajan. Al fondo, tres damas elegantes

---

[35] face / [36] villager / [37] ? / [38] por… by commission / [39] spinners / [40] taller… spinning workshop / [41] levels

contemplan un tapiz[42]. En él Atenea está castigando a Aracné por su soberbia[43]; motivo: el tapiz con el rapto[44] de Europa que aparece detrás. Una vez más el pintor no renuncia a la gente del pueblo en el cuadro. Pero ya nos vamos acercando a su obra maestra: se puede respirar en el cuadro hasta el polvillo[45] que produce la lana[46] en la rueca[47].

200

---

[42] tapestry / [43] arrogance / [44] abduction / [45] fine dust / [46] wool / [47] spinning wheel

"Las Meninas"

205

El cuadro más famoso de Velázquez, la "teología de la pintura" según Lucas Jordán, es una unión de intenciones y significados[48], de apariencias y realidades, de técnicas y creación, "cuyo mero aspecto visual es capaz 210 de dejarnos en éxtasis". Se trata de "La familia", pintado en 1656, y que fue rebautizado en poco tiempo con otro nombre: "Las Meninas" (Museo del Prado, Madrid). La obra representa una fotografía interior, una 215 instantánea tomada en una habitación del Alcázar de Madrid, donde el pintor tenía el taller. Velázquez se encuentra pintando a los reyes, que están delante 220 de él. Se ven reflejados en el espejo del fondo[49]. La infanta Margarita, su hija, juega mientras tanto en el taller, mirando a sus padres. 225 Junto a ella, sus damas[50] portuguesas, las meninas, y sus compañeros de juego, una enana, un enano y un perro. Detrás, una pareja 230 de sirvientes que vigila[51] a los niños, y al fondo, en la puerta entreabierta[52], el aposentador[53] de palacio. Pero, como dijo el escritor 235 francés Téophile Gautier cuando lo contempló por primera vez, "¿dónde está el cuadro?". ¿Cuál es el mensaje

---

[48] meanings / [49] en... in the mirror in the background / [50] ladies in waiting / [51] keeps an eye on / [52] half-opened / [53] person in charge of separating out the rooms for royalty

240 que el pintor quiso transmitirnos con esta compleja escenografía? ¿Por qué el retrato real queda[54] al fondo del cuadro? ¿Acaso es un mensaje sobre la continuidad dinástica? ¿O es un intento de dignificar la profesión del
245 pintor, que se codea[55] con la familia real? Todo eso es lo interpretable. Lo seguro es una maravillosa naturalidad en las pinceladas, un manejo[56] perfecto de la luz que entra por la ventana y por la puerta, una captación[57]
250 perfecta de ese aire-ambiente que sin ninguna línea de perspectiva (el suelo es completamente liso[58]) permite al espectador "pasear" dentro del cuadro. Cuenta la tradición que el Rey mandó pintar la Cruz de Santiago en el pecho[59] del pintor cuando, un año antes de su 255 muerte, le concedió el honor de ser caballero[60]. Por fin, el maestro sevillano consiguió demostrar que lo suyo era algo más que un oficio, que su búsqueda había terminado.

Museo Nacional del Prado   260
Este museo guarda una amplia colección de sus obras. Está abierto de martes a domingo, de 9 a 20 horas. Las últimas dos horas en el Prado son gratis. Museo del Prado: Paseo del Prado, Calle Ruiz de Alarcón, 23. 265 www.museodelprado.es

---

[54] remains / [55] que… who rubs shoulders / [56] command / [57] capturing, grasp / [58] flat

[59] chest / [60] knight

Quiz de Velázquez

Y ahora queremos que se convierta en investigador del "misterio Velázquez". Le proponemos cinco preguntas cuya respuesta deberá buscar por su cuenta.

1. ¿Cuál es el único personaje del cual se desconoce el nombre en "Las Meninas"?
2. ¿En qué cuadro aparece el propio Velázquez escondido como uno más de los personajes?
3. ¿Qué se representa en los cuadros que aparecen colgados encima del espejo de "Las Meninas"?
4. ¿Qué se le olvidó a Velázquez en el cuadro "La rendición de Breda"?
5. ¿Qué animal juega en el taller de "Las hilanderas"?

Comprensión

A. ¿Cierta o falsa? Lee las siguientes frases y decide si la información es cierta o falsa según el artículo que acabas de leer. Si la información es falsa, escribe la información correcta.

1. Velázquez nació en la capital de España.

2. Velázquez empezó a aprender su oficio cuando era muy joven.

3. El maestro de Velázquez, Francisco Pacheco con el tiempo fue su suegro.

4. Francisco Pacheco piensa que finalmente Velázquez va a ser mejor pintor que él.

5. Al principio a Velázquez le gustaba pintar objetos cotidianos.

6. Hay evidencia de los nombres de las personas que le encargaron cuadros a Velázquez cuando era joven.

7. Felipe IV empleó a Velázquez como pintor de la corte cuando sólo tenía veinticuatro años.

8. Velázquez fue el primer pintor en recibir la Orden de Santiago.

9. El rey esperó a que Velázquez regresara a Madrid para que éste pintara un cuadro de su hijo.

10. En el cuadro "La rendición de Breda" Velázquez sigue usando el mismo estilo de su juventud.

11. Mientras que Velázquez estaba en Italia, él pintó un retrato del Papa muy fiel a la personalidad de éste.

12. Se sabe con certeza quien fue la modelo de "La Venus del espejo".

13. El cuadro "Las hilanderas" es interesante porque en él hay un cuadro dentro de un cuadro.

14. En el cuadro "Las Meninas" podemos ver personajes de la clase social más baja.

15. En "Las Meninas", Velázquez muestra su destreza (*skill*) como pintor por la manera en que trata la luz.

B. Comprensión general Usa tus propias palabras para responder a las siguientes preguntas. Luego, en grupos pequeños vas a compartir tus respuestas con el resto de la clase.

1. Describe los inicios de Velázquez como aprendiz y la opinión que tenía de él su maestro.

2. ¿Qué caracteriza la obra de Velázquez cuando "empieza ya a ser original"?

3. ¿Qué le sucedió a Velázquez cuando sólo tenía 24 años?

4. ¿Por qué estaba el Rey Felipe IV esperando el regreso de Velásquez de Italia con ansiedad?

5. Desde el punto de vista del estilo de Velásquez, ¿por qué es importante el cuadro "La rendición de Breda"?

6. ¿Qué misterio existe sobre el cuadro "La Venus del espejo"?

7. ¿Qué caracteriza la obra "Las hilanderas"?

8. Describe en tus propias palabras lo que podemos ver en el cuadro "Las meninas".

C. De la misma familia Las palabras de la lista a continuación son palabras que probablemente ya conoces. Escribe todas las palabras de la misma familia que conozcas. La referencia indica la línea en la que puedes encontrar la palabra en el texto.

sentido [línea 1]	gobernar [línea 81]
luz [línea 17]	honradez [línea 89]
cumplió [línea 34]	desorden [línea 129]
documento [línea 62]	apariencias [línea 209]
exagerado [línea 60]	seguro [línea 246]
cocina [línea 72]	

D. En contexto Imagínate que quieres explicarle a un(a) compañero(a) de clase el significado de las siguientes palabras. En español, explica lo que cada una de las palabras significa. Escribe las explicaciones para luego compartirlas con el resto de la clase. La referencia indica la línea en la que puedes encontrar las palabras en el texto.

populosa [línea 19]	llave [línea 122]
discípulo [línea 37]	discreto [línea 166]
exagerado [línea 60]	fábula [línea 187]
intrigas [línea 87]	instantánea [línea 216]
batalla [línea 121]	espejo [línea 222]

Un paso más

Vocabulario útil para conversar y para escribir

Aquí tienes una lista de palabras y expresiones que te ayudarán a expresar tus ideas. Trata de incluirlas en la discusión con los otros estudiantes o en los ejercicios de escritura.

a pesar de que	in spite of
aparte de	aside from
tratarse de	to be about
con respecto a	with respect to
a mi parecer	In my opinion
dibujar	to draw
no soporto	I can't stand
me encanta	I love
como punto de partida	as a point of departure
llevarse bien/mal	get along well/poorly
por otra parte	on the other hand

Para conversar

A. Las Meninas Ahora que conoces el cuadro "Las Meninas" bastante bien, escribe por lo menos dos párrafos en los que expreses tu opinión sobre él. El autor hace algunas preguntas en las líneas 238–245 y dice que cada una es "interpretable". ¿Cómo contestarías tú a esas preguntas? Vas a compartir tus ideas con la clase.

B. Un pintor de cámara Ahora sabes que Velázquez fue pintor de cámara del rey Felipe IV. Busca en el Internet a un pintor de cámara famoso y prepara un breve informe sobre lo que hacía. No tiene que ser un pintor español. No olvides incluir el país, la época, los nombres y la relación del pintor con su patrón. Vas a compartir tu informe con la clase.

C. Troppo vero Si haces una búsqueda en el Internet con las palabras "troppo vero" vas a encontrar una copia del cuadro de Inocencio X que pintó Velázquez. Mira el cuadro cuidadosamente y escribe algunos adjetivos que describan la personalidad del sujeto. Luego compara los adjetivos que escribiste con los que usa el autor del artículo para describir al Papa. En tu opinión, ¿por qué dijo el Papa esa frase cuando vio el retrato? Vas a compartir tus ideas con la clase.

D. Una comparación Escoge una de las obras de Velázquez y compárala con la de otro pintor español de la misma época (siglo XVII). Trae copias de las pinturas a la clase. Haz una lista de palabras y expresiones que te ayuden a presentar tus ideas a los otros estudiantes de la clase.

Para escribir

You may find **Appendix A** (Some Words and Expressions Used to Connect Ideas) especially useful as you complete these exercises.

A. Otro cuadro de Velázquez Imagina que eres un crítico de arte. Escoge un cuadro de Velázquez cuya foto no aparezca en el artículo. Escribe una crítica del cuadro en la cual lo describas en detalle y expreses tu opinión sobre él.

B. Un contrato de encargo Has recibido una herencia y quieres comisionar un cuadro para celebrar tu buena fortuna. Como el dinero no es un problema, quieres que el cuadro sea especial y decides hacer un contrato de encargo con el(la) artista. Escríbele una carta a un(a) pintor(a) famoso(a) que te guste mucho pidiéndole que te pinte un cuadro. Explícale detalladamente lo que quieres que muestre en el cuadro y lo que representa para ti. Tu carta debe tener una extensión de por lo menos 150 palabras.

C. La Orden de Santiago En el artículo se menciona que el rey Felipe IV nombró a Velázquez Caballero de la Orden de Santiago. Investiga qué es la Orden de Santiago, su origen, los requisitos para el ingreso en la orden y la importancia que tuvo en el siglo XVII.

Go Online

For: Additional practice
Visit: www.PHSchool.com
Web Code: jxd-0024

Cusco
La capital del Imperio Inca
Rolly Valdivia

Antes de leer

Abriendo paso: Gramática

Preterite, imperfect, and pluperfect indicative: Unidad 1, págs. 1 a 15 y 19 a 29; RG 1, págs. 30 a 46 y 47 a 48
Conditional: Unidad 6, págs. 220 a 227; RG 6, págs. 233 a 235
Reflexive verbs: Unidad 3, págs. 109 a 115; RG 3, págs. 130 a 132
Demonstrative pronouns: RG 2, págs. 82 a 84
Relative pronouns: Paso 4, págs. 274 a 284
Some Words and Expressions Used to Connect Ideas: Appendix B, págs. 349 a 352

A. Perú y sus alrededores Dibuja un mapa de Perú y de los países que se encuentran a su alrededor. Localiza los siguientes lugares, ciudades y países:

Países: Bolivia, Colombia, Argentina, Ecuador, Chile
Ciudades: Lima, Cusco, Puerto Maldonado, Arequipa
Lugares: Lago Titicaca, Machu Picchu
Familiarízate con estos lugares y usa el mapa mientras lees el artículo. Te ayudará a comprender mejor el contenido.

B. El imperio Inca Busca en el Internet toda la información que puedas encontrar sobre la civilización inca. Incluye sus contribuciones, su sistema de gobierno, su religión y su desaparición. Luego, en grupos vas a discutir los resultados de tu investigación y añadir información que tus compañeros hayan encontrado. Tu profesor(a) va a escoger a algunos estudiantes para que le presenten un informe a la clase.

C. Una leyenda El artículo que vas a leer comienza con una leyenda. Imagina que tienes que explicarle a tus compañeros de clase lo que es una leyenda. Escoge una leyenda que conozcas y prepara un breve resumen de ella para que tus compañeros comprendan mejor lo que es una leyenda. Tu profesor(a) va a escoger a varios estudiantes para que presenten diferentes leyendas.

D. Atando cabos *(Putting two and two together)* Este ejercicio te ayudará a hacer conexiones y adivinar el significado de algunas palabras que aparecen en el artículo que vas a leer. La siguiente lista de palabras quizás contenga algunas que conoces. Cuando no conozcas una palabra, piensa en otras palabras que tú conoces que son similares. Además, busca la manera en que la palabra se usa en el texto. Muchas veces si repites la palabra en voz alta, te recordará una palabra que ya conoces.

Por ejemplo: asentarse—asiento, sentarse
En el texto el verbo "asentarse" aparece de esta manera: "para que Manco Cápac y Mama Ocllo abandonaran su vida errante y se asentaran en el valle que acababan de descubrir"

¿Qué piensas que significa "asentarse" en este contexto? Significa *to settle*.

	Palabra(s) relacionada(s)	En este contexto significa
agrado [línea 1]		
enfrentaban (enfrentarse) [línea 3]		
atesora (atesorar) [línea 50]		
albergaron (albergar) [línea 55]		
provenientes [línea 118]		
(la) sequía [línea 120]		
debilitarían (debilitar) [línea 121]		
(la) búsqueda [línea 126]		
(el) poderío [línea 131]		
(el) virreinato [línea 177]		
(la) revalorización [línea 180]		

E. Cognados Las palabras de la lista a continuación son muy similares en español y en inglés. Adivina el significado usando el contexto. La referencia indica la línea en la que puedes encontrar la palabra en el texto.

emergieran (emerger) [línea 7]	dominios [línea 81]
generando (generar) [línea 3]	percepción [línea 100]
rendía (rendir) [línea 63]	irradian (irradiar) [línea 112]
sombrío [línea 73]	delineaban (delinear)) [línea 146]
periodo [línea 74]	majestad [línea 154]
persisten (persistir) [línea 77]	resurgimiento [línea 187]

Nota cultural

El lago Titicaca es el segundo lago más grande de Sudamérica. En las tradiciones orales de la zona aún se considera la isla del Sol en el Titicaca como el lugar de donde salieron los legendarios Manco Capac y Mama Ocllo para fundar el imperio incaico.

¿Cuál es el lago más grande de Sudamérica? ¿Dónde se encuentra? ¿Y de Norteamérica? ¿Dónde se encuentra?

Al leer

El siguiente artículo presenta la ciudad de Cusco en Perú. Mientras lees, ten presentes los siguientes puntos:

- cómo se encontró el lugar donde surgió la ciudad de Cusco
- qué es el ombligo del mundo
- quién es el Manco Cápac histórico
- lo que ocurrió con la llegada de los conquistadores

Cusco
La capital del Imperio Inca
Rolly Valdivia

El Sol no veía con agrado¹ lo que estaba sucediendo en la Tierra. Los hombres se enfrentaban² entre sí, generando caos en las alturas; entonces, el astro no quiso ser 5 indiferente ni quedarse de brazos—o rayos—cruzados³, por lo que decidió que sus hijos

Manco Cápac y Mama Ocllo emergieran de las aguas de un grandioso lago, con el mandato de crear una civilización distinta.

Obediente y respetuosa, la pareja⁴ siguió 10 al pie de la letra⁵ las órdenes de su padre y su dios. Éstas no eran muy complicadas. Sólo

---

¹ ? / ² ? / ³ ?

---

⁴ couple / ⁵ al... to the letter, literally

tenían que caminar, hasta que la barreta de oro[6] que habían recibido de su progenitor se hundiera dócilmente[7] en un pedazo[8] de tierra. "De un solo golpe"[9], se cree que dijo con voz profunda la calurosa estrella.

Y caminaron hacia el norte. Probaron aquí y allá sin mayor suerte, alejándose paso a paso de aquel lago que el tiempo bautizaría con el nombre de Titicaca (su soberanía es compartida por Bolivia y Perú), e internándose en parajes[10] desconocidos, que siglos después se convertirían en la capital del imperio más grande de la América precolombina.

Después de mucho andar, la barreta de oro se hundió sin esfuerzo[11] en las faldas del cerro[12] Huanacauri. Ésa era la señal para que Manco Cápac y Mama Ocllo abandonaran su vida errante[13] y se asentaran[14] en el valle que acababan de descubrir. Allí, siguiendo los mandatos del "taita inti" (padre Sol), juntarían a las gentes de los alrededores, para enseñarles a vivir de otra manera.

Éste es el origen legendario de una ciudad de características singulares: el Cusco, la otrora capital[15] del Tawantinsuyo (o tawa-inti-suyo, las cuatro regiones del Sol), el poderoso Estado de los incas que, en su época de mayor apogeo[16], se extendía desde San Juan de Pasto, en Colombia, hasta el noreste de Argentina (pasando por Ecuador, Perú, Bolivia y Chile).

___

[6] barreta… *golden staff* / [7] se… *would sink easily* / [8] *piece* / [9] De… *in one blow* / [10] *spots, places* / [11] in… *without effort* / [12] faldas… *side of the hill* / [13] *wandering* / [14] *would settle* / [15] otrora… *once the capital* / [16] *zenith*

Capital del Tawantinsuyo

Una urbe[17] monumental que atesora[18] aún en su centro histórico—considerado por la UNESCO como Patrimonio Cultural de la Humanidad en 1983— los imponentes recintos y muros de piedra[19] de los palacios que albergaron[20] a la élite gubernamental, y de los templos en los que los sumos sacerdotes[21] (willa umuc) y las mujeres escogidas (acllas) adoraban al dios Sol.

Legados[22] de una época llena de misticismo en el que la historia no se escribía, se contaba en las "panacas" (familia de los

___

[17] *large city* / [18] ? / [19] recintos… *enclosures and thick stone walls* / [20] ? / [21] sumos… *high priests* / [22] *Legacies*

gobernantes) y en los "ayllus" (comunidad). Herencia de un pueblo que rendía[23] tributo a la Tierra (la querida mamapacha) y a las aguas
65 que alimentaban los campos; también a los "apus", las montañas protectoras de la colosal cordillera de los Andes.

En el Cusco (o Cuzco o Qosqo)—a 3.360 m.s.n.m.[24] y 1.153 km de Lima—se siente el
70 palpitar[25] ancestral de la cultura andina. Las creencias, la cosmovisión y hasta el idioma de sus célebres forjadores[26], se mantienen vigentes[27]. Y es que aquí, a pesar del[28] sombrío periodo de la invasión y conquista, las raíces
75 milenarias no se perdieron. Se respetan las tradiciones y se honra a los dioses del pasado.

No sólo eso. Todavía persisten las voces en quechua o runa simi—la lengua de los hombres—; se pide permiso a los cerros[29]
80 cuando los caminantes empiezan a andar por sus dominios[30], y se lee el futuro en las hojas de la coca. Éstas también se mastican[31] (picchar o chacchar en el habla común) para tener energías en las faenas[32] del campo o en
85 las minas.

El ombligo del mundo[33]

Pero la llamada Capital arqueológica de América no está anclada[34] en el ayer ni vive únicamente de sus añoranzas[35]. Su faz[36]
90 urbana es una maravillosa mezcla[37] de lo andino, lo colonial y lo republicano, constituyendo un ambiente armónico y único que expresa lo que es el Perú actual: una nación mestiza[38] de todas las sangres y todas
95 las culturas.

Esas características únicas y su cercanía a las mayores joyas arqueológicas de Sudamérica, como el famosísimo Machu Picchu, hacen del "ombligo del mundo"—tal era la percepción de sus pobladores— 100 un atractivo turístico irresistible, que convoca[39] a cientos de miles de viajeros de todos los continentes. Su presencia cada vez más notoria hace de esta tierra de orígenes legendarios un colorido rincón[40] 105 cosmopolita.

Un lugar que no sólo se conoce. Se vive y se siente. Se recuerda para siempre. Es extraño y difícil de explicar, pero sus callecitas estrechas, sus plazas sosegadas[41], su colorido 110 barrio de artesanos de San Blas, sus iglesias, templos y casonas, irradian[42] una energía vital que no se encuentra en otros lugares.

Ciudad de historia

Más allá de los relatos mitológicos, 115 diversos investigadores sostienen[43] que el Cusco habría sido fundado por migrantes provenientes[44] del lago Titicaca, tras el ocaso[45] de Tiahuanaco (año 500 a 1100). Una sequía[46] prolongada y la aparición de los 120 aimaras[47] del sur debilitarían[48] a este pueblo poderoso. Ante la crítica situación, algunos de sus jerarcas[49] optaron por buscar nuevos rumbos[50].

Uno de ellos sería Manco Cápac, quien, 125 después de una larga búsqueda[51], encontraría el valle del río Huatanay, un paraje[52] adecuado para desarrollar[53] la agricultura. Esta zona estaba habitada por grupos aislados, y los incas eran uno más entre todos ellos. Su 130 poderío[54] se iría consolidando lentamente,

---

[23] used to pay / [24] (metros sobre el nivel del mar) meters above sea level / [25] beat / [26] founders / [27] in force / [28] a... in spite of / [29] hills / [30] ? / [31] are chewed / [32] labors / [33] (navel) center of the universe / [34] anchored / [35] yearnings / [36] face / [37] ? / [38] ?

---

[39] summons / [40] corner / [41] quiet, peaceful / [42] ? / [43] maintain / [44] ? / [45] sunset / [46] ? / [47] Aymara indian / [48] ? / [49] hierarch / [50] directions / [51] ? / [52] spot, place / [53] to develop / [54] ?

alcanzando[55] primero el predominio de su entorno[56].

A medida que[57] esto ocurría, su capital
135 crecía en importancia y belleza. La modesta localidad se transformaría en centro del poder político, militar y religioso de toda la región durante el mandato[58] del inca Pachacútec (El Transformador del Mundo), quien habría
140 gobernado el Tawantinsuyo entre 1438 y 1471.

Se cree que fue él quien le dio al "ombligo del mundo" la forma de puma que encontraron los españoles a su arribo[59]. Y es que, desde
145 las zonas altas, los contornos[60] de la urbe delineaban la silueta de aquel felino, siendo la cabeza del animal la fortaleza[61] de Sacsayhuamán (en las afueras), y su pecho la plaza Haucaypata (la Plaza de Armas).
150 Pero todo empezaría a cambiar el 15 de noviembre de 1533, cuando el capitán Francisco Pizarro realiza una nueva fundación, no en nombre del Sol, sino en el de su

majestad[62], el Rey de España. Eso sería el fin del desarrollo autónomo. Los españoles 155 trazarían[63] una geografía a la usanza[64] de sus pueblos; entonces, la leyenda empezaría a convertirse en drama, en dolorosa tragedia.

La vuelta del Sol

Con sus grandes templos y palacios, el 160 Qosqo asombraría[65] a los hispanos. Ellos describirían con entusiasmo lo que sus ojos habían visto, como hacen ahora los viajeros que contemplan los muros del Qoricancha (donde se adoraba al taita inti; hoy es la iglesia de Santo Domingo), o la célebre piedra de los 165 12 ángulos, localizada en la calle Hatun Rumiyoc.

Y es que, desde siempre, la capital del Tawantinsuyo ha despertado admiración entre los foráneos[66]. Eso pasaba con los curacas— 170 gobernantes prehispánicos—que eran invitados para ser testigos del fastuoso[67] Inti Raymi, la Fiesta del Sol, la celebración mayor de todo el imperio, en la que se agradecía al padre divino por sus rayos benditos que 175 entibiaban[68] los valles y cadenas montañosas.[69] La costumbre se perdió en el virreinato[70], pero renacería en el siglo XX, cuando un grupo de intelectuales cusqueños impulsaría[71] un proceso de revalorización de las costumbres 180 andinas. La fiesta volvió para convertirse en una de las mayores atracciones turísticas del Perú. Ésta se realiza[72] en el Qoricancha, la Plaza de Armas y Sacsayhuamán, todos los años, el 24 de junio. 185

El retorno del Sol fue, en cierta forma, un resurgimiento[73] de la capital imperial y de su aura mítica. Una reconciliación simbólica con

---

[55] reaching / [56] predominio... power over its surroundings /
[57] A...As / [58] period of rule / [59] arrival / [60] outline / [61] fortress

[62] ? / [63] would trace / [64] tradition / [65] would amaze /
[66] foreigners / [67] grand / [68] warmed up / [69] cadenas...mountain
ranges / [70] ? / [71] would propel / [72] takes place / [73] ?

los valores culturales y la cosmovisión de los
190 pueblos originarios, despreciada[74] por los
conquistadores y vista con cierto desdén[75] en
los albores[76] republicanos.

El Cusco del siglo XXI vive orgulloso de su
195 pasado, de sus raíces incaicas y coloniales, de
su preciosa conjunción entre lo andino y lo
occidental. Una urbe que se deja conocer y
muestra sus encantos. Un destino[77] que se
debe recorrer con calma conversando con sus
200 gentes, viendo el trabajo de sus artesanos,
acercándose a aquellos que albergan en su
corazón el legado andino.

Y es que la ciudad, creada y construida
por aquellos hombres que se proclamaban
205 Hijos del Sol, nació para ser algo diferente,
para ser el ombligo del planeta.

---

[74] *despised* / [75] *disdain* / [76] *beginnings* / [77] *destination*

Datos útiles
Cómo llegar: desde Lima hay vuelos diarios
a Cusco (una hora de viaje, aproximadamente).
También arriban de la ciudad amazónica
de Puerto Maldonado (45 minutos) y de
Arequipa (30 minutos).

En los últimos años y gracias al
mejoramiento de la red de carreteras, el
acceso por vía terrestre se ha incrementado.
Sin embargo, tenga en cuenta que el viaje
desde Lima (por la ruta más corta) dura cerca
o más de 20 horas, dependiendo de las
condiciones del camino. El periplo[78] es
bastante agotador, con muchas curvas y
ascensos.

No olvide
- Al tratarse de una ciudad de altura, evite
  exigirse físicamente en las primeras horas
  de su estancia.
- Sea frugal a la hora de comer, ya que la
  digestión es más lenta a miles de metros
  sobre el nivel del mar.
- Lleve protector solar y una prenda de
  abrigo.
- La ciudad cuenta con restaurantes de gran
  calidad, además de una zona comercial
  con exclusivas boutiques que ofrecen
  prendas de alpaca o vicuña, joyerías con
  piezas de oro y plata y vistosas tiendas
  artesanales.

---

[78] *?*

Comprensión

A. ¿Cierta o falsa? Lee las siguientes frases y decide si la información es cierta o falsa, según el artículo. Si la información es falsa, escribe la información correcta.

1. El Sol quería que sus hijos establecieran una nueva civilización.

2. Para encontrar el lugar adecuado, los hijos del Sol tenían que encontrar un lago.

3. Manco Cápac y Mama Ocllo salieron del lago que hoy conocemos por el nombre de Titicaca.

4. Para establecer una nueva civilización, los hijos del Sol instruyeron a los habitantes del lugar sobre nuevas ideas.

5. El área donde vivían los incas siempre se mantuvo muy pequeña.

6. Los incas veneraban la tierra, las aguas y las montañas.

7. Hoy en día ya no se conservan las tradiciones del pasado inca.

8. La lengua que todavía hablan los incas se llama runa simi.

9. En Cusco se puede apreciar una mezcla de las costumbres de sus antepasados con la vida moderna y varias otras culturas.

10. Otra manera de referirse a Cusco es "El ombligo del mundo".

11. El área donde se establecieron los incas se parecía a la figura de un pájaro.

12. Los españoles cambiaron la vida de los incas.

13. Inti Raymi era una celebración para mostrarle agradecimiento a la Luna.

14. El homenaje al Sol permitió que Cusco volviera a festejar su pasado.

B. Comprensión general   En tus propias palabras, responde a las siguientes preguntas. Luego, comparte tus ideas con los otros estudiantes de la clase.

1. Describe cómo los hijos del Sol (Manco Cápac y Mama Ocllo) encontraron el lugar apropiado para empezar una nueva civilización.

2. Según el artículo, ¿cómo es el Cusco de hoy? Haz una lista de los aspectos del pasado que han sobrevivido.

3. Según los historiadores, ¿cómo era el lugar de donde vinieron los fundadores del Cusco?

4. ¿Cuándo y por qué se convirtió en drama la leyenda (y la realidad) del Cusco?

5. ¿Cómo volvió a celebrarse la Fiesta del Sol?

C. De la misma familia   Las palabras de la lista a continuación son palabras que probablemente ya conoces. Escribe todas las palabras de la misma familia que conozcas. La referencia indica la línea en la que puedes encontrar la palabra en el texto.

calurosa [línea 17]	poderoso [línea 42]
desconocidos [línea 23]	creencias [línea 71]
descubrir [línea 32]	sangres [línea 94]

D. En contexto   Imagínate que quieres explicarle a un(a) compañero(a) de clase el significado de las siguientes palabras. En español, explica lo que cada una de las palabras significa. Escribe las explicaciones para luego compartirlas con el resto de la clase.

lago [línea 8]	ombligo [línea 86]
poderoso [línea 42]	testigos [línea 172]
templo [línea 56]	corazón [línea 202]

Un paso más

Para conversar

A. Inti Raymi Inti Raymi, o la Fiesta del Sol, era una de las celebraciones más importantes del imperio inca. Busca en el Internet toda la información que puedas encontrar acerca de esta ceremonia y escribe una lista de palabras, expresiones y datos que te ayuden a hacer una breve presentación al resto de la clase. No te olvides de incluir las diferentes actividades de la fiesta.

B. Cusco hoy Aunque el artículo menciona algunos aspectos del Cusco de hoy, no hay mucha información. Busca en el Internet toda la información que puedas acerca del Cusco para hacer una breve presentación al resto de la clase. También explica por qué te gustaría o no visitar la ciudad.

C. La protección de lugares históricos Muchos lugares históricos como el Cusco están en peligro de desaparecer. Prepara un breve informe sobre los aspectos que hacen que estos lugares desaparezcan. ¿Qué puede hacer el gobierno, los ciudadanos, los turistas, etc. para proteger estos lugares?

Para escribir

You may find **Appendix A** (Some Words and Expressions Used to Connect Ideas) especially useful as you complete these exercises.

A. El aporte de los incas Los incas hicieron grandes contribuciones en diferentes campos. Busca en el Internet toda la información que necesitas para escribir un informe. Considera las contribuciones en el campo científico, cultural, social y político. Escribe por los menos tres párrafos discutiendo estos adelantos.

B. Francisco Pizarro Francisco Pizarro tuvo un gran impacto en la civilización inca. Investiga todo lo que puedas sobre él y el resultado de sus acciones. Escribe por lo menos dos párrafos discutiendo la información que encontraste.

C. La lengua quechua La lengua quechua se puede escuchar en diferentes lugares de Sudamérica. Escribe dos párrafos sobre esta lengua y algunos aspectos interesantes que encuentres. Incluye información sobre su origen, los países donde todavía se habla y su situación actual. Trata de incluir algunas palabras de la lengua.

D. Machu Picchu El artículo dice que Machu Picchu es una de "las mayores joyas arqueológicas de Sudamérica". Busca en el Internet alguna información sobre estas ruinas incas que en tu opinión justifiquen este elogio. Escribe unos tres párrafos con la información que encontraste. No olvides incluir lo que te pareció más interesante acerca de Machu Picchu.

E. Una leyenda En grupos de tres o cuatro estudiantes, escriban una corta leyenda. Escojan a los personajes, las acciones de los personajes y los resultados de sus acciones. Luego, el profesor(a) va a ayudarlos a refinar lo que han escrito para hacer un pequeño libro con ilustraciones.

Go Online

For: Additional practice
Visit: www.PHSchool.com
Web Code: jxd-0025

CAPÍTULO 26

DE LA PRENSA

Toledo
Tres culturas unidas por la historia
Javier Vilaltella

Antes de leer

Abriendo paso:
Gramática

Present indicative:
Unidad 3, págs. 95 a 98;
RG 3, págs. 116 a 127
Ser/Estar: Unidad 3,
págs. 98 a 107
Reflexive verbs: Unidad 3,
págs. 109 a 115; RG 3,
págs. 130 a 132
Articles: Paso 1, págs. 250
a 257
Prepositions: Appendix C,
págs. 353 a 358
Some Expressions Used for
Oral Communication:
Appendix D, págs. 359
a 360

A. Una ciudad histórica Probablemente has visitado una ciudad donde, desde el momento en que llegas, empiezas a tener una experiencia casi mágica pues todo lo que ves es un reflejo de la historia. Escoge una ciudad que has visitado que te transportó a tiempos pasados y escribe una lista de palabras para describírsela a tus compañeros de clase. Recuerda incluir donde se encuentra la ciudad y el momento que representa en la historia, además de los lugares que visitaste.

B. El Greco El Greco fue uno de los artistas más importantes del renacimiento español. El Greco es el apodo (*nickname*) por el que se conoce a Doménikos Theotokópoulos por su origen griego. Algunas de sus pinturas representan la ciudad de Toledo. Busca toda la información que puedas sobre este artista y prepara un breve informe sobre él. Luego, en grupos pequeños, vas a compartir tus ideas con los otros estudiantes. Mientras escuchas a otros, añade cualquier información que tú no incluiste.

C. Un mapa de Toledo Busca en el Internet un mapa de la ciudad de Toledo. En él, localiza los siguientes lugares históricos. Este mapa te va a ayudar a tener una idea mejor de la ciudad cuando leas el artículo.

1. La catedral
2. La plaza de Zocodover
3. El Alcázar
4. La sinagoga de Santa María la Blanca
5. La sinagoga del Tránsito
6. La Puerta del Sol

7. El convento de San Juan de los Reyes

8. La iglesia del Cristo de la Luz

Escribe por lo menos dos datos interesantes sobre cada uno de estos lugares.

D. Los libros de caballería En el artículo que vas a leer se hace referencia a una finca que lleva el nombre de "Palacios de Galiana". Galiana era un personaje que apareció en los libros de caballería. Busca en el Internet toda la información posible sobre los libros de caballería, su definición, cómo surgieron y sus características más importantes. Busca también el título, el autor, una breve descripción de la novela que muchos llaman la última novela de caballería y otros creen que es la primera novela moderna.

Al leer

El siguiente artículo trata de Toledo y cómo la historia juntó allí a tres culturas diferentes. Mientras lees, ten presentes los siguientes puntos:

- lo que un visitante aprecia al llegar a la ciudad

- el regalo que recibió San Ildefonso

- la importancia del Alcázar

- las pruebas de la convivencia *(coexistence)* que se pueden apreciar allí

- los aspectos negativos de la historia de la ciudad

Nota cultural

El río Tajo es el río más largo de la Península Ibérica. Atraviesa la península en la parte central y corre en dirección este-oeste.

¿Cuál es el río más largo de los Estados Unidos? ¿En qué dirección corre? ¿En qué estado nace? ¿Dónde termina? ¿Lo has visto? ¿En qué estado lo viste?

LECTURA

DE LA PRENSA

Toledo
Tres culturas unidas por la historia
Javier Vilaltella

Hay ciudades que se conocen al visitarlas, otras en cambio[1], por ejemplo, Toledo, antes de haberlas pisado[2], su fama y el misterio ya las han instalado firmemente en la fantasía.

5   Para los lectores de literatura alemana está la novela de Lion Feuchtwanger "Die Jüdin von Toledo". Historia de amores apasionados, una bella judía sacrificada por los nobles para curar la locura del rey. O el relato de Borges "El deán de Toledo", que 10 nos traslada al oculto mundo de los alquimistas medievales.

[1] en... *on the other hand* / [2] haberlas... *having stepped on them*

Sin embargo, la llegada a Toledo no tiene nada de espectacular, más bien[3] se llega
15 atravesando[4] un paisaje tranquilo y sereno. Además, desde no hace mucho existe una línea de AVE[5] entre Madrid y Toledo que en 25 minutos la une a la capital como si fuera un barrio más de ella.

20 Lo de barrio vale sólo por lo de la cercanía, pues en realidad meterse en Toledo es como emprender[6] una aventura adentrándose[7] en la profundidad de la historia y en la fascinación del arte.

25 El cambio es rápido: se dejan las últimas instalaciones industriales de las afueras de Madrid, se entra en los más bien áridos campos castellanos, y ya uno se topa[8] de inmediato con los suaves meandros[9] del río
30 Tajo, a las puertas de Toledo.

Es una entrada apacible[10], con la corriente perezosa, que de ningún modo hace sospechar el dramatismo que alcanzará este río al rodear luego la ciudad, casi en su
35 totalidad, abriéndose paso entre el paisaje de ariscas[11] montañas que domina el horizonte.

Amor y leyendas

No lejos de las verdes orillas[12] del río antes de entrar en la ciudad, discreta y medio
40 oculta, se halla una finca. En su arquitectura actual se remonta[13] al siglo XV y tiene el bonito nombre de "Palacios de Galiana". Galiana era una mujer bellísima, eternamente presente en los libros de caballerías. Fue un
45 apasionado amor de Carlomagno que, dice la leyenda, la raptó precisamente de ese lugar.

Las leyendas acompañarán sin cesar[14] el recorrido por los rincones de la ciudad: "la calle del pozo amargo", "la calle del hombre de palo", "El baño de la Cava". Habrá que ir 50 desentrañando[15] constantemente la mezcla de leyenda y hechos históricos, porque Toledo es un concentrado de Historia de España como ninguna otra ciudad.

Aunque de fundación romana, su historia 55 está vinculada[16] fundamentalmente al mundo visigodo[17]. El rey Recaredo en 586 la escogió como capital. Este pasado visigodo ya nunca abandonaría el recuerdo toledano.

Paradójicamente apenas[18] han quedado 60 restos arquitectónicos de ese pasado: alguna que otra columna empotrada[19] en un muro, un capitel incrustado[20] en algún portal, no mucho más. Pero si, en cambio, dejaron profunda huella[21] sus concilios[22] y sus 65 arzobispos. De un modo especial el arzobispo San Ildefonso (605–667), que según la tradición recibió el regalo de una casulla[23], la cual le fue entregada[24] por la Virgen en persona. Y como en Toledo todo está atado[25] 70 y muy bien atado, en la Catedral se conserva y se venera[26] la piedra donde se posó[27] la Virgen para realizarle la entrega.

La ciudad no es de fácil recorrido, sus innumerables e importantes monumentos se 75 agolpan apretados[28] sobre la montaña en la que está situada. Toda ella está atravesada por calles estrechas y muy empinadas[29].

Recinto histórico

Cuando se llega en tren o en coche, en la 80 parte llana[30] fuera del recinto[31] histórico, la ciudad se presenta compacta como una fortaleza a conquistar.

---

[3] rather / [4] crossing / [5] high speed train / [6] to embark on, set off on / [7] ? / [8] uno… one runs into / [9] suaves… soft snaking / [10] peaceful / [11] gruff / [12] banks / [13] dates back / [14] sin… incessantly

[15] unravelling / [16] linked / [17] Visigothic / [18] hardly / [19] built-in / [20] capitel… capital fixed into / [21] mark / [22] councils / [23] chasuble, vestment worn by priest / [24] hand-delivered / [25] linked / [26] se… it is worshiped / [27] alighted / [28] tightly crowded in / [29] steep / [30] flat / [31] se… historic site

Tal como la pintó El Greco en dos de sus
85 cuadros maravillosos, la silueta apenas ha
cambiado.

Un servicio de autobuses facilita la
conquista transportando al visitante a la Plaza
de Zocodover, una de las pocas plazas amplias
90 de la ciudad y verdadero corazón histórico.

De todas maneras, si uno tiene tiempo y
buenas piernas, se recomienda entrar en la
ciudad lentamente recorriendo el paseo que
bordea[32] el Tajo y que permite apreciar y
95 gozar toda la fuerza del paisaje al otro lado
del río. Y siguiendo el paseo siempre a nuestra
derecha se puede degustar[33] la arquitectura
modesta pero misteriosa que se encarama[34]
por las laderas[35] de la montaña.

100 De cuando en cuando aparecen pequeñas
iglesias de aspecto humilde, pero si se tiene
la suerte de que están abiertas se topa uno
con un mundo insospechado. En sus
arquitecturas antiquísimas se conserva el
105 recuerdo de viejos cultos, casi perdidos, de
rito mozárabe[36].

La parte monumental está situada como
es de suponer en la parte alta de la ciudad.
Entre los muchos edificios importantes
110 destacan por su densidad histórica la Catedral,
y por su silueta dominadora el Alcázar.

Este último está en el punto más alto,
pero en un borde[37] de la montaña, de tal
manera que su amenazante mole[38] domina
115 exageradamente por encima del resto de los
edificios.

Se trata de un emplazamiento[39]
privilegiado en el que estuvieron, se supone,
los palacios visigodos, luego los árabes y ya
120 en su último avatar[40], el Alcazar actual.

---

[32] ? / [33] sample / [34] climbs up / [35] ? / [36] Mozarabs (Christians
who lived in Al-Andalús) / [37] ? / [38] amenazante... threatening
mass / [39] location / [40] ?

Es un edificio que para los españoles tiene
evocaciones[41] bastantes tristes, pues está
vinculado[42] a un capítulo doloroso de la
Guerra Civil. De todas maneras, cuando uno
se acerca descubre que en realidad es un 125
palacio renacentista de bella factura[43],
construido en la época del emperador Carlos
V por sus mejores arquitectos. Aunque las
innumerables guerras con los príncipes
protestantes apenas le dejaban tiempo para 130
gozar de los sitios, Toledo fue una de sus

---

[41] ? / [42] linked/ [43] de... beautifully made

ciudades preferidas, y el escudo imperial[44] con la doble águila decora con profusión[45] los muros toledanos.

135 Sin duda, la Catedral es la joya[46] arquitectónica por antonomasia[47]. Empezada en 1226, y luego prolongada su edificación en el tiempo, sin embargo, su planta[48] gótica de cinco naves está hecha sin interrupción y es 140 de una majestad impactante.

Es la sede primada[49] de España, es decir, la sede arzobispal de más antigüedad, y por ella han pasado cardenales poderosos, pero también muy cultos como Gil de Albornoz en 145 la Edad Media, y los cardenales Cisneros, Mendoza, Carranza, entre otros, grandes impulsores del arte y la cultura renacentistas.

Todos ellos han dejado muchas muestras artísticas 150 tanto en la Catedral como en varios edificios de la ciudad. Valga como ejemplo destacado[50] el bello Hospital de la Santa 155 Cruz, ahora museo con excelentes exposiciones.

Escuela de Traductores

El problema, por decirlo así, de Toledo es que junto a 160 estos grandes monumentos existen otros muchos: iglesias y conventos, antiguos palacios, a veces de apariencia modesta, 165 pero que ocultan tesoros de gran valor. La tarea de conocerlos se presenta como inabarcable[51].

Algunos de ellos son viejos conventos de monjas[52] que siguen con sus comunidades, lo 170 cual no hace la visita fácil, pero a cambio transmiten el misterio vivo de lo religioso con su rezos de coro[53]. Es un mundo de constantes sorpresas y descubrimientos.

Judíos, moros y cristianos. Un lema[54] que 175 apunta[55] a una convivencia pasada quizás no siempre fácil, pero convivencia.

Entre otros ahí está el testimonio de la famosa "Escuela de Traductores de Toledo" bajo Alfonso X el Sabio, en el siglo XIII, 180 destinada a hacer accesibles los muchos tesoros de la sabiduría árabe.

De esa convivencia dan también testimonio todavía dos viejos edificios, sorprendentemente conservados. Se trata de 185 las bellas sinagogas de Santa María la Blanca y del Transito. Esta última, especialmente rica en su decoración interior, y que 190 ahora felizmente, en su bien documentado museo, conserva el testimonio del gran pasado de la cultura judía en España. 195

Las otras muestras las ofrece la preciosa arquitectura de ladrillo[56] de las muchas iglesias con decoración de arcos 200 mudéjares en sus muros exteriores. El ejemplo quizás más convincente lo constituye la pequeña iglesia del Cristo de la Luz, 205 que empezó siendo una

---

[44] escudo… imperial coat of arms / [45] ? / [46] jewel / [47] por… par excellence / [48] plan / [49] sede… primary seat / [50] Valga… one outstanding example is, / [51] out of reach

[52] nuns / [53] rezos… choir prayers / [54] motto / [55] apunta a-points at / [56] brick

mezquita[57] y luego, con la dominación cristiana, se amplió un poco el espacio, sin derribar[58] el anterior, para adaptarla al nuevo culto. Lo sorprendente es que esto se consigue sin que se tenga la sensación de que se produjera ruptura de ningún tipo.

Memorias sin fin

Una ciudad como ésta es portadora[59] de muchas memorias, se podría aludir[60] que junto a esto están también las memorias negativas de una España intransigente, de un catolicismo beligerante[61], de la pesadilla[62] de la Inquisición, que tenía aquí su tribunal más importante, y de la cual fueron víctimas incluso algún cardenal como Carranza, que tuvo que morir en el exilio para escapar a sus amenazas[63], o la terrible expulsión de los judíos, que todavía se presenta como un hecho triunfante en un letrero[64] provocativo en un muro de la Catedral. Una cosa no excluye la otra, una ciudad se puede percibir de varias maneras.

Quizás sea agradable recordar las visitas que hacían en sus tiempos de estudiante Lorca, Buñuel y Dalí, para disfrutar de las visiones inauditas[65] y surreales de lugares como el de la tumba del Cardenal Tavera, en la que provocaba su hilaridad[66] el féretro[67] con el rostro ya cadavérico.

O, descendiendo a la tierra, hacer una pausa en uno de los múltiples restaurantes. Su gran variedad forma un amable contrapunto[68] ante tanta historia, logrando algunos de ellos como el restaurante "Locum" en la calle Locum o el "Crircuma" en la calle Las Tendillas, hacer de sus platos auténticas obras de arte.

Una ciudad está hecha de lo grande y lo pequeño. Ahí está por ejemplo la laboriosa vida cotidiana de los toledanos y la vida en sus casas. Una de las experiencias más intensas es la de recorrer, sin rumbo[69], sus calles estrechas y tortuosas[70] y de pronto encontrarse con un portal[71] abierto, de entre los muchos, que deja entrever[72] a través de una reja[73] un patio interior.

Es la experiencia de un mundo silencioso, sensual, lleno de flores y plantas y de intimidad, un lugar privilegiado para el diálogo y para la vida en común, una manera de percibir el tiempo que se nos está perdiendo.

Probablemente en uno de sus patios se le cruzaron al rey Alfonso VIII en alguno de sus paseos los ojos misteriosos de la bella judía Raquel quedando para siempre atrapado[74].

---

[57] mosque / [58] sin… without demolishing / [59] bearer / [60] to allude / [61] ? / [62] nightmare / [63] threats / [64] sign / [65] unprecedented, unheard of

[66] ? / [67] coffin / [68] contrast / [69] sin… with no direction / [70] ? / [71] doorway / [72] to make out / [73] grille / [74] ensnared, fascinated

Comprensión

A. ¿Cierta o falsa?   Lee las siguientes frases y decide si la información es cierta o falsa, según el artículo. Si la información es falsa, escribe la información correcta.

1. Toledo parece ser una ciudad mágica.

2. El río Tajo rodea la ciudad de Toledo.

3. Muchos lugares en Toledo han sido nombrados como resultado de leyendas.

4. La virgen le envió un regalo al arzobispo San Ildefonso.

5. Es muy fácil hacer un recorrido por las calles de Toledo.

6. Los edificios de más importancia están en las afueras de la ciudad.

7. El Alcázar les causa alegres recuerdos a los españoles.

8. Toledo atraía a muchos príncipes y religiosos importantes.

9. En Toledo nunca pudieron convivir los judíos, moros y cristianos.

10. La Escuela de Traductores tenía el propósito de informar sobre la cultura árabe.

11. A pesar de buenas memorias, en Toledo también hay memorias de una España intolerante.

12. Según el artículo hay una posibilidad de que un rey haya conocido en un patio a su amante, la judía Raquel.

B. Comprensión general   En tus propias palabras, responde a las siguientes preguntas. Luego, comparte tus ideas con los otros estudiantes de la clase.

1. ¿Qué se puede apreciar a través de la literatura sobre Toledo?

2. ¿Qué sabemos de los principios de la ciudad de Toledo? ¿Quedan muchos restos de esa época?

3. ¿Qué podemos apreciar en las pequeñas iglesias de Toledo?

4. Describe la importancia del Alcázar.

5. ¿Qué señales encontramos en Toledo de las culturas que convivían allí?

6. ¿Por qué existen memorias negativas sobre Toledo?

7. ¿Qué hace difícil el poder conocer verdaderamente a Toledo?

8. ¿Qué características han atraído a estudiantes a Toledo través de los siglos?

C. De la misma familia Las palabras de la lista a continuación son palabras que probablemente ya conoces. Escribe todas las palabras de la misma familia que conozcas. La referencia indica la línea en la que puedes encontrar la palabra en el texto.

cercanía [línea 20]	insospechado [línea 103]
sacrificada [línea 8]	gozar [línea 131]
tranquilo [línea 15]	sabiduría [línea 182]
rodear [línea 34]	agradable [línea 227]
profunda [línea 65]	cruzaron [línea 257]

D. En contexto Imagínate que quieres explicarle a un(a) compañero(a) de clase el significado de las siguientes palabras. En español, explica lo que cada una de las palabras significa. Escribe las explicaciones para luego compartirlas con el resto de la clase. La referencia indica la línea en la que puedes encontrar la palabra en el texto.

paisaje [línea 15]	corazón [línea 90]
perezosa [línea 32]	guerras [línea 129]
finca [línea 40]	monjas [línea 170]
huella [línea 65]	convivencia [línea 177]
apretados [línea 76]	letrero [línea 225]

Un paso más

Para conversar

A. Mi lugar favorito   Escoge un monumento que te gustaría visitar en Toledo. No puedes escoger el Alcázar. Luego, busca más información en el Internet. Escribe una lista de palabras y expresiones que te van a ayudar a expresar tus ideas. En grupos pequeños, vas a compartir tus ideas. Luego, cada grupo va a escoger el mejor informe para presentárselo al resto de la clase.

B. El Alcázar   El Alcázar parece haber jugado un papel importante en la historia de España. Investiga la importancia de este lugar y explica como fue usado en varias época de la historia. Luego, vas a compartir lo que aprendiste con otros compañeros de clase.

C. Las memorias   Hay eventos y lugares en los Estados Unidos que como Toledo tienen memorias muy positivas pero al mismo tiempo negativas. Escoge un evento en la historia o un lugar histórico y prepara un breve informe sobre ese lugar o evento. Vas a compartir la información con el resto de la clase.

D. El título   Piensa en el título del artículo, ¿Existe una ciudad hoy día en que las tres culturas de las que se habla en el artículo estén unidas por la historia? Busca información en el Internet acerca de esa ciudad. ¿Crees que es posible decir que, como Toledo, tiene aspectos positivos y negativos? Explica tu respuesta. Luego, vas a compartir tus ideas con el resto de la clase.

You may find **Appendix A** (Some Words and Expressions Used to Connect Ideas) especially useful as you complete these exercises.

Para escribir

A. Una visita a Toledo   Imagina que quieres recomendarle a un(a) amigo(a) que visite Toledo. Escríbele una carta donde le explicas por qué te parece buena idea, los lugares que debe visitar y por qué, y lo que debe llevar para que el viaje sea más agradable.

B. La Escuela de Traductores   En el artículo se menciona brevemente la Escuela de Traductores, que en realidad tuvo una gran importancia en su época. Busca en el Internet todo lo que puedas encontrar sobre ella y escribe por lo menos dos párrafos explicando su importancia.

C. La Inquisición española   En 1478, Los Reyes Católicos fundaron el Tribunal del Santo Oficio de la Inquisición con el propósito primordial de mantener católica a la Península Ibérica. Busca en el Internet información sobre lo que esto representó para quienes practicaban otra religión, especialmente los judíos y los musulmanes. Luego, escribe dos párrafos resumiendo la información que encontraste.

Go Online

For: Additional practice
Visit: www.PHSchool.com
Web Code: jxd-0026

DE LA PRENSA

Las hogueras de San Juan

Virginia Azañedo

Antes de leer

A. Las diferentes hogueras *(bonfires)* de San Juan En este artículo vas a leer sobre las Hogueras de San Juan en España. Esta celebración también tiene lugar en otros países. Investiga cómo se celebra en Portugal, Ucrania, Finlandia, Argentina, Chile, Colombia y Venezuela, entre otros. Escoge tres países y compara las semejanzas y diferencias entre ellos.

B. El solsticio En los Estados Unidos, como en muchos otros países, se celebra el solsticio de verano conocido con el nombre coloquial de "*Midsummer*". ¿Qué es el solsticio de verano? ¿Cómo se celebra? ¿Es una celebración importante? ¿Piensas que se debería celebrar de otra manera? Escribe una lista de palabras y expresiones que te ayuden a discutir el tema con el resto de la clase.

C. Los ritos La celebración de los ritos tiene mucha importancia para todas o casi todas las culturas. Escoge un rito de un grupo étnico y explica cómo es y cuál es su propósito. No te debes limitar a los países de habla hispana. En tu opinión, ¿piensas que se deben proteger estos ritos? ¿Piensas que son una pérdida de tiempo? ¿Qué contribuyen estos ritos a la cultura de estos grupos?

> ### Abriendo paso: Gramática
>
> Present indicative: Unidad 3, págs. 95 a 98; RG3, págs. 116 a 127
> Imperfect: Unidad 1, págs. 8 a 15; RG 1, págs. 44 a 45
> Comparisons: RG 2, págs. 90 a 94
> Some Expressions Used to Begin and End a Written Message: Appendix E, pág. 361

Al leer

Mientras lees, presta atención a los siguientes puntos:

- la razón por la cual se celebran las hogueras en junio
- lo que las celebraciones tienen en común en diferentes lugares
- el papel de los griegos y de los romanos en esta celebración
- las diferencias entre la celebración en La Coruña y Alicante

DE LA PRENSA

Las hogueras de San Juan

Virginia Azañedo

La noche del 23 de junio se celebran "Las Hogueras de San Juan". Una fiesta con un claro origen pagano, en la que los principales protagonistas son la noche y el fuego. Esta
5 festividad se celebra en muchos lugares del mundo: en España, en Portugal, en Ucrania y Finlandia; también en Argentina, Chile, en Colombia, Venezuela, etc. Todos damos la bienvenida al verano (o al invierno, en el
10 hemisferio sur) en la mágica noche de San Juan.

El solsticio de verano se celebra el 21 de junio, es el día más largo del año. Entre el 21 y el 24 de junio, es el momento del año en el
15 que el sol está más cerca de la tierra; lo que, sin duda, está en relación con esta festividad ligada[1] al sol y la tierra. Ya los incas de Perú celebraban el 24 de junio el Inti-Raymi, o fiesta del Sol; en Europa, se relaciona esta
20 celebración con ritos celtas llamados Beltaine (Bello Fuego), que tenían lugar en primavera. En Beltaine, según la leyenda, se celebraban ritos de fertilidad alrededor de grandes hogueras purificadoras. Hay quien busca el
25 origen de estas fiestas en griegos y romanos. Según éstos, los griegos también encendían[2] hogueras para el dios Apolo (dios del Sol o de la Luz), y estas fiestas coincidían con el solsticio de verano; mientras que los romanos

---

[1] linked / [2] used to light

30 encendían hogueras para la diosa Minerva
(diosa de las Artes, la Sabiduría y de la Guerra),
sobre las que saltaban[3] tres veces.

Tenga el origen que tenga, la noche de
San Juan tiene unos elementos comunes en
35 todos los lugares y culturas: la fecha (entre el
21 y el 24 de junio), la noche, las hogueras y
los ritos mágicos. También es muy común
saltar sobre las hogueras (varía el número de
veces: tres, nueve...), e incluso andar sobre las
40 brasas[4]. Curiosamente, en las zonas de
montaña se ruedan troncos[5] ardiendo desde
las cimas[6] (en Canarias, en los Pirineos, etc.),
y en las zonas costeras son muy habituales los
baños purificadores o sanadores[7] en el mar,
45 pues las hogueras se suelen encender en la
playa.

En España, la noche del 23 al 24 de junio
hay fiesta en muchas localidades (son muy
populares en toda Cataluña, Galicia, País
50 Vasco, así como en los Pirineos, León, la costa
levantina[8], también en Andalucía y en
Canarias. Se llaman las Hogueras de San Juan,
la Noche de San Juan o la Sanjuanada. Para

que se hagan una idea de cómo se celebra
en España esta fiesta, hemos elegido[9] las 55
consideradas como Fiesta de Interés Turístico:
las Hogueras de San Juan en Alicante y la
noche San Juan de La Coruña.

Las Hogueras de San Juan en Alicante

Lo más significativo de esta fiesta es que 60
no se celebra la noche del 23, sino la del 24
de junio. Las hogueras o, mejor dicho, lo que
la noche del 24 serán hogueras, son antes
"monumentos", es decir, esculturas de cartón
piedra[10] de carácter satírico. Los monumentos 65
se plantan[11]—así dicen allí—en distintos
lugares de la ciudad el día 20.

La fiesta, que dura varios días, se vive en
la calle. Es tradición comer, beber y bailar en
"barracas" y "racós" la típica "coca" (una 70
especie de pizza) y las "bacores" (brevas[12]).
En los últimos años, los bomberos[13] controlan
las hogueras. Muchos de los asistentes[14]—
debido al calor—piden agua a gritos, así que

En detalle

San Juan
El día 24 de junio se celebra el nacimiento de
San Juan Bautista. Los cristianos sólo
celebran el nacimiento de Jesús y el de San
Juan Bautista (de los Santos, en general se
celebra el aniversario de su muerte, no el de
su nacimiento). Curiosamente, coinciden con
el solsticio de verano (San Juan) y el de
invierno (Navidad).

---

[3] *they used to jump* / [4] *embers* / [5] *ruedan... burning logs are*
rolled / [6] *summit (of a mountain)* / [7] *healing* / [8] *on the eastern*
part of the Mediterranean /

[9] *hemos... we have chosen* / [10] *carton... papier mâché* /
[11] *se... are placed* / [12] *early figs* / [13] *firefighters* / [14] *people*
present

ciudad unos curiosos ramos de flores [90] silvestres[20] (malvavisco[21], artemisa[22], espadaña[23], orégano, verbena[24], rosas silvestres...): son las llamadas hierbas de San Juan, que se ponen a macear[25] esa noche en agua. Por la mañana, con esa agua se realizan [95] abluciones[26]. Así, dicen las meigas, los gallegos están protegidos de todo mal, tanto del cuerpo como del alma[27].

[75] los bomberos riegan[15] al público. Esto se ha convertido en una práctica que los alicantinos denominan "banyá".

La noche San Juan en La Coruña

Galicia es tierra de "meigas" (brujas[16]), así [80] que en La Coruña eligen durante estas fiestas entre las jóvenes de la localidad a la "Meiga Mayor". En La Coruña, las hogueras se montan[17] el día 21 y el 23 se queman. Lo tradicional es hacer una hoguera en la playa, [85] que será encendida por una meiga; en ella preparan los "cachelos" (patatas asadas[18]) y las sardinas a la brasa[19] (sardiñadas).

Quizás lo más curioso en Galicia es que el día 23 de junio venden en el mercado de la

---

[15] *hose down* / [16] *witches* / [17] *are built* / [18] *grilled, roasted* / [19] *a... grilled, barbecued*

[20] *wild* / [21] *marshmallow* / [22] *mugwort (herb)* / [23] *bulbrush (herb)* / [24] *verbena (herb)* / [25] *se... they are soaked* / [26] *se realizan... ablutions are carried out* / [27] *soul*

Comprensión

A. ¿Cierta o falsa?   Lee las siguientes frases y decide si la información es cierta o falsa según el artículo que acabas de leer. Si la información es falsa, escribe la información correcta.

1. El origen de "Las Hogueras" se basa en la religión católica.

2. "Las Hogueras" sólo se celebran en España y Latinoamérica.

3. Los griegos y los romanos también honoraban a sus dioses con hogueras.

4. Las celebraciones, no importa en qué lugar, siempre tienen lugar en junio.

5. En ciertas partes de España los habitantes usan la celebración para purificarse.

6. Las Hogueras de San Juan en Alicante se celebran el 23 de junio.

7. Los participantes en la celebración necesitan agua para refrescarse.

8. La comida parece ser muy importante en las hogueras de La Coruña.

9. En Galicia se selecciona una joven como la bruja de la celebración.

10. Para protegerse, los gallegos usan flores silvestres.

B. Comprensión general   Usa tus propias palabras para responder a las siguientes preguntas. Luego, en grupos pequeños vas a compartir tus respuestas con el resto de la clase.

1. ¿Cuál es el propósito que tienen las hogueras en Europa, en las zonas costeras de España y para los griegos y romanos?

2. ¿Cuáles son los elementos que las hogueras tienen en común?

3. Describe dos maneras en que se celebra esta fiesta en dos lugares diferentes.

4. Haz una lista de cuatro aspectos de la celebración que son diferentes en Alicante y en La Coruña.

C. Identificación Las siguientes palabras aparecen en el artículo que acabas a de leer. Empareja las palabras a la izquierda con su significado en la columna a la derecha.

1. barracas
2. coca
3. bacores
4. meigas
5. cachelos
6. banya

a. una especie de comida
b. brujas
c. cuando mojan al público con agua
d. papas a la brasa
e. casillas
f. frutas de la higuera

D. De la misma familia Las palabras de la lista a continuación son palabras que probablemente ya conoces. Escribe todas las palabras de la misma familia que conozcas. La referencia indica la línea en la que puedes encontrar la palabra en el cuento.

festividad [línea 5]
verano [línea 9]
encendían [línea 26]
saltaban [línea 32]
ardiendo [línea 41]

interés [línea 56]
piedra [línea 65]
curiosos [línea 90]
celebra [línea 54]

E. En contexto Imagínate que quieres explicarle a un(a) compañero(a) de clase el significado de las siguientes palabras. En español, explica lo que cada una de las palabras significa. Escribe las explicaciones para luego compartirlas con el resto de la clase. La referencia indica la línea en la que puedes encontrar la palabra en el cuento.

hoguera [línea 2]
pagano [línea 3]
solsticio [línea 12]
ritos [línea 20]

bomberos [línea 72]
silvestre [línea 91]
macear [línea 94]

Un paso más

Vocabulario útil para conversar y para escribir

Aquí tienes una lista de palabras y expresiones que te ayudarán a expresar tus ideas. Trata de incluirlas en la discusión con los otros estudiantes o en los ejercicios de escritura.

hacerse daño	*to hurt oneself*
en cambio	*on the other hand*
pasarlo bien/mal	*to have a good/bad time*
(no) vale la pena	*it's (not) worth it*
entusiasmar	*to make… enthusiastic*
peligroso(a)	*dangerous*
divertido(a)	*entertaining, enjoyable*
algo va mal	*something goes wrong*
al rojo vivo	*red hot*
hacerle daño	*to harm*

Para conversar

A. Entre brasas Una de las actividades de las hogueras es saltar y hasta caminar encima de brasas. ¿Conoces otra cultura en que las personas caminen sobre brasas ardientes? ¿Cuáles son? ¿Qué te parece esta actividad? ¿Te interesaría participar en ella? Explica por qué.

B. Las fallas de Valencia En Valencia la celebración de "Las fallas" es un evento que ha ganado fama a nivel mundial. Aunque no es lo mismo que las hogueras, hay ciertas semejanzas. Investiga el propósito de las fallas y la historia de esta celebración. ¿Cuáles son algunas de las semejanzas? Explica.

C. El solsticio de invierno Además del solsticio de verano existe el solsticio de invierno. Busca en el Internet alguna información sobre el solsticio de invierno. ¿Cuándo ocurre? ¿Qué se celebra? ¿Cómo lo celebraban los romanos? ¿Qué fiesta cristiana se celebra cerca del solticio?

Para escribir

You may find **Appendix A** (Some Words and Expressions Used to Connect Ideas) especially useful as you complete these exercises.

A. Una tarjeta postal Imagina que estás en una de las ciudades donde se celebran las hogueras. Escríbele una tarjeta postal a un(a) amigo(a) describiendo la fiesta y cómo la estás disfrutando.

B. Tu opinión personal Ahora que has leído acerca de la celebración del solsticio en España y en otros países, ¿qué piensas de esta celebración? ¿Crees que tiene un propósito importante?

C. Una celebración que vale la pena Probablemente piensas que hay un día en el calendario que no se celebra en los Estados Unidos pero que se debería celebrar. ¿Cuál es ese día? ¿Cómo piensas que se debe celebrar? Tienes la oportunidad de sugerir un nuevo día festivo. Describe las actividades que te gustaría ver incluidas en esa celebración.

Go Online

For: Additional practice
Visit: www.PHSchool.com
Web Code: jxd-0027

Índice

Teatro

Al leer

Mientras lees, ten presentes los siguientes puntos:

- cómo progresa el personaje principal a través de la obra
- la reacción de María al recibir la noticia
- la reacción del hombre al final

LECTURA

Teatro

Historia del hombre que se convirtió en perro

Osvaldo Dragún

PERSONAJES

ACTOR 1º

ACTOR 2º

ACTOR 3º

ACTRIZ

La acción transcurre en la época actual, en nuestro país.

ACTOR 2º. Amigos, la tercera historia vamos a contarla así…

ACTOR 3º. Así como nos la contaron esta tarde a nosotros.

ACTRIZ. Es la «Historia del hombre que se convirtió en perro».

ACTOR 3º. Empezó hace dos años, en el banco° de una plaza. Allí, 5
señor…, donde usted trataba hoy de adivinar el secreto de una hoja.

ACTRIZ. Allí, donde extendiendo los brazos apretamos° al mundo por
la cabeza y los pies, y le decimos: ¡suena, acordeón, suena!

ACTOR 2º. Allí le conocimos. *(Entra el ACTOR 1º.)* Era… *(Lo señala.)*…
así como lo ven, nada más. Y estaba muy triste. 10

ACTRIZ. Fue nuestro amigo. El buscaba trabajo, y nosotros éramos
actores.

ACTOR 3º. El debía mantener° a su mujer, y nosotros éramos actores.

ACTOR 2º. El soñaba con la vida, y despertaba gritando por la noche. Y
nosotros éramos actores. 15

ACTRIZ. Fue nuestro amigo, claro. Así como lo ven… *(Lo señala.)*
Nada más.

(marginal glosses: ? · we squeeze · to support)

TODOS. ¡Y estaba muy triste!

ACTOR 3°. Pasó el tiempo. El otoño…

20 ACTOR 2°. El verano…

ACTRIZ. El invierno…

ACTOR 3°. La primavera…

ACTOR 1°. ¡Mentira! Nunca tuve primavera.

ACTOR 2°. El otoño…

25 ACTRIZ. El invierno…

ACTOR 3°. El verano. Y volvimos. Y fuimos a visitarlo, porque era
    nuestro amigo.

ACTOR 2°. Y preguntamos: ¿Está bien? Y su mujer nos dijo…

ACTRIZ. No sé.

30 ACTOR 3°. ¿Está mal?

ACTRIZ. No sé.

ACTORES 2° y 3°. ¿Dónde está?

ACTRIZ. En la perrera°. (*ACTOR 1° en cuatro patas.*)   kennel, dog pound

ACTORES 2° y 3°. ¡Uhhh!

35 ACTOR 3°. (*Observándolo.*)   Soy el director de la perrera,
                                     y esto me parece fenomenal.
                                     Llegó ladrando como un perro
                                     (requisito principal);
                                     y si bien conserva el traje,
40   es un perro, a no dudar.

ACTOR 2°. (*Tartamudeando.*)   S-s-soy el v-veter-rinario,
                                  y esto-to-to es c-claro p-para mí
                                  Aun-que p-parezca un ho-hombre,
                                  es un p-pe-perro el q-que está aquí.

45 ACTOR 1°. (*Al público.*) Y yo, ¿qué les puedo decir? No sé si soy
    hombre o perro. Y creo que ni siquiera° ustedes podrán decírmelo al   ni… not even
    final. Porque todo empezó de la manera más corriente.° Fui a una   ?
    fábrica a buscar trabajo. Hacía tres meses que no conseguía nada, y
    fui a buscar trabajo.

50 ACTOR 3°. ¿No leyó el letrero? «NO HAY VACANTES».

ACTOR 1°. Sí, lo leí. ¿No tiene nada para mí?

ACTOR 3°. Si dice «No hay vacantes», no hay.

ACTOR 1°. Claro. ¿No tiene nada para mí?

ACTOR 3°. ¡Ni para usted, ni para el ministro!

55 ACTOR 1°. Ahá. ¿No tiene nada para mí?

ACTOR 3°. ¡NO!

ACTOR 1°. Tornero°…   lathe operator or maker

ACTOR 3°. ¡NO!

ACTOR 1°. Mecánico...

ACTOR 3°. ¡NO!   60

ACTOR 1°. S...

ACTOR 3°. N

ACTOR 1°. R

ACTOR 3°. N

ACTOR 1°. F...   65

ACTOR 3°. N...

watchman ACTOR 1°. ¡Sereno°! ¡Sereno! ¡Aunque sea de sereno!

bugle / boss ACTRIZ. (*Como si tocara un clarín°*.) ¡tu-tú, tu-tu-tú! ¡El patrón°!

? (*Los* ACTORES 2° *y* 3° *hablan por señas°*.)

? ACTOR 3°. (*Al público*.) El perro del sereno, señores, había muerto la   70
noche anterior, luego de 25 años de lealtad°.

ACTOR 2°. Era un perro muy viejo.

ACTRIZ. Amén.

ACTOR 2°. (*Al* ACTOR 1°.) ¿Sabe ladrar?

ACTOR 1°. Tornero.   75

ACTOR 2°. ¿Sabe ladrar?

ACTOR 1°. Mecánico...

ACTOR 2°. ¿Sabe ladrar?

bricklayer ACTOR 1°. Albañil°...

ACTORES 2° y 3°. ¡NO HAY VACANTES!   80

ACTOR 1°. (*Pausa*.) ¡Guau... guau!...

ACTOR 2°. Muy bien, lo felicito...

dog house ACTOR 3°. Le asignamos diez pesos diarios de sueldo, la casilla° y la
comida.

ACTOR 2°. Como ven, ganaba diez pesos más que el perro verdadero.   85

ACTRIZ. Cuando volvió a casa me contó del empleo conseguido.

drunk Estaba borracho°.

ACTOR 1°. (*A su mujer*.) Pero me prometieron que apenas un obrero se

retired / fired / ? jubilara°, muriera o fuera despedido°, me darían su puesto°. ¡Divertite,
María, divertite! ¡Guau... guau!... ¡Divertite, María, divertite!   90

ACTORES 2° y 3°. ¡Guau... guau!... ¡Divertite, María, divertite!

ACTRIZ. Estaba borracho, pobre...

ACTOR 1°. Y a la otra noche empecé a trabajar... (*Se agacha en cuatro
patas*.)

ACTOR 2°. ¿Tan chica le queda la casilla?   95

ACTOR 1°. No puedo agacharme tanto.

Le... does it feel tight ACTOR 3°. ¿Le aprieta° aquí?

ACTOR 1°. Sí.

ACTOR 3°. Bueno, pero vea, no me diga «sí». Tiene que empezar a
acostumbrarse. Dígame: «¡Guau... guau!»

ACTOR 2°. ¿Le aprieta aquí? (*El* ACTOR 1° *no responde.*) ¿Le aprieta aquí?

ACTOR 1°. ¡Guau... guau!...

ACTOR 2°. Y bueno... (*Sale.*)

ACTOR 1°. Pero esa noche llovió, y tuve que meterme en la casilla.

ACTOR 2°. (*Al* ACTOR 3°.) Ya no le aprieta...

ACTOR 3°. Y está en la casilla.

ACTOR 2°. (*Al* ACTOR 1°.) ¿Vio como uno se acostumbra° a todo?   ?

ACTRIZ. Uno se acostumbra a todo...

ACTORES 2° y 3°. Amén...

ACTRIZ. Y él empezó a acostumbrarse.

ACTOR 3°. Entonces, cuando vea que alguien entra, me grita: ¡Guau...,
guau! A ver...

ACTOR 1°. (*El* ACTOR 2° *pasa corriendo.*) ¡Guau..., guau!.. (*El* ACTOR 2°
pasa sigilosamente.) ¡Guau..., guau!... (*El* ACTOR 2° *pasa agachado.*)
¡Guau..., guau..., guau!... (Sale.)

ACTOR 3°. (*Al* ACTOR 2°.) Son diez pesos por días extras en nuestro
presupuesto°...   budget

ACTOR 2°. ¡Mmm!

ACTOR 3°. ...pero la aplicación que pone el pobre, los merece°...   ?

ACTOR 2°. ¡Mmm!

ACTOR 3°. Además°, no come más que el muerto...   ?

ACTOR 2°. ¡Mmm!

ACTOR 3°. ¡Debemos ayudar a su familia!

ACTOR 2°. ¡Mmm! ¡Mmm! ¡Mmm! (*Salen.*)

ACTRIZ. Sin embargo, yo lo veía muy triste, y trataba de consolarlo
cuando el volvía a casa. (*Entra* ACTOR 1°.) ¡Hoy vinieron visitas!...

ACTOR 1°. ¿Sí?

ACTRIZ. Y de los bailes en el club, ¿te acordás?

ACTOR 1°. Sí.

ACTRIZ. ¿Cuál era nuestro tango?

ACTOR 1°. No sé.

ACTRIZ. ¡Cómo que no! «Percanta que me amuraste°...». (*El* ACTOR 1°   Percanta...Consider that you
está en cuatro patas°.) Y un día me trajiste un clavel°... (*Lo mira, y*   cornered (wooed) me /
queda horrorizada.) ¿Qué estás haciendo?   ? / carnation

ACTOR 1°. ¿Qué?

ACTRIZ. Estás en cuatro patas... (*Sale.*)

ACTOR 1°. ¡Esto no lo aguanto más°! ¡Voy a hablar con el patrón!   Esto... I can't stand this
(*Entran los* ACTORES 2° *y* 3°.)   anymore!

ACTOR 3°. Es que no hay otra cosa...

ACTOR 1°. Me dijeron que un viejo se murió.

ACTOR 3°. Sí, pero estamos de economía. Espere un tiempito° más, ¿eh?

short period of time (adding "ito" to make something smaller)

ACTRIZ. Y esperó. Volvió a los tres meses.

ACTOR 1°. (*Al ACTOR 2°.*) Me dijeron que uno se jubiló…

ACTOR 2°. Sí, pero pensamos cerrar esa sección. Espere un tiempito más, ¿eh?

ACTRIZ. Y esperó. Volvió a los dos meses.

ACTOR 1°. (*Al ACTOR 3°.*) Déme el empleo de uno de los que echaron por la huelga°…

strike

ACTOR 3°. Imposible. Sus puestos quedarán vacantes…

ACTORES 2° y 3°. ¡Como castigo°! (*Salen.*)

punishment

ACTOR 1°. Entonces no pude aguantar más… ¡y planté°!

y…and I quit

ACTRIZ. ¡Fue nuestra noche más feliz en mucho tiempo! (*Lo toma del brazo.*) ¿Cómo se llama esta flor?

ACTOR 1°. Flor…

ACTRIZ. ¿Y cómo se llama esa estrella?

ACTOR 1°. María.

ACTRIZ. (*Ríe.*) ¡María me llamo yo!

ACTOR 1°. ¡Ella también… ella también! (*Le toma una mano y la besa.*)

ACTRIZ. (*Retira su mano.*) ¡No me muerdas°!

No…Don't bite me!

ACTOR 1°. No te iba a morder… Te iba a besar, María…

ACTRIZ. ¡Ah! yo creía que me ibas a morder… (*Sale.*)
(*Entran los ACTORES 2° y 3°.*)

ACTOR 2°. Por supuesto…

ACTOR 3°. …a la mañana siguiente…

ACTORES 2° y 3°. Debió volver a buscar trabajo.

ACTOR 1°. Recorrí varias partes, hasta que en una…

ACTOR 3°. Vea, este… no tenemos nada. Salvo que°…

Salvo… Except that…

ACTOR 1°. ¿Qué?

ACTOR 3°. Anoche murió el perro del sereno.

ACTOR 2°. Tenía 35 años, el pobre…

ACTORES 2° y 3°. ¡El pobre!...

ACTOR 1°. Y tuve que volver a aceptar.

ACTOR 2°. Eso sí, le pagábamos quince pesos por día. (*Los ACTORES 2° y 3° dan vueltas.*) ¡Hmm!... ¡Hmmm!... ¡Hmmm!...

ACTORES 2° y 3°. ¡Aceptado! ¡Que sean quince! (*Salen.*)

ACTRIZ. (*Entra.*) Claro que 450 pesos no nos alcanza para pagar el alquiler°…

rent

ACTOR 1°. Mirá, como yo tengo la casilla, mudate vos a una pieza° con cuatro o cinco muchachas más, ¿eh?

room

140

145

150

155

160

165

170

175

180 ACTRIZ. No hay otra solución. Y como no nos alcanza tampoco para
    comer…

ACTOR 1º. Mirá, como yo me acostumbré al hueso°, te voy a traer la
    carne a vos, ¿eh?

bone

ACTORES 2º y 3º. (*Entrando.*) ¡El directorio° accedió!

board of directors

185 ACTOR 1º Y ACTRIZ. El directorio accedió… ¡Loado sea°!
    (*Salen los* ACTORES 2º *y* 3º.)

¡Loado… Blessed be! Glory be!

ACTOR 1º. Yo ya me había acostumbrado. La casilla me parecía más
    grande. Andar en cuatro patas no era muy diferente de andar en
    dos. Con María nos veíamos en la plaza… (*Va hacia ella.*) Porque
190 vos no podés entrar en mi casilla; y como yo no puedo entrar en tu
    pieza… Hasta que una noche…

ACTRIZ. Paseábamos. Y de repente me sentí mal…

ACTOR 1º. ¿Qué te pasa?

ACTRIZ. Tengo mareos°.

Tengo… I feel dizzy

195 ACTOR 1º. ¿Por qué?

ACTRIZ. (*Llorando.*) Me parece… que voy a tener un hijo…

ACTOR 1º. ¿Y por eso llorás?

ACTRIZ. ¡Tengo miedo… tengo miedo!

ACTOR 1º. Pero, ¿por qué?

200 ACTRIZ. ¡Tengo miedo… tengo miedo! ¡No quiero tener un hijo!

ACTOR 1º. ¿Por qué, María? ¿Por qué?

ACTRIZ. Tengo miedo… que sea… (*Musita «perro». El* ACTOR 1º *la
    mira aterrado, y sale corriendo y ladrando. Cae al suelo. Ella se
    pone en pie.*) ¡Se fue…, se fue corriendo! A veces se paraba, y a
205 veces corría en cuatro patas…

ACTOR 1º. ¡No es cierto, no me paraba! ¡No podía pararme! ¡Me dolía
    la cintura° si me paraba! ¡Guau!… Los coches se me venían
    encima°… La gente me miraba… (*Entran los* ACTORES 2º *y* 3º.)
    ¡Váyanse, váyanse! Quiero volver a mi casilla… ¡Váyanse! ¿Nunca
210 vieron un perro?

waist

los coches… the cars were were running over me

ACTOR 2º. ¡Está loco! ¡Llamen a un médico! (*Sale.*)

ACTRIZ. Después me dijeron que un hombre se apiadó de él°, y se le
    acercó cariñosamente.

se… had pity on him

ACTOR 2º. (*Entra.*) ¿Se siente mal, amigo? No puede quedarse en cuatro
215 patas. ¿Sabe cuántas cosas hermosas hay para ver, de pie, con los
    ojos hacia arriba? A ver, párese… Yo lo ayudo… Vamos, párese

ACTOR 1º. (*Comienza a pararse, y de repente:*) ¡Guau… guau!… (*Lo
    muerde.*) ¡Guau… guau!… (*Sale.*)

ACTOR 3º. (*Entra.*) En fin, que cuando, después de dos años sin verlo, le
220 preguntamos a su mujer: «¿Cómo está?», nos contestó…

ACTRIZ. No sé.

ACTOR 2º. ¿Está bien?

ACTRIZ. No sé.

ACTOR 3º. ¿Está mal?

ACTRIZ. No sé. 225

ACTORES 2º y 3º. ¿Dónde está?

ACTRIZ. En la perrera.

ACTOR 3º. Y cuando veníamos para acá, pasó al lado nuestro un boxeador...

ACTOR 2º. Y nos dijeron que no sabía leer, pero que eso no importaba, 230 porque era boxeador.

draftee ACTOR 3º. Y pasó un conscripto°...

ACTRIZ. Y pasó un policía...

ACTOR 2º. Y pasaron..., y pasaron..., y pasaron ustedes. Y pensamos que tal vez podría importarles la historia de nuestro amigo... 235

ACTRIZ. Porque tal vez entre ustedes haya ahora una mujer que piense: «No tendré..., no tendré...?» (*Musita: «perro».*)

ACTOR 3º. O alguien a quien le hayan ofrecido el empleo del perro del sereno...

ACTRIZ. Si no es así nos alegramos. 240

ACTOR 2º. Pero si es así, si entre ustedes hay alguno a quien quieran convertir en perro, como a nuestro amigo, entonces... Pero bueno, entonces esa..., ¡ésa es otra historia! (*Telón*)

FIN

Comprensión

A. ¿Cierta o falsa? Lee las siguientes frases y decide si la información es cierta o falsa, según la obra de teatro. Si la información es falsa, escribe la información correcta.

1. Uno de los actores conoció al hombre en una perrera.

2. El hombre tenía una familia que tenía que mantener.

3. Cuando los actores fueron a visitar al hombre, él ya estaba en la perrera.

4. El hombre no sabía si era hombre o perro.

5. El hombre fue a la fábrica a buscar a su mujer.

6. Como el perro del sereno había huido, el hombre pudo conseguir un puesto.

7. Cuando el hombre entró en la casilla se empezó a acostumbrar al lugar.

8. La actriz temía que el hombre la mordiera.

9. Al hombre no le hace falta la carne porque él come huesos.

10. Después de dos años sigue en la perrera.

B. Comprensión general Con tus propias palabras, responde a las siguientes preguntas. Luego, comparte las respuestas con los otros estudiantes de la clase.

1. ¿Qué trató de decir el hombre cuando dijo "Nunca tuve primavera"?

2. ¿Qué dilema tenía el hombre?

3. ¿Por qué fue el hombre a una fábrica?

4. ¿Qué le prometieron al hombre?

5. ¿Qué problema tenía el hombre con la casilla? ¿Cómo reaccionó la primera noche que tuvo que meterse en ella?

6. ¿Por qué quedarán vacantes los puestos?

7. ¿Qué le sugirió el hombre a María acerca de donde podrían vivir?

8. ¿Por qué tenía miedo María de tener un hijo?

9. ¿Podemos decir que al final de la obra el hombre acepta su vida de perro? ¿Cómo lo sabemos?

10. ¿Por qué muerde el hombre a la persona que trató de ayudarlo?

C. De la misma familia Las palabras de la lista a continuación son palabras que probablemente ya conoces. Escribe todas las palabras de la misma familia que conozcas. La referencia indica la línea en la que puedes encontrar la palabra en el texto.

adivinar [línea 6]	ganaba [línea 85]
mentira [línea 23]	merece [línea 119]
ladrando [línea 37]	mareos [línea 194]

D. En contexto Imagínate que quieres explicarle a un(a) compañero(a) de clase el significado de las siguientes palabras. En español, explica lo que cada una de las palabras significa. Escribe las explicaciones para luego compartirlas con el resto de la clase. La referencia indica la línea en la que puedes encontrar la palabra en el texto.

sereno [línea 67]	huelga [línea 148]
lealtad [línea 71]	castigo (castigar) [línea 150]
sueldo [línea 83]	alquiler [línea 177]

E. Ahora te toca a ti Usa las siguientes ideas como punto de partida y escribe cinco preguntas para ver si tus compañeros han comprendido el drama. También puedes hacerles preguntas de cualquier punto que tú no hayas comprendido.

- el conflicto del personaje principal
- el trabajo que consigue
- la reacción de su esposa
- la transformación progresiva del personaje principal
- la relación entre los actores y los espectadores

Un paso más

Para conversar

A. El desempleo En el mundo de hoy, hay muchas personas que pierden su trabajo después de trabajar para una compañía por mucho tiempo. Imagina que tú mantienes a tu familia. ¿Cómo te sentirías tú si perdieras el trabajo? ¿Qué efectos tendría en tu vida y en la vida de las personas a tu alrededor? Escribe las palabras y frases que vas a necesitar para presentar tus ideas al resto de la clase.

B. La falta de nombres Ninguno de los actores en la obra tiene nombre. ¿Por qué piensas tú que Dragún hizo esto? ¿Piensas tú que añade al mensaje que él nos quiere dar? ¿De qué manera? Escribe una lista de las palabras y expresiones que vas a necesitar para presentar tus ideas a la clase. En grupos pequeños, van a discutir las diferentes ideas y escoger las mejores para presentárselas a la clase.

C. La ironía y la parodia En tu opinión, ¿qué partes de la obra son irónicas? ¿Cuáles son una parodia? Haz una lista. En clase, vas a trabajar en un grupo para discutir las diferentes ideas del grupo. Luego, el(la) profesor(a) va a escoger a diferentes grupos para que presenten sus ideas al resto de la clase.

D. Un encuentro Imagina que te encuentras con un hombre en cuatro patas. Haz una lista de las preguntas que le harías. ¿Cómo contestarías tú a estas preguntas? Luego, en clase el(la) profesor(a) escogerá a estudiantes al azar *(at random)* para que contesten como si fueran el hombre en cuatro patas.

E. El hombre se acostumbra a todo En un vagón de tren repleto *(packed)* de gente, un hispano dijo "Si al ganado *(cattle)* lo abarrotaran *(were crammed)* de esta manera, moriría." Pero en el vagón todo el mundo había encontrado la manera de adaptarse. ¿Crees que es verdad que los seres humanos tienen la capacidad de adaptarse a todo con tal de sobrevivir? ¿Hay situaciones en las que piensas que es apropiado adaptarse? ¿Hay otras en que piensas que no es apropiado? Da ejemplos concretos para apoyar tu respuesta.

F. El final Al final de la obra el ACTOR 2° dice lo siguiente:

> Pero si es así, si entre ustedes hay alguno a quien quieran convertir en perro, como a nuestro amigo, entonces... Pero, bueno, entonces ésa... ¡ésa es otra historia!

¿A quién se dirige? ¿Qué trata de decir? ¿Qué efecto tienen estas últimas palabras? Responde a las preguntas y prepárate para discutir tus ideas con el resto de la clase.

Para escribir

You may find **Appendix A** (Some Words and Expressions Used to Connect Ideas) and **Appendix C** (Some Expressions Used to Begin and End a Written Message) especially useful as you complete these exercises.

A. El personaje principal Se puede describir al personaje principal como un conformista. ¿Estás de acuerdo con esta descripción? Escribe un párrafo en el que discutas tu opinión. No te olvides de explicar por qué piensas de esa manera. Puedes usar algunas de las ideas que usaste en los ejercicios anteriores.

B. El teatro del absurdo Busca en la biblioteca de tu escuela o en el Internet todo lo que puedas encontrar sobre el teatro del absurdo y escribe dos párrafos definiéndolo. Luego, explica los elementos absurdos que encontraste en la obra de Dragún.

C. El comentario social Esta obra es una obra de comentario social. En tu opinión, ¿por qué crees que es una obra de comentario social? ¿Qué ideas trata de manifestar el autor? Escribe dos párrafos expresando tus ideas sobre el tema.

D. El lenguaje Los seres humanos usan el lenguaje para comunicar lo que piensan o sienten. En esta obra en general el lenguaje es muy sucinto. Pocas veces se usan frases completas y raramente más de una frase a la vez. Esto es aun más evidente en el lenguaje del hombre. Busca en el texto ejemplos de cómo el lenguaje del hombre se condensa. Por ejemplo, ¿qué pasa con las palabras cuando va a la fábrica a buscar trabajo? ¿Qué representa este cambio? ¿Por qué ladra por primera vez? Cuando empieza a trabajar, ¿por qué cambia de "Sí." a "¡Guau... guau!"? Hacia el final de la obra, además de ladrar, ¿de qué otra manera comunica el hombre su frustración? ¿Qué muestra esto en relación a su transformación? ¿Qué crees que quiere comunicar Dragún? ¿Crees que es eficaz el uso de deterioro del lenguaje para comunicar su mensaje. Organiza tus ideas y escribe dos párrafos sobre el tema.

E. Una obra absurda En uno de los ejercicios anteriores te familiarizaste con la definición del teatro del absurdo. Ahora tienes la oportunidad de crear una idea para una obra de teatro del absurdo. Piensa en una situación en la que podrías usar las técnicas del teatro del absurdo para expresar tu mensaje. Escribe un corto párrafo donde expliques tu idea.

Interpersonal Writing

Directions: For each of the following exercises, you will write a message. For each exercise, you have 10 minutes to read the instructions and write your message. Each message should be at least 60 words in length.

Instrucciones: Para cada uno de los siguientes ejercicios, vas a escribir un mensaje. Para cada ejercicio, tienes 10 minutos para leer las instrucciones y escribir tu mensaje. Cada mensaje debe tener una extensión de 60 palabras.

Mensaje 1

Imagina que uno de tus amigos ha perdido su trabajo. El o ella se siente muy mal. Escríbele un correo electrónico a tu amigo o amiga. En tu mensaje debes

- saludarlo(la)
- expresar tu reacción a la noticia
- ofrecer algunas palabras para que se sienta mejor
- darle algunas sugerencias para conseguir otro trabajo
- despedirte

Mensaje 2

Acabas de conseguir un puesto fenomenal. Le quieres dar la noticia a tu mejor amigo(a). Escríbele un mensaje. En tu mensaje debes

- saludarlo(la)
- explicarle la razón por la que escribes
- describir el puesto
- decirle lo que piensas hacer con tu primer cheque
- despedirte

Comprensión auditiva

Escucha las siguientes selecciones. Después de cada selección vas a escuchar varias preguntas. Escoge la mejor respuesta para cada pregunta entre las opciones impresas en tu libro.

Selección número 1

Ahora vas a escuchar una conversación entre Jorge y Alicia acerca de la familia Canseco.

Número 1
- **a.** Vivió en Uruguay.
- **b.** Celebró su buena suerte.
- **c.** Ocultó la noticia del premio.
- **d.** Trató de vender su apartamento.

Número 2
- **a.** Que les pidieran dinero.
- **b.** Que perdieran el premio.
- **c.** Que sus amigos no los creyeran.
- **d.** Que su abogado los engañara.

Número 3
- **a.** Mudarse a otro país.
- **b.** Dar una gran fiesta.
- **c.** Visitar a sus familiares.
- **d.** Arreglar su apartamento.

Número 4
- **a.** Que son desagradables.
- **b.** Que son muy generosos.
- **c.** Que son muy humildes.
- **d.** Que son envidiosos.

Número 5
- **a.** El dinero.
- **b.** La amistad.
- **c.** El amor.
- **d.** La tranquilidad.

Selección número 2

Escucha la siguiente conversación sobre lo que pasó a Genaro el día que recibió el primer cheque de su nuevo trabajo.

Número 1
- **a.** Perdió su puesto.
- **b.** Se le perdió el dinero.
- **c.** No recibió su cheque.
- **d.** No pudo cambiar su cheque.

Número 2
- **a.** Les pidió dinero a sus colegas.
- **b.** Pidió un préstamo del banco.
- **c.** Les echó la culpa a sus colegas.
- **d.** Le prestó la mitad de su sueldo.

Número 3
- **a.** Que le habían mentido a Genaro.
- **b.** Que debían haber contribuido más dinero.
- **c.** Que le habían robado el dinero a Genaro.
- **d.** Que debían pagar por los pantalones.

Número 4
- **a.** Se burló de Genaro.
- **b.** Se enfadó con Genaro.
- **c.** Les pidió más dinero a sus colegas.
- **d.** Les pidió excusas a sus colegas.

Número 5
- **a.** Como una persona muy generosa.
- **b.** Como un hombre sin compasión.
- **c.** Como un amigo traicionero.
- **d.** Como un colega celoso.

Un poco más de práctica

Índice

Presentational Writing

Presentational Writing 1

Directions: The following question is based on the accompanying Sources 1–3. The sources include both print and audio material. First, you will have 7 minutes to read the printed material. Afterward, you will hear the audio material; you should take notes while you listen. Then, you will have 5 minutes to plan your response and 40 minutes to write your essay. Your essay should be at least 200 words in length. This question is designed to test your ability to interpret and synthesize different sources. Your essay must use information from the sources to support your ideas. You must refer to ALL of the sources. As you refer to the sources, identify them appropriately. Avoid simply summarizing the sources individually.

Instrucciones: La pregunta siguiente se basa en las Fuentes 1–3. Las fuentes comprenden material tanto impreso como auditivo. Primero, dispondrás de 7 minutos para leer el material impreso. Después, escucharás el material auditivo; debes tomar apuntes mientras escuches. Luego, tendrás 5 minutos para organizar tus ideas y 40 minutos para escribir tu ensayo. El ensayo debe tener una extensión mínima de 200 palabras. Esta pregunta se diseñó para medir tu capacidad de interpretar y sintetizar varias fuentes. Tu ensayo debe utilizar información de las fuentes que apoye tus ideas. Debes referirte a TODAS las fuentes. Al referirte a las fuentes, identifícalas apropiadamente. Evita simplemente resumir las fuentes individualmente.

¿Qué efectos tiene el uso de ordenadores alrededor del mundo?

FUENTE NO. 1: Este artículo apareció en la revista *Ecos* en octubre del 2003.

La escuela del futuro ya es realidad en Teruel

La vuelta al "cole" ya está aquí: ¿cuadernos, lápices y bolígrafos nuevos? ¡En Teruel no! Dos pueblecitos de esta provincia aragonesa, Ariño y Alloza, tienen la escuela rural más moderna de España. Allí, ya no hacen falta papel y lápiz; los alumnos escriben sobre una especie de pizarrín. Se trata del "Tablec PC", una pantalla que los alumnos utilizan como un cuaderno: los dictados, las cuentas y redacciones pasan directamente a la pantalla del profesor.

El vocabulario en la escuela es nuevo: los niños ya no necesitan sacapuntas, pero sí un cargador, pilas y altavoces. El responsable de esta revolución es José Antonio Blesa, un profesor con fe en las nuevas tecnologías y con el empeño suficiente como para llegar a un acuerdo con la multinacional Microsoft. Ha tardado diez años, pero lo ha conseguido. Los trece alumnos de cuarto de primaria (diez años) poseen cada uno su propia pizarra.

Este proyecto es pionero en España, pero las aulas autosuficientes pueden ser en el futuro una realidad. Microsoft extenderá la idea a 19 centros de profesores.

FUENTE NO. 2: Este artículo apareció en la revista *Ecos* en enero del 2004.

Telemedicina en el Amazonas

A casi un centenar de personas se les han salvado la vida, gracias a un proyecto piloto que se está desarrollando en la selva peruana. Hasta ahora, era casi imposible que los médicos llegaran a algunas zonas de la selva. Los indígenas han encontrado un médico llamado "punto de salud": un ordenador, una solución casi mágica, si se tiene en cuenta que en estas inaccesibles aldeas no hay ni luz ni teléfono.

La Agencia Española de Cooperación Internacional ha desarrollado un sistema de transmisión de voz y datos, gracias a un ordenador que funciona con energía solar. Lo difícil ha sido llegar al sol, debido a la altura de los árboles de la Amazonía. Desde luego, ya existen las comunicaciones vía satélite para llegar hasta allí, cierto, cuyos costes son muchísimo mayores. Se trata de una solución relativamente barata (seis millones de euros de presupuesto anual, cuatro de ellos los aporta España) y eficaz, en la que colaboran 15.000 investigadores y 2.800 equipos de universidades.

Desde que se creara el Programa Iberoamericano de Ciencia y Tecnología para el Desarrollo en 1984, el interés de los científicos por él ha ido en aumento. No se puede decir lo mismo de los políticos en Latinoamérica, cuyo desinterés impide que tan buenas ideas puedan aprovecharse en otras regiones.

FUENTE NO. 3 (AUDIO): Este informe, que se titula "El uso regular de ordenadores favorece unos mejores resultados escolares", está basado en un artículo que apareció en el periódico *El Mundo* el 24 de enero del 2006.

Presentational Writing 2

¿Qué hechos ponen en evidencia las semejanzas entre los animales y los seres humanos?

FUENTE NO. 1: Este artículo apareció en el sitio de Internet www.mascotasmimadas.com el 2 de noviembre del 2010.

Los científicos demuestran la proximidad entre los animales y los humanos

Las más recientes investigaciones sobre las emocions, actividad mental y comportamiento de los animales demuestran que están más próximos a los humanos de lo que generalmente se piensa. Como ejemplo de esta nueva percepción, Alemania ha sido el primer país del mundo en introducir en su Constitución el derecho de los animales. En consecuencia, los criadores de cerdos[1] son estimulados por el gobierno a conceder por lo menos 20 segundos diarios de contacto del animal con las personas.

La Unión Europea ha establecido que antes del 2012 las pocilgas cubiertas de los cerdos deben ser sustituidas por chiqueros al aire libre. Estudios sobre el comportamiento social de los cerdos, realizados en la Universidad de Purdue, EE.UU, muestran que a los puercos les gusta que les demuestren cariño y se deprimen fácilmente cuando están aislados o sin posibilidades de jugar con otros.

En Harvard y otras 25 facultades de Derecho de Estados Unidos, se dictan cursos sobre el derecho de los animales. "Parece que muchas de esas criaturas son más parecidas a los humanos de lo que habíamos imaginado. Sienten dolor, sufrimiento, experimentan tensión, afecto, emoción e inclusive amor", escribió el economista Jeremy Rifkin, en un artículo publicado en el diario *El País,* de Madrid.

Otras investigaciones destruyen la concepción vigente de que los animales no tienen sentimientos y no razonan. Científicos de la Universidad de Oxford observaron, en experimentos con dos pájaros, Betty y Abel, que la hembra era capaz de hacer un gancho de alambre para alcanzar sus alimentos.

[1]cerdo, puerco: *pig, hog*

Se sabe que los gansos[2] enseñan a sus crías las rutas de emigración. En la mayoría de los casos, el aprendizaje pasa de padres a hijos. "La mayoría de los animales utiliza todo tipo de experiencia aprendida, y aplica el método de solución de los problemas mediante la técnica de probar y desechar los errores", indicó Rifkin.

En África, el papagayo[3] Alex identificaba más de 40 objetos y 7 colores. El gorila Koko aprendió el lenguaje de los signos, identifica más de mil signos y entiende millares de palabras en inglés. Según Rifkin, Koko alcanzó entre 70 y 95 puntos en exámenes de cociente de inteligencia humana, lo que lo coloca en la categoría de "aprendizaje lento, pero no retrasado".

Rifkin subraya que "la fabricación de herramientas y el desarrollo de complejas aptitudes lingüísticas sólo son 2 de los múltiples atributos que creemos y que eran exclusivos de nuestra especie. La conciencia del propio ser y de los otros, es otra de ellas".

La ciencia sostenía que los animales no tienen percepción de su mortalidad y que eran incapaces de comprender el concepto de muerte. También esa creencia es cuestionada. A juzgar por el comportamiento de los elefantes que acompañan a un moribundo de la manada hasta su lecho de muerte, todo indica que también sienten dolor.

El científico Steven Siviy, del Gettysburg College, de Pensilvania, formuló un cuestionamiento incisivo: "Si creemos en la evolución por selección natural, ¿cómo podemos creer que los sentimientos aparecen de repente, de la nada, en los seres humanos?"

Fuente: Noticias Cristianas / Cristianos.com
Mascotas Mimadas: Por amor a los animales © 2007–2009. Editado por: Melissa Roa—Valencia, Venezuela

FUENTE NO. 2: Este artículo apareció en el sitio de Internet www.mascotasmimadas.com el 19 de septiembre del 2007.

¿Por qué queremos tanto a los perros?

Publicado por: Melissa Roa

Yo, afirma el Médico Veterinario Miguel Dávila, he sido testigo del cambio de conducta de las personas hacia con los animales en general y con las mascotas en particular. Antes una mascota, ya sea perro o gato sólo lo teníamos como guardián o para ahuyentar a los ratones, y comían por lo general las sobras de comida de la casa.

En la actualidad el apego a las mascotas es tal, que muchas veces llegan a ser tratadas como personas y en otras ocasiones aun mejor. Platicando con la psicóloga Yolanda de Domínguez sobre esta conducta coincidimos en que este cariño muchas veces desmedido se debe a vacíos afectivos.

Explicado de otra manera, podríamos decir que nuestro perro es un amigo perfecto, que nos escucha, nos protege, nos acompaña y sólo ve en nosotros cualidades, y ningún defecto. Desbordando, por lo tanto, toda su energía y cariño para con nosotros con el fin de llamar nuestra atención, y así afianzar los vínculos de amistad (amo-perro).

Yo creo que este tipo de relación amo-mascota, es beneficiosa puesto que nos ayuda a las personas a desfogar todas las presiones de la vida diaria y además este sentimiento de cariño y responsabilidad ayuda también a los niños para su relación con los demás, así como para perder sus fobias hacia los perros de otras personas y mejorar sus lazos afectivos hacia su entorno en general.

[2]ganso: *goose, gander*
[3]papagayo: *parrot*

En lo personal yo no estoy de acuerdo en la sustitución de un cariño por otro, es decir, no podemos solo querer o tolerar a nuestra mascota más que a nuestra propia familia, vecinos o amigos. Tratemos pues que el cariño que nos dan las mascotas de manera desmedida y desinteresada nos enseñe a nosotros a transmitir, este mismo cariño a nuestros seres queridos y a nuestros amigos.

Fuente: M.V.Z. Miguel Dávila / La Columna del Perro / http://www.elsiglodetorreon.com.mx
Mascotas Mimadas: Por amor a los animales © 2007–2009 | Editado por: Melissa Roa—Valencia, Venezuela

FUENTE NO. 3: Este informe, que se titula "Las mascotas saben si sus dueños se enferman", está basado en un artículo que apareció en el sitio de Internet www.mascotasmimadas.com el 7 de agosto del 2007.

Presentational Writing 3

Directions: The following question is based on the accompanying Sources 1–3. The sources include both print and audio material. First, you will have 7 minutes to read the printed material. Afterward, you will hear the audio material; you should take notes while you listen. Then, you will have 5 minutes to plan your response and 40 minutes to write your essay. Your essay should be at least 200 words in length. This question is designed to test your ability to interpret and synthesize different sources. Your essay must use information from the sources to support your ideas. You must refer to ALL of the sources. As you refer to the sources, identify them appropriately. Avoid simply summarizing the sources individually.

Instrucciones: La pregunta siguiente se basa en las Fuentes 1–3. Las fuentes comprenden material tanto impreso como auditivo. Primero, dispondrás de 7 minutos para leer el material impreso. Después, escucharás el material auditivo; debes tomar apuntes mientras escuches. Luego, tendrás 5 minutos para organizar tus ideas y 40 minutos para escribir tu ensayo. El ensayo debe tener una extensión mínima de 200 palabras. Esta pregunta se diseñó para medir tu capacidad de interpretar y sintetizar varias fuentes. Tu ensayo debe utilizar información de las fuentes que apoye tus ideas. Debes referirte a TODAS las fuentes. Al referirte a las fuentes, identifícalas apropiadamente. Evita simplemente resumir las fuentes individualmente.

¿Cómo se ven manifestadas las diferentes tradiciones en la celebración de la Navidad en Perú y en México?

FUENTE NO. 1: Este artículo apareció en la revista *Ecos* en diciembre del 2005.

Los "Niños Dioses" del Ande

La Navidad peruana tiene muchas caras. Se celebra de manera distinta en cada región, en cada pueblo. Es colorida, emotiva y cambiante. Es una fiesta con rezos y plegarias, con misas y velaciones, con huaynitos y zapateo, con comidas y brindis en el calor de la casa familiar, en el fulgor de una fogata que se enciende en la selva, en el frío compartido de una plaza comunal que es de todos y que no es de nadie.

Cómo será de singular la Nochebuena, que en muchos pueblos de la sierra se ha cambiado hasta el nombre del "homenajeado" principal. Ya no es Jesús, sino Manuelito, un niño travieso y querendón que nace en la cueva de un apu (montaña sagrada) salpicado de escarcha y nieve.

Las imágenes de los niños Manuelitos que se colocan en los nacimientos tradicionales tienen aires andinos. Y es que la piel se le ha oscurecido por el contacto con el vigoroso sol serrano.

Hay muchos "Niños Dioses" en las alturas. En Huancavelica, se festeja al Niño Perdido, una imagen destinada al valle de Ica (en la costa de Perú), pero que, por un capricho divino, apareció en este rincón del Ande.

La historia del Niño Víctor Poderoso, de Andamarca (región Ayacucho), es bastante distinta. Algunos devotos coinciden en señalar que el niño se escapaba de la iglesia, para refugiarse en la casa de algún comunero. Una noche se apareció en los sueños de un poblador, y le dijo que lo llamaran Víctor y que no quería estar en el templo. Desde entonces, la imagen se venera en las salitas austeras de sus fieles, quienes le agregaron el apelativo de Poderoso. Él sólo vuelve a la iglesia para Navidad, cuando se reza y se baila en su honor.

En el Cusco, el 24 de diciembre, tiene lugar el Santuranticuy o compra de santos. Los artesanos, campesinos, pastores —toda la población— salen a la calle con imágenes de santos y las figuras de sus nacimientos, para venderlas o intercambiarlas en las calles y plazas.

Jesús, el Niño Manuelito o Víctor, o como quieran llamarlo, es la figura central de los nacimientos peruanos, una costumbre que surgió en las primeras navidades. Los pesebres que se armaron en Lima utilizaron imágenes elaboradas por artesanos de Huancayo, Huamanga y Cusco. Con el paso de los años, la inventiva limeña fue agregándole personajes al pesebre original. No sólo estaban Jesús y su familia, sino los Reyes Magos con séquitos de llamas de oro y plata, varios pastores con su ganado y un sinfín de personajes de la ciudad.

FUENTE NO. 2: Este artículo apareció en la revista *México desconocido*.

Navidad a la mexicana

Más allá de los típicos adornos enmarcados con luces centellantes, la cena de gala y la atmósfera cálida y fraterna, la Navidad a lo largo de la República Mexicana se festeja con matices de nuestra esencia. Estas celebraciones son un ejemplo más que refleja el sincretismo cultural que posee el territorio mexicano, donde a pesar de que el aniversario del nacimiento de Jesucristo sea homenajeado a nivel mundial, en México adquiere su propia personalidad. Es por lo que aquí nos asomamos a algunos estados.

Michoacán, sincretismo de creencias

Después de la conquista española y las enseñanzas de Vasco de Quiroga, el primer Obispo de Michoacán, la Navidad ha resultado una fusión de la cultura purépecha con la ibérica. Entre las tradiciones ancestrales que sobreviven hasta nuestros días en los poblados pertenecientes a Michoacán, se encuentra la fiesta de Takari, realizada en Tarímbaro, en la cual se efectúa una danza por diversas calles del pueblo, al tiempo que se recoge heno para elaborar el lecho del Niño Dios. Las figuras del nacimiento se manufacturan de forma artesanal. Las imágenes en ciertas regiones son de madera tallada o cera, sobre todo las procedentes de Morelia y Jacona. Las de materiales textiles se elaboran en San Lorenzo Purenchécuaro, mientras que las de hoja de maíz y fibras vegetales, son propias de las zonas lacustres de Pátzcuaro y Zirahuén.

En las representaciones del nacimiento, la Virgen, San José y el Niño, se engalanan con ornamentos de las distintas etnias y se rodean de figuras que refieren danzas típicas michoacanas, como "los Moros" o "los viejitos", mujeres indígenas moliendo en metates, o pescadores con las tradicionales redes de mariposa. Otros ritos tienen lugar en Quinceo, un poblado de Paracho, cerca de Uruapan, donde se lleva a cabo la fiesta Uarokua, en la que se representa el momento en el que se le corta el cordón umbilical al Niño Dios. Existen otras prácticas que se llevan a cabo en todo el territorio michoacano, como la de colocar una estrella en la punta de un poste y encenderla para dar señal de que en ese lugar se celebra una fiesta. También hay personas que durante la temporada navideña toman cargos especiales como los huanánchechas, quienes son los responsables de mantener las tradiciones.

Oaxaca: Noche de Paz, Noche de Rábanos[1]

De las festividades navideñas que se llevan a cabo en Oaxaca, la Noche de Rábanos es la que goza de mayor tradición en la región. Se realiza el 23 de diciembre, un día antes de Nochebuena y consiste en

---

[1]rábanos: *radishes*

crear y exhibir diseños especiales realizados a base de rábano y otras plantas. Esta celebración tiene sus raíces en la época de la conquista española, cuando los frailes dominicos les enseñaron a los indígenas zapotecos y mixtecos el cultivo de flores y hortalizas, en su mayoría traídas de España. Los conquistadores le cedieron algunas de sus tierras a un grupo de indígenas agricultores dedicados a la horticultura y floricultura para transformarlas en sembradíos; fue así como se fundó el pueblo de Trinidad de las Huertas o de las Naborías. En aquella época se organizaba el mercado de la Vigilia de Navidad el 23 de diciembre, donde los comerciantes llevaban a vender en la Plaza de Armas de la Vieja Antequera, el pescado seco salado y las verduras necesarias para el menú navideño. Por su parte, los floriculturistas de la Trinidad de las Huertas llevaban sus verduras, con las cuales creaban figuras curiosas para captar la atención de la clientela. Adornaban los rábanos con hojitas de coliflor y florecitas hechas de cebollas tiernas. Todas las verduras se colocaban en los puestos de manera artística, sin olvidar los canastos de flores, que eran cultivadas con esmero.

Esta práctica se fue arraigando con los años, hasta llegar el punto que las amas de casa no buscaban las figuras de verduras para formar parte de su cena navideña, sino de la decoración de sus mesas. Con el tiempo, los horticultores salieron del mercado para presentar sus ingeniosas creaciones en forma de representaciones navideñas, personas, animales, danzas y otro tipo artesanías, en exposiciones que se realizaban en importantes recintos como la Plaza del Marqués o la Plaza de las Armas, hoy Jardín de la Constitución. Se tiene registro que la primera exposición de este tipo se realizó en 1897, bajo el mandato del entonces Presidente Municipal, don Francisco Vasconcelos Flores. Es así como desde el siglo XIX, año tras año se celebra la tradicional Noche de los Rábanos. Los artesanos que participan en ella empiezan a prepararse por lo menos con dos meses de anticipación. Cuando faltan tres días para la festividad, se inicia el proceso de manufactura y moldeado de cada una de las figuras. En la actualidad es un concurso donde se premian los diseños más hermosos y creativos. Se dan cita millones de hortelanos y floricultores que se inspiran en motivos navideños como el nacimiento, la llegada de los tres Reyes Magos y las tradiciones oaxaqueñas.

FUENTE NO. 3 (AUDIO): Este informe, que se titula "Las posadas en México", está basado en un artículo que apareció en la revista *Ecos* en diciembre del 2003.

Presentational Writing 4

¿Cuál es la importancia de luchar por la tolerancia entre diferentes grupos y culturas?

FUENTE NO. 1: Este artículo apareció en la revista *Ecos* en marzo del 2003.

Entre dos continentes

Ha nacido una nueva figura jurídica en España: el defensor del estudiante árabe. Su papel es el de mediador entre el mundo árabe y Europa. Es una persona que trata de ayudar y asesorar a los alumnos sobre todo marroquíes.

En la Universidad de Granada hay 3.000 alumnos de origen árabe matriculados, y en España, 12.000. Quizás por el número de alumnos matriculados, quizás por la misma historia árabe que se respira en cualquier rincón de la ciudad, Granada es la sede del Defensor del estudiante árabe.

Allí también se encuentra la Fundación Euroárabe de Altos Estudios, que nació en 1995 con el objetivo de fomentar la cooperación y el diálogo entre los países de la Unión Europea y el mundo árabe. Organiza charlas, seminarios y conferencias, y tiene iniciativas tan prácticas como publicar la traducción de la Ley de Extranjería española en lengua árabe, para que todos aquellos que lo necesiten puedan estar informados.

Ignacio Jiménez Soto, con una gran experiencia en asesorar a estudiantes y en defender sus derechos, es el "Defensor del estudiante árabe". El nuevo Defensor advierte que en la mayoría de los casos se trata de luchar contra el estereotipo; se relaciona marroquí con ilegal, pero la realidad, afirma, "no es así". Él se encarga de demostrarlo.

FUENTE NO. 2: Este artículo apareció en la revista *Ecos* en mayo del 2003.

Colombia: El parque de la tolerancia

En Medellín, una de las ciudades con más violencia del planeta, las empresas públicas de la ciudad (que suministran agua, luz y gas, entre otras cosas) se han puesto de acuerdo y han creado el "Parque de los Pies Descalzos".

Un parque sin rejas, ni taquilla, que tiene como único objetivo crear un espacio para la tolerancia, la paz y la convivencia.

Los niños se agachan, incrédulos, para tocar las piedras; el guía-monitor les indica que sirven para esculpirlas, para dibujar, y hasta para hacer música. Más adelante hay un bosque chino de bambú, un jardín japonés de arena y un laberinto de troncos inspirado en los templos de la India. Mezcla de culturas, de edades y de clases sociales, el parque de Medellín es para todos.

Dos mil quinientas personas visitan a diario el lugar. Por el parque hay que andar descalzo, sentir la tierra, el agua en la Fuente de los Sonidos, y el aire. La noche lleva también un mensaje de convivencia, pero esta vez en forma de poesía y de danza.

FUENTE NO. 3 (AUDIO): Este informe, que se titula "Población gitana: Una campaña para luchar contra los prejuicios", está basado en un artículo que apareció en el periódico *El Mundo* el 18 de enero del 2006.

Presentational Speaking–
Oral Presentation

Presentational Speaking 1

Directions: The following question is based on the accompanying printed article and audio selection. First, you will have 5 minutes to read the printed article. Afterward, you will hear the audio selection; you should take notes while you listen. Then, you will have 2 minutes to plan your answer and 2 minutes to record your answer.

Instrucciones: La pregunta siguiente se basa en el artículo impreso y la selección auditiva. Primero, tendrás 5 minutos para leer el artículo impreso. Después, escucharás la selección auditiva; debes tomar apuntes mientras escuches. Luego, tendrás 2 minutos para preparar tu respuesta y 2 minutos para grabar tu respuesta.

Discute cómo la nueva tecnología afecta la salud auditiva de las personas.

Texto impreso

FUENTE: Este texto, que se titula "Los jóvenes cada vez oyen peor" fue publicado en www.elmundo.es el 17 de agosto del 2010.

Los jóvenes cada vez oyen peor

- Las pérdidas auditivas están un 31% más presentes entre los jóvenes
- Escuchar música a todo volumen equivale al ruido del despegue de un avión

Isabel F. Lantigua | María Sainz | Madrid

Algunas veces, no quieren escuchar; otras, no oyen bien. Los jóvenes de hoy en día tienen **más pérdidas auditivas que los de la década de los 90.** Así lo constata un nuevo trabajo publicado en 'The Journal of the American Medical Association'. Lo que todavía no se sabe es qué causa esta pérdida de audición: iPod, reproductores MP3 o discotecas; factores de riesgo que no han demostrado una relación directa.

Un grupo de expertos, encabezado por Josef Shargorodsky, del Brigham and Women's Hospital (Boston, EEUU), cotejó los datos de dos estudios sanitarios realizados con una década de diferencia— en 1994 y 2006—en los que, entre otras mediciones, **se analizó la salud auditiva de los participantes.**

El trabajo ahora publicado se centra en la información de más de 4.600 jóvenes. Todos ellos tenían entre 12 y 19 años y se excluyó a los que sufrían un dolor de oído que les impedía utilizar auriculares y a aquellos con implantes cocleares. Un criterio que, según los propios autores, **podría haber "infravalorado" la incidencia real** de las pérdidas de audición.

Tras realizar las pertinentes audimetrías, se consideró que los jóvenes presentaban una disminución leve de la capacidad auditiva cuando el umbral se situó entre **los 15 dB y los 25 dB**; y se consideró moderada o severa según se fue superando esta última cifra.

Además de la intensidad, los expertos caracterizaron este trastorno en función de su unilateralidad o bilateralidad (en uno o los dos oídos) y de si éste se producía con las frecuencias bajas (0,5, 1 y 2 kHz, que son sonidos más graves) o las altas (3,4,6 y 8 kHz, más agudos).

Como resultado general, los investigadores afirman en 'JAMA' que "la prevalencia de cualquier clase de pérdida de audición **aumentó de forma significativa,** de un 14,9%, entre 1988 y 1994, a un 19,5%, entre 2005 y 2006 [...] Esto representa un incremento del 31% en la presencia de este trastorno".

Uno de cada 20 niños

El documento destaca que "uno de cada 20 niños en esta franja de edad presenta una disminución auditiva moderada o severa", tal y como demuestra el incremento de un 3,5% a un 5,3% en su incidencia. Lo más común es sufrir esta pérdida en un solo oído y ante las frecuencias más altas.

Por otro lado, haber padecido tres o más infecciones de oído, el uso de armas de fuego o la exposición a música alta durante cinco o más horas semanales no fueron factores directamente relacionados con los problemas de audición. Sólo fue estadísticamente significativo vivir **bajo el umbral de la pobreza.**

No obstante, los autores recalcan que los jóvenes **suelen subestimar los ruidos altos.** E indican que el hecho de que la mayor incidencia de pérdidas auditivas sea con las frecuencias más altas podría indicar que el nivel de sonido sí está resultando dañino.

Un avión en los oídos

Tal y como recomiendan los expertos, es necesario seguir investigando en las causas de este trastorno, especialmente en las que se puedan prevenir. En esta línea, Peter M. Rabinowitz, profesor de Medicina de la Universidad de Yale (EEUU), realizó un estudio en el que midió el volumen máximo que alcanzan los reproductores MP3 y los iPod.

Según este trabajo, ponerse las canciones preferidas a todo volumen puede **exceder los 120 decibelios,** los mismos a los que llega un avión cuando sale de pista. Esta cifra, al margen de hacerle sentir como una estrella de rock, de pop o de jazz, según sus gustos, tiene consecuencias para la salud. La primera, y más importante, es un riesgo considerable de sufrir pérdida auditiva a largo plazo. Luego vienen otros problemas, como la falta de concentración o aislamiento social.

No obstante, todavía no se ha podido demostrar esta relación causa-efecto. Según explica Rabinowitz en 'The British Medical Journal', "los reproductores de MP3 se han popularizado tan rápidamente que los médicos y los científicos se han quedado atrás por la tecnología, y son **incapaces de decir qué tipo de pérdida de audición** podría provocar".

Informe de la radio

FUENTE: Este informe, que se titula "Los expertos recomiendan que el volumen de los reproductores digitales no sobrepase los 100 decibeles", está basado en un artículo que apareció en www.eltiempo.com el 18 de marzo del 2006.

Presentational Speaking 2

Directions: The following question is based on the accompanying printed article and audio selection. First, you will have 5 minutes to read the printed article. Afterward, you will hear the audio selection; you should take notes while you listen. Then, you will have 2 minutes to plan your answer and 2 minutes to record your answer.

Instrucciones: La pregunta siguiente se basa en el artículo impreso y la selección auditiva. Primero, tendrás 5 minutos para leer el artículo impreso. Después, escucharás la selección auditiva; debes tomar apuntes mientras escuches. Luego, tendrás 2 minutos para preparar tu respuesta y 2 minutos para grabar tu respuesta.

Discute el impacto de las inundaciones en Bolivia descritas en las dos fuentes.

Texto impreso

FUENTE: Este texto, que se titula "Más de 800 familias pierden sus viviendas por desplome[1] de 250 casas en La Paz" apareció en www.efeverde.com el 28 de febrero del 2011.

Más de 800 familias pierden sus viviendas por desplome de 250 casas en La Paz

La Paz, 28 febrero (EFE). Unas 800 familias bolivianas quedaron sin vivienda por el desplome de 250 casas en La Paz a causa de intensas lluvias, hasta el momento no hay informes de víctimas, declaró a Efe el alcalde de la ciudad, Luis Revilla.

El burgomaestre dijo que los derrumbes,[2] que comenzaron el sábado en la noche en el barrio Kupini II, tras copiosas lluvias que desde enero han causado 60 muertes en toda Bolivia, se extendieron a nueve sectores y alcanzan ya 80 hectáreas.

"Estamos hablando de unos 250 casas afectadas (...) Son aproximadamente unas 800 familias, incluyendo todos los sectores", dijo Revilla, y agregó que los deslizamientos[3] continúan.

La mayoría de los barrios damnificados[4] son pobres, aunque los daños también han llegado a sectores más pudientes.

No se informó de muertos ni heridos, pero los daños son "enormes" porque "es el deslizamiento más serio que ha tenido la ciudad", explicó el alcalde.

"Hemos visto cómo toda una zona se vino abajo. Hemos trabajado intensamente desde las últimas horas y hoy continuamos", dijo, por su parte, el ministro de Defensa, Rubén Saavedra, en rueda de prensa.

Unos 2.000 voluntarios, entre funcionarios municipales, policías, militares y bomberos, trabajan en la zona para desalojar a los damnificados y ayudarles a rescatar sus pertenencias.

[1]desplome: *collapse*
[2]derrumbe: *collapse*
[3]deslizamientos: *landslide*
[4]damnificados: *victims*

La alcaldía declaró la "alerta roja" y suspendió el servicio de agua potable en decenas de barrios cercanos, para evitar que el deslizamiento se expanda.

El gobierno nacional y el municipio han montado campamentos en barrios vecinos con carpas y servicios de emergencia para atender a los damnificados.

En La Paz, según Revilla, el 60% de los suelos son inestables y hace un año ya hubo un derrumbe similar con 72 viviendas destruidas y 118 familias afectadas.

Esta ciudad de casi un millón de habitantes, sede del gobierno y el parlamento boliviano—pero no capital, que es Sucre-, está asentada en un conjunto de barrancos inestables que bajan del altiplano andino, con barrios situados entre los 3.300 y los 4.000 metros sobre el nivel del mar.

El viceministro de Defensa Civil, Hernán Tuco, dijo a medios estatales que ya son 11.000 las familias damnificadas este año por las lluvias e inundaciones en todo el país.

El presidente Evo Morales decretó esta semana la "emergencia nacional" y anunció que destinará 20 millones de dólares para ayuda y reparación de daños. EFE

Informe de la radio

FUENTE: Este informe, que se titula "Suspenden parte de los festejos del Carnaval por derrumbes en La Paz", apareció en www.efeverde.com el 2 de marzo del 2011.

Presentational Speaking 3

Discute las ideas presentadas en las dos fuentes sobre la ciencia.

Texto impreso

FUENTE: Este texto, que se titula "Ciencias a lo bruto" apareció en www.CienciaPR.org.

Ciencia a lo bruto

Wilson J. González Espada

Los niños son los mejores científicos. Ven algo nuevo y no se cansan de preguntar qué, cómo y por qué. A veces las respuestas son sencillas. A veces no lo son. Otras veces, para horror de los adultos, los curiosos pequeñuelos toman la "ciencia en sus manos" y rompen objetos y juguetes para saber qué tienen adentro y cómo funcionan. No sería extraño que alguien un día descubriera que, a mayor cantidad de juguetes rotos, más probable es que los niños o niñas demuestren interés en la ciencia cuando sean adultos.

A veces los científicos se comportan como niños curiosos y, cuando no hay otra manera de estudiar un fenómeno importante, recurren a la vieja costumbre de abrir, romper y triturar para examinar qué hay dentro y cómo funcionan los objetos en la naturaleza. Claro, esta destrucción es muchas veces controlada y cuidadosa para que los pedacitos creados no se dañen y puedan ser estudiados.

Un ejemplo es el caso de la misión espacial "Impacto Profundo". En enero del 2005, los Estados Unidos lanzaron un cohete que contenía dos vehículos espaciales: "Flyby" e "Impactor". Dado que es imposible examinar desde la Tierra el interior de un cometa que viaja a un promedio de 11,000 millas por hora, se decidió que los vehículos espaciales se acercaran al cometa Tempel 1 y estrellar uno de los vehículos mientras ambos grababan información sobre el impacto. Gracias a este incidente de "brutalidad cometicia", los astrónomos descubrieron que la superficie del cometa estaba hecha de un material más fino que la arena y que el interior del cometa estaba hecho de hielo, roca y materiales orgánicos.

Otro ejemplo de "romper para saber" viene de la geología. Los geólogos han notado que a veces la erosión cambia la apariencia y composición mineral de la superficie de una roca. ¿Qué tienen que hacer para saber qué minerales realmente contiene la roca? ¡La hacen cantos! Algunos procedimientos requieren pulverizar la roca, derretir el polvillo obtenido y analizarlo para conocer su composición exacta. Para otras aplicaciones, los geólogos cortan la roca en lascas finitas y casi transparentes (como el jamón de los sándwiches de una panadería que conozco), y se pueden observar los minerales directamente con microscopios especiales.

En biología también es necesario abrir y observar el interior de los organismos para determinar sus similitudes y diferencias. Aristóteles fue uno de los primeros en abrir plantas y animales para examinarlos meticulosamente y saber cómo eran por dentro. En clases de zoología, pre-médica y medicina se disectan varios organismos, incluyendo ratas, sapos, cerditos, gatos y cadáveres humanos. Sacarles la piel y abrirlos cuidadosamente permite a los estudiantes observar los músculos, los órganos internos y los huesos.

Los físicos nucleares son aún más "destructivos". Para poder entender los átomos, componentes submicroscópicos de los que está hecha toda la materia del universo, sería perfecto poder observar sus electrones, protones y neutrones. Sin embargo, no es posible crear microscopios tan potentes. ¿Qué hacen estos científicos? Construyen aceleradores de partículas con los que hacen que partículas subatómicas choquen a altísima velocidad. Es casi como si un técnico restallara computadoras contra la pared y aprendiera cómo funcionan, al examinar los pedacitos en el piso. Los físicos nucleares han descubierto una larga lista de partículas elementales y han desarrollado teorías de cómo éstas interactúan dentro del núcleo de los átomos.

Como hemos visto, a veces es inevitable romper para saber. Así que si su hijo o hija rompe más juguetes de lo usual, no se preocupe demasiado. A lo mejor son los primeros pinitos del próximo premio Nóbel en ciencias... o tal vez los juguetes son bien porquería y se rompen con facilidad.

Informe de la radio

FUENTE: Este informe, que se titula "Urge acercar la ciencia a la gente", apareció en www.CienciaPR.org.

Presentational Speaking 4

Directions: The following question is based on the accompanying printed article and audio selection. First, you will have 5 minutes to read the printed article. Afterward, you will hear the audio selection; you should take notes while you listen. Then, you will have 2 minutes to plan your answer and 2 minutes to record your answer.

Instrucciones: La pregunta siguiente se basa en el artículo impreso y la selección auditiva. Primero, tendrás 5 minutos para leer el artículo impreso. Después, escucharás la selección auditiva; debes tomar apuntes mientras escuches. Luego, tendrás 2 minutos para preparar tu respuesta y 2 minutos para grabar tu respuesta.

Discute las precauciones discutidas en los dos artículos a causa de las nevadas en España.

Texto impreso

FUENTE: Este texto, que se titula "Movilizadas 600 maquinas quitanieves ante las nevadas previstas en 21 provincias" apareció en www.efeverde.com el 4 de marzo del 2011.

Movilizadas 600 maquinas quitanieves ante las nevadas previstas en 21 provincias

Madrid, 4 marzo (EFE). El Ministerio de Fomento ha movilizado unas 600 máquinas quitanieves y más de 1.000 operarios para hacer frente a las nevadas y adversas condiciones meteorológicas que afectarán a lo largo del día de hoy a veintiún provincias de diez autonomías.

Según la Agencia Estatal de Meteorología (Aemet), un total de veintiún provincias se encuentran en alerta por nevadas, cinco de ellas—Guadalajara, Madrid, Alicante, Castellón y Valencia—con nivel naranja (riesgo importante). En la sierra madrileña, la nieve podrá alcanzar los 18 centímetros de espesor, y en el resto de las zonas (Metropolitana, Henares, Sur y Vegas), podrá llegar hasta los tres centímetros de espesor.

Nevará también en el norte y este peninsular. Con mayor intensidad lo hará en la Comunidad Valenciana, donde la acumulación de nieve podría llegar hasta los 6 centímetros en cotas a partir de 500 metros. La nieve caerá con menor intensidad en algunas zonas de Cantabria, País Vasco, Navarra, Aragón, Cataluña, Castilla-La Mancha, Extremadura, Murcia y Andalucía.

Así, Fomento ha desplegado todos los medios necesarios para prevenir posibles incidencias en las carreteras, ferrocarriles y aeropuertos en estas comunidades autónomas.

Para minimizar las consecuencias del temporal en el tráfico ferroviario, Fomento ha activado todos los recursos, en especial los servicios de larga y media distancia que circulen por el norte peninsular.

Entre las medidas especiales, la compañía garantiza la disponibilidad de locomotoras de reserva en puntos estratégicos, así como personal de refuerzo. Además, Renfe intensificará los medios de atención e información al cliente. Renfe, igualmente, ha alertado de la necesidad de garantizar el avituallamiento de los viajeros para que, en caso de paradas prolongadas o cortes de energía, se disponga de suficientes reservas de comida y bebidas calientes, así como mantas en los trenes nocturnos.

A través de Aena, (Aeropuertos Españoles y Navegación Aérea), Fomento ha puesto en marcha el llamado "Plan de invierno" con el fin de minimizar la influencia de las condiciones invernales adversas en el tráfico aéreo de los aeropuertos.

En Madrid, se ha activado el Plan de Actuaciones Invernales de Barajas, que recoge, entre otros, 15 camiones equipados con cuchilla y cepillo barredor y soplador, 17 camiones equipados con cuchilla y esparcidor de fundente, 12 palas cargadoras, 25 miniexcavadoras, 10 camiones con caja, 2 vehículos todo terreno con cuchilla y otros vehículos auxiliares.

Ante esta situación meteorológica, Protección Civil aconseja que, si es imprescindible viajar por carretera, debe ir muy atento y tener especial cuidado con las placas de hielo.

En la Comunidad de Madrid, recomienda utilizar el transporte público, preferentemente las redes de metro y cercanías, en los desplazamientos en la comunidad.

Protección Civil aconseja revisar los neumáticos, anticongelante y frenos y tener la precaución de llenar el depósito de la gasolina y llevar cadenas así como llevar ropa de abrigo, un teléfono móvil con batería de recambio y/o cargador de automóvil. Si está atrapado en la nieve, se aconseja permanecer en el coche, con la calefacción puesta, renovando cada cierto tiempo el aire, y vigilar que el tubo de escape no esté obstruido para evitar que los gases penetren en el interior del vehículo.

La nieve dificulta la circulación en carreteras de Guadalajara y Tarragona

La nieve mantiene cerradas las carreteras A-136 en la frontera francesa de Huesca y la A-4025 en Granada, además de los puertos de Estacas de Trueba y Lunada, entre Burgos y Cantabria, donde esta cerrado el de la Palombera y la vertiente burgalesa de La Lunada, a las que se unen muchas dificultades en vías de Guadalajara y Tarragona.

La página web de la Dirección General de Tráfico informa a las 08:30 horas de que es necesario utilizar cadenas en la A-136 en Portalet (Huesca), y en los puertos de La Marta, Tarna, Somiedo, además de Piedrasluengas, en Palencia y el de La Señales, en León.

Informe de la radio

FUENTE: Este informe, que se titula "Protección Civil alerta ante presencia de nieve en 11 comunidades autónomas", apareció en <u>www.efeverde.com</u> el 3 de marzo del 2011.

Presentational Speaking 5

Discute cómo se han revitalizado ciertas atracciones turísticas en Caracas y Mazatlán.

Texto impreso

FUENTE: El artículo "En lo alto de Caracas", de Larry Luxner, fue publicado en la revista *Américas* en octubre del 2003.

En lo alto de Caracas

Después de quince años de abandono, el teleférico[1] de Caracas está funcionando nuevamente; una buena noticia para los turistas y residentes de la capital venezolana.

Hace cinco años, el consorcio privado Inversora Turística Caracas S.A. obtuvo una concesión de tres años para manejar el funicular[2] que une Caracas con el hotel Humboldt, ubicado en la cima del cerro El Ávila, a una altura de 2.153 metros sobre el nivel del mar.

El Humboldt, un cilindro de doce pisos y 60 metros de altura que en un día despejado puede verse desde cualquier punto de Caracas, había sido abandonado desde su cierre en 1987, por la misma época en que dejó de pasar el teleférico estatal, que funcionó desde 1956 hasta principios de los setenta y después durante un breve período a mediados de los ochenta.

El nuevo teleférico inaugurado en febrero del 2002 ya transporta un promedio de 50.000 pasajeros por mes. Apodado Ávila Mágica por sus dueños, el moderno sistema cuenta con ochenta y cuatro cabinas estándar con capacidad para ocho personas cada una, más tres cabinas VIP, una de emergencia y dos de carga. Cada cinco segundos, sale una cabina desde la estación de Maripérez, y durante la subida de quince minutos los visitantes pueden disfrutar espectaculares vistas de Caracas y sus alrededores.

El funicular cuya capacidad alcanza los dos mil pasajeros por hora y se eleva 1.111 metros en sólo 3,5 kilómetros de distancia fue construido por Doppelmayr Cable Car GmbH, un fabricante austriaco que ha instalado casi trescientos funiculares en sesenta y ocho países, entre los que se incluyen Colombia, Costa Rica, Brasil y España.

[1]teleférico: *cable car*
[2]funicular: *a funicular railway*

Durante la semana, el teleférico está prácticamente vacío, y parece que los visitantes tuvieran la montaña para ellos solos. Pero los fines de semana, Ávila Mágica se abarrota de familias con niños y turistas.

Los visitantes pagan 15.000 bolívares (aproximadamente siete dólares) por persona por el prácticamente silencioso viaje hasta la cima, donde la temperatura es por lo menos diez grados inferior a la de la ciudad. Una vez allí, se puede disfrutar de una pista de patinaje sobre hielo, espectáculos de magia, payasos, más de una docena de puestos de comidas, que venden desde waffles hasta hamburguesas Ávila, y las increíbles vistas de Caracas y el mar Caribe.

«Algunos grupos de ambientalistas dijeron que el proyecto perjudicaría al cerro El Ávila, pero con el correr del tiempo hemos demostrado que Ávila Mágica protege el medio ambiente del parque», dice Samir Al-Attrach, director de mercadeo del consorcio. «Hemos instalado extintores de incendio y reforestado el bosque. Ahora estamos en proceso de quitar la vieja infraestructura», que incluye treinta oxidadas torres de teleférico, cada una de las cuales pesa varias toneladas.

Hasta el momento, el consorcio ha gastado 25 millones de dólares de una inversión total de 70 millones, que incluye el reemplazo del antiguo funicular, la extensión de otros cinco kilómetros desde el hotel Humboldt por el otro lado del cerro El Ávila hasta La Guaira, en la costa del Caribe, y la reinauguración del Humboldt como hotel de cinco estrellas, con un casino de 3.000 metros cuadrados.

«Cuando se abra el casino, el teleférico funcionará las 24 horas», dice Al-Attrach, que prevé la inauguración para antes de fin de año.

El hotel de 70 habitaciones, bautizado en honor del geógrafo y naturalista alemán Alejandro Humboldt, que estudió en gran detalle las montañas de los alrededores, conservará el encanto de los años cincuenta y agregará las comodidades del siglo XXI.

El casino, dice Al-Attrach, permitirá al consorcio recuperar su enorme inversión en cinco años. Agrega que «a pesar de la difícil situación económica del país, a los venezolanos les encanta apostar, y éste será el único casino. Será una increíble atracción para la ciudad de Caracas».

Informe de la radio

FUENTE: Este informe, que se titula "Buenas noticias en una vieja ciudad", está basado en un artículo que se publicó en la revista *Américas* en noviembre/diciembre del 2005.

Additional Listening Comprehension

Comprensión auditiva

Instrucciones: Escucha la siguiente selección. Después de cada selección vas a escuchar varias preguntas. Escoge la mejor respuesta para cada pregunta entre las opciones impresas en tu libro.

Selección número 1

Vas a escuchar una selección sobre las experiencias de los niños.

Número 1
- **a.** A los efectos de la vida moderna en los niños.
- **b.** A las publicaciones sobre la familia moderna.
- **c.** A los cambios en la vida de los escolares.
- **d.** A las pesadillas que causan los dolores de cabeza.

Número 2
- **a.** Demasiados adultos a su alrededor.
- **b.** La intensidad de los estudios.
- **c.** Los constantes trastornos digestivos.
- **d.** La poca experiencia para resolver problemas.

Número 3
- **a.** Que sean cuidados por personas que no conocen.
- **b.** Que sus madres siempre estén en casa.
- **c.** Que sean alimentados a la misma hora siempre.
- **d.** Que no duerman cómodamente.

Número 4
- **a.** La rutina diaria durante la semana.
- **b.** La manera de alimentar a los niños.
- **c.** Los cambios imprevistos en la vida de los niños.
- **d.** Las discusiones en familia delante de los niños.

Comprensión auditiva

Instrucciones: Escucha la siguiente selección. Después de cada selección vas a escuchar varias preguntas. Escoge la mejor respuesta para cada pregunta entre las opciones impresas en tu libro.

Selección número 2

La selección que vas a escuchar trata de un nuevo fenómeno en las universidades estadounidenses, específicamente en las universidades que son exclusivamente para mujeres.

Número 1
- **a.** Que allí aumenta el número de acosos sexuales.
- **b.** Que allí ellas no reciben la atención adecuada.
- **c.** Que le pagan menos al profesorado femenino.
- **d.** Que obligan a las mujeres a pagar una matrícula más costosa.

Número 2
- **a.** El estudio de la desigualdad académica.
- **b.** La preparación para el mercado del trabajo.
- **c.** La formación de los hombres.
- **d.** Las oportunidades para las mujeres.

Número 3
- **a.** Más mujeres que presentan leyes que benefician al sexo femenino.
- **b.** Un esfuerzo mayor por parte del gobierno en atraer a las mujeres.
- **c.** Menos apoyo a las leyes presentadas por los hombres.
- **d.** Una distribución más equitativa de los fondos para las universidades.

Número 4
- **a.** No reciben suficientes fondos.
- **b.** El gobierno quiere que den entrada a los hombres.
- **c.** Demasiadas personas piden matrícula.
- **d.** El número de víctimas de acoso sexual ha aumentado.

Comprensión auditiva

Instrucciones: Escucha la siguiente selección. Después de cada selección vas a escuchar varias preguntas. Escoge la mejor respuesta para cada pregunta entre las opciones impresas en tu libro.

Selección número 3
Vas a escuchar una conversación entre Luz y un amigo.

Número 1
- **a.** Está enfadada con un amigo.
- **b.** No se siente bien.
- **c.** Nadie recordó su cumpleaños.
- **d.** No recibió una carta importante.

Número 2
- **a.** La echó al correo.
- **b.** La usó en un anuncio.
- **c.** La tiró a la basura.
- **d.** Se la devolvió a Luz.

Número 3
- **a.** Porque él se va de viaje.
- **b.** Porque el error de Juan es común.
- **c.** Porque él le pidió perdón.
- **d.** Porque él le compró una tarjeta.

Comprensión auditiva

Instrucciones: Escucha la siguiente selección. Después de cada selección vas a escuchar varias preguntas. Escoge la mejor respuesta para cada pregunta entre las opciones impresas en tu libro.

Selección número 4
Escucha la siguiente conversación entre Abelardo y Eva sobre un nuevo chico en la escuela.

Número 1
- **a.** Porque siempre está solo.
- **b.** Porque grita constantemente.
- **c.** Porque no se ríe de sus chistes.
- **d.** Porque no actúa como sus amigos.

Número 2
  a. En camino a la cafetería.
  b. Mientras comían juntos.
  c. Cuando se lo presentaron unos amigos.
  d. Cuando se sentó a su lado en clase.

Número 3
  a. Hay que ser más amistoso.
  b. Prefiere la soledad.
  c. Piensa que los amigos traen demasiados inconvenientes.
  d. Trata de cultivar la amistad con unos pocos amigos.

Número 4
  a. Le pide a Abelardo que le presente al chico.
  b. Se enoja con Abelardo por no querer ayudarla.
  c. Va a hablarle al chico.
  d. Sale corriendo de la cafetería.

Comprensión auditiva

Instrucciones: Escucha la siguiente selección. Después de cada selección vas a escuchar varias preguntas. Escoge la mejor respuesta para cada pregunta entre las opciones impresas en tu libro.

Selección número 5
La selección que vas a escuchar trata de una celebración.

Número 1
  a. El Día de los Muertos.
  b. Una fiesta de cumpleaños.
  c. El Día de la Independencia.
  d. La Navidad.

Número 2
  a. Que la gente contribuya al bienestar de otros.
  b. Que la celebración tenga lugar varias veces al año.
  c. Que todo el mundo esté de vacaciones durante esta temporada.
  d. Que no se vea mucha gente pobre en la calle.

Número 3
  a. Los que encuentran trabajo.
  b. Los que ayudan a otros.
  c. Los que visitan a sus familiares.
  d. Los que reciben regalos.

Comprensión auditiva

> **Instrucciones:** Escucha la siguiente selección. Después de cada selección vas a escuchar varias preguntas. Escoge la mejor respuesta para cada pregunta entre las opciones impresas en tu libro.

Selección número 6

Escucha esta selección sobre los cuentos de hadas o, como se los llama en ingles, *fairy tales*.

Número 1
- **a.** Para discutir los problemas de la familia.
- **b.** Para prepararlos para futures problemas.
- **c.** Para evitar problemas con los amigos.
- **d.** Para mantener el interés en la escuela.

Número 2
- **a.** Leerlos ellos mismos.
- **b.** Consultar con un expert.
- **c.** Cambiar el final.
- **d.** Evitar los estereotipos.

Número 3
- **a.** Que son ideas de otros tiempos.
- **b.** Que ya no existen.
- **c.** Que introducen nuevas ideas.
- **d.** Que muchas veces son chistes crueles.

Número 4
- **a.** Que sus hijos lean varios tipos de libros.
- **b.** Que sus hijos lean libros clásicos solamente.
- **c.** Que sus hijos no lean cuentos de hadas.
- **d.** Que sus hijos no lean libros en voz alta.

Appendix A

Some Words and Expressions Used to Connect Ideas

The following words or expressions will allow you to connect your thoughts and show the relationship between different parts of a sentence. The lists are by no means exhaustive, but they will help you to connect ideas, to summarize, to emphasize, etc. Learning them will enrich your vocabulary and help you to speak and write in more connected discourse. For a more complete list of conjunctions, go to Appendix B of the *Gramática* book. A more complete list of prepositions appears in Appendix C of the *Gramática* book.

1. To begin to introduce an idea, you may use the following:

a partir de	*as of/from . . . this moment, that date, etc.*
al + *infinitive*	*upon . . .*
al principio	*at the beginning*
como punto de partida	*as a point of departure*
en primer lugar	*in the first place*
para empezar	*to begin*

2. To add another idea, or if you are telling a story and want to add the next step or express ideas that were taking place before, after, or at the same time, you may use the following:

a la vez	*at the same time*
además	*besides, furthermore*
ahora mismo	*right now*
al mismo tiempo	*at the same time*
antes de + *infinitive*	*before . . .*
con respecto a	*with respect to, regarding*
de antemano	*beforehand, in advance*
de aquí/hoy en adelante	*from now/today on*
dentro de poco	*shortly, in a short while*
hace poco	*a short while ago*

después de + *infinitive*	*after . . .*
durante	*during*
en cuanto	*as soon as*
en la actualidad	*presently*
entonces	*then*
hasta la fecha	*until now*
hoy (en) día	*nowadays*
luego	*then, later*
mientras	*while*
mientras tanto	*meanwhile*
para continuar	*to continue*
primero	*first*
también	*also*
tampoco	*neither, not . . . either*
tan pronto como	*as soon as*
y	*and*

3. To express a contrasting point of view or to restrict another one previously expressed, you may use the following:

a pesar de (que)	*in spite of (the fact that)*
aunque	*although*
como	*as, in as much as*
de lo contrario	*otherwise*
de ninguna manera	*by no means*
en cambio	*on the other hand*
pero	*but*
por el contrario, al contrario	*on the contrary, on the other hand*
sin embargo	*however, nevertheless*
sino	*but*

4. To present different aspects of a topic or to make transitions, you may use the following:

así que	*so, therefore*
con relación a	*in relation to*
con respecto a	*with respect to*
conviene indicar/señalar	*it is suitable to indicate/point out*
de ese modo	*in that way, so*
de modo/manera que	*so (that)*
en cuanto a	*regarding*
hablando de	*speaking of, in reference to*
no… sino (que)	*not . . . but rather*
por lo común	*as a rule, usually*
por lo general	*generally*
por otro lado	*on the other hand*
por un lado	*on the one hand*
también viene al caso	*it is also to the point*

5. To emphasize, you may use the following:

a mi parecer	*in my opinion*
además	*furthermore, in addition*
de hecho	*in fact, as a matter of fact*
en otras palabras	*in other words*
en realidad	*actually, in fact*
es decir	*that is to say, in other words*
hay que tener en cuenta que	*one must realize (take into account) that*
lo importante es que	*what is important is that*
lo que importa es que	*what matters is that*
o sea	*that is to say, in other words*
sin duda	*without a doubt*
sobre todo	*above all*

6. To give examples, you may use the following:

para ilustrar	*to illustrate*
por ejemplo	*for example*

7. To draw a conclusion or show cause and effect, you may use the following:

a causa de	*on account of, because of*
a fin de cuentas	*in the end, after all*
al fin	*finally, at last, in the end*
al fin y al cabo	*in the end, after all (is said and done)*
al parecer	*apparently, seemingly*
así que	*so, therefore*
como consecuencia	*as a consequence*
como resultado	*as a result*
de todos modos	*at any rate, anyhow*
debido a	*due to, because of*
en conclusión	*in conclusion*
en definitiva	*in conclusion, definitively, finally*
en fin	*finally, in short*
en resumen	*in summary*
en resumidas cuentas	*in short*
en todo caso	*in any case*
finalmente	*finally*
para concluir	*to conclude*
para resumir	*to summarize*
para terminar	*to end*
por	*because of*
por consiguiente	*therefore*
por ese motivo	*for that reason*
por fin	*finally, at last*
por lo mismo	*for the same reason*
por lo tanto	*therefore, consequently*
porque	*because*
puesto que	*since, inasmuch as, seeing that*
ya que	*since, seeing that*

Appendix B

Some Expressions Used for Oral Communication

The following phrases will help you to communicate more effectively and authentically in Spanish. The phrases are listed under headings that clarify situations in which they may be useful. Study a few of them at a time and try to incorporate them into your classroom communications. They will also be useful as you practice for the simulated dialogues of the AP* exam.

To express agreement:

Eso es.	*That's it.*
Es verdad.	*It is true. / It is so.*
No cabe duda.	*There's no room for doubt.*
Claro que sí.	*Of course.*
(Estoy) de acuerdo.	*I agree.*
En efecto.	*Yes, indeed.*
Creo que sí.	*I think so.*
Por supuesto	*Of course. / Naturally.*
Ya lo creo.	*I should say so. Of course.*

To express acquiescence:

No hay más remedio.	*There is no other solution.*
Está bien.	*O.K. / It's all right.*
Vale.	*Sure. / Fine. / OK*
Más vale así.	*It's better that way.*

To express disagreement:

De ninguna manera.	*No way.*
Claro que no.	*Of course not.*
No estoy de acuerdo.	*I do not agree.*
¡Qué va!	*No way!*
¡Ni lo sueñes!	*Don't even think about it.*
No puede ser.	*It is impossible. / It can't be done.*

Creo que no.	I don't think so.
De ningún modo.	No way. Absolutely not.
De ninguna manera.	No way. Absolutely not.

To express disbelief:

Parece mentira.	It's hard to believe.
Lo dudo.	I doubt it.
¿En serio?	Seriously?

To express surprise:

¡Figúrate!	Imagine!
¡No me digas!	You don't say!
¡Qué sorpresa!	What a surprise!
¡Qué extraño/raro!	How strange/odd!

To express apathy:

No (me) importa.	It doesn't matter (to me).
(Me) da lo mismo.	It makes no difference (to me). / It's all the same (to me).
(Me) da igual.	It makes no difference (to me). / It's all the same (to me).
Como quieras.	Whatever you say.

To express regret:

Lo siento.	I'm sorry.
¡Qué pena!	What a pity!
¡Qué lástima!	What a pity!

To express dissatisfaction (frustration):

Eso no vale.	That's not fair.
No puedo más.	I can't stand it anymore.
¡Basta!	Enough!

To express an opinion:

| (Me) parece que… | It seems (to me) that . . . |
| Que yo sepa… | As far as I know . . . |

Creo/Pienso que…	I think that . . .
A mi parecer…	In my opinion . . .

To express probability:

Debe de ser…	It is probably . . .
Es probable que…	It's likely that . . .

To explain or clarify what you have said:

Es decir…	That is to say . . .
O sea…	That is to say . . .
En otras palabras…	In other words . . .
A mí me parece que…	It seems to me that . . .
Es que…	The fact is (that) . . .

To ask for an opinion or a suggestion:

¿Te importa?	Do you mind?
¿Qué te parece?	How do you like it? / What about it? / What do you think of . . . ?
¿Te parece bien?	Do you like the suggestion?
¿Qué crees/piensas tú?	What do you think?
¿Qué harías tú?	What would you do?

To suggest an alternative:

¿No crees que… ?	Don't you think that . . . ?
Sería mejor…	It would be better to . . .
Propongo que…	I propose that . . .
Sugiero que…	I suggest that . . .

To ask for permission:

¿Se puede… ?	May I . . . ?
¿Se puede?	May I come in?
¿Me permites/dejas… ?	May I . . . ?
¿Te molesta que… ?	Do you mind if . . .

Appendix C

Some Expressions Used to Begin and End a Written Message

As you practice for the informal writing of the AP* exam, it will be helpful to become familiar with the following ways to begin and end a written message. Although the lists are far from exhaustive, incorporating these expressions into your informal notes will make your writing more authentic.

To begin an informal message, you may use:

Querido(a)...	*Dear . . .*
Queridísimo(a)...	*Dearest . . .*
Mi querido(a)...	*My dear . . .*

Some formal ways to begin a message are:

Estimado(a) amigo(a):	*Dear (Esteemed) friend:*
Muy estimado(a) Sr./Sra. *(last name):*	*Dear (Esteemed) Sir/Madam (last name):*

To end an informal message, you may use:

Besos y abrazos,	*Hugs and kisses,*
Un abrazo de tu amigo(a),	*A hug from your friend,*
Cariñosos saludos de,	*Fondly / Fond greetings from,*
Afectuosamente,	*Affectionately,*
Mis recuerdos a tu familia,	*My regards to your family,*

Other ways to end a message are:

Atentamente,	*Yours truly,*
	Yours fondly,
Le saluda cariñosamente,	*Warm greetings / Fond regards from,*
Mis recuerdos a su familia,	*My regards to your family,*

Appendix D

Idiomatic Expressions

Using *dar(se)*

dar a + *article* + *noun*	*to face, to look out on*
dar a conocer	*to make known*
dar con	*to run into*
dar cuerda	*to wind*
dar gritos	*to shout, to scream*
dar la hora	*to strike (the hour)*
dar las gracias	*to thank*
dar recuerdos a	*to give regards to*
dar un abrazo	*to hug*
dar un beso	*to kiss*
dar un paseo	*to take a walk*
dar un paseo / una vuelta en coche	*to go for a ride*
dar una vuelta	*to take a walk*
darse prisa	*to hurry*
darse cuenta de (que)	*to realize (that)*
darse la mano	*to shake hands*
darse prisa	*to hurry*

Using *echar*

echar la culpa	*to blame*
echar (una carta, una tarjeta, etc.)	*to mail (a letter, a card, etc.)*
echar de menos a alguien	*to miss someone*
echar(se) a perder	*to spoil, to ruin, to lose its good taste*
echarse a reír	*to burst out laughing*

Using *estar*

estar a punto de	*to be about to*
estar al día	*to be up to date (current)*
estar bien enterado	*to be well-informed*
estar de acuerdo	*to agree*
estar de buen/mal humor	*to be in a good/bad mood*
estar de moda	*to be in style (fashionable)*
estar de pie	*to be standing*
estar de vuelta	*to be back*
estar enamorado(a) de	*to be in love with*
estar harto de	*to be fed up with*
estar muerto de hambre, cansancio, sueño	*to be starving, dead tired, very sleepy*
estar para + *infinitive*	*to be about to, to be at the point of*
(no) estar para bromas	*to not be in the mood for jokes*
estar por	*to be in favor of*
estar seguro	*to be sure*

Using *hacerse*

(no) hacer caso a	*(not) to pay attention, (not) to listen to, (to ignore)*
hacerle daño a alguien	*to hurt someone*
hacer escala	*to make a stop (i.e., plane)*
hacer el papel de	*to play the part/role of*
hacer(le) falta	*to lack, to be in need of, to be lacking*
hacer hincapié	*to emphasize*
hacer la cama	*to make the bed*
hacer la maleta	*to pack one's suitcase*
hacer pedazos	*to smash, to tear into pieces*
hacer(le) saber	*to inform, to let someone know (something)*
hacer un viaje	*to take a trip*
hacer una visita	*to pay a visit*
hacer una pregunta	*to ask a question*

hacerse cargo	*to take charge of*
hacerse daño	*to get hurt, to hurt (oneself)*
hacerse tarde	*to get late*

Using *hacer* to talk about weather

¿Qué tiempo hace?	*What is the weather like?*
Hace buen tiempo.	*The weather is good.*
Hace (mucho) calor.	*It is (very) hot/warm.*
Hace (mucho) fresco.	*It is (very) cool.*
Hace (mucho) frío.	*It is (very) cold.*
Hace mal tiempo.	*The weather is bad.*
Hace (mucho) sol.	*It is (very) sunny.*
Hace (mucho) viento.	*It is (very) windy.*

Using *ir*

ir al centro	*to go downtown*
ir de compras	*to go shopping*
ir de tiendas	*to go shopping*

Using *llegar*

llegar a tiempo	*to be/arrive on time*
llegar tarde	*to be/arrive late*
llegar temprano	*to be/arrive early*
llegar a ser	*to become (goal achieved over time)*

Using *ponerse*

ponerse de acuerdo	*to agree, to come to an agreement*
ponerse de pie	*to stand*
ponerse de rodillas	*to kneel (down)*

Using *tener*

| tener buena/mala cara | *to look good/bad* |
| tener (mucha) calma | *to be (very) calm* |

tener (mucho) calor	*to be/feel (very) hot*
tener (muchos) celos (de)	*to be (very) jealous (of)*
tener (mucho) cuidado	*to be (very) careful*
tener deseos de	*to feel like, to have an urge to*
tener dolor de (garganta, cabeza, etc.)	*to have a (sore throat, headache, etc.)*
tener (mucha) envidia (de)	*to be (very) envious (of)*
tener (mucho) éxito	*to be (very) successful*
tener (mucho) frío	*to be/feel (very) cold*
tener ganas de	*to feel like, to have an urge to*
tener mucho gusto en	*to be pleased to*
tener (mucha) hambre	*to be (very) hungry*
tener en cuenta	*to take into account*
tener la culpa(de)	*to be to blame (for), to be one's fault*
tener la palabra	*to have the floor*
tener (mucha) lástima de	*to feel (very) sorry for*
tener lugar	*to take place*
tener (mucho) miedo (de)	*to be (very much) afraid (of)*
tener presente	*to keep in mind, to take into account*
tener (mucha) prisa	*to be in a (big) hurry*
tener que + *infinitive*	*to have to*
tener que ver con	*to have to do with*
(no) tener razón	*to be right (wrong)*
tener (mucha) sed	*to be (very) thirsty*
tener (mucho) sueño	*to be (very) sleepy*
tener (mucha) suerte	*to be (very) lucky*
tener (mucha) vergüenza (de)	*to be (very much) ashamed (of)*
tener… años	*to be . . . years old*

Using other verbs

andar mal (de salud, de dinero, etc.)	*to be (sick, broke, etc.)*
aprender de memoria	*to memorize, to learn by heart*
caerle bien/mal a alguien	*to make a good/bad impression (on someone)*

caerse muerto	*to drop dead*
cambiar de idea	*to change one's mind*
contar con	*to rely on*
costarle trabajo	*to be difficult for someone, to take a lot of hard work*
creer que sí (no)	*(not) to think so*
cumplir… años	*to turn . . . years old*
deberse a	*to be due to*
decir (muchos) disparates	*to talk (a lot of) nonsense*
decir que sí/no	*to say yes/no*
dejar caer	*to drop*
dormir a pierna suelta	*to sleep like a log / soundly*
ganarse la vida	*to earn one's living*
llamar a la puerta	*to knock on the door*
llevar a cabo	*to carry out, to accomplish, to finish*
llevarse bien/mal con	*to get / not get along with*
mantener el interés	*to hold one's interest*
morirse de risa	*to die laughing*
no servir para nada	*to be good for nothing*
pagar al contado (en efectivo)	*to pay cash*
pasar lista	*to call the roll*
pasarlo bien/mal	*to have a good/bad time*
pedir prestado	*to borrow*
perder el tiempo	*to waste one's time*
ponerse de acuerdo	*to agree*
ponerse de pie	*to stand (up)*
portarse bien/mal	*to behave/misbehave*
prestar atención	*to pay attention*
quedar(le) bien/mal	*to look good/bad (on somebody)*
querer decir	*to mean*
saber a	*to taste like*
sacar una foto(grafía)	*to take a picture*

sacar una nota	*to get a grade (on a paper or assignment)*
sentar bien	*to agree with one, to suit one*
ser aficionado(a) a	*to be a fan of, to be fond of*
ser hora de	*to be time to*
tocarle a uno	*to be one's turn*
tomar el sol	*to sunbathe*
tomarle el pelo a alguien	*to pull someone's leg*
valer la pena	*to be worthwhile, to be worth the trouble*
volverse loco	*to go crazy*

Other idiomatic expressions

a bordo	*on board*
a ciegas	*blindly*
a diario	*daily*
a fin de cuentas	*in the end, after all (is said and done), in the final analysis*
a fondo	*thoroughly, in detail*
a la + *nationality (f.)*	*in (nationality) style*
a la carrera	*quickly, on the run*
a la fuerza	*by force*
a la larga	*in the long run*
a la vez	*at the same time*
a lo largo	*throughout, along*
a lo lejos	*in the distance, far off, at a distance*
a más tardar	*at the latest*
a menudo	*often, frequently*
a pie	*on foot, walking*
a propósito	*by the way*
a solas	*alone*
a tiempo	*on time*
a última hora	*at the last minute*
a veces	*sometimes, at times*
a ver	*let's see*

a su vez	*in turn*
a tropezones	*by fits and starts*
ahora mismo	*right now, right away, at once*
al aire libre	*outdoors*
al amanecer	*at dawn, at daybreak*
al anochecer	*at dusk, at nightfall*
al contado	*cash, for cash*
al contrario	*on the contrary*
al fin	*finally, at last*
al fin y al cabo	*in the end, after all (is said and done)*
al menos	*at least*
al mismo tiempo	*at the same time*
al parecer	*apparently, seemingly*
al pie de la letra	*literally*
al por mayor	*wholesale*
al por menor	*retail*
al principio	*at first, at the beginning*
al revés	*upside down, inside out, backwards*
así, así	*so-so*
cada vez	*each time*
cada vez más	*more and more*
cada vez menos	*less and less*
como siempre	*as usual*
con/sin cuidado	*carefully/carelessly*
con frecuencia	*frequently*
con mucho gusto	*gladly*
con (su) permiso	*excuse me, with your permission*
cuanto antes	*as soon as possible*
de antemano	*beforehand*
de aquí en adelante	*from now on*
de buena/mala gana	*willingly/unwillingly*
de costumbre	*usually*

de día	*by day*
de ese modo / de esa manera	*in that way, thereby*
de este modo / de esta manera	*in this way*
de excursión	*on a picnic*
de frente	*facing forward, from the front*
de golpe	*all at once, suddenly*
de hecho	*in fact, as a matter of fact, actually*
de hoy en adelante	*from now on, henceforth*
de memoria	*by heart*
de nada	*you are welcome*
de noche	*by night*
de nuevo	*again*
de otra manera / modo	*in another way, otherwise*
de par en par	*wide open*
de postre	*for dessert*
de prisa	*quickly*
de pronto	*suddenly, all of a sudden*
de repente	*suddenly, all of a sudden*
de todos modos	*at any rate, anyway, anyhow*
de una vez	*at once, at one time*
de última moda	*in the latest style*
de veras	*really, truly, honestly*
de vez en cuando	*from time to time, once in a while*
dentro de poco	*in a short while, in a little while*
derecho	*straight ahead*
desde luego	*of course*
día de fiesta	*holiday*
en balde	*in vain*
en broma	*in fun, jokingly*
en casa	*at home*
en alguna parte	*somewhere*
en cambio	*on the other hand*

en cuanto	*as soon as*
en el acto	*immediately*
en efecto	*as a matter of fact, indeed*
en el acto	*immediately*
en el fondo	*at heart, deep down*
en fin	*finally, in short, lastly*
en la actualidad	*presently*
en primer lugar	*in the first place*
en punto	*on the dot, sharp (telling time)*
en realidad	*actually, in fact*
en resumidas cuentas	*in short*
en seguida	*immediately, at once*
en serio	*seriously*
en todas partes	*everywhere*
en todo caso	*in any case*
en voz alta/baja	*aloud / in a low voice*
entre paréntesis	*in parentheses, by the way*
hace poco	*a (short) while ago*
hasta la fecha	*up until now*
hoy (en) día	*nowadays*
hoy mismo	*this very day*
lo mismo	*the same thing*
lo de menos	*the least important thing*
lo de siempre	*just as usual, the same old story*
lo más pronto posible	*as soon as possible*
lo que importa	*what matters*
mejor dicho	*in other words, rather*
mejor que nunca	*better than ever*
menos mal (que)	*so much the better, it's a good thing (that . . .)*
mientras tanto	*meanwhile, in the meantime*
ni siquiera	*not even*
no obstante	*nevertheless, however*

otra vez	*again, once more*
para siempre	*forever*
peor que nunca	*worse than ever*
pocas veces	*rarely*
poco a poco	*little by little, gradually*
por ahora	*for now, for the present*
por allí	*that way, around there, through there*
por aquí	*this way, around here, through here*
por casualidad	*by chance, by any chance*
por cierto	*by the way, incidentally*
por consiguiente	*therefore, consequently*
por desgracia	*unfortunately*
por ejemplo	*for example*
por el/lo contrario	*on the contrary*
por escrito	*in writing*
por ese motivo	*for that reason*
por eso	*therefore, that's why, because of that*
por favor	*please*
por fin	*finally, at last*
por la mañana	*in the morning*
por la noche	*in the evening*
por la tarde	*in the afternoon*
por lo común	*as a rule, usually*
por lo general	*generally, usually*
por lo menos	*at least*
por lo mismo	*for that very reason*
por lo pronto	*for the time being, in the meantime*
por lo tanto	*so, therefore, consequently*
por lo visto	*apparently*
por más que	*no matter how much*
por otra parte	*on the other hand*
por otro lado	*on the other hand*

por poco	*almost, nearly*
por teléfono	*by phone*
por todas partes	*everywhere*
por un lado	*on one hand*
quince días	*two weeks*
rara vez	*rarely*
sano y salvo	*safe and sound*
sin duda	*without a doubt*
sin embargo	*however, nevertheless*
sin querer	*unintentionally, without meaning to*
sobre todo	*above all, especially*
tal vez	*perhaps*
tal como	*such as*
tanto mejor	*so much the better*
tarde o temprano	*sooner or later*
todavía no	*not yet*
todo el mundo	*everyone, everybody*
una vez que	*as soon as*
un poco de	*a little (bit of)*
uno por / a uno	*one by one*
vivo o muerto	*dead or alive*
ya	*already*
ya no	*no longer*

Appendix E

Problem Words

Deceptive words: Spanish–English

actual	*current, of the present time (day)*
actualmente	*at present, at the present time*
anciano(a)	*old man (woman)*
antiguo(a)	*ancient, former, old*
arena	*sand*
asistir a	*to attend, to be present at*
atender (ie)	*to take care of, to attend to, to pay attention to*
auditorio	*audience*
bien educado(a)	*well-mannered*
campo	*field, countryside*
collar (el)	*necklace*
colorado(a)	*red*
conferencia	*lecture*
confidencia	*secret, trust*
constipado(a)	*congested from a common cold*
copa	*(wine) glass*
dato	*fact*
decepcionado(a)	*disappointed*
diario	*newspaper*
disgusto	*unpleasantness*
editor(a)	*publisher*
embarazada	*pregnant*
en realidad	*actually*
éxito	*success*
fábrica	*factory*
funcionar	*to work (device, apparatus, machine)*

grande	*large*
idioma (el)	*language*
ignorar	*to not know*
introducir	*to insert, to usher in*
largo(a)	*long*
lectura	*reading*
letra	*letter (alphabet)*
librería	*bookstore*
mantel (el)	*tablecloth*
mayor	*older*
pan (el)	*bread*
parientes (los)	*relatives*
presentar	*to introduce (a person)*
realizar	*to fulfill, to carry out, to achieve*
realmente	*actually*
recordar (ue)	*to remember*
restar	*to subtract, to deduct*
sano(a)	*healthy*
sensible	*sensitive*
sopa	*soup*
soportar	*to tolerate, to bear, to endure*
suceso	*event, happening*
tabla	*board, plank, table of contents*
tinta	*ink*
vaso	*glass (for drinking)*

Deceptive words: English–Spanish

actually	*en realidad, realmente*
assist	*ayudar*
attend, take care of	*atender (ie)*
attend (to), be present at	*asistir*
audience (formal interview with somebody important)	*audiencia*

auditorium	*salón de actos (el)*
camp	*campamento*
carry out, fulfill	*realizar*
collar	*cuello*
confidence	*confianza*
cup	*taza*
date (calendar)	*fecha*
disgust	*asco*
editor	*redactor/redactora*
embarrassed	*avergonzado(a)*
event, happening	*suceso*
exit	*salida*
fabric	*tela*
factory	*fábrica*
hearing, trial	*audiencia*
idiom	*modismo*
ignore	*no hacer caso*
introduce a person (to)	*presentar*
large	*grande*
lecture	*conferencia*
letter, missive	*carta*
library	*biblioteca*
mayor	*alcalde (el)*
older	*mayor*
parents	*padres (los)*
present (day)	*actual*
publisher	*editor/editora*
realize, become aware of	*darse cuenta de*
record	*grabar*
relative	*pariente (el)*
sane	*cuerdo(a)*
sensitive	*sensible*

soap	*jabón (el)*
soup	*sopa*
success	*éxito*
vase	*florero, jarrón (el)*
well-mannered	*bien educado(a)*

Some important Spanish verbs that have more than one translation

ask (a question)	*preguntar, hacer una pregunta*
ask for (request)	*pedir (i)*
ask for (inquire about)	*preguntar por*
be	*ser, estar*
become (change through conscious effort)	*hacerse*
become (change in physical or emotional state)	*ponerse + adjective*
become (goal achieved over time)	*llegar a ser*
become (sudden, involuntary change)	*volverse (ue) + adjective*
know (facts)	*saber*
know how + infinitive	*saber + infinitive*
know (be acquainted with a person, place, thing)	*conocer*
leave (behind)	*dejar*
leave (go away)	*irse*
leave (go out)	*salir*
move (put in motion)	*mover (ue)*
move (to put oneself in motion)	*moverse (ue)*
move (change location of something)	*mudar*
move (change place of residence, work, etc.)	*mudarse*
spend (money)	*gastar*
spend (time)	*pasar*
play (sport/game)	*jugar (ue)*

play (a role, part)	*hacer (un papel)*
play (a musical instrument / music)	*tocar*
return (come back)	*volver (ue)*
return (give back something)	*devolver (ue)*
take (carry from place to place)	*llevar*
take (catch, grasp, seize, take in)	*tomar*
think of/about (used to ask for an opinion)	*pensar (ie) de*
think of/about (used to express what is on someone's mind)	*pensar (ie) en*

Spanish-English Glossary

The following vocabulary items are listed in the order of the Spanish alphabet. *Only meanings used in the reading passages and in the pre- and post-reading activities are provided.* Gender of nouns is indicated, except in the case of a masculine noun ending in *o* or a feminine noun ending in *a*. Verbs appear in the infinitive form with stem changes and / or spelling changes immediately following and in parentheses: e.g., **abrazar** (c); **advertir** (ie, i); **comprobar** (ue); **perseguir** (i) (g); **rogar** (ue, gu), etc. The following abbreviations are used: *adj.* adjective; *adv.* adverb; *f.* feminine; *inv.* invariable; *lit.* literal(ly); *m.* masculine; *pl.* plural; *prep.* preposition; *pron.* pronoun.

A

a *prep.*
  a continuación following
  a cuenta de on account of
  a escondidas hidden, secretly
  a eso de at about
  a fin de in order to
  a gusto comfortable, at ease
  a la expectativa on the watch for
  a la vez at the same time
  a las altas horas in the wee hours
  a las veintidós at 10:00 P.M.
  a lo largo throughout
  a lo lejos in the distance
  a mediados de in the middle of
  a medida que while, at the same time as
  a modo de by way of
  a pesar de in spite of
  a su alrededor around him / her
  a su vez in his / her turn
  a través de through
  a tropezones by fits and starts, stumbling
  al aire libre outdoors
  al alcance within reach
  al amanecer at dawn
  al borde on the edge
  al pie de la letra literally
  al principio at first
abajo: de arriba — from top to bottom
abarcar to cover

abastecerse to get a supply
abertura hole
ablandar to soften up
abogado(a) lawyer
abrazar (c) to embrace
abrigo coat
aburrido *adj.* bored
aburrimiento boredom
aburrir to bore; **—se** to be bored, to get bored
acabar to finish, to end
  — con to end with
  — de to have just
  —se to be all gone, to be finished
acariciar to caress
acaso *adv.* perhaps
aceituna olive
acera sidewalk
acerca de *prep.* about
acercarse (qu) to draw near, to approach
acertado *adj.* fitting
acierto: con — correctly
acometer to attack
acontecimiento event, happening
acontina acontine (chemical used in medicine)
acordarse (ue) de to remember
acoso assault
acostumbrarse to be used to, to be customary
acrecentar to grow
acto continuo immediately, at once
actual *adj.* present, present-day

acuerdo agreement, accord; **de —** in agreement
acusado(a) defendant
adecuado *adj.* adequate, all right
adelante *adv.* ahead, in front of
adelanto advance
además (de) *adv.* besides
adentrarse to go into
adivinar to guess
admirado *adj.* amazed, astonished
adquirir (ie) to acquire
adueñarse de to take possession of
adulterio adultery
advertencia warning
advertir (ie, i) to warn
aferrar to hold (on) tight
afición *f.* fondness
aficionado fan, enthusiast
afirmar to assure, to state
afuera *adv.* outside
afueras *f. pl.* outskirts
agarrar to grasp, to seize
agitado *adj.* upset
agobiado *adj.* weighed down
agradar to please
agradecer (zc) to thank, to be grateful
agradecido *adj.* grateful
agrario *adj.* agrarian, agricultural
agravar to aggravate, to worsen
agrícola *adj.* agricultural
agrupar to group
aguantar to put up with, to stand
aguar to water
aguardar to wait for

agudo *adj.* sharp, acute
agujeros holes
ahorrar to save
aire: al — libre outdoors
aislamiento isolation
ajedrez *m.* chess
ajeno apart
ala *f.* wing
alabar to praise
alacrán *m.* scorpion
alargado *adj.* long, elongated
alargarse (gu) to stretch out
alba *f.* dawn, daybreak
albañil *m.* bricklayer
albergar (gu) to lodge
albor *m.* dawn; albores beginnings
alcalde *m.* mayor
alcanzar (c) to reach, to be enough
aldea village
aledaño *adj.* bordering
alegrar(se) to be happy
alegría joy, happiness
alejarse to go away, to distance
   oneself
alfombrado *adj.* carpeted
alforja saddlebag
algodón *m.* cotton
alguna: en — parte somewhere
aliento breath
alimentación *f.* food
alimentar to feed
alimento food
aliviar to soothe
alivio *m.* relief
allá *adv.* there; más — beyond; up
   there
alma *f.* soul
alocado *adj.* scatterbrained,
   irresponsible
alquiler *m.* rent
alrededor de *adv.* around
 a su(s) —(es) around him / her /
   it / you / them
altiplano high plateau
altisonante *adj.* high-sounding
alto *m.* upper level; *adj.* tall; a las
   altas horas in the wee hours
altoparlante *m.* loudspeaker

aludir to allude
amante *m. f.* lover
amar to love
amargo *adj.* bitter
amarrar to tie up
ambiente *m.* surroundings,
   atmosphere
ámbito field; atmosphere
ambos *adj.* both
amenaza threat
amenazar (c) to threaten
amistad *f.* friendship
amistoso *adj.* friendly
ampliar (í) to enlarge, to extend, to
   widen
amplio *adj.* wide, vast
ancho *adj.* wide
anciano(a) old person
anclada *adj.* anchored
andar to go, to walk, to run; — en
   serio to get serious
andén *m.* footwalk
angosto *adj.* narrow
angustia anguish, distress
anhelo longing, yearning
anillo ring
animar to cheer up
aniquilación *f.* annihilation,
   destruction
anochecer to get dark
anotación *f.* notes
ansia anguish
añoranza yearning
ansiedad *f.* anxiety
antecedentes *m. pl.* background,
   history
anteojos *m. pl.* eyeglasses
anterior *adj.* previous
antiguo *adj.* old, ancient
anunciar to advertise
anuncio announcement,
   advertisement
añadir to add
apacible *adj.* placid, calm, peaceful
apagar (gu) to put out
apartar to move away from
apellido last name, family name
apenas *adv.* hardly, scarcely

apertura opening; openness
aplastar to squash, to flatten
apodo nickname
apogeo zenith
apoyar to support, to back up
aprendiz(a) *m.* apprentice
aprestarse to get ready, to prepare
apretar (ie) to press, to pull
apuntar to point
apuntes *m. pl.* notes
arbusto bush
arder to burn
ardiente *adj.* ardent, passionate
ardor *m.* heat
arduo *adj.* arduous, hard
argüir (y) to show, to allege
argumento plot
aridez *f.* drought
arisco *adj.* gruff
armar to set up
armario *m.* closet, wardrobe
arrabal *m.* slum
arrasar to sweep away
arrastrar to drag
arreglar to fix, to repair
arriba: de — abajo from top to
   bottom
arribo arrival
arroz *m.* rice
arruga wrinkle
artemisa mugwort (herb)
asentar to settle
asesinar to murder
asesino *adj.* murderous;
   m. murderer
así *adv.* thus, so, in that way
asiento seat; — de atrás back
   seat
asignatura subject, course
asistir to attend
asombrar to amaze; asombrarse to
   be surprised
aspecto appearance
áspero *adj.* harsh, gruff
astro star
asunción *f.* elevation, inauguration
asustar to frighten; —se to become
   frightened

atado *m.* bundle

ataque *m.* attack; — **cardíaco** heart attack

atar to tie, to link

atardecer *m.* dusk

ataúd *m.* coffin

atender (ie) to pay attention to

atento *adj.* attentive, thoughtful

atraer to attract

atrás *adv.* behind, in the rear

asiento de — back seat

atravesar (ie) to cross; — **se a** to dare

atrayente *adj.* attractive

atrevido *adj.* daring

atribuido *adj.* attributed, credited

atrincherarse to entrench oneself

aula *f.* classroom

aumentar to increase

aumento increase

aún still, yet

aunque *adv.* although, even though

autóctono *adj.* indigenous

autoestima self-esteem

autonomía autonomy, self-government

auxiliar to help

avaricioso *adj.* miserly, avaricious

ave *m.* bird

aventajar to overtake

avergonzado *adj.* ashamed

averiguar (gü) to find out

avidez: con — avidly

axila *f.* armpit

ayudar to help

B

bajar to get off; to put down

balbucear to stammer

baldosa floor tile

balneario seaside resort

bañarse to go swimming

baño: traje de — swimsuit

banca bench

banco park bench

bandera flag

bandolero bandit

baranda banister

barba beard

barra de los labios lipstick

barreta staff

barrio neighborhood

basarse to be based

base *f.* base, basis

bastar to be enough, to suffice

basura garbage

beca scholarship

belleza beauty

beneficencia charity

beneficiarse to benefit

beneficio benefit, advantage

beso kiss

bestia beast

bienes *m. pl.* goods, property

bienestar *m.* welfare, well-being

bienhechedora *adj.* charitable

bigotitos *m. pl.* small mustache

billete *m.* ticket, bill

bocado mouthful

boda wedding

bolero bolero (dance)

boleta de notas report card

boletín *m.* bulletin

bombero firefighter

bombón *m.* cutie, *lit.* candy

bordear to border

borracho *adj.* drunk

borrar to erase

bosque *m.* woods, forest

bostezar to yawn

botella bottle

botín *m.* loot

brasa *f.* ember

breva early fig

breve *adj.* brief, short

brillo glow, lustre

bromear to joke

bronceador(a) *adj.* tanning

bruja witch

brusco *adj.* brusque, sudden

burlado *adj.* deceived

burlar to flout, to outwit; —**se de** to make fun of

busca: en — de in search of

búsqueda search

butaca seat

C

caballero gentleman; knight

cabaña cabin

cabo: llevar a — to carry out

cachivaches *m. pl.* utensils; junk; odds and ends

cacique *m.* chief

cada vez más / menos more and more / less and less

caderas hips

caer to fall

dejar — to drop

—se to fall down

cafetera coffee pot

caja box

calcetines *m. pl.* socks

calidad *f.* quality

caligrafía handwriting

callado *adj.* quiet

callar to be quiet, to remain silent

callejón *m.* narrow street

calorcillo heat

calumnia false accusation

calvo *adj.* bald

calzoncillos *m. pl.* shorts, underpants

cámara room, chamber

cambiar to cash, to change

cambio change

a — in exchange

en — on the other hand, however

camilla round table under which a brazier is placed

caminante *m. f.* traveler

camino road; en — a on the way to

camiseta vest; T-shirt

campesino country dweller; peasant

canción *f.* song

cansado *adj.* tired

cansancio tiredness, weariness

cantante. *m. f.* singer

cantidad *f.* quantity

cantina bar

canto song

caos *m.* chaos

capa layer

capacidad *f.* ability

capaz *adj.* capable, able, competent
captación *f.* capturing, grasp
captar to hold
cárcel *f.* jail
carcomido *adj.* eaten away
cardíaco *adj.* cardiac
carente *adj.* lacking
carga load
cargamento load
cargar to load, to take, to carry
  — con to carry off
cargo charge
  a — de in charge of
  hacerse — de to take charge of
caricia caress
cariño affection
cariñoso *adj.* affectionate
carrera race
carretera highway
carro car
cartón *m.* cardboard
cartón piedra *m.* papier mâché
casar to marry; —se to get married
casilla dog house
castigar to punish
castigo punishment
castillo castle
casualidad *f.* coincidence
casulla chasuble, vestment worn by
  priest
cátedra chair
cauteloso *adj.* cautious, wary
cegador(a) *adj.* blinding
cegar (ie) (gu) to blind
celebrarse to take place
celo zeal, devotion
celos *m.* jealousy
celoso *adj.* jealous
cenar to have supper
cenizas *f. pl.* ashes
censo census
censura censorship
centenario centennial
cercano *adj.* nearby, close
cerebro brain
cerradura lock
cerrar (ie) to close; — con llave to
  lock

cerro hill
certeza certainly
certificado de defunción death
  certificate
cesto basket
charco puddle
charlar to chat
chillar to scream
chismes *m. pl.* gossip
chispa spark
chiste joke
chocar (qu) con to run into, to
  collide
choza hut
cicatriz *f.* scar
cielo sky, heaven
cierto *adj.* true, certain
cima summit (of a mountain)
cínico *adj.* cynical, shameless
cintura waist
cirujano(a) surgeon
cita quotation; appointment
citar to cite, to mention
ciudadano(a) citizen
clarín *f.* bugle
claro *adj.* light
clavar to fix
clave *f.* key
clavel *m.* carnation
clima *m.* climate
cobrar to collect
coco coconut
código code
colchón *m.* mattress
colega *m. f.* colleague
cólera anger, fury
cólerico *adj.* hotheaded
colgar (ue) (gu) to hang
colocar (qu) to put, to place
colorido color
comicio election
cómoda chest of drawers
cómodamente *adv.* comfortably
compadre *m.* companion; pal;
  buddy; godfather
compasivo *adj.* compassionate,
  understanding
competencia competition

complacerse (zc) to take pleasure,
  to delight
complejo *adj.* complex
componente *m.* component
componer to compose
comportarse to behave
comprender to understand; to
  comprise
comprensivo *adj.* understanding
comprobar (ue) to prove
comprometedor(a) *adj.*
  compromising
compromiso obligation
comulgar to have something in
  common
coñac *m.* cognac
conceder to award
concertar (ie) to agree on, to settle
concilio council
concordar (ue) to agree
concurrido *adj.* well-attended
concurso contest
conde *m.* count
condenado(a) condemned person
condescendiente *adj.* condescending
conducir (zc) to drive; permiso de
  — driver's license
conejo rabbit
confección *f.* making, tailoring
confeccionar to make
confianza confidence, trust; de —
  trustworthy
confiar (í) to entrust
conformar to agree, to be of the
  same opinion
conforme *adj.* satisfied, in
  agreement with
confundir to confuse
confuso *adj.* embarrassed, confused
conjunto collection
conmigo with me
conquistar to conquer
conscripto draftee
conseguir (i) (g) to manage, to get
consejo (piece of) advice
consignar to record
consolador(a) *adj.* consoling,
  comforting

consolarse (ue) to console oneself
constituir (y) to constitute, to form
consuelo consolation
consumidor(a) *m. f.* consumer
contar (ue) to tell, to count
contemporáneo *adj.* contemporary
contestación *f.* answer
contigo with you
contorno outline
contrapunto *m.* contrast, counterpoint
convencer (z) to convince
conveniencia advisability
convenir to suit, to agree
convertirse en (ie, i) to become
convocar to summon
copartidario(a) co-partisan
copita: tomar una — to have a drink
coquetería flirtation
coraje *m.* courage
corbata necktie
corporal *adj.* body
corredor(a) *m. f.* runner
corregir (i) (j) to correct
correo mail; echar al — to mail
corresponder to fit; to belong; to befit
corrida de toros bullfight
corriente *adj.* common, ordinary
corriente *m.* current month
corroer to consume
corto *adj.* short
cosecha crop; harvest
costar (ue) to cost; — trabajo to be difficult (for someone)
costero *adj.* coastal
costoso *adj.* costly
costumbre *f.* custom
cotidiano *adj.* everyday
cráneo skull
crear to create
crecer (zc) to grow up
creciente *adj.* growing
crecimiento growth
creencia belief
crepúsculo dusk, twilight
criado servant
criatura creature

cristal *m.* window; glass
crujido *adj.* creaking
cuadrado square
cuadro square, check; picture, painting
cual *rel. pron.* which, who, whom; (poetic) like
cualidad *f.* quality, attribute
cualquier *adj.* any; —a *pron.* anyone; just anyone
cuando: de vez en — from time to time
cuanto: en — as soon as
cuartearse to crack
cuartos cash, dough
cubierto *adj.* covered
cubrir to cover
cuchillo knife
cuello collar, neck
cuenta account
   a — de on account of
   echar —s to do accounts
   tener en — to take into account
cuentagotas *m. inv.* dropper
cuerpo body
cuestionar to question
cuidado care; con — carefully
cuidar to take care of
culebra snake
culo backside
culpa blame, guilt, fault; echar la — to blame
culpable *adj.* guilty
cumbre *f.* top
cumplir to fulfill; — años to have a birthday
cura *m.* priest
curar to cure leather
curtir to cure
curvarse to curve, to bend
cuyo *adj.* whose

D

dama lady in waiting
dañar to harm, to damage
daño wrong, injury; hacer — to harm, to hurt

dar to give
   — con to come across, to find
   — inicio to begin
   — un paseo to take a walk
   —se cuenta de (que) to realize
   todo da lo mismo it's all the same
datos *m. pl.* data
de *prep.*
   de acuerdo in agreement
   de arriba abajo from top to bottom
   de confianza trustworthy
   de espalda a with one's back to
   de esta / esa manera this / that way, like this / that
   de nuevo again
   de pronto suddenly, all at once
   de repente suddenly
   de rodillas on one's knees
   de segunda second-hand
   de todos modos anyway, anyhow
   de vez en cuando from time to time
   de vez en vez from time to time
   de vuelta on returning
debajo *adv.* underneath
deber to owe; ought, must; —se a to be due to
debido a because of
débil *adj.* weak
debilidad *f.* weakness
debilitar to weaken
decena ten
decepción *f.* disappointment
decepcionado *adj.* deceived
deforme *adj.* deformed, disfigured
degustar to sample
dejar to leave
   — caer to drop
   — de to stop
   — en paz to leave alone
delante de *prep.* in front of
delantero *adj.* front
delatar to give away, to inform on
delator(a) *m. f.* denouncer, informer
delectación *f.* delight
delicadeza delicacy
delincuente *m.* criminal, offender

demás *m. f. pl.* the rest, the others
demonios damn!
demostrar (ue) to show, to prove
dentro de *prep.* in, inside, within
deparar to provide
deprimente *adj.* depressing
deprimido *adj.* depressed
derecho law; right
derivar to derive
derretir (i) to melt
derribar to demolish
derrocar (qu) to overthrow
derrotar to defeat
derruido *adj.* demolished
derrumbar to knock down
desabotonar to unbutton, to untie
desafortunadamente *adv.*
    unfortunately
desagradecido *adj.* ungrateful
desalmado *adj.* cruel, heartless
desamparado *adj.* forsaken
desanimado *adj.* dejected
desarrollar to develop; —se to take
    place; to develop
desatar to unleash
desatino extravagance
desbordar to overwhelm
desborde *m.* excess
descalzarse to take off one's shoes
descansar to rest
descarado *adj.* insolent, shameless
descartar to rule out
descolorido *adj.* colorless
desconcertado *adj.* disconcerted
desconcertador(a) *adj.*
    disconcerting, upsetting
desconfiado *adj.* distrustful
desconfianza mistrust, suspicion
desconocer (zc) not to know
descuartizarse to dismember
    oneself, to carve
descubrimiento discovery
descuido carelessness
desdecir to retract
desdén *m.* disdain
desempacar (qu) to unpack
desentrañar to unravel
desenvolver (ue) to develop

desesperado *adj.* desperate
desfile *m.* parade
desgracia misfortune
    por — unfortunately
deslizarse (c) to slide
deslumbrar to dazzle
desmayarse to faint
desmesura disproportion; lack of
    moderation, excess
desobedecer (zc) to disobey
desocupado *adj.* idle
despachar to dismiss
despacho office
despacio *adv.* slowly
despedazar to tear apart
despedida good-bye, farewell
despedir (i) to dismiss; —se to say
    good-bye
despejado de free of
despertar (ie) to awaken
despiadado *adj.* merciless
desplomarse to collapse
despreciable *adj.* despicable,
    contemptible
desprender to give off
despreocupado *adj.* unconcerned,
    unworried
destacarse (qu) to stand out
desteñido *adj.* faded, discolored
desterrar (ie) to exile
desventaja disadvantage
detallado *adj.* detailed
detalle *m.* detail
detención *f.* arrest
detrás de *prep.* behind
detrasito *prep.* right behind
deuda debt
devastador(a) *adj.* devastating,
    destructive
devolver (ue) to return
día: hoy (en) día nowadays
diario *adj.* daily
dibujar to draw
dibujo drawing
dictadura dictatorship
diferir (ie, i) to differ
difunto *adj.* dead
digno *adj.* worthy

dios *m.* god
diosa goddess
dirigir (j) to direct; —se to go, to go
    toward
disculpa apology
diseño design
disfrutar (de) to enjoy
disgusto annoyance
disgusto *m.* misfortune, trouble
disminuir (y) to diminish
disparar to fire, to shoot
disparate *m.* nonsense, foolish act
disparo shot
disponer to arrange; —se to get
    ready
dispuesto *adj.* ready, inclined, willing
distinto *adj.* different
distraer to take one's mind off; —se
    to amuse oneself, to let one's
    mind wander
disuadir to dissuade
divertido *adj.* fun, entertaining;
    amusing
divertir (ie, i) to entertain; —se to
    enjoy oneself, to have a good
    time
divulgar (gu) to divulge, to disclose
doblar to go around
doctorarse to get a doctorate
doler (ue) to hurt
dolor *m.* pain, ache
doloroso *adj.* painful
dominar to dominate, to control
don *m.* gift
dorado *adj.* golden
dramaturgo dramatist
dueño owner
dulce *adj.* sweet
durar to last

E

echar to throw
— al correo to mail
— cuentas to do accounts
— la culpa to blame
—se to throw oneself
—se a to begin to

edad *f.* age; **hogar de tercera —** senior citizens' home
efectuarse (ú) to take place
eficaz *adj.* effective; efficient
ejecutar to carry out
ejercer (z) to perform
elaboración *f.* manufacture, production
elegido *adj.* chosen
elegir (i) (j) to choose
embarazo pregnancy
emocionante *adj.* moving, exciting
empacar (qu) to pack
empañar to steams up, to tarnish
empapado *adj.* soaked
emparedar to wall in
empeño determination
empinado *adj.* steep
emplazamiento location
empleado employee, maid
emplearse to be employed
empleo job, use
empotrado *adj.* built-in
emprender to embark on, set off on
empujar to push
empuñado *adj.* brandished
en *prep.*
   en alguna parte somewhere
   en busca de in search of
   en cambio on the other hand
   en camino a on the way to
   en cuanto as soon as
   en derredor around
   en lugar de instead of
   en seguida at once
   en un primer instante at first
enamorado *adj.* in love
enamorarse to fall in love
enano dwarf
enarbolar to raise high, to hoist
encantador(a) *adj.* enchanting
encantamiento spell, enchantment
encantar to enchant
encaramarse to climb up
encarcelar to put in jail, to incarcerate
encarecidamente *adv.* earnestly
encargarse (gu) de to take charge of
encargo *m.* order, commision

encarnar to play a role
encender (ie) to light; to turn on
encerrarse (ie) to lock oneself in; to enclose
encierro fence
encima *adv.* above, on top
encogerse (j) de hombros to shrug one's shoulders
encontrar (ue) to find
encuentro encounter, meeting
endemoniado *adj.* wicked, devilish
enfadarse to get angry
enfado *m.* anger
enfermarse to get sick
enfrentar(se) to meet, to confront; to face
enfrente *adv.* opposite, in front, facing
enfriamiento cooling
enfurecido *adj.* furious
engañar to deceive
engaño deceit
enloquecer(se) (zc) to go crazy
enlutado *adj.* (dressed) in mourning
enojarse to get angry
enojo anger
enronquecido *adj.* hoarse
ensangrentado *adj.* bloody
enseñar to teach
enterarse de to find out about
enterrar (ie) to bury
entibiar to warm up
entierro burial
entornado *adj.* ajar, half-open
entorno surroundings
entrapado *adj.* ensnared, fascinated
entreabierto *adj.* half-opened
entregar (gu) to deliver, to dedicate
entrenador(a) *m. f.* trainer
entretenerse to entertain oneself
entrever to make out
entrevistar to interview
entristecer (zc) to become sad
entronización *f.* placing on the throne
entusiasmado *adj.* inspired
envasado *adj.* pre-packaged
envejecimiento aging
envenenar to poison
enviar (í) to send

envidia envy
envidiable *adj.* enviable
envío letter
envuelto *adj.* wrapped up
epistolar *adj.* epistolary
época epoch, age, era, time
equilibrio balance
equipo team
equitativo *adj.* equitable
erigir (j) to built, to erect
errar to wander
erudito *adj.* erudite, learned
escalar to climb
escándalo racket, din
escaño bench
escapatoria way out
escarnecido *adj.* ridiculed, mocked
escena scene
escenario stage
escoger (j) to choose
esconder to hide
escondidas: a — hidden
escritorio desk
escrutar to scrutinize
escudo coat of arms, shield
escueto *adj.* plain
esculpir to sculpt
escultor(a) *m. f.* sculptor
escultura sculpture
esfuerzo effort
esmalte *m.* enamel
eso: a — de at about
espada spear
espadaña bulbrush (herb)
espalda back; de —(s) a with one's back to
espaldar *m.* backrest
espantar to scare away
especie *f.* kind, sort, type
espectador(a) *m. f.* spectator
espectral *adj.* ghostly, spectral
esperanza hope
esperar to hope, to wait for
espiar (í) to keep watch on
espíritu *m.* spirit
esposo husband, spouse
esquema *m.* outline, plan
esquina corner

ésta *pron.* the latter
establo stable, stall
estadista stateswoman
estadística statistics
estadio stadium
estado state
estadounidense *adj.* U.S. citizen
estafar to swindle
estallar to explode
estampida stampede
estancado *adj.* stagnant
estancia room
estanque *m.* lake; pool, pond
estatua statue
estatura stature, height
estela trail
estilístico *adj.* stylistic
estirar to stretch
estrella star
estima esteem
estrellar to smash
estrofa stanza
estropicio havoc, destruction
estruendo roar, din
estupor *m.* astonishment
estrépito noise, racket
etapa stage
étnico *adj.* ethnic
evocación *f.* evocation
exigente *adj.* demanding
exigir (j) to demand
éxito success
exotismo exoticism
explicar (qu) to explain
explotador(a) *m. f.* exploiter
exposición *f.* exhibit
extender (ie) to spread; —se to last
extensión *f.* length
extraer to take out
extrañar to miss
extranjero *adj.* foreign; foreigner;
   en el — abroad
extraño *adj.* strange

F

faena labor
fabricar (qu) to make, to manufacture

facilitar to facilitate, to make easy
facultad *f.* school
fallecer (zc) to die
falta lack; **hacer** — to lack, to be in
   need
familiar *m.* family member
fastidiar to bother
fastuoso *adj.* grand
faz *f.* face
fe *f.* faith
fealdad *f.* ugliness
fechado *adj.* dated
fecundo *adj.* fertile
felicidad *f.* happiness
felicitar to congratulate
féretro coffin
festejo celebration
festín *m.* banquet, feast
fichero records
fielmente *adv.* faithfully
figuración *f.* imagination
fijamente *adv.* fixedly
fijarse (en) to notice, to pay attention
fin *m.* end; purpose; **a — de** in
   order to
firmar to sign
flaquear to get thin; to weaken
florentino *adj.* florentine, having to
   do with Florence, Italy
follaje *m.* foliage
fondo back, end, bottom; **al —** at
   the back (of a stage); *pl.* funds
foráneo *adj.* foreign; strange
forjador *m.* founder
fortaleza fortress
fracasar to fail
fragua *f.* forge
franela undershirt
franquista *adj.* Francoist; follower
   of Spanish dictator Francisco
   Franco
frasquito little flask
frazada blanket
frente *f.* forehead
frente a *prep.* opposite, facing; in
   front of
fresa strawberry
fresco *adj.* fresh

frescura freshness; coolness
frialdad *f.* coldness
frondoso *adj.* leafy
frontera border
frugalmente *adv.* frugally
fuegos artificiales *m. pl.* fireworks
fuente *f.* fountain
fuera *adv.* outside
fuerza strength, force, power; **a la**
   — by force
fugacidad *f.* brevity
fulano Mr. So and so
fundador(a) *m. f.* founder
fundar to found
fusilar to shoot

G

galardonar to award
gallo rooster
galopar to gallop
galvanizado *adj.* galvanized
gana desire, longing
   de buena — willingly
   tener —s de to feel like; to long to
ganarse to win over
ganador(a) *m. f.* winner
ganar to win; to earn; to win over
garabatear to scribble
gastar to spend
gasto expense
género genre; gender; cloth
gentil *adj.* attractive; pleasant
gesticulación *f.* gesticulation; grimace
gesto gesture
gigante *m.* giant
giro turn
gitano gypsy
glifos hierglyphics
gobierno government
golpe *m.* coup; **— de estado** coup
   d'etat
goma rubber
gordo *adj.* fat
gota drop
gotita small drop
gozar (c) to enjoy
gracia humor

gracioso *adj.* funny
grado grade; degree
grandeza grandeur
gratis *adv.* free
grieta crack
gringo North American
gritar to shout
gruñir to growl
grupa rump, hindquarters
guapo *adj.* handsome
guardar to keep
Guardia Civil civil guard
guerra war
guión *m.* script
gusto taste; **a —** at ease, comfortable

H

habitación *f.* room
habitante *m. f.* inhabitant
habitar to inhabit
hacendoso *adj.* hard-working
hacer to make, to do
  —se cargo de to take charge of
  — caso to pay attention
  — daño to hurt, to harm
  — el papel de to play the part of
  — falta to lack, to be in need
  — memoria to recall
  —se to become
hacia *prep.* toward
hallar to find
hamaca hammock
hambre *f.* hunger
hambriento *adj.* hungry
hasta *prep.* until; even
hazaña feat, deed
hechizo spell
hecho act; fact; **de —** in fact, as a matter of fact, actually; *adj.* made
hectárea hectare (measure of land equal to 10,000 square feet or 2,471 acres)
helado *adj.* ice-cold
heredar to inherit
herramienta *f.* tool
herida wound

hierro iron
hilandera spinner
hilaridad *f.* hilarity
hipotensión *f.* low blood pressure
historieta fotografiada short story told with photo strips
hogar *m.* home; **— de tercera edad** senior citizens' home
hoguera bonfire, stake
hombre de palo wooden figure
hombro back; **encogerse** (j) **de —s** to shrug one's shoulders
hora time; hour; **a las altas —s** in the wee hours
horizonte *m.* horizon, outlook
hoy (en) día nowadays
huelga strike; **ponerse en —** to go (out) on strike
huelguista *m. f.* striker
huella track, trace
huérfano orphan
hueso bone
huida flight
humedecido *adj.* moist
húmedo *adj.* humid
humilde *adj.* humble; lower class, poor
humo smoke

I

idílico *adj.* idyllic
idioma *m.* language
igual *adj.* same
ilustre *adj.* higher social status
impedir (i) to prevent
implacable *adj.* implacable, inexorable
implorar to beseech, to beg
imponerse (a) to impose upon, to command respect from
impreso *adj.* printed
imprevisto *adj.* unforeseen
imprimir to imprint, to stamp
impuestos *m. pl.* taxes
impulsar to propel
inabarcable *adj.* out of reach
inadecuado *adj.* inadequate

inaudito *adj.* unprecedented, unheard of
incendio fire
inclinar to bend
incógnita unknown, mystery
incómodo *adj.* uncomfortable
inconsecuente *adj.* without logic
inconveniente *m.* objection
increíble *adj.* unbelievable, incredible
increpar to admonish, scold
indígena *adj.* indigenous, native
indignado *adj.* indignant, vicious
indio Indian
inerte *adj.* inert, lifeless
inescrutable *adj.* inscrutable, impenetrable
inesperado *adj.* unexpected
inestable *adj.* unstable
infantil *adj.* childish, child's
infeliz de mí How unfortunate I am!
infiel *adj.* unfaithful
influir (y) to influence
ingenio ingenuity
ingenuo *adj.* naïve, ingenuous
ingrato *adj.* ungrateful
iniciar to begin
inicio beginning; **dar —** to begin
innovador(a) *adj.* innovative
inquietante *adj.* worrisome
inquietar to worry
inquieto *adj.* restless, anxious
inquietud *f.* worry, anxiety
insensatez *f.* foolishness, folly, stupidity
insinuar (ú) to insinuate, to hint
insolación *f.* sunstroke
insolentarse to become insolent
inspirador *adj.* inspirational
instancia *f.* argument
instante: en un primer — at first
intempestivo *adj.* harsh
intentar to try, to attempt
intercambio interchange
interno *m.* boarder
inundar to flood, to inundate
inútil *adj.* useless

inverosímil *adj.* implausible, unbelievable
inversión *f.* investment
investigar (gu) to research
involucrado *adj.* involved
ira wrath, anger
irradiar to radiate
irreal *adj.* unreal
irremediable *adj.* irremediable, incurable
irremisiblemente *adv.* irremisibly
isla island
istmo isthmus

J

jaca pony
jaque mate *m.* check mate
jardín *m.* garden
jardinero gardener
jarra jug
jefe *m.* boss; chief
jerarca *m.* hierarch
jinete *m.* horseman, rider
jirón *m.* shred
joya jewel
jubilación *f.* retirement
jubilarse to retire
juez *m. f.* judge
jugar (ue) (gu) to play; —se to risk
jugo juice
juguete *m.* toy
juicio trial
junco reed
junta meeting, assembly
junto *adj.* together
jurado jury
jurar to swear
juventud *f.* youth
juzgar (gu) to judge

L

labrado *adj.* carved
ladera *f.* hillside; mountainside
lado side; **por otro —** on the other hand
ladrar to bark

ladrido barking
ladrillo brick
ladrón *m.* **ladrona** *f.* thief
lago lake
lágrima tear
lámina de papel sheet of paper
lana wool
lanza spear
largo *adj.* long; **a lo —** throughout
lástima: tener — to feel sorry for
lastimado *adj.* hurt, wounded
látigo whip
lavanda lavender
lealtad *f.* loyalty
lejano *adj.* distant, remote, far off
lejos *adv.* far; **a lo —** in the distance
lema *m.* motto
lentitud: con — slowly
lento *adj.* slow
letra handwriting
  al pie de la — literally
letrero sign
levantar to get up; to raise
ley *f.* law
leyenda legend
liberar to let loose, to free
libre *adj.* free; **al aire —** outdoors
libremente *adv.* freely
libretita little notebook
lidiar to struggle, to fight
ligar to link
ligero *adj.* light
limitarse to limit oneself
límite *m.* boundary, border
limosna alms
limpio *adj.* clean
lindar to border
lino linen
liquidar to liquidate, to kill off
liso *adj.* flat
litoral *m.* coast
liviandad *f.* lightness, fickleness
liviano *adj.* unchaste
llamarada blaze
llana *adj.* even, flat
llave *f.* key; **cerrar con —** to lock
llavín *m.* latchkey
llegada arrival

llegar (gu) to arrive; **— a ser** to become
llenar to fill
lleno *adj.* full
llevar to take, to carry; to wear
  — a cabo to carry out
  — una vida to lead a life
llevarse to get, to take, to carry off
  — bien to get along well
  — en equilibrio to be balanced
llorar to cry
llovizna drizzle
localizar (c) to locate, to situate
loco *adj.* crazy; **volverse —** to go crazy
lograr to manage, to succeed
logro achievement
lucha struggle, fight
lucidez *f.* lucidity, clarity
lugar *m.* place
  en — de instead of
  tener — to take place
lúgubre *adj.* lugubrious, gloomy
lujo luxury
luto mourning

M

macear to soak
madera wood
madrugada early morning, dawn
madurar to mature
madurez *f.* maturity
majestad *f.* majesty
maldecido *adj.* cursed
maldición *f.* curse
malestar *m.* malaise, indisposition
maleta suitcase
malgastar to waste, to squander
malos pasos bad ways
malvavisco marshmallow
maíz *m.* corn
maña skill
mancillado *adj.* sullied
mandar to order; to send
manejo *m.* command
manera: de esta / esa — this / that way, like this / that

manguera hose

manía mania

manifestar (ie) to manifest, to make known

manso *adj.* tame

mantener to support, to maintain; to keep; —se to stay, to remain

mantequillera butter dish

mar *m. f.* sea

marchar to move; —se to go away

marco framework

marido husband

marisco seafood

mármol *m.* marble

marrón *adj.* brown

mas *conj.* but

más allá *adv.* beyond; up there

mascota good-luck charm

masticar (qu) to chew

matanza killing

matar to kill

matrícula tuition

matricular to enroll

matrimonio marriage

mayordomo butler, steward

mayoría majority, most; — de edad age of majority

mediados: a — de in the middle of

medias *f. pl.* stockings

medida extent; a — que while, at the same time as

medio means

mejorar to make better, to improve

melocotón *m.* peach

memoria:
  hacer — to recall
  saber de — to know from memory

mensual *adj.* monthly

mensualidad *f.* monthly payment

mentir (ie, i) to lie

mentira lie

mentiroso(a) liar

merecer (zc) to deserve

merendar (ie) to picnic

merodear to prowl around

mestizo *m.* of mixed race

meter to put in; —se to go in

mezclar to mix

mezquita mosque

mil *m.* one thousand

milagro miracle

minuciosamente *adv.* minutely

minúsculo *adj.* minuscule, tiny

mira sight; intention

misa mass

mismo *adj.* same; himself, herself, themselves; todo da lo — it's all the same

mitad *f.* half; middle

mito myth

moda fashion, style

modales *m. pl.* manners

modo manner, way
  a — de by way of
  de todos —s anyway, anyhow

molestar to bother

moneda coin

monja nun

monogamia monogamy

monte *m.* mountain

morder (ue) to bite

mordisco bite

morir (ue, u) to die

mosca fly

mostrador *m.* counter

mostrar (ue) to show

mozárabe Mozarabs

mudanza move

mudarse to move, to change residence

mudéjar Mudejar

mudo *adj.* mute, silent

muebles *m. pl.* furniture

muerte *f.* death

muerto *adj.* dead

multitudinario *adj.* multitudinous

mundial *adj.* world

mundo world; todo el — everyone

N

nacer (zc) to be born

nacimiento birth

nadar to swim

naranja orange

nariz *f.* nose

natal *adj.* native

natural de *m.* native, inhabitant

naturaleza nature; — muerta still life

navideño *adj.* Christmas

necio *adj.* stupid, idiotic

negarse (ie) (gu) to refuse

negocios *m. pl.* business

neutro *adj.* neutral

ni siquiera *adv.* not even

nido nest

niñez *f.* childhood

nivel *m.* level

no obstante nevertheless, however

notarse to show, to be seen

noticia item of news

novedad *f.* news

novicia novice

novio(a) boyfriend, girlfriend

nuca *m.* back of neck

nuevo: de — again

O

obedecer (zc) to obey

obispo bishop

obra work; — maestra masterpiece

obrar to work, to do

obrero(a) worker

obsequiar to lavish attention on

obsequio present, gift

obstante: no — nevertheless, however

ocasionar to cause

ocaso sunset

occidental *adj.* western

ocultar to hide

ocuparse de to look after

ocurrir to happen, to occur

odiar to hate

odioso *adj.* odious, hateful

ofuscado *adj.* disturbed, troubled

oído ear

oír to hear

oler (ue) (yo huelo, tú hueles, etc.) to smell

olla pot

olor *m.* smell, odor

oloroso *adj.* fragrant, sweet-smelling

olvidar to forget
ombligo belly button
opereta operetta
opinar to think, to have an opinion
oponer to put up, to oppose
opuesto opposite
oración *f.* sentence; prayer
oreja ear
orfanato orphanage
orgullo pride
orgulloso *adj.* proud
oriental *adj.* eastern
orinarse to urinate
oro gold
osadía boldness, audacity
otorgar (gu) to grant, to give
oscilar to oscillate, to fluctuate, to
    vary
oscurecer (zc) to get dark
oscuridad *f.* darkness
oscuro *adj.* dark
óxido *m.* rust

P

pacífico *adj.* peaceful
padecer (zc) to endure, to suffer
paga pay; — extraordinaria bonus
pagar (gu) to pay
paisaje *m.* countryside, landscape
paisano fellow countryman;
    compatriot
palpitar to beat
pañuelo handkerchief
papel *m.* paper
  hacer un — to play a part
par *m.* pair
paradoja paradox
paraguas *m.* umbrella
paraje *m.* spot, place
pararse to stop
pardo *adj.* brown
parecerse (zc) a to resemble
parecido *adj.* similar
pared *f.* wall
paredón *m.* thick wall
pareja pair; couple
pariente *m. f.* relative

párpado eyelid
parra grapevine
parsimoniosamente *adv.* calmly,
    unhurriedly
parte part
  en alguna — somewhere
  por su — for their part
partida game; punto de — starting
    point
partidario(a) partisan
pasajero(a) passenger
pasarlo bien to have a good time
pasatiempo hobby, pastime
pasear to walk
paseo walk
paso step; passage, way; malos —s
    bad ways
pasta paste
pasto pasture, grass
pata paw
patrón(a) *m. f.* boss
paz *f.* peace
pecar (qu) to sin
pecho chest
pedazo piece
pedir (i) to ask for; — prestado to
    borrow
peinado hairdo
peine *m.* comb
peineta ornamental comb
pelea fight, quarrel
pelear to fight
peligrar to be in danger
peligro danger
peligroso *adj.* dangerous
peludo *adj.* hairy
pena penalty
penetrar to enter, to go in
pensión *f.* boarding house
perder (ie) to lose, to miss
pérdida loss
perezoso *adj.* lazy
periplo voyage
permiso: con — if you don't mind;
  — de conducir driver's license
perrera dog house, kennel, dog
    pound
perseguir (i) (g) to pursue, to follow

persiana window blind, shutter
personaje *m.* character
pertenencias *f. pl.* belongings
pesadilla nightmare
pesado *adj.* heavy; boring
pesar to weigh
pesar: a — de in spite of
peso weight
petardo firecracker
petición *f.* petition, request
picado *adj.* pitted
pie *m.* foot; al — de la letra literally
piedra stone
pierna leg
pieza (music) piece
pila pile, stack
piladora field
pillar to catch
pincelada brush stroke
pintar to paint
pintor(a) *m. f.* painter
pintura painting
pisar to step on
piscina pool
piso floor
pistoletazo gunshot
pitar to whistle
pizcar (qu) to pick
placentera *adj.* charming, pleasant
planear to plan
planicie *f.* plane
plano: en primer — in the
    foreground
planta plan
plata money; silver
plazo date, time
plebe *f.* common people
pleno *adj.* full
pluma feather
plumero penholder
población *f.* population
poblado town; village
poder *m.* power
poderío power
poderoso *adj.* powerful
polémico debate, polemic
policromado *adj.* polychrome,
    many colored

político politician
polvo dust
pólvora (gun)powder
ponerse to become; to put on
— **a** to begin
— **de pie** to stand up
— **el sol** to set
— **en huelga** to go (out) on strike
por *prep.*
  por desgracia unfortunately
  por lo menos at least
  por lo tanto so, therefore
  por señas by signs
porche *m.* arcade, porch
pormenor *m.* detail
porrazo blow
portador(a) bearer
portal *m.* porch
portar to wear; —**se** to behave
porvenir *m.* future
poseer (y) to have, to possess
postergada *adj.* postponed
posterior *adj.* back
postre *m.* dessert
postrero *adj.* last
postura position
precisamente *adv.* exactly
precisar: verse precisado a to be forced (obliged) to
preciso *adj.* precise; **ser** — to be necessary
predecir to predict
predio piece of land
pregonar to proclaim publicly
premio prize
preocupación *f.* worry
preocuparse to worry
preso prisoner
presenciar to witness
presentar to introduce
presente: tener — to keep in mind
prestado: pedir — to borrow
préstamo loan
prestar to lend; — **atención** to pay attention
presunción *f.* assumption
presupuesto budget
pretensioso *adj.* pretentious

prevalecer (zc) to prevail, to dominate
primer: en un — **instante** at first
príncipe *m.* prince
principio: al — at first
prisa hurry
probar (ue) to taste; to prove
proclama proclamation
procurar to manage, to make sure that, to endeavor
producir to produce
profesorado faculty
profusión *f.* lavishness
prometer to promise
promover (ue) to promote
pronto: de — suddenly, all at once
propicio *adj.* favorable, suitable
propio *adj.* own
proponer to propose, to suggest
propósito purpose
propuesta proposal
proteger (j) to protect
proveer (y) to provide
proveniente deriving from
público audience
pueblo people; town
puesta production
puesto position, job
puntería aim
punto de partida starting point
puñal *m.* dagger
pupitre *m.* (student) desk
puré *m.* puree

Q

Quattrocento fifteenth century (Italian art)
quebradizo *adj.* brittle
quedar to remain, to be
—**le bien** to look good on
—**se** to remain, to stay
—**se con** to keep
quejarse to complain
quemar to burn
querer (ie) to want, to wish, to love; — **decir** to mean
quevedos *m. pl.* pince-nez (glasses)

quinta estate, country house
quitar to take away
quizá(s) maybe, perhaps

R

rabia rage, fury
rabiosamente *adj.* furiously
rabioso *adj.* furious, enraged
ración *f.* portion
rapto abduction
raro *adj.* strange
rascacielos *m.* skyscraper
raspar to scrape
rato while
rayo line; ray
razón *f.* reason
realizar (c) to carry out
rebuscar (qu) to search carefully for
recaudar to collect
rechazar (c) to reject
recinto enclosure, area; site
reclamar to summon
reclamo *m.* claim, complaint
recoger (j) to gather, to harvest, to pick up
recompensa recompense, reward
reconocimiento recognition
recorrer to go or to travel all over, all around
recorrido tour
recostar (ue) to recline, to rest
recreo recess
recuerdo memory
recuperar to recover, to retrieve
recurso recourse, resource
redondo *adj.* round
reemplazar (c) to replace, to substitute
reestructuración *f.* reorganization
referir (ie, i) to recount, to tell of
reflejar to reflect
refrán *m.* proverb
refugiarse to take refuge
refulgente *adj.* brilliant, gleaming
regalar to give (as a gift)
regar (ie) hose down
regazo lap

registrarse to be reported
regla rule
regordeto *adj.* plump, short and stout
regresar to return, to go back
reír(se) (i) to laugh
reja grille
relámpago lightning bolt
relieve *m.* relief
reluciente *adj.* shining
remediar to remedy, to repair
remontarse to date back
rendir (i) to pay tribute
renovar (ue) to renew
reparto *m.* distribution
repasar to review
repaso review
repente: de — suddenly
reposado *adj.* quiet, peaceful
resaltar to stand out
resecar (qu) to dry out
resentido *adj.* resentful
resignado *adj.* resigned
resumen *m.* summary
resumir to summarize
resurgimiento resurgence
retener to retain, to keep
retratar to paint a portrait; to portray
reunir (ú) to get together; **—se** to meet
revalorización *f.* revaluation, reappraisal
revisar to go through
riesgo risk
riqueza riches; wealth
risa laughter
ritmo rhythm
rito rite
robar to steal
roble *m.* oak
rodar (ue) to roll
rodear to surround
rodeo round-up; detour, roundabout way
rodilla knee; **de —s** on one's knees
rollizo *adj.* plump
romper to break, to tear (up); **— a** to burst out

ropa clothing
rosal *m.* rosebush
rubio *adj.* blond
ruborizarse to blush
rueca spinning wheel
rueda wheel
ruido noise
rumbo course; **— a** a heading for

S

sábana sheet
saber de memoria to know from memory
sabio(a) wise person, sage
sabor *m.* taste, flavor
sabroso *adj.* tasty
sacar (qu) to take out; **— un premio** to win a prize
sacerdote *m.* priest
saciar to quench
sagrado *adj.* sacred
salida exit
saltar to jump
salud *f.* health
saludo greeting
salvaje *adj.* uncivilized, primitive; wild
sanador *adj.* healing
sangre *f.* blood
sed *f.* thirst
seguir (i) (g) to follow, to keep on
según according to
segunda: de — second-hand
sello stamp
semblante: tener buen — to look well
sembrar (ie) to seed; to sow
semejanza similarity
semisoñado *adj.* half-dreamed
sencillo *adj.* simple
senda path
seno breast
sensorial *adj.* sensory, sensorial
sentar (ie) to seat; to establish; **—se** to sit down
sentenciar to judge
sentido sense

sentir(se) (ie, i) to feel, to sense
seña sign, mark
señalar to point out, to signal
Señor *cap.* Lord, God
sequía drought
ser *m.* being
serenarse to calm down
sereno watchman
servidumbre *f.* servants
siembra sowing
sierra mountain range
siglo century
significar (qu) to mean
siguiente *adj. m. f.* following
sillón *m.* armchair
silvestre *adj.* wild
sin embargo nevertheless
síncope *m.* sincope, faint
siniestro *adj.* sinister
siquiera: ni — not even
sitio place
situar (ú) to place, to situate
soberbia arrogance
sobre *prep.* in addition to
sobrenatural *adj.* supernatural
sobrepasar to surpass
sobresaliente *adj.* outstanding
sobretodo overcoat
soga rope
sol *m.* sun
soler (ue) to be accustomed to, to be in the habit of
solidaridad *f.* solidarity, sympathy
solitario *adj.* lonely; solitaire; **hacer un —** to play a game by oneself
soltar (ue) to release, to let go, to let loose
soltero *adj.* unmarried, single
sombrilla parasol
sombrío *adj.* dark
sonámbulo sleepwalker
sonar (ue) to sound, to ring
sonido sound
sonoridad *f.* sonorousness
sonreír (i) to smile
sonrisa smile
soñar (ue) to dream

sopor *m.* drowsiness
sordo *adj.* deaf
sorprendente *adj.* surprising
sorpresa surprise
sosegado *adj.* quiet, peaceful
sospechar to suspect
sospechoso *adj.* suspicious
sostener to support, to hold up
suavemente *adv.* softly
subconsciente *m.* subconscious
subir to raise, to go up, to climb, to get in, to get on
súbitamente *adv.* suddenly, all of a sudden
subrayado *adj.* underlined
subversión *f.* subversion
suceder to happen, to occur
sudar to sweat
sueldo salary
suelto *adj.* loose
sueño dream, sleep
suerte *f.* luck
sugerencia suggestion
sugerir (ie, i) to suggest
sumarse to join
sumo *adj.* greatest
superficie *f.* surface
suponer to suppose
surgir (j) to arise, to appear unexpectedly
suscribir to sign
suspenderse to stop
suspiro sigh
sustantivo noun
susto fright

T

tablero game board
taburete *m.* stool
tácitamente *adv.* tacitly
tal: — como such as
  con — que provided (that)
  — vez maybe, perhaps
taller *m.* studio
tamaño size
tambaleante *adj.* staggering
tambor *m.* drum

tanto *adj.* so much; por lo — so, therefore
tapiz *m.* tapestry
tardar to delay
tarea task
tarima dais, platform
taurino *adj.* taurine, pertaining to bullfighting
teatralerías : en — dramatically
tedio tedium
tejabán *m.* roof
tejado roof, tile roof
telón *m.* curtain
tema *m.* theme
temblor *m.* trembling; shivering
temer to fear
temor *m.* fear
temporada season
temprano *adj.* early
tender to spread out; —se to stretch out
tenderete *m.* stall
tener to have
  — en cuenta to take into account
  — ganas de to feel like; to long to
  — lástima de to feel sorry for
  — lugar to take place
  — por costumbre to be accustomed to
  — presente to keep in mind
  — que ver con to have to do with
ternura tenderness
tesis *f.* theory, idea
tesón *m.* tenacity
tesoro treasure
testigo *m. f.* witness
tiempo time; weather; (verb) tense
tiernamente *adv.* tenderly
tierra earth, land
tintero inkwell
tintinear to jingle
tiranizar (c) to tyrannize
tirar to shoot
tirar(se) to throw (oneself)
tiro shot
titán *m.* Titan
tocar (qu) to touch; to play; to ring; —le to be his / her turn

todo everything
  — da lo mismo it's all the same
  — el mundo everyone
  de —s modos anyway, anyhow
toldo tent
tomar to take
  — el sol to sunbathe
  — una copita to have a drink
tonelada ton
tonto *adj.* foolish, silly
topar to run into
tormenta storm
torero(a) bullfighter
tornero *adj.* lathe operator or maker
toro bull
torre *f.* tower
torrecita *f.* little tower
tortuga turtle
tortuoso *adj.* tortuous
tozudo *adj.* stubborn
trabajo: costar — to be difficult (for someone)
traducir (zc) to translate
traductor(a) *m. f.* translator
tragar (gu) to swallow
trago swallow
traicionar to betray
traicionero *adj.* traitorous, treacherous
tranquilizador(a) *adj.* reassuring
transcurrir to pass, to elapse
transformar to change, to transform
transmisor de imágenes image transmitter, television
transpirar to perspire
trasladar to transfer; —se to move, to change residence
traspasar to go beyond
trastorno trouble, disturbance
tratar to treat
  — de to try to; to address as
  —se de to be about
trato treatment
través: a — de through
trayecto distance, route
trayectoria trajectory, path, course
trazar to trace
trepidante *adj.* trembling

triunfo triumph
tropezar (c) (con) to stumble (upon)
tropezones: a — by fits and starts,
    stumbling
truco trick
trueno thunderclap
tumba tomb
turnarse to take turns

U

ubicarse to be located
últimamente *adv.* lately
únicamente *adv.* only
único *adj.* only, sole, unique
unidad *f.* unity
unir to unite, to join
urbe *m.* large city
usanza tradition
útil *adj.* useful
utilizar (c) to use
uva grape

V

vaciar (í) to empty
vacío *adj.* empty
vacuna vaccination
vaina thing
vajilla set of dishes
valentía courage
valer to be worth; — la pena to be
    worth the trouble
valor *m.* value; courage
valorar to value
válvula valve

variar (í) to vary
varón *m.* man; male
vegetal *adj. m. f.* vegetable
veintidós: a las — at 10 p.m.
vejado *adj.* humiliated
vejez *f.* old age
vencer (z) to conquer, to overcome
veneno poison
venerar to worship
vengar (gu) to avenge
venta sale
ventaja *f.* advantage
ventanal *m.* large window
ventilador *m.* fan
ver: tener que — con to have to
    do with
veraneo summer vacation
verdoso *adj.* greenish
vergüenza shame
veronal *m.* (barbiturate) acid
verosímil *adj.* credible
vértigo dizziness, giddiness
vestido de dressed as, dressed in
vestigio remains, vestige, trace
vestirse (i) to get dressed
vez *f.* time
  a la — at the same time
  a su — in turn
  de — en cuando from time to time
  de — en — from time to time
  tal — perhaps, maybe
  una — que as soon as, once
viaje *m.* trip, journey
vicisitud *f.* vicissitude
vidriera window
viento wind

vigente *adj.* in force
vigilar to watch carefully
viña vineyard
vinculado *adj.* linked
violar to violate, to rape
virreinato viceroyship
virtud *f.* virtue
visigodo *adj.* Visigothic
vista sight
viuda widow
vivienda housing
vivo *adj.* alive
volar (ue) to fly
voltear to turn
volumen *m.* bulk, bulkiness
voluntad *f.* will
volver (ue) to return, to go back
  — a to do again
  — la espalda to turn one's back
  —se to turn; to become
voz *f.* voice
vuelo flight
vuelta return; de — on returning

Y

ya que since
yerno son-in-law
yeso plaster
yuca yucca, cassava

Z

zapatillas *f. pl.* slippers
zozobra anguish, anxiety
zumbar to buzz

Credits

Text

Grateful acknowledgment is made to the following for copyrighted material:

Capítulo 2: *"Rosa"* by Ángel Balzarino, from ROSA. Reprinted by permission of the author. **Capítulo 4:** *"Continuidad de los parques"*, FINAL DEL JUEGO, © Julio Cortázar, 2010., **Capítulo 5:** *"Cajas de cartón"* from CAJAS DE CARTÓN by Francisco Jiménez. Spanish translation copyright © 2000 by Francisco Jiménez. Reprinted by permission of Houghton Mifflin Harcourt Publishing Company. All rights reserved. Used by permission. **Capítulo 6:** *"Nostros, no"* by José Bernado Adolph. **Capítulo 7:** *"No oyes ladrar los perros"*, EL LLANO EN LLAMAS. Copyright © Herederos de Juan Rulfo, 2010., **Capítulo 8:** Copyright © Aisembert, Isaac, *"Jacque mate en dos jugadas"*, Buenos Aires, Corregidor, 1990. Used by permission. **Capítulo 9:** *"La siesta del martes"*, LOS FUNERALES DE LA MAMÁ GRANDE. Copyright © Gabriel García Márquez, 1962., **Capítulo 10:** *"Dos palabras"*, CUENTOS DE EVA LUNA. Copyright © Isabel Allende, 1989. Used by permission. **Capítulo 11:** *"Emma Zunz"* from EL ALEPH by Jorge Luis Borges. Copyright © 1989, 1995 by Maria Kodama, reprinted by permission of The Wylie Agency LLC. **Capítulo 13:** *"Poem 15"*, from VEINTE POEMAS DE AMOR Y UNA CANCIÓN DESESPERADA. Copyright © Fundación Pablo Neruda, 2010., **Capítulo 14:** *"Proverbios y cantares, XXIX"* by Antonio Machado. Used by permission of Editorial Biblioteca, Nueva, S.L. **Capítulo 15:** *"Canción de jinete"* and **Capitulo 16:** *"Despedida"*, by Federico García Lorca copyright © Herederos de Federico García Lorca from OBRAS COMPLETAS (Galaxia/Gutenberg, 1996 edition). All rights reserved. For information regarding rights and permissions please contact lorca@artslaw.co.uk or William Peter Kosmas, Esq., 8 Franklin Square, London W14 9UU, England. Used by permission. **Capítulo 20:** *"Palenque: La cultura maya en la selva mexicana"* by Klaus Walter, from ECOS 10/2010. Copyright © ECOS de España y Latinoamérica, 10/2010, www.ecos online.de. Used by permission. **Capítulo 21:** *"Los mayas de hoy"* by Fernando Briones, from ECOS 04/2010. Copyright © ECOS de España y Latinoamérica, 04/2010, www.ecos online.de. Used by permission. **Capítulo 22:** *"Eva Perón"* by Alberto Amato, from ECOS 05/2009. Copyright © ECOS de España y Latinoamérica, 05/2009, www.ecos online.de. Used by permission. **Capítulo 23:** *"Fernando Botero, El espejo convexo"* from ECOS 11/1997. Copyright © ECOS de España y Latinoamérica, 11/1997. **Capítulo 24:** *"Velázquez: La búsqueda de la luz"* by María Jesús Sánchez, from ECOS 08/2010. Copyright © ECOS de España y Latinoamérica, 08/2010, www.ecos online.de. Used by permission. **Capítulo 25:** *"Cusco: La capital del Imperio Inca"* by Fernando Briones, from ECOS 03/2010. Copyright © ECOS de España y Latinoamérica, 03/2010, www.ecos online.de. Used by permission. **Capítulo 26:** *"Toledo: Tres culturas unidas por la historia"* by Javier Vilaltella, from ECOS 01/2010. Copyright © ECOS de España y Latinoamérica, 01/2010, www.ecos online.de. Used by permission. **Capítulo 27:** *"Las hogueras de San Juan"* by Virginia Azañedo, from ECOS 06/2009. Copyright © ECOS de España y Latinoamérica, 06/2009, www.ecos online.de. Used by permission. **Capítulo 28:** *"Historia del hombre que se convirtió en perro"* by Osvaldo Dragún, From MENDEZ. *CON TEXTOS (PB), 1E © 1986 Heinle/Arts & Sciences, a part of Cengage Learning, Inc. Reproduced by permission. www.cengage.com/permissions. **p. 388:** *"La escuela del futuro ya es realidad en Teruel"* from ECOS 10/2003. Copyright © ECOS de España y Latinoamérica, 10/2003, www.ecos online.de. Used by permission. **p. 389:** *"Telemedicinas en el Amazonas"* from ECOS 01/2004. Copyright © ECOS de España y Latinoamérica, 01/2004, www.ecos online.de. Used by permission. **p. 389:** *"El uso regular de ordenadores favorece unos mejores resultados escolares"* from EL MUNDO, 01/24/2006. Used